Windows 10 für Senioren

Inge Baumeister; Anja Schmid

Verlag:
BILDNER Verlag GmbH
Bahnhofstraße 8
94032 Passau

www.bildner-verlag.de
info@bildner-verlag.de

ISBN: 978-3-8328-0539-5
Bestellnummer: RP-566

Autorenteam:
Inge Baumeister; Anja Schmid

Bildnachweis: Cover © fizkes - stock.adobe.com
Kapitelbild: © satapatms - Fotolia.com

Herausgeber: Christian Bildner
© 2021 BILDNER Verlag GmbH, Passau, März 2022 aktualisierte Auflage
Druck: FINIDR s.r.o., Lípová 1965, 73701 Český Těšín,
Tschechische Republik

Die Informationen in diesen Unterlagen werden ohne Rücksicht auf einen eventuellen Patentschutz veröffentlicht. Warennamen werden ohne Gewährleistung der freien Verwendbarkeit benutzt. Bei der Zusammenstellung von Texten und Abbildungen wurde mit größter Sorgfalt vorgegangen. Trotzdem können Fehler nicht vollständig ausgeschlossen werden. Verlag, Herausgeber und Autoren können für fehlerhafte Angaben und deren Folgen weder eine juristische Verantwortung noch irgendeine Haftung übernehmen. Für Verbesserungsvorschläge und Hinweise auf Fehler sind Verlag und Herausgeber dankbar.
Fast alle Hard- und Softwarebezeichnungen, die in diesem Buch erwähnt werden, sind gleichzeitig auch eingetragene Warenzeichen oder sollten als solche betrachtet werden.

Das FSC®-Label auf einem Holz- oder Papierprodukt ist ein eindeutiger Indikator dafür, dass das Produkt aus verantwortungsvoller Waldwirtschaft stammt. Und auf seinem Weg zum Konsumenten über die gesamte Verarbeitungs- und Handelskette nicht mit nicht-zertifiziertem, also nicht kontrolliertem, Holz oder Papier vermischt wurde. Produkte mit FSC®-Label sichern die Nutzung der Wälder gemäß den sozialen, ökonomischen und ökologischen Bedürfnissen heutiger und zukünftiger Generationen.

Herzlich willkommen!

Sie haben einen neuen Computer, egal ob Laptop, Notebook, Tablet oder PC mit Windows 10 erworben und suchen Hilfe und Anleitungen? Vielleicht haben Sie auch bereits erste Erfahrungen mit einer Vorgängerversion gesammelt und möchten sich schnell im neuen Windows 10 zurechtfinden. Möglicherweise haben Sie auch einen Kurs besucht und möchten das Gelernte zu Hause in Ruhe vertiefen und Neues dazu lernen.

Dieses Buch will Ihnen den Einstieg so leicht wie möglich machen. Auch Leser mit Vorkenntnissen werden hier nützliche Informationen finden und sich schnell in Windows 10 orientieren.

Über dieses Buch

Aufgrund langjähriger Erfahrungen in der Weiterbildung, auch in Computerkursen für die ältere Generation, ist es uns wichtig, die Arbeitsschritte einfach, übersichtlich und Schritt für Schritt zu erklären und wo nötig, Hintergrundinformationen für ein besseres Verständnis zu liefern.

Da wir auch wissen, dass nicht immer alles auf Anhieb klappt, haben wir an das Ende der meisten Lektionen einen weiteren Punkt „Tipps und Problemlösungen" angefügt. Hier finden Sie häufige Fragen und Probleme, deren Ursachen und wie Sie das Problem beheben.

So nutzen Sie dieses Buch

Falls Computer absolutes Neuland für Sie sind, sollten Sie sich in Kapitel 1 über die grundlegende Bedienung mit Maus, Touchpad oder Touchscreen informieren. Leser, die bereits Erfahrungen am Computer gesammelt haben, können dieses Kapitel beruhigt übergehen.

Kapitel 2 liefert Ihnen Anleitungen zum ersten Start des neuen Computers. Da sich viele Funktionen von Windows 10 nur in Verbindung mit einem Microsoft-Konto nutzen lassen, lernen Sie in dieser Lektion auch, wie Sie ein solches registrieren und was dabei beachtet werden sollte.

In den nachfolgenden Kapiteln lernen Sie die Bedienoberfläche von Windows 10 kennen und wir zeigen Ihnen, wie Sie diese an Ihre Wünsche und Gewohnheiten anpassen.

Ein Kapitel erklärt ausführlich, wie Sie Ihre Daten speichern und verwalten, einschließlich der Nutzung des kostenlosen Online-Speichers OneDrive. Erfahren Sie außerdem alles rund um den Datei-Explorer, wie Sie Ordnung auf dem PC halten und wichtige Daten sichern.

Weitere Kapitel stellen Ihnen verschiedene nützliche Apps vor. Sie erfahren zum Beispiel, wie Sie mit Microsoft Edge im Internet surfen, Termine im integrierten Kalender hinterlegen oder Fotos am Computer betrachten und verwalten. Außerdem zeigen wir Ihnen, wie Sie E-Mails versenden und empfangen und mit der App Kontakte Ihre Kontaktdaten verwalten.

Am Beispiel eines Briefes wird ausführlich beschrieben, wie Sie mit der App WordPad Texte schreiben, nachträglich korrigieren, gestalten und drucken.

Zu guter Letzt zeigt Ihnen das Buch noch, mit welchen Einstellungen Sie die Sicherheit Ihres Computers und Ihre persönlichen Daten schützen und wie Sie Ihr Benutzerkonto verwalten.

Schreibweise
Zur besseren Lesbarkeit wurde etwas größere Schrift verwendet. Beschriftungen und Befehle sind zur Unterscheidung farbig und kursiv hervorgehoben, zum Beispiel: Klicken Sie auf *Speichern*.

Und noch etwas
Das Aussehen von Windows lässt sich in vielerlei Hinsicht ändern. Zur besseren Lesbarkeit wurden für die Abbildungen die Transparenzeffekte ausgeschaltet und in puncto Farbgestaltung der dunkle Modus verwendet. Die Bedienoberfläche kann also auf Ihrem Gerät etwas anders aussehen. Nebenstehendes Beispiel zeigt Windows im hellen Modus und darunter im dunklen Modus.

Außerdem werden Windows 10 und viele der beschriebenen Apps durch automatische Updates laufend aktualisiert. Auch dadurch können sich Aussehen und Funktionsumfang geringfügig ändern. Dies gilt auch für den Microsoft-Store. Dieses Buch basiert auf dem Funktionsupdate für Windows 10, Version 20H2 (Oktober-Update 2020) und dem aktuellen Browser (Stand März 2022) Microsoft Edge.

Viel Spaß und Erfolg mit dem Buch wünscht Ihnen

Das Autorenteam

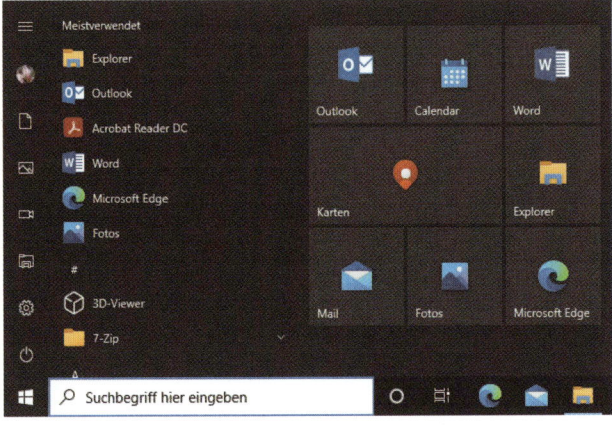

Inhalt

4 Mit WordPad einen Brief schreiben 103

1 Maus, Touchpad, Tastatur und Co.

Sie lernen...

- den Umgang mit Maus und Touchpad

- die wichtigsten Tasten der Computertastatur

- wie Sie mit einem Touchscreen arbeiten und die Bildschirmtastatur verwenden

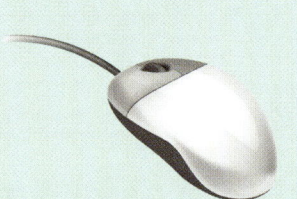

Falls Sie Linkshänder/in sind, lesen Sie in Kapitel 6 auf Seite 217, wie Sie die Funktion der beiden Maustasten vertauschen können.

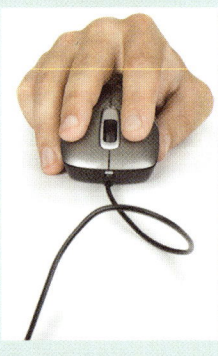

1.1   So funktionieren Maus und Touchpad

Die richtige Handhabung der Maus

Die Maus ist ein kleines rundliches Gerät, das alle Bewegungen, die Sie damit auf einer festen Unterlage (Tischplatte oder spezielle Mausunterlage) ausführen, an einen Zeiger auf dem Bildschirm, den Mauszeiger, überträgt.

Die meisten Mäuse kommunizieren per Funk mit dem Computer, der dazugehörige Empfänger ist unter der Bezeichnung Bluetooth bereits im Gerät integriert. Eine Computermaus hat mindestens zwei Tasten und in der Mitte dazwischen ein Rädchen.

▶   Legen Sie die rechte Handfläche (Rechtshänder) so auf die Maus, dass der Zeigefinger auf der linken und der Mittelfinger auf der rechten Taste zu liegen kommt. Mit den übrigen Fingern halten Sie die Maus seitlich.

Rücken Sie sich die Maus zurecht. Sie sollte sich in Griffweite und für Rechtshänder rechts neben dem PC befinden. Achten Sie auch darauf, dass für Bewegungen ausreichend Platz auf dem Schreibtisch zur Verfügung steht. Befindet sich die Maus an der falschen Stelle, dann heben Sie sie einfach hoch und setzen sie an der richtigen Stelle wieder ab.

Tipp: Lassen Sie während der Arbeit, wenn möglich, den Zeigefinger auf der linken Maustaste liegen. So können Sie die Maus blind bedienen und sich besser auf den Bildschirm konzentrieren.

Mit der Maus führen Sie folgende Aktionen aus

Zeigen

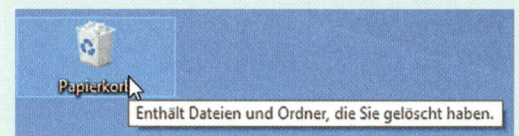

▶ Verschieben Sie den Mauszeiger, bis er sich über einem Symbol befindet; in vielen Fällen erscheint ein kurzer Infotext zum Symbol.

Klicken (linke Maustaste)

▶ Zum Ausführen von Befehlen, z. B. Starten einer App, zeigen Sie auf das Symbol und drücken 1x kurz die linke Maustaste. Beispiel: Microsoft Edge zum Surfen im Internet starten.

Doppelklicken (linke Maustaste)

In manchen Fällen, beispielsweise zum Öffnen von Ordnern oder Dateien, benötigen Sie einen Doppelklick.

▶ Zeigen Sie auf das Element und drücken Sie 2x kurz hintereinander die linke Maustaste. Achtung - die Maus zwischen den beiden Klicks nicht bewegen! Beispiel: Den Ordner Eigene Aufnahmen öffnen und die enthaltenen Fotos anzeigen.

Element verschieben oder ziehen

▶ Zeigen Sie auf das Element, das Sie verschieben möchten. Drücken Sie dann die linke Maustaste und halten Sie die Taste gedrückt, während Sie gleichzeitig die Maus bewegen. Auf dem Bildschirm wandert das Element mit dem Mauszeiger mit. Lassen Sie die Taste erst los, wenn sich das Element an der gewünschten Stelle befindet.

Rechte Maustaste (Rechtsklick)

Mit der rechten Maustaste erhalten Sie Befehle zum angeklickten Element, diese bezeichnet man auch als Kontextmenü.

▶ Drücken Sie 1x kurz die rechte Maustaste, als Beispiel unten: Die Befehle zum Papierkorb anzeigen.

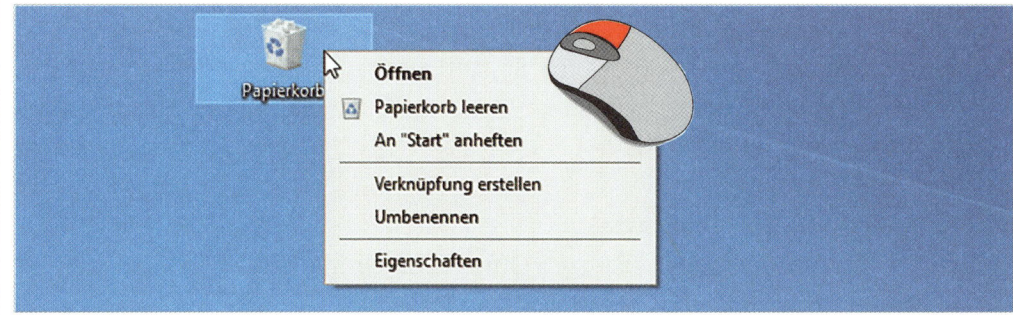

Bildschirmausschnitt verschieben (Scrollen)

Häufig kann der Inhalt nicht vollständig angezeigt werden, dann müssen Sie den sichtbaren Bildschirmausschnitt nach oben oder unten bzw. nach rechts oder links verschieben, dies bezeichnet man als Scrollen.

▶ Zeigen Sie in den betreffenden Bereich und drehen Sie das Mausrädchen.

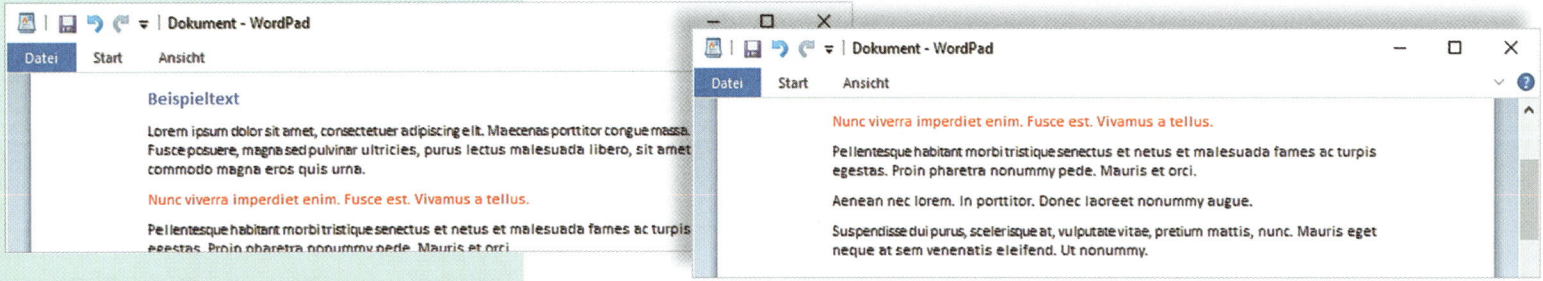

Touchpad

Ein Laptop oder Notebook kann zusätzlich oder anstelle einer Maus mit einem Touchpad bedient werden. Das Touchpad besteht aus einer berührungsempfindlichen Fläche und befindet sich unterhalb der Laptop-Tastatur. In das Touchpad integriert sind meist zwei Tasten, die Sie wie die linke und rechte Maustaste verwenden (siehe Maus). Die Bedienung ist ähnlich der Maus.

▶ Wenn Sie mit dem Zeigefinger leicht über die Fläche ❶ streichen, dann wandert auf dem Bildschirm der Mauszeiger mit.

▶ **Klicken:** Tippen Sie einmal leicht auf die Fläche ❶ oder drücken Sie die linke Taste ❷ .

▶ **Doppelklick:** Tippen Sie zweimal kurz hintereinander oder drücken Sie zweimal die linke Taste ❷ .

▶ **Rechtsklick:** Drücken Sie die rechte Taste ❸ .

▶ **Element verschieben, ziehen:** Drücken Sie die linke Taste ❷ und halten Sie die Taste gedrückt, gleichzeitig streichen Sie mit dem Finger über die Touchpad-Fläche ❶ (siehe Maus).

▶ **Scrollen:** Manchmal finden Sie auf dem Touchpad zusätzlich rechts einen vertikalen ❹ und am unteren Rand einen horizontalen Scrollbalken zum Verschieben des Bildschirmausschnitts. Falls nicht, müssen Sie den Scrollbalken des jeweiligen Fensters verschieben.

▶ Moderne Multi-Touchpads unterstützen auch Fingergesten, beispielsweise wischen oder zum Scrollen mit zwei Fingern ziehen.

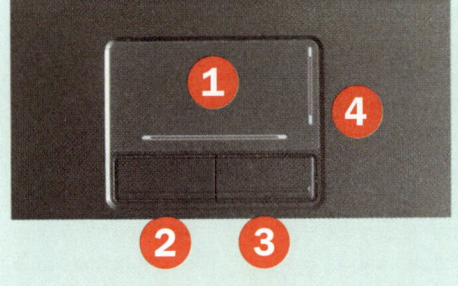

Tipp: Wenn Ihnen bei längerem Arbeiten am Computer die Bedienung des Touchpads zu umständlich oder zu langsam erscheint, dann schließen Sie einfach zusätzlich eine Maus an.

Anzeige durch Spreizen der Finger vergrö-
ßern/verkleinern.

Quelle: Wikipedia.

Nagelfluhkette im Landkreis Oberallgäu, in den St. Galler Vo
Napfbergland und Rigi. Sie gehören geologisch meist zur M
Vorkommen bekannt (Teufelskeller bei Baden). Ganz junge
Schotterflächen der Eiszeiten (z. B. der Günz-Kaltzeit) entst
wurde dieser Nagelfluh als einziger natürlicher Stein neben
abgebaut und verwendet; e   Bestandsaufnahme für den L
Nagelfluh, scherzha uch a   ottsbeton bezeichnet,
Waschbeton: In einer   asse sind mäßig gut a
kurzem Flusstransport o   aßen (bis 50 cm) auch
sind oft steilstufig, („Fluh   sch für steilwandig). Im
„Nägelköpfe" aus dem Bin   meistens ein mergeliges

Die im nördlichen Alpenvorland vorkommende
Konglomerate werden als **Nagelfluh** bezeichr
Landkreis Oberallgäu, in den St. Galler Voralp
Toggenburg, im Napfbergland und Rigi. Sie g
Molasse, es sind jedoch auch jüngere Nagelfl
(Teufelskeller bei Baden). Ganz junge Nagelfl
Schotterflächen der Eiszeiten (z. B. der Günz-
Bereich der Endmoränen; dort wurde dieser N
Stein neben Kalktuff bis in die Mitte des 20. J
verwendet; eine Bestandsaufnahme für den L
unten.

1.2   Touchscreen und Fingerbedienung

Als Touchscreen bezeichnet man einen berührungsempfindlichen Bildschirm, mit
Tablet-PCs und einige Laptops ausgestattet sind. Anstelle von Maus und Tastatur
erfolgt dann die Bedienung des Computers durch Antippen und Wischbewegungen mit dem Finger direkt auf den Bildschirm. Die wichtigsten Gesten:

Antippen
▶   Zum Ausführen eines Befehls oder Starten einer App tippen Sie auf dem Bild-
    schirm mit dem Zeigefinger leicht auf diese Stelle. Dies entspricht dem einfa-
    chen Klicken mit der linken Maustaste.

Rechtsklick
▶   Berühren Sie auf das Element und halten Sie den Finger einige Sekunden ge-
    drückt.

Blättern
▶   Mit einer Wischbewegung von der Bildschirmmitte nach oben oder unten
    verschieben Sie den Bildschirmausschnitt (scrollen).

Zoom
▶   Berühren Sie den Bildschirm mit zwei Fingern und spreizen Sie die Finger zum
    Vergrößern bzw. führen zum Verkleinern Ihre Finger zusammen, siehe Abbil-
    dung links.

1.3 Tastatur

Eine Tastatur ist bei einem Laptop bereits im Gerät integriert, kann aber auch zusätzlich separat angeschlossen werden. Je nach Größe kann noch ein zusätzlicher
Ziffernblock vorhanden sein. Die Anordnung der übrigen Tasten ist immer gleich.

Wichtige Tasten in der Übersicht

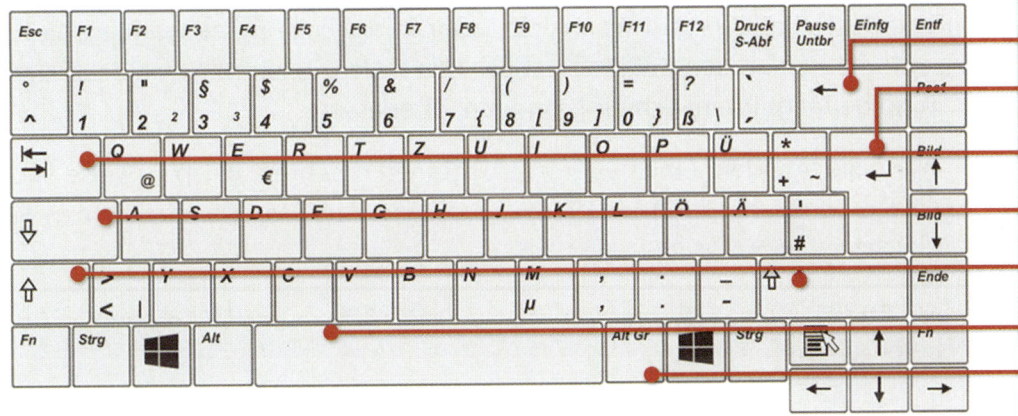

Korrekturtaste (Rückschritt-Taste)

Neuer Absatz / Neue Zeile

Tabulatortaste

Feststelltaste

Umschalt-Taste (Großschreibung) links
Umschalt-Taste (Großschreibung) rechts

Leer-Taste (Wortzwischenraum)

Drittbelegung eingeben

 Die Umschalt-Taste wird manch-
mal auch als Shift-Taste bezeich-
net

Großbuchstaben

Drücken Sie zuerst eine der *Umschalt*-Tasten und halten Sie diese gedrückt, während Sie einen Buchstaben tippen. Dann lassen Sie die Tasten wieder los.

Sonderzeichen (z. B. ! % ?)

Ausrufezeichen, Prozentzeichen und andere Sonderzeichen finden Sie als zweites
Zeichen auf den Tasten der Zahlenreihe. Zur Eingabe dieser Zeichen benötigen Sie
genau wie für Großbuchstaben die *Umschalt*-Taste.

Achtung Feststelltaste!

Die *Feststelltaste* schaltet um auf dauerhafte Großschreibung und Sie erzeugen dieses bEISPIEL. Meist wird die Feststelltaste versehentlich aktiviert, zum Ausschalten drücken Sie einfach nochmals die Feststelltaste. Die aktivierte Feststelltaste ist auch an einer Kontrollleuchte der Tastatur zu erkennen.

Eine neue Zeile beginnen

Schreibprogramme berücksichtigen automatisch das Ende einer Zeile. Sobald während des Schreibens ein Wort nicht mehr in die Zeile passt, wandert dieses Wort automatisch an den Beginn der nächsten Zeile. Sie können also die Zeilenschaltung beruhigt Ihrem Schreibprogramm überlassen.

Die Eingabetaste wird auch als En-
ter- oder Return-Taste bezeichnet.

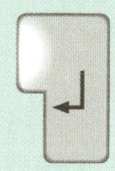

▶ Wenn Sie trotzdem eine neue Zeile beginnen möchten, beispielsweise nach einer Überschrift, dann betätigen Sie die *Eingabetaste*. Damit beenden Sie gleichzeitig den Absatz.

▶ Neben der Texteingabe dient die *Eingabetaste* auch dazu, einen markierten Befehl auszuführen.

Buchstaben löschen

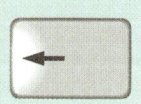

Wenn Sie sich während der Eingabe vertippt haben, dann drücken Sie die *Korrektur-* oder Rückschritt-Taste (engl. Backspace), um das zuletzt eingegebene oder mehrere Zeichen wieder zu löschen.

Noch mehr Sonderzeichen

Das Eurozeichen € und das @-Zeichen, das Sie wahrscheinlich als Bestandteil von E-Mail-Adressen kennen, befinden sich auf den Tasten E und Q. Zur Eingabe dieser

Zeichen benötigen Sie zusätzlich die *Alt Gr* Taste. Halten Sie diese Taste gedrückt, während Sie auf die Buchstaben-Taste E oder Q tippen.

Größere Abstände zwischen Wörtern im Text

Die *Tabulator*-Taste (kurz: Tab-Taste) erzeugt größere Abstände, z. B. zwischen Wörtern. Jeder Tastendruck bewegt die Einfügemarke um 1,25 cm nach rechts.

Tastenkombinationen

Viele Befehle lassen sich über Tastenkombinationen schneller ausführen. Diese Kombinationen bestehen meist aus einem Buchstaben in Verbindung mit der Strg-, der Alt- oder der Windows-Taste .

So geben Sie eine Tastenkombination ein, Beispiel und E:

Drücken Sie die Windows-Taste und halten Sie die Taste gedrückt, während Sie kurz die zweite Taste E drücken. Dann lassen Sie beide Tasten los.

Eine Übersicht über nützliche Tastenkombinationen finden Sie am Ende dieses Buches.

> **Tipp:** Auf einer Laptop-Tastatur befindet sich noch die *Fn* (Funktions) Taste. Mit dieser Taste zusammen mit einer zweiten Taste können Sie zusätzliche Funktionen mit der Tastatur ausführen, zum Beispiel Bildschirm-Helligkeit oder Lautstärke regeln. Allerdings ist die Belegung der Tasten je Hersteller unterschiedlich.

Bildschirmtastatur

Einige PCs mit Touchscreen, zum Beispiel Tablet-PCs, besitzen keine integrierte Tastatur. In diesem Fall verwenden Sie die Bildschirm-Tastatur. Diese wird meist au-

Windows 10 bietet inzwischen verschiedene Bildschirmtastaturen zur Auswahl an. Details dazu lesen Sie in Kapitel 6.4 auf Seite 193.

Tipp: Wählen Sie durch Antippen oder Anklicken eine Kategorie aus ❻, hier als Beispiel Fahrzeuge. Weitere Symbole erscheinen, wenn Sie mit dem Finger nach rechts oder links wischen oder bei der Maus das Rädchen drehen.

tomatisch eingeblendet, sobald Sie in ein Eingabefeld tippen, zum Beispiel wenn die Eingabe eines Kennwortes erforderlich ist. Zudem ist in der rechten unteren Ecke des Bildschirms ein kleines Tastatursymbol ⌨ sichtbar, das Sie nur antippen brauchen, um die Tastatur einzublenden.

▶ Auf den ersten Blick fehlen der Bildschirmtastatur die Zahlen. Zum Einblenden von Zahlen und Sonderzeichen anstelle der Buchstaben, betätigen Sie die Taste *&123* ❶.

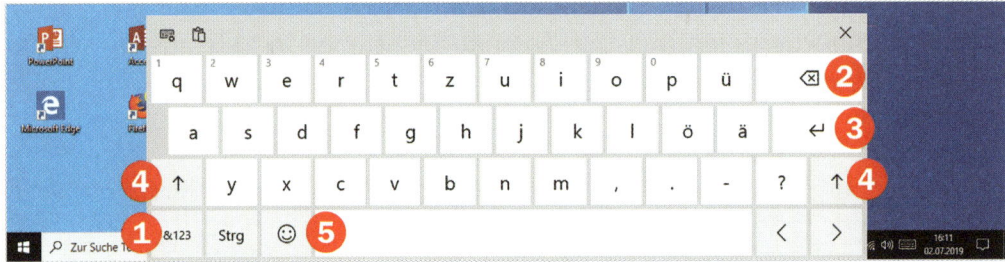

- Wie auf jeder Tastatur finden Sie auch hier eine Korrekturtaste ❷, die Eingabetaste ❸ und zwei Tasten zur Eingabe von Großbuchstaben ❹ (Umschalt- oder Shift-Taste).

- Mit dieser Taste ❺ können Sie eine Tastatur mit Symbolen anzeigen.

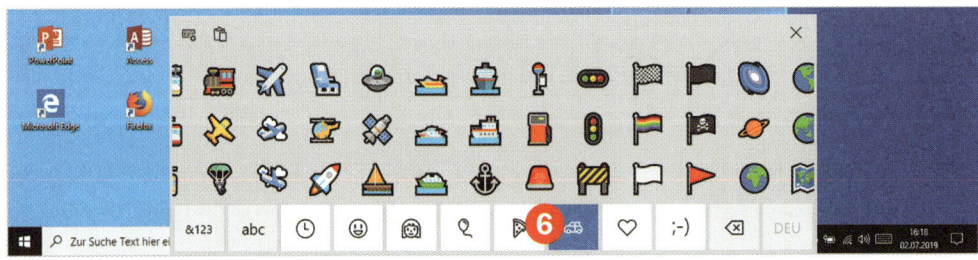

2 Der erste Start

Sie lernen...

- welche Einstellungen Sie beim ersten Start von Windows vornehmen müssen

- wozu Sie ein Microsoft-Konto benötigen

- wie Sie ein Microsoft-Konto einrichten

Was Sie bereits wissen sollten...

- Umgang mit Maus, Touchpad oder Touchscreen

Die folgenden Einstellungen müssen nur beim ersten Mal vorgenommen werden. Falls dies bereits geschehen ist, können Sie also dieses Kapitel beruhigt übergehen.

Bei der Anmeldung mit einem lokalen Konto müssen Sie auf einige Funktionen verzichten, darunter...

- OneDrive, den kostenlosen zusätzlichen Online-Speicher in der Cloud,

- die Möglichkeit, weitere Apps aus dem Microsoft Store zu beziehen.

Grundeinstellungen beim ersten Start

Beim Kauf eines neuen Computers befindet sich Windows 10 in den allermeisten Fällen bereits auf dem Gerät. Allerdings sind noch einige persönliche Einstellungen und Anpassungen nötig; diese werden automatisch angefordert, nachdem Sie den Computer zum ersten Mal eingeschaltet haben.

Haben Sie ein Microsoft-Konto?

Windows 10 erfordert grundsätzlich eine Anmeldung am Computer, dazu sollten Sie über ein Microsoft-Konto verfügen. Ein solches Konto ist kostenlos und schnell erstellt, vielleicht haben Sie aber auch bereits ein solches Konto?

- Wenn Sie Windows 10 bereits auf einem anderen Gerät nutzen oder genutzt haben, dann verfügen Sie meist auch über ein Microsoft-Konto und können dieses verwenden.

- Besitzen Sie eine E-Mail-Adresse? Wenn diese eine der folgenden Endungen aufweist, dann handelt es sich um ein Microsoft-Konto: @hotmail.de; @hotmail.com; @live.de; @outlook.de oder @outlook.com.

- Haben Sie noch kein Microsoft-Konto, dann erstellen Sie ein solches Konto während des Einrichtungsvorgangs. Dazu sind nur wenige Schritte erforderlich, die genaue Vorgehensweise finden Sie ab Seite 34.

Anmeldung ohne Microsoft-Konto

Sie können sich auch ohne Microsoft-Konto am Computer anmelden, dann benutzen Sie zur Anmeldung ein sogenanntes lokales Konto. Eine Beschreibung der erforderlichen Schritte finden Sie am Ende dieses Kapitels ab Seite 48.

2.1   Allgemeine Einstellungen

Internetverbindung

Im Laufe der Ersteinrichtung werden Sie auch aufgefordert, eine Verbindung zum Internet herzustellen. Bei mobilen Geräten, z. B. Laptop, Notebook oder Tablet geschieht dies in der Regel über ein kabelloses Netzwerk, ein sogenanntes WLAN. Sofern Ihr Router bereits fertig eingerichtet ist, benötigen Sie zum Herstellen der Verbindung nur den Namen Ihres WLAN und das dazugehörige Kennwort.

▶ Windows blendet eine Liste der verfügbaren WLANs in Reichweite ein ❶. Tippen oder klicken Sie auf Ihr WLAN.

▶ Klicken Sie bei *Automatisch verbinden* ❷ in das Kästchen. Wenn hier ein Häkchen erscheint, so bedeutet dies, dass sich Ihr Computer das nächste Mal automatisch mit diesem WLAN verbindet. Tippen oder klicken Sie dann auf *Verbinden*. Geben Sie anschließend Ihren Netzwerkschlüssel, bzw. das Kennwort Ihres WLAN ein ❸ und klicken Sie auf *Weiter*. Wenn das Kennwort korrekt war, dann sind Sie jetzt mit über Ihren Router mit dem Internet verbunden.

Kein Internetanschluss?

Sollte keine Internetverbindung verfügbar sein, so können Sie trotzdem fortfahren. Allerdings kann in diesem Fall kein Microsoft-Konto zur Anmeldung erstellt werden, sondern nur ein sogenanntes lokales Konto (Offlinekonto). Wie Sie dabei vorgehen, lesen Sie am Ende dieses Kapitels auf Seite 48.

Ein lokales Konto kann nachträglich jederzeit in ein Microsoft-Konto umgewandelt werden, Näheres hierzu in Kapitel 10.1.

WLAN ist die Abkürzung für den englischen Begriff Wireless Local Area Network, zu deutsch ein kabelloses lokales Netzwerk. Manchmal wird statt WLAN auch der Begriff WiFi verwendet.

Ein Router regelt den Datenverkehr und ist wichtiger Bestandteil eines Netzwerks.

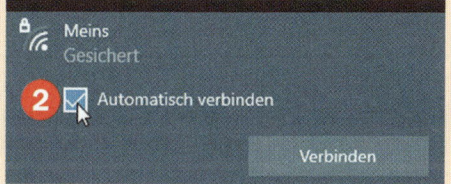

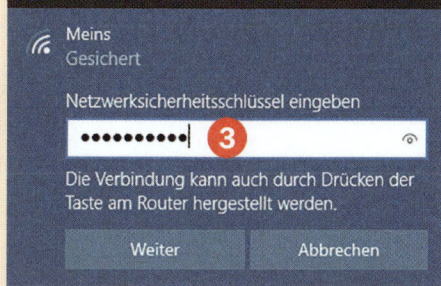

Region und Tastatursprache auswählen

Im ersten Schritt müssen Sie Ihr Land angeben. Danach richtet sich z. B. die Schreibweise von Datum und Zahlen sowie das standardmäßig verwendete Währungssymbol.

▶ Klicken Sie bei der Frage nach der Region auf *Deutschland* ❶ und dann auf die Schaltfläche *Ja* ❷.

Von der Wahl des Landes bzw. der Region ist nicht nur die Sprache, sondern eine Reihe weiterer Einstellungen abhängig.

Jede Sprache verwendet eine etwas andere Anordnung der Tasten auf der Tastatur. So sind beispielsweise auf einer englischen Tastatur die Tasten z und y vertauscht und Umlaute wie ä, ö, ü fehlen.

Achten Sie daher darauf, dass im nächsten Schritt das Tastaturlayout richtig gewählt wird.

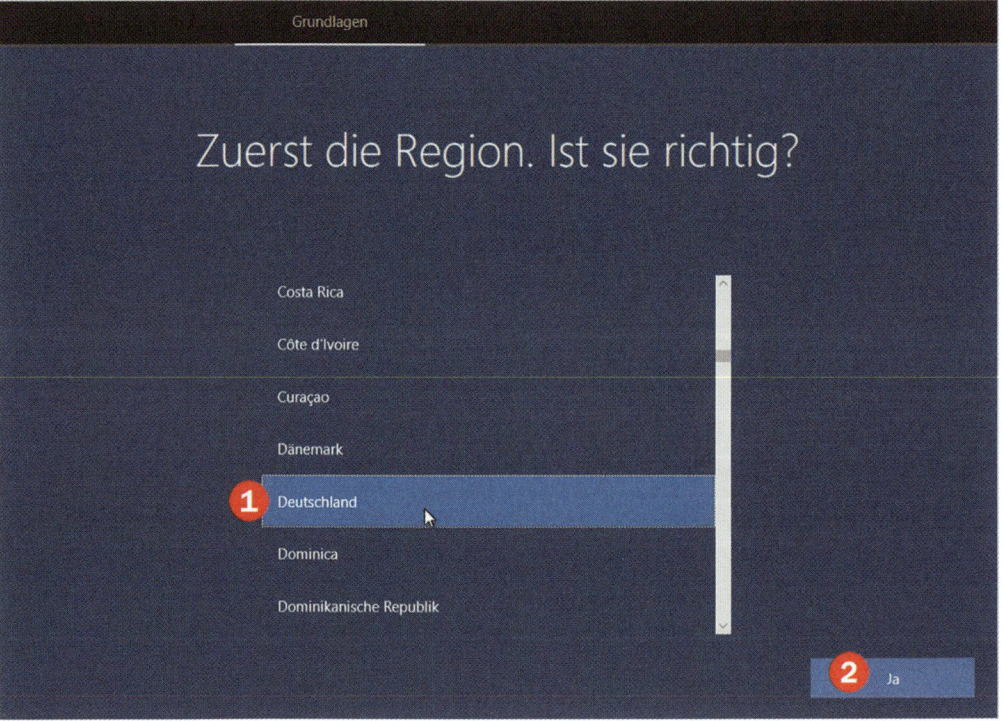

▶ Anschließend wird *Deutsch* ❸ automatisch als Tastaturlayout vorgeschlagen, Sie brauchen also nur zur Bestätigung auf *Ja* klicken.

▶ Anschließend werden Sie gefragt, ob Sie ein zweites Tastaturlayout hinzufügen möchten. Da ein solches in der Regel nicht benötigt wird, klicken Sie auf *Überspringen* ❹.

Sollte in Ausnahmefällen ein anderes Tastaturlayout vorgeschlagen werden oder Sie benötigen ein anderes, dann klicken Sie zuerst auf dieses, bevor Sie auf Ja klicken.

Da die Liste sehr lang ist, geht die Suche am schnellsten, wenn Sie den Mauszeiger über der Liste positionieren und dann das Mausrädchen drehen (scrollen).

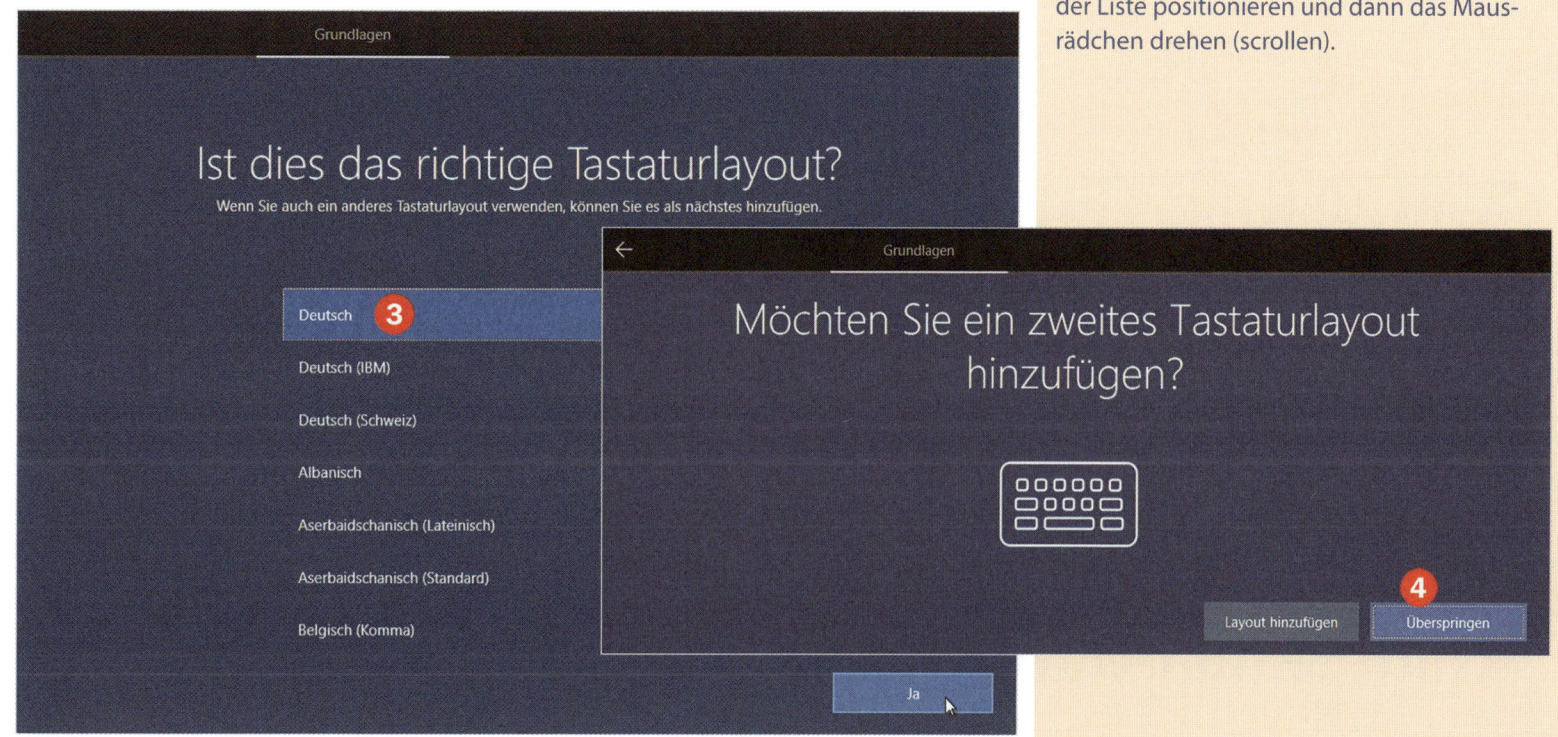

Wir gehen in diesem Buch davon aus, dass Sie Ihren Computer privat und unabhängig von einer Firma nutzen.

Für eine Organisation einrichten wird nur benötigt, wenn Sie Zugriff auf Firmenressourcen erhalten möchten. In diesem Fall ist auch eine spezielle Anmelde-ID erforderlich, die Sie vom System-Administrator Ihrer Firma erhalten.

Wie möchten Sie den PC einrichten?

Im nächsten Schritt geben Sie an, wie Sie den PC einrichten möchten: Für private Verwendung oder benötigen Sie auch Zugriff auf ein Firmennetzwerk?

▶ Wenn Sie Ihren Computer privat nutzen, dann klicken oder tippen Sie auf *Für persönliche Verwendung einrichten* ❺ und klicken Sie dann auf *Weiter*.

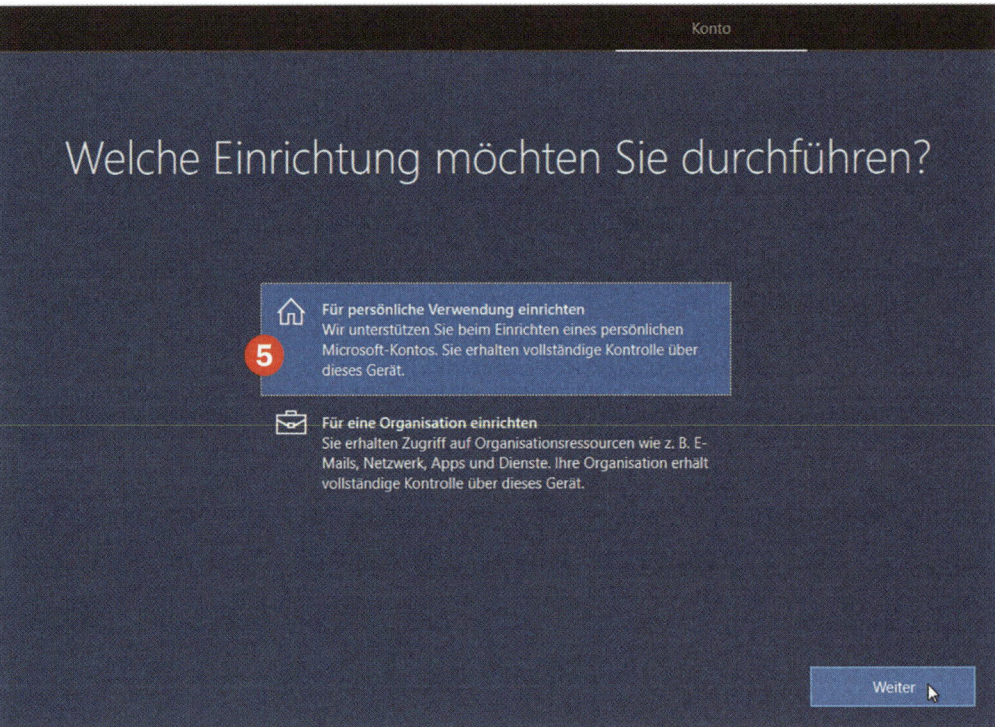

2.2   Ihr Konto zur Anmeldung

Als Nächstes wird ein Konto für Ihre künftige Anmeldung am PC eingerichtet.

▶ Wenn Sie über ein Microsoft-Konto verfügen (siehe Seite 28), dann geben Sie die dazugehörige E-Mail Adresse in das Feld ❶ ein und klicken auf *Weiter*.

▶ Geben Sie anschließend das Kennwort Ihres Microsoft-Kontos in das Feld ein ❷ und klicken Sie erneut auf *Weiter*. Lesen Sie dann weiter auf Seite 38.

Tipp: Wenn Sie auf das Auge rechts im Einga- befeld tippen oder klicken und kurz dort ver- weilen, dann erscheint zur besseren Kontrolle kurzzeitig das Kennwort statt der Punkte.

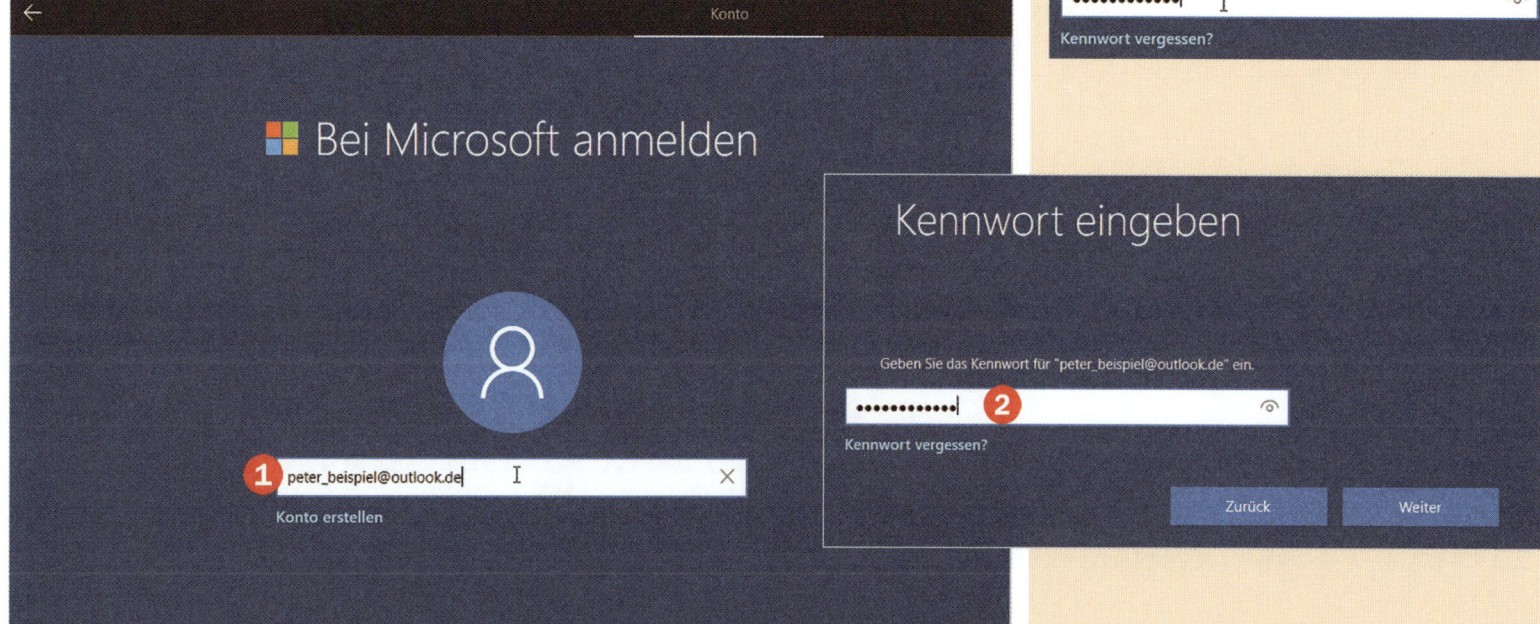

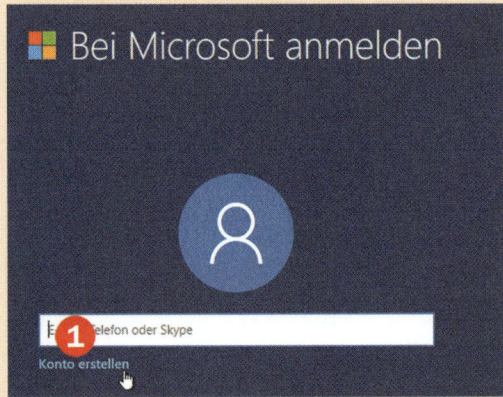

Die E-Mail Adresse kann bei jedem beliebigen Anbieter registriert sein, z. B. bei t-online oder gmail.

Ein Microsoft-Konto erstellen

▶ Wenn Sie kein Microsoft-Konto besitzen, dann lassen Sie das Feld *E-Mail* leer und klicken stattdessen unterhalb auf *Konto erstellen* ❶.

E-Mail Adresse

▶ Zur Erstellung des Kontos ist eine E-Mail Adresse erforderlich. Wenn Sie eine E-Mail-Adresse besitzen, dann tippen Sie die vollständige Adresse in das Feld ❷ ein, z. B. peter.muster@t-online.de, und klicken auf *Weiter*.

Neue E-Mail Adresse erstellen

▶ Falls Sie noch keine E-Mail Adresse haben oder zusammen mit dem Microsoft-Konto eine neue Adresse registrieren möchten, dann lassen Sie das Feld ❷ leer und klicken auf *Neue E-Mail-Adresse anfordern* ❸.

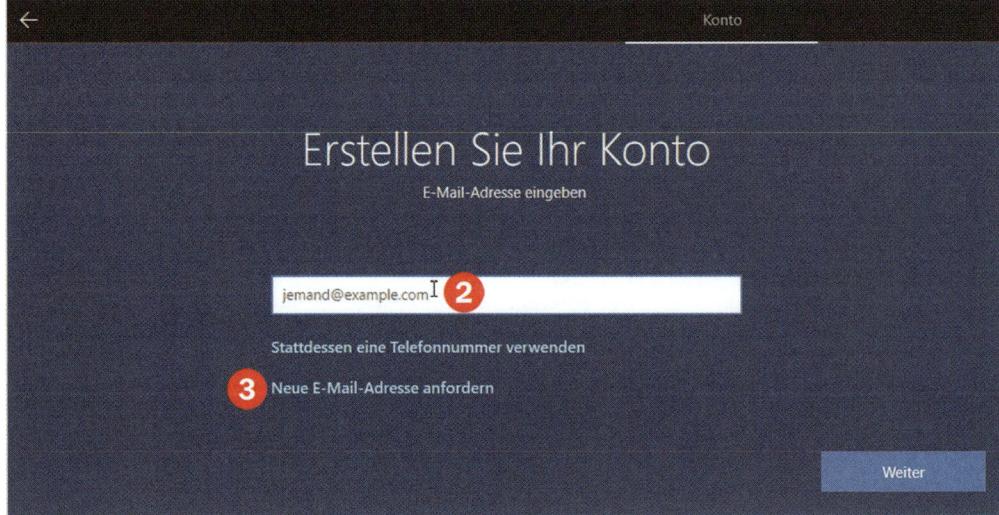

▶ Tippen Sie in das Feld *Neue E-Mail* Ihre Wunschadresse ein ❹, die Endung @outlook.de ist bereits vorgegeben, und klicken Sie auf *Weiter*.

Sollte die gewünschte Adresse bereits vergeben sein, so erhalten Sie eine entsprechende Meldung. Probieren Sie es in solchen Fällen erneut mit einer etwas anderen Schreibweise oder fordern Sie Vorschläge für verfügbare, ähnlich lautende Namen an.

Weitere Endungen stehen nach einem Klick auf den nach unten weisenden Pfeil zur Auswahl.

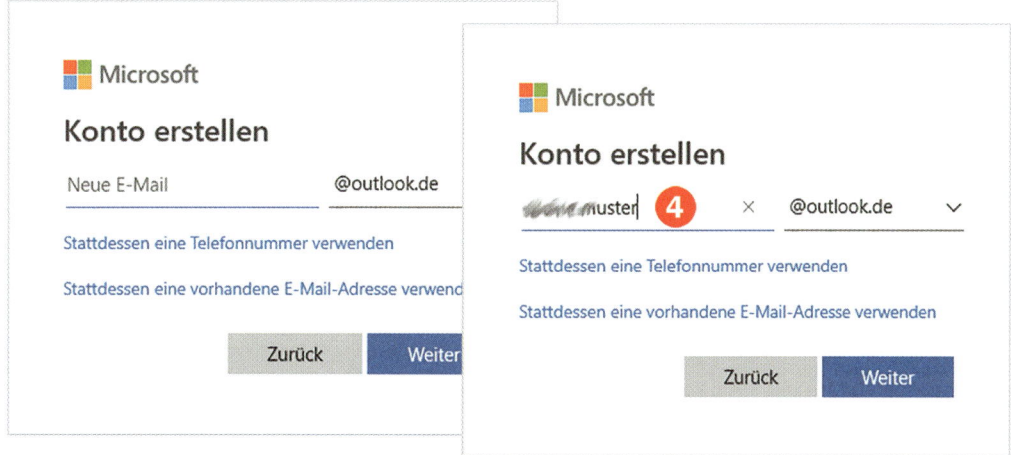

Beachten Sie die Regeln für E-Mail Adressen:
- Keine Leerzeichen
- Groß- und Kleinschreibung spielt keine Rolle
- Als Sonderzeichen sind nur Punkt, Bindestrich und Unterstrich_ erlaubt

Kennwort festlegen

▶ Anschließend werden Sie aufgefordert, ein Kennwort für das Microsoft-Konto festzulegen. Das Kennwort können Sie frei wählen ❺, sollten aber zum Schutz Ihrer Daten auf ein möglichst sicheres Kennwort achten. Verwenden Sie also als Kennwort nicht ausgerechnet Ihren oder den Namen Ihres Partners oder Ihr Geburtsdatum!

Ein gutes Kennwort sollte...
- mindestens 10 Zeichen lang sein
- Groß- und Kleinbuchstaben, Ziffern und Sonderzeichen enthalten.

Notieren Sie E-Mail-Adresse und Kennwort Ihres Microsoft-Kontos auf einem Blatt Papier und verwahren Sie es sorgfältig an einem sicheren Ort!

Tipp: Wenn Sie zur Kontrolle Ihr Kennwort statt der Punkte anzeigen möchten, dann klicken Sie auf das Symbol Auge ❻.

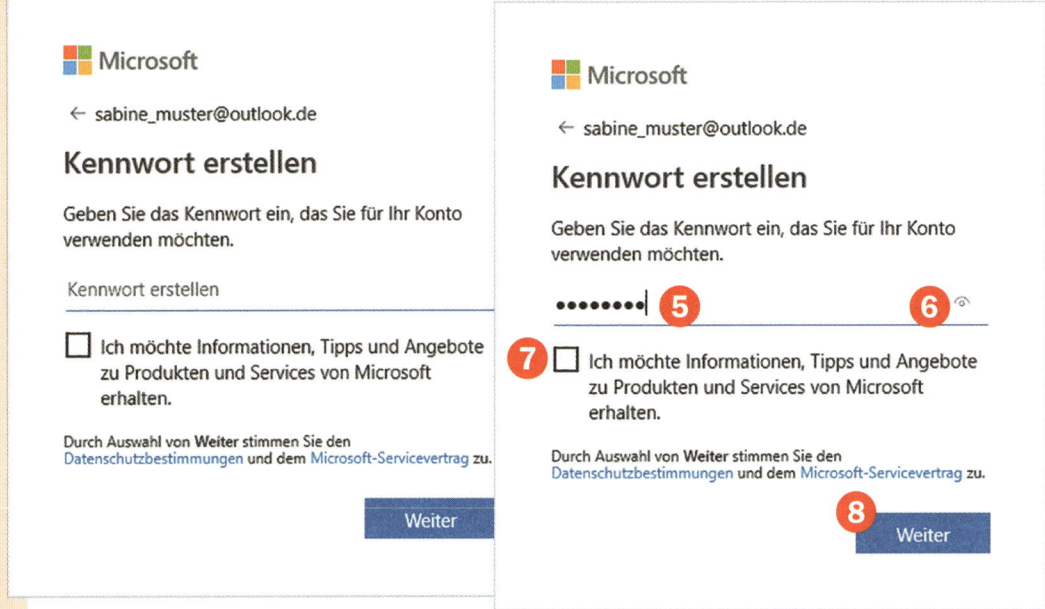

Falls Sie möchten, können Sie durch Anklicken des Kästchens ❼ angeben, ob Sie Informationen und Angebote bzw. Werbung von Microsoft erhalten möchten.

▶ Klicken Sie auf *Weiter* ❽. Damit stimmen Sie dem Microsoft-Servicevertrag und den Datenschutzbestimmungen zu.

▶ Im nächsten Schritt ist die Angabe Ihres Namens erforderlich.

▶ Nachdem Sie auf *Weiter* geklickt haben, müssen Sie noch Land und Ihr Geburtsdatum angeben. Das Land ist meist bereits ausgewählt, zur Auswahl Ihres Geburtsdatums klicken Sie in das jeweilige Feld. Klicken Sie dann erneut auf *Weiter*.

Hinweis: Das Geburtsdatum ist eine wichtige Information, falls Sie einmal das Kennwort Ihres Microsoft-Kontos vergessen sollten. Damit Sie trotzdem wieder auf Ihr Microsoft-Konto zugreifen können, werden Sie in diesem Fall bei der Wiederherstellung unter anderem auch nach Ihrem Geburtsdatum gefragt.

Beachten Sie: Die PIN ersetzt das Kennwort Ihres Microsoft-Kontos nur zur Anmeldung an diesem PC. Falls Sie das Microsoft-Konto auch noch auf anderen Geräten nutzen, können Sie für diese eine gesonderte PIN festlegen.

Wie Sie Ihre PIN nachträglich ändern, lesen Sie in Kapitel „10.1 Einstellungen Ihres Benutzerkontos ändern" auf Seite 368.

PIN erstellen

Im nächsten Schritt legen Sie Ihre persönliche PIN fest. Dabei handelt es sich um eine vierstellige, frei wählbare Zahl, die Sie künftig statt Ihres Kennworts zur Anmeldung am PC verwenden können.

▶ Klicken Sie auf *PIN erstellen* ❶ und geben Sie im nachfolgenden Fenster eine vierstellige Zahl in das Feld ❷ ein. Aus Sicherheitsgründen müssen Sie die PIN im Feld darunter ein zweites Mal eingeben. Klicken Sie dann auf *OK* ❸.

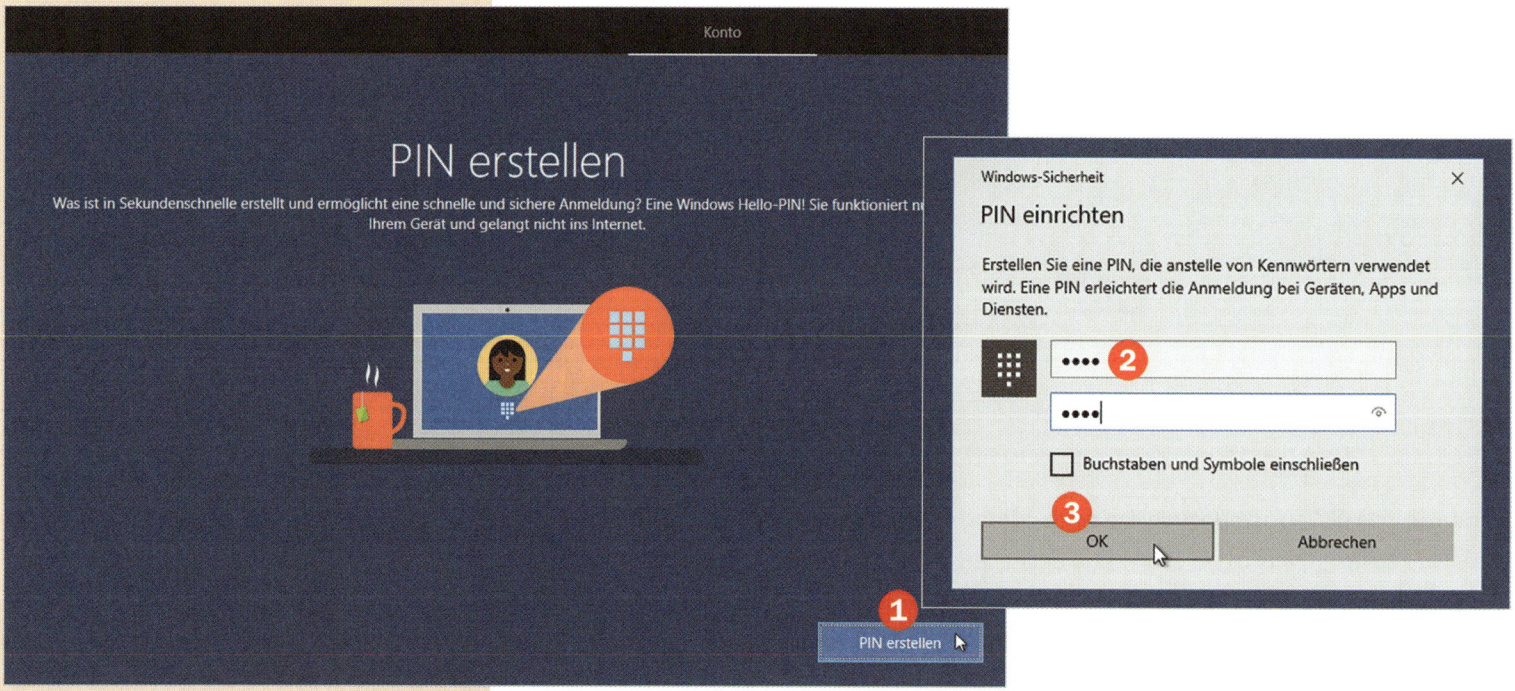

2.3   Dienste einrichten

Nach dem Einrichten Ihres Kontos geben Sie an, welche Dienste Sie nutzen möchten und treffen einige Entscheidungen zum Datenschutz. Alle Einstellungen können aber auch zu einem späteren Zeitpunkt aktiviert oder deaktiviert werden.

Geräteübergreifender Aktivitätsverlauf
Falls Sie mehrere Geräte mit Windows und Ihrem Microsoft-Konto nutzen, dann sorgt der geräteübergreifende Aktivitätsverlauf dafür, dass Sie die Arbeit auch auf einem anderen Gerät fortsetzen können.

▶   Wenn Sie dies nicht benötigen oder nur einen einzigen PC nutzen, dann klicken Sie auf *Nein*.

Nutzen Sie den geräteübergreifenden Aktivitätsverlauf

Wenn Sie möchten, dass die Zeitachse und andere Windows-Features Ihnen dabei helfen, Ihre Tätigkeit auch dann fortzusetzen, wenn Sie das Gerät wechseln, senden Sie ihren Aktivitätsverlauf, der Informationen zu den von Ihnen besuchten Websites und Ihrer Verwendung von Apps und Diensten enthält, an Microsoft. Unter **Weitere Informationen** erfahren Sie mehr darüber, wie Microsoft-Produkte und -Dienste diese Daten unter Wahrung Ihrer Privatsphäre verwenden.

Weitere Informationen   Nein   Ja

Hinweis: Einige der nachfolgenden Einstellungen und Dienste werden möglicherweise erneut nach einer Aktualisierung von Windows abgefragt.

Beispielsweise sehen Sie beim geräteübergreifenden Aktivitätsverlauf unabhängig vom Gerät, welche Webseiten Sie zuletzt besucht und welche Dateien Sie bearbeitet haben.

Sie können Ihr Handy auch nachträglich mit Windows 10 verknüpfen.

Falls Sie Ihr Handy bereits jetzt verknüpfen möchten, so geben Sie Ihre Handynummer in die Felder ❷ ein und klicken auf *Senden*.

- Microsoft sendet an die angegebene Nummer eine SMS mit einem Link zur entsprechenden Microsoft App. Installieren Sie diese und melden Sie sich hier mit Ihrem Microsoft-Konto an.

- Anschließend lassen sich Webseiten aus dem Browser Ihres Handys über die Funktion *Teilen* an den PC senden.

Als Server bezeichnet man ganz allgemein Computer, die in einem Netzwerk verschiedene Dienste für andere Computer bereitstellen. So befinden sich beispielsweise die Webseiten, die Sie beim Surfen im Internet betrachten, auf sogenannten Webservern.

Windows 10 mit dem Smartphone verknüpfen

Bei der Ersteinrichtung erhalten Sie auch Gelegenheit, Windows 10 mit Ihrem Smartphone (Android oder iPhone) verknüpfen. Da dies im Moment nicht unbedingt erforderlich ist, klicken Sie auf *Später erledigen* ❶.

Den Online-Speicher OneDrive als Standardspeicher festlegen

Zusammen mit Ihrem Microsoft-Konto steht Ihnen zum Speichern Ihrer Daten unter dem Namen OneDrive kostenloser Speicherplatz auf einem Microsoft-Server im Internet ❶ zur Verfügung. Näheres hierzu lesen Sie in Kapitel 8 dieses Buches. Soll OneDrive beim Speichern automatisch als Speicherort vorgeschlagen werden, dann klicken Sie auf *Weiter* ❸. Wenn Sie OneDrive dagegen nicht oder nur selten nutzen möchten, dann klicken Sie auf *Dateien nur auf diesem PC speichern* ❷. In beiden Fällen können Sie trotzdem beim Speichern den Speicherort frei wählen.

Hinweis: Die nachfolgenden Einstellungen betreffen Schutz persönlicher Daten und können sich aufgrund häufiger Aktualisierungen von Windows geringfügig ändern. Möglicherweise werden Sie auch bei der Anmeldung nach einer solchen größeren Aktualisierung (dies bezeichnet man auch als Update) erneut nach den gewünschten Einstellungen gefragt.

Diese können Sie jederzeit auch nachträglich in den Einstellungen ändern. Näheres hierzu lesen Sie in Kapitel 10.

Eventuell wird Ihnen hier zusätzlich eine Testversion von Microsoft Office angeboten. Hierbei handelt es sich um ein kostenpflichtiges Paket verschiedener Programme, z. B. Word zum Schreiben von Texten oder PowerPoint, ein Programm zum Erstellen von Bildschirm-Präsentationen.

Hier gilt: Wenn bereits Microsoft Office auf Ihrem Computer installiert ist, können Sie das Angebot beruhigt ablehnen. Falls nicht und Sie Interesse daran haben, sollten Sie wissen, dass es sich um eine Testversion handelt, die nur für 30 Tage verwendet werden kann. Danach wird eine monatliche Gebühr fällig.

Auch die Reihenfolge, in der die Datenschutzeinstellungen abgefragt werden, kann sich geringfügig ändern.

Spracheingaben, Spracherkennung

Die Online-Spracherkennung sorgt dafür, dass Sie Ihrem Computer auch per Spracheingabe, bzw. mit Unterstützung der Sprachassistentin Cortana Befehle erteilen oder Texte diktieren können, allerdings werden dazu ihre Spracheingaben an Microsoft gesendet.

▶ Wenn Sie sicherheitshalber vorerst auf *Online-Sprecherkennung nicht verwenden* klicken, dann können Sie die Online-Spracherkennung auch nachträglich noch bei der ersten Spracheingabe oder Nutzung von Cortana aktivieren. Klicken Sie dann auf *Annehmen*.

Auch die Online-Spracherkennung können Sie in den Einstellungen jederzeit auch nachträglich aktivieren oder deaktivieren.

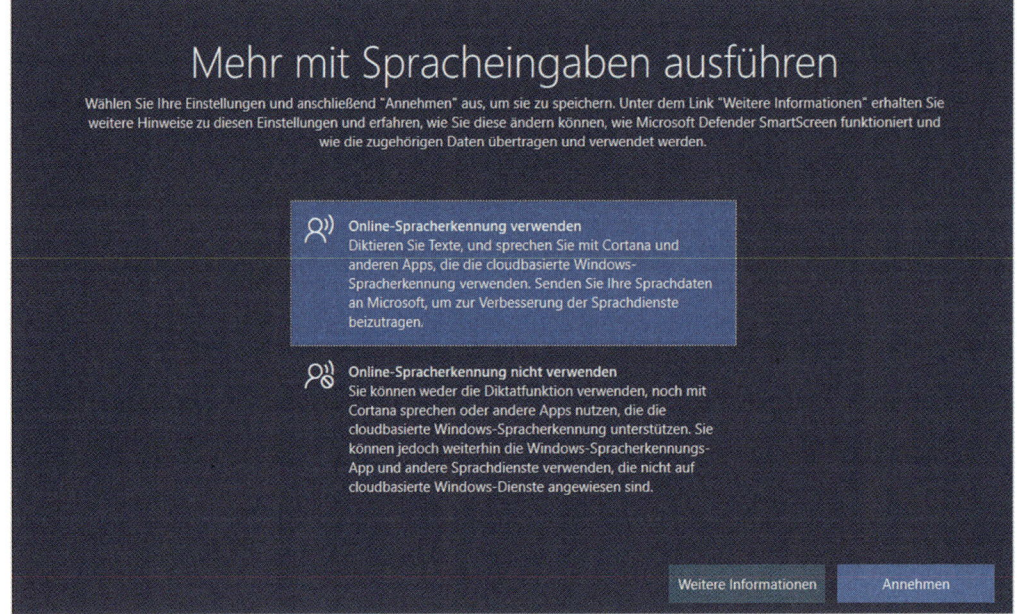

Verwendung des Standorts erlauben

Manche Apps können anhand Ihres Standorts Wetterbericht, Wegbeschreibungen oder Empfehlungen für nahe gelegene Restaurants erstellen. Auch zur Verwendung Ihres Standorts müssen Sie Ihre Erlaubnis erteilen.

▶ Klicken Sie auf *Ja* oder *Nein* und dann auf *Annehmen*.

Gerät suchen

Als Nächstes bietet Microsoft an, Ihr Gerät anhand der Standortdaten zu orten, falls Sie es einmal verlieren sollten.

▶ Falls Sie ein mobiles Gerät, z. B. Tablet, verwenden und dieses Angebot nutzen möchten, so klicken Sie auf *Ja*. Andernfalls klicken Sie auf *Nein* und dann auf *Annehmen*.

Auch bei der Ermittlung und Verwendung des Standorts gilt: Diese Erlaubnis kann auch nachträglich erteilt werden.

Wenn Sie eine App starten, die Ihren Standort verwenden möchte, z. B. Wetter, dann fragt diese beim ersten Mal, ob Ihr Standort verwendet werden darf.

Diagnosedaten senden

Bei auftretenden Fehlern und eventuellen Programmabstürzen sendet Windows automatisch Diagnosedaten an Microsoft. Diese dienen der Verbesserung von Windows und Beseitigung von Fehlern. In welchem Umfang Diagnosedaten gesendet werden sollen, legen Sie im nächsten Schritt fest.

▶ Mit der Auswahl *Einfach* beschränken Sie das Senden der Diagnosedaten auf das erforderliche Minimum. Klicken Sie dann auf *Annehmen*.

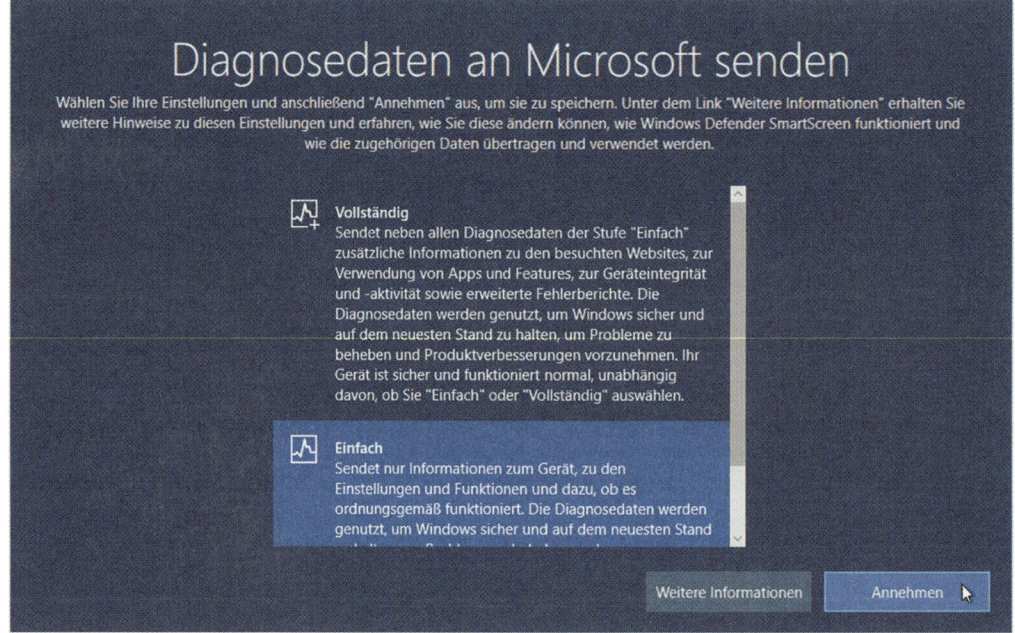

Eingabedaten senden

Mit Hilfe Ihrer Eingabedaten und Freihandeingaben auf einem Gerät mit einem berührungsempfindlichen Bildschirm (Touchscreen) kann Microsoft die Schrifterkennung und daraus resultierende Vorschläge verbessern. Zu diesem Zweck werden Ihre Eingaben an Microsoft gesendet sowie auf dem PC in einem Benutzerwörterbuch gespeichert und bei der Eingabe über die Bildschirmtastatur oder handschriftlichen Eingaben für Vorschläge genutzt.

▶ Dies ist in erster Linie auf Geräten mit Fingerbedienung sinnvoll. In den anderen Fällen können Sie auf *Nein* klicken, die Funktionsfähigkeit Ihres PCs wird dadurch nicht beeinträchtigt. Klicken Sie anschließend auf *Annehmen*.

Persönliche Tipps und Empfehlungen erhalten

Aufgrund Ihrer, an Microsoft gesendeten, Diagnosedaten können Sie entsprechend angepasste Empfehlungen und Tipps, also Werbung erhalten.

▶ Auch hier gilt: Wenn Sie Wert auf den Schutz persönlicher Daten legen, dann klicken Sie auf *Nein* und dann auf *Annehmen*.

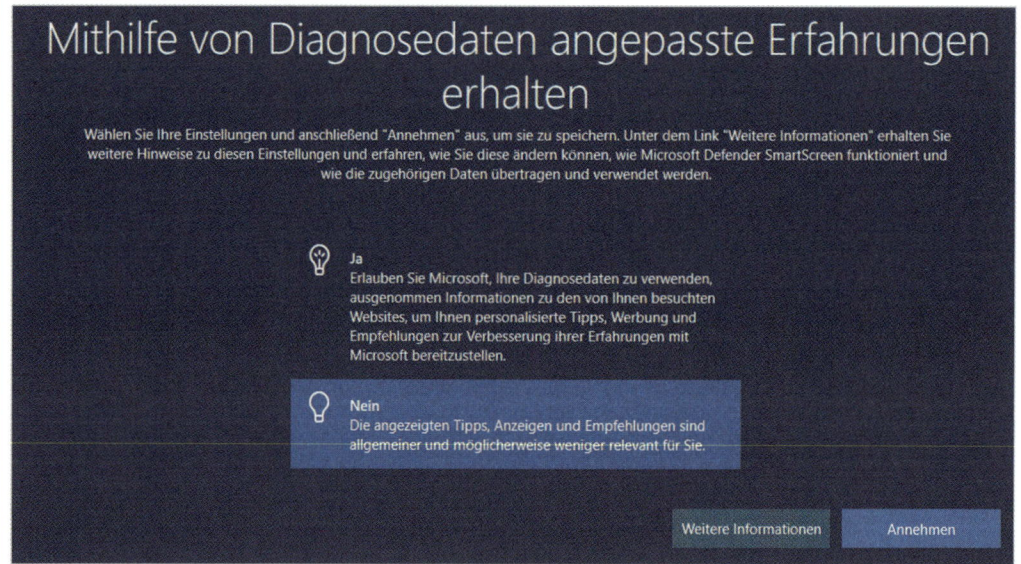

Die Verwendung von Werbe-IDs erlauben

Die letzte Frage lautet, ob Sie einzelnen Apps, gemeint sind Programme mit denen Sie beispielsweise im Internet surfen erlauben, Werbung anzuzeigen, die auf Sie zugeschnitten ist. Wenn Sie sich beispielsweise im Internet über Kreuzfahrten informieren, dann können auch andere Apps Werbung für Kreuzfahrten oder einen bestimmten Reiseveranstalter anzeigen.

▶ Wenn Sie keine personalisierte Werbung wünschen, dann sollten Sie auf *Nein* und anschließend auf *Annehmen* klicken.

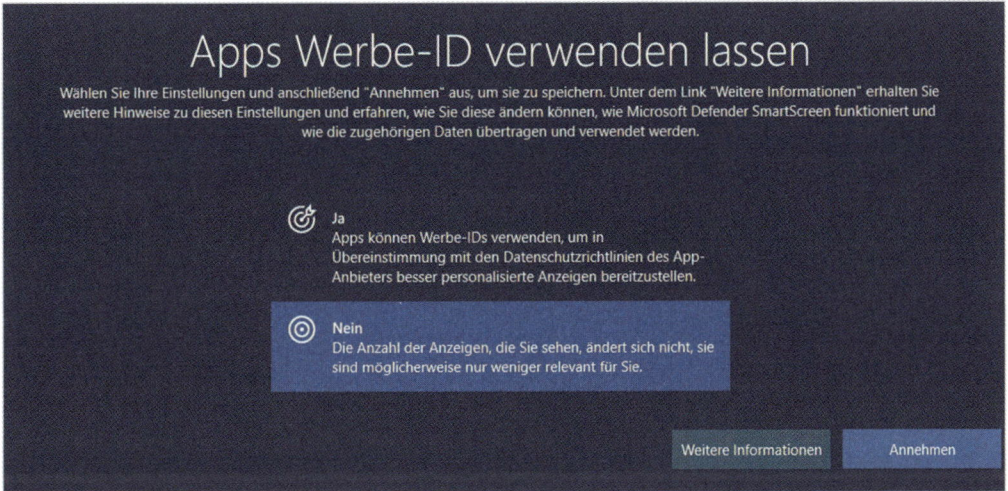

Ersteinrichtung abschließen

Zuletzt öffnet sich die App Microsoft Edge mit einem Willkommensgruß (*Welcome to Microsoft Edge*), leider zunächst auf englisch, und fordert Sie auf die Sprache zu wählen.

▶ Klicken oder tippen Sie in das Feld ❶. Es öffnet sich eine Liste verschiedener Sprachen, klicken Sie hier auf *Deutschland* ❷.

▶ Klicken Sie auf *Get started* ❸, was auf deutsch so viel heißt wie „Loslegen".

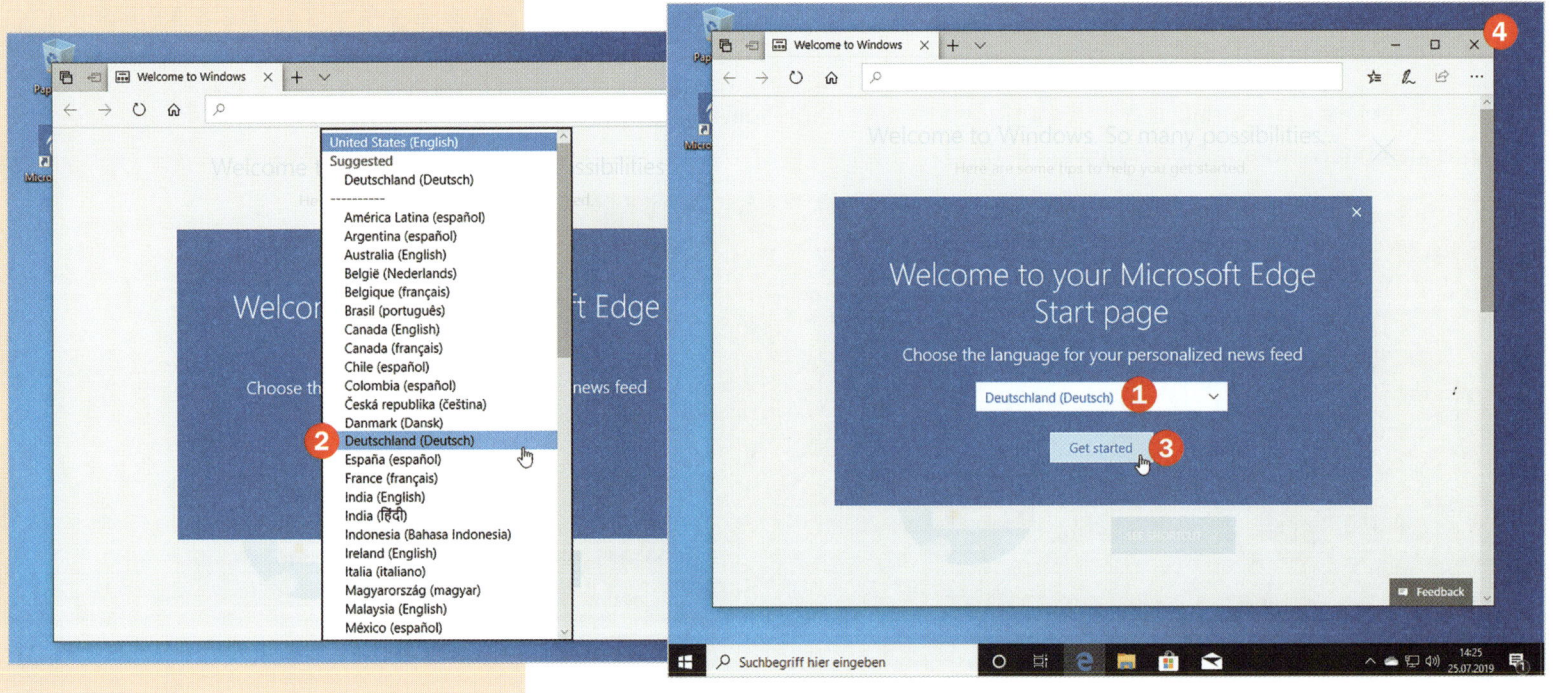

▶ Schließen Sie dann das Willkommensfenster, indem Sie in der rechten oberen Ecke auf das Symbol ✕ ④ klicken.

2.4 Ein lokales Konto einrichten

Sie können Windows auch ohne Microsoft-Konto nutzen. Dann richten Sie bei der Ersteinrichtung ein sogenanntes lokales Konto (Offinekonto) ein, das Sie künftig zur Anmeldung verwenden. In diesem Fall ist auch keine Internetverbindung erforderlich. Ein lokales Konto bietet maximalen Schutz Ihrer persönlichen Daten, allerdings müssen Sie dann auf die digitale Assistentin Cortana und den Online-Speicher OneDrive verzichten.

So gehen Sie beim Einrichten eines lokalen Kontos vor:

▶ Lassen Sie beim Schritt *Bei Microsoft anmelden* das Feld *E-Mail* ❶ leer und klicken Sie stattdessen auf *Offlinekonto* ❷.

▶ Legen Sie einen Benutzernamen zur Anmeldung fest, eine E-Mail Adresse ist in diesem Fall nicht erforderlich.

Ein lokales Konto können Sie natürlich auch erstellen, wenn eine Verbindung zum Internet besteht.

Die nachträgliche Umwandlung in ein Microsoft-Konto ist jederzeit möglich.

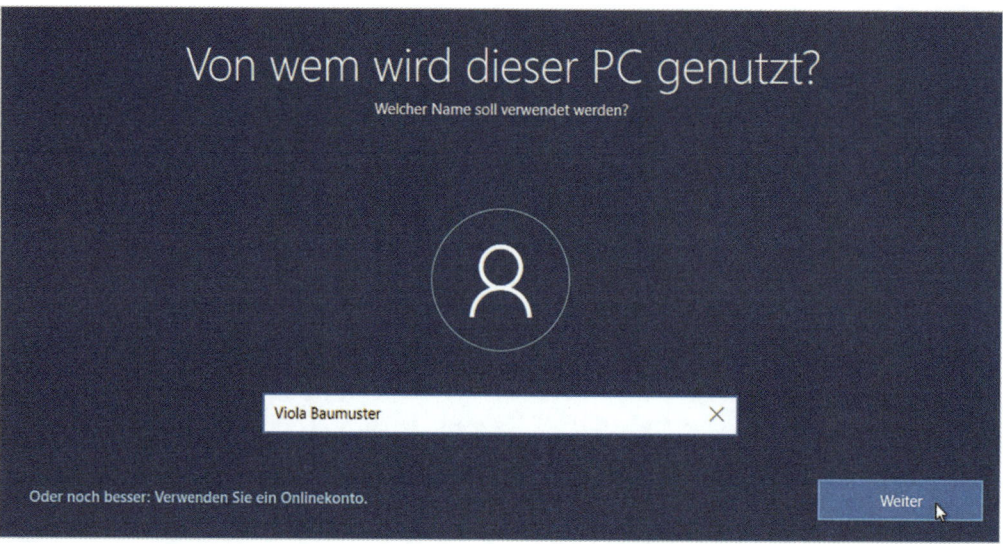

▶ Klicken Sie auf *Weiter*. Im nächsten Schritt werden Sie aufgefordert, ein Kennwort festzulegen. Dieses Kennwort müssen Sie nun bei jeder Anmeldung erneut eingeben.

Falls Sie einmal Ihr Kennwort vergessen haben sollten: Damit Sie sich trotzdem noch am PC anmelden können und Zugriff auf Ihre Daten erhalten, müssen Sie anschließend drei Sicherheitsfragen auswählen und die dazugehörigen Antworten hinterlegen.

3   Die ersten Schritte

Sie lernen...

- wie Sie sich am Computer anmelden
- Apps starten und beenden
- zwischen geöffneten Apps wechseln
- die Arbeit am Computer beenden und den Computer herunterfahren

Was Sie bereits wissen sollten...

- Umgang mit Maus, Touchpad oder Touchscreen

3.1   Starten und Anmelden

Öffnen Sie die Klappe Ihres Laptops und drücken Sie den Einschalt-Knopf. Dieser befindet sich meist oberhalb der Tastatur.

Der Sperrbildschirm

Nach kurzer Zeit erscheint ein Bild zusammen mit der aktuellen Uhrzeit und dem Datum. In der unteren rechten Ecke finden Sie noch die Symbole *Internetverbindung* bzw. WLAN und Ladezustand des Akkus. Bevor Sie Ihr Gerät benutzen können, müssen Sie sich anmelden. Dieser Bildschirm wird daher auch als Sperrbildschirm bezeichnet.

▶ Um zur Anmeldung zu gelangen, drücken Sie entweder eine beliebige Taste der Tastatur oder tippen kurz auf das Touchpad oder bei einem Touchscreen auf eine beliebige Stelle des Bildschirms.

Anmelden und PIN oder Kennwort eingeben

Der Anmeldebildschirm mit Ihrem Namen ❶ erscheint. Das Eingabefeld darunter ❷ enthält neben einem blinkenden, senkrechten Strich den Hinweis *PIN*.

▶ Bei der Ersteinrichtung bzw. beim ersten Start von Windows haben Sie ein Microsoft-Konto angegeben oder erstellt und eine PIN zur Anmeldung vereinbart. Tippen Sie diese PIN über die Tastatur ein.

Falls stattdessen ein Kennwort angefordert wird, z. B. wenn Sie ein lokales Konto nutzen, dann tippen Sie das Kennwort Ihres Benutzerkontos ein. In

Falls Ihr Gerät über einen Touchscreen verfügt, so erscheint automatisch am Bildschirm eine Tastatur und Sie benutzen deren Tasten zur Eingabe.

diesem Fall müssen Sie zum Abschluss der Eingabe noch auf der Tastatur die Eingabetaste betätigen oder mit der Maus auf den Pfeil klicken.

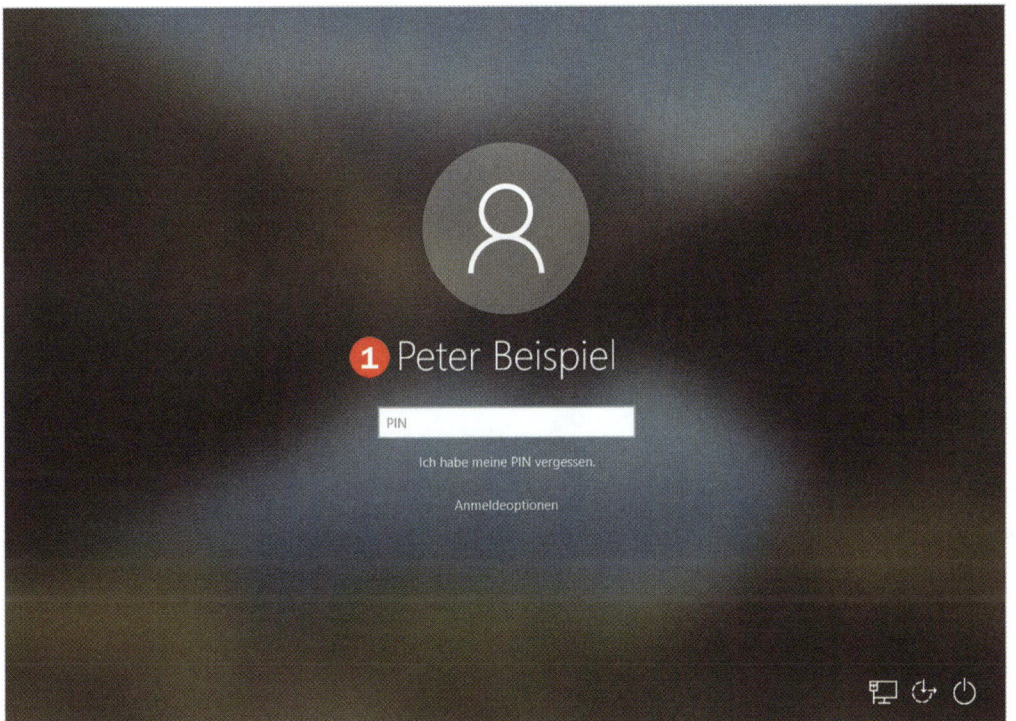

Eventuell sehen Sie in der linken unteren Ecke des Bildschirms auch mehrere Personen zur Auswahl. Dann müssen Sie zuerst Ihren Namen auswählen: Tippen oder klicken Sie auf Ihren Namen oder Ihre E-Mail Adresse und geben Sie dann erst Ihre PIN ein.

Das Hintergrundbild des Sperrbildschirms wechselt in der Standardeinstellung täglich und unterscheidet sich daher auf Ihrem Gerät von der Abbildung.

Lesen Sie in Kapitel 6.6, wie Sie ein bestimmtes Bild, z. B. Ihr Lieblingsfoto auswählen.

Tipp: Statt PIN oder Kennwort sind auf dem Bildschirm nur Punkte sichtbar. Wenn Sie zur Kontrolle die soeben eingegebenen Zeichen statt der Punkte sehen möchten, dann zeigen Sie auf das Auge rechts im Feld ⊙ und drücken etwas länger die linke Maustaste oder verweilen mit dem Finger auf dem Symbol.

Kennwort oder PIN?

Standardmäßig fordert Windows die PIN an, Sie können aber stattdessen auch das Kennwort Ihres Microsoft-Kontos eingeben und umgekehrt statt des Kennworts die PIN, falls vereinbart.

▶ Klicken oder tippen Sie dazu auf dem Anmeldebildschirm auf *Anmeldeoptionen* ❶ und anschließend auf das Symbol *PIN* ❷ oder *Kennwort* ❸. Danach geben Sie Kennwort oder PIN ein.

Achtung: Kennwörter unterscheiden zwischen Groß- und Kleinbuchstaben! Achten Sie daher genau auf Groß- und Kleinschreibung. Außerdem müssen Sie die Eingabe des Kennworts mit der Eingabetaste oder Mausklick auf den kleinen Pfeil abschließen.

Nach erfolgreicher Anmeldung erscheint die Bedienoberfläche (Desktop) von Windows und Sie können beginnen. Bei der ersten Anmeldung wird allerdings erst Ihre Arbeitsumgebung eingerichtet, daher kann es etwas länger dauern.

3.2   Ihre Bedienoberfläche - der Desktop

Nach erfolgter Anmeldung erscheint die Bedienoberfläche von Windows, diese wird auch als Desktop bezeichnet. Farben und Inhalte können auf Ihrem Computer anders aussehen als im Bild unten, die wesentlichen Elemente auf dem Bildschirm sind jedoch immer gleich:

- Den größten Teil des Bildschirms nimmt das Hintergrundbild ❶ ein.

- Am unteren Bildschirmrand befindet sich die Taskleiste ❷.

- In der Taskleiste finden Sie ganz links ein Symbol ❸ mit dem Windows Logo ⊞. Ein Mausklick auf dieses Symbol (*Start*) öffnet das Startmenü und Sie können Programme und Apps starten.

Der englische Begriff Desktop lässt sich am besten mit „Arbeitsfläche eines Schreibtischs" übersetzen und genau das ist seine Funktion unter Windows: Eine Arbeitsfläche auf der Sie alles erledigen.

Auf einem Tablet-PC mit Fingersteuerung sieht der Bildschirm etwas anders aus. Hier erscheint vor dem Desktophintergrund oder statt eines Hintergrundbilds das Startmenü und Sie können sofort Apps starten. Details lesen Sie auf Seite 69.

Der Desktop, dt. Schreibtischoberfläche ist Ihre Arbeitsoberfläche, auf der Sie alle Arbeiten erledigen.

Betrachten wir nun die einzelnen Elemente und ihre Aufgaben:

Der Desktop

Als Desktop bezeichnet Windows die Arbeitsoberfläche, auf der alle Programme ablaufen. Farben und Bild Ihres Desktops sind frei wählbar und können sich daher von der Abbildung unterscheiden.

Vor dem Hintergrundbild können sich verschiedene Symbole befinden, diese dienen zum schnelleren Starten von Programmen. Anzahl, Aussehen und Position dieser Symbole weichen auf Ihrem Gerät ebenfalls von der Abbildung ab. Standardmäßig finden Sie hier meist die Symbole *Papierkorb* und *Microsoft Edge* vor. Eventuell weitere vorhandene Symbole sind vorerst nicht von Bedeutung.

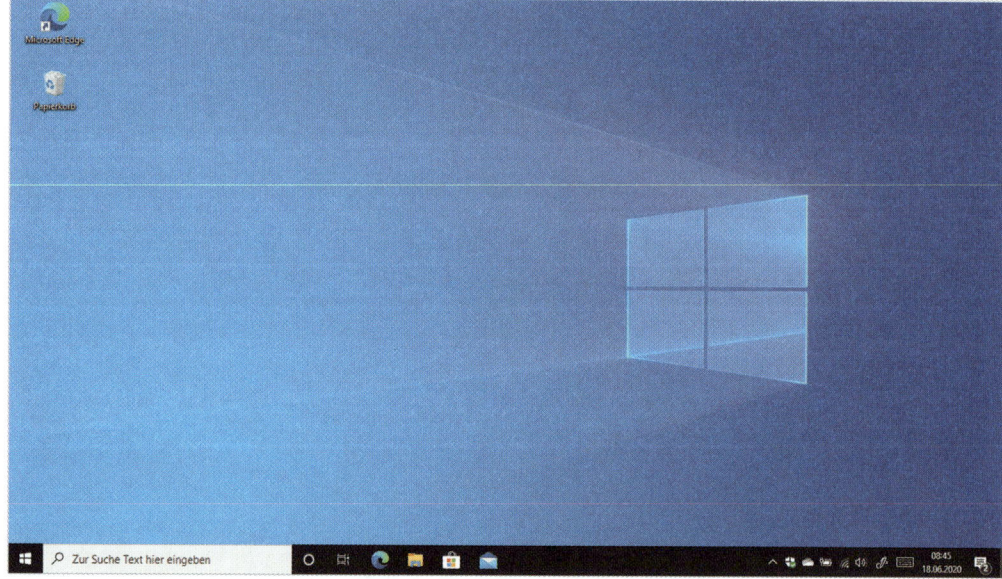

Die Taskleiste

Am unteren Rand des Bildschirms befindet sich die Taskleiste, wie schon in den Vorgängerversionen ein wichtiger Bestandteil von Windows. Sie erfüllt gleich mehrere Funktionen:

- Ganz links in der Taskleiste sehen Sie das Windows-Logo ❶, mit dem Sie das Startmenü öffnen.

- Unmittelbar rechts davon befindet sich ein Feld ❷ über das Sie Ihren Computer und das Internet nach dem eingegebenen Suchbegriff durchsuchen können.

- Über weitere Symbole ❸ können Sie Apps starten, standardmäßig finden Sie hier Symbole für Microsoft Edge, den Datei-Explorer, den Microsoft Store und die App Mail. Wenn Sie eine App geöffnet haben, dann sehen Sie hier auch deren Symbol.

- Im rechten Teil der Taskleiste befinden sich ebenfalls mehrere Symbole. Darunter befindet sich bei tragbaren Geräten der Ladezustand des Akkus, ein Symbol zur Verbindung mit einem WLAN und damit mit dem Internet, das Symbol der eingesetzten Virenschutzsoftware usw., außerdem Datum und Uhrzeit ❹. Dieser Bereich wird auch als Infobereich bezeichnet.

Task bedeutet auf deutsch Anwendung, Programm bzw. App.

Auf einem Tablet-PC finden Sie eventuell statt des Suchfeldes nur ein kreisförmiges Symbol. Dann erscheint das Feld, wenn Sie auf das Symbol tippen.

Auf einem Gerät mit Fingersteuerung bzw. im Tabletmodus ist das Startmenü dauerhaft geöffnet und füllt den gesamten Bildschirm aus, Näheres hierzu auf Seite 69.

Wenn Sie das Startmenü versehentlich geöffnet haben, dann tippen oder klicken Sie erneut auf das Windows-Logo oder auf eine beliebige freie Stelle des Desktop-Hintergrunds.

Der Inhalt des Startmenüs ist abhängig von den installierten Apps und unterscheidet sich daher auf Ihrem Computer vermutlich von der Abbildung. Zudem können auf Ihrem PC Startmenü und Taskleiste einen hellen Hintergrund aufweisen, wie im Bild unten. Dann ist der Windows-Modus Hell eingestellt. Wie Sie dies ändern, lesen Sie in Kapitel 4.

Das Startmenü

Das Startmenü enthält alle, auf dem Computer installierten Programme. Hier starten Sie Apps oder Programme, können wichtige Einstellungen bearbeiten und die Arbeit am Computer wieder beenden.

▶ Das Startmenü ❶ erscheint, wenn Sie in der linken unteren Ecke des Bildschirms in der Taskleiste auf das Symbol ❷ mit dem Windows-Logo ⊞ klicken oder tippen. Häufig öffnet sich das Startmenü auch automatisch nach der Anmeldung.

Hinweis: Auf einem Gerät mit Touchbedienung, z. B. einem Tablet-PC nimmt das Startmenü den gesamten Bildschirm ein und bleibt ständig geöffnet.

3.3 Apps starten und wieder beenden

Was sind eigentlich Apps, Anwendungen und Programme?

- Apps im engeren Sinne sind kleine Programme, die für die Fingersteuerung optimiert sind. Sie sind sehr einfach zu bedienen, da sie für bestimmte Aufgaben konzipiert sind und nur über wenige Befehle verfügen. Im Gegensatz dazu werden klassische Büroanwendungen, wie etwa Microsoft Word, häufig auch als Anwendungen bezeichnet.

- Windows 10 verwendet den Begriff App einheitlich für alle Programme, egal ob es sich um typische Apps, wie beispielsweise den Kalender, oder um komplexe Anwendungen handelt. Dieses Buch schließt sich dem an und verwendet, unabhängig von Funktion und Umfang, den Begriff App.

App (ausgesprochen: Äpp) ist die Abkürzung des englischen Wortes Application, dt. Anwendung, Programm.

So starten Sie eine App

Jede App verfügt über ihr eigenes Symbol, die Größe des Symbols kann allerdings unterschiedlich sein. Damit Sie eine App nutzen können, zum Beispiel mit Microsoft Edge im Internet surfen, müssen Sie diese zunächst durch Antippen oder mit Klick auf die Kachel oder das Symbol starten. Die Symbole sind an verschiedenen Stellen zu finden, als Beispiel rechts das Symbol der App Microsoft Edge, das Sie an folgenden Stellen finden:

Das Symbol der App Microsoft Edge.

- Kachel oder Symbol im Startmenü ❶

- Symbol in der Taskleiste am unteren Bildschirmrand ❷

Als dritte Möglichkeit bietet sich die Suche an, Näheres hierzu auf Seite 70.

Beispiel: Die App Microsoft Edge starten und wieder beenden

Microsoft Edge ist eine App, mit der Sie im Internet surfen können und gleichzeitig fester Bestandteil von Windows 10. Diese App verwenden wir als Beispiel, um Ihnen zu zeigen, wie Sie eine App starten und wieder beenden.

Möglichkeit 1: Über das Symbol in der Taskeiste starten
Die Taskleiste am unteren Bildschirmrand enthält einige Standardsymbole, darunter auch das Symbol für Microsoft Edge. Also bietet es sich an, dass Sie dieses Symbol benutzen.

1   Klicken oder tippen Sie auf dieses Symbol ❶.

2   Microsoft Edge wird auf dem Desktop in einem Fenster ❷ geöffnet, Dieses Fenster kann den gesamten Bildschirm ausfüllen, es kann aber auch noch ein Teil des Desktophintergrunds sichtbar sein, wie im Bild unten.

Was Sie mit Fenstern anstellen können, lesen Sie in diesem Buch unter Punkt 3.5 auf Seite 74.

3   Zum Beenden der App brauchen Sie nur das Fenster schließen. Dazu klicken Sie in der rechten oberen Ecke des Fensters auf das Symbol ☒ ❸.

Leider befinden sich in der Taskleiste nicht alle Apps. Falls Sie eine andere App starten möchten, oder das Symbol Microsoft Edge nicht in der Taskleiste Ihres PCs finden, so benutzen Sie das Startmenü. Wie Sie dabei vorgehen, erfahren Sie auf der nächsten Seite.

Jede App wird in einem gesonderten Fenster angezeigt, daher auch der Name Windows (dt. Fenster).

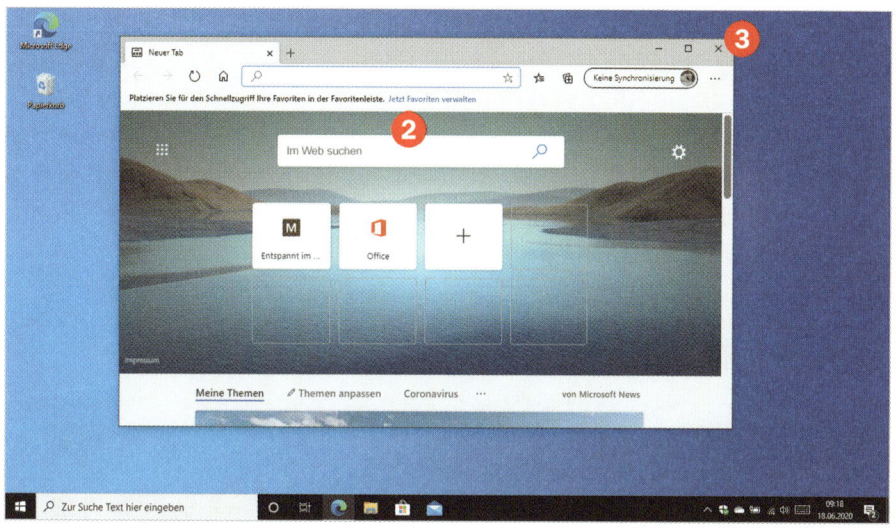

Das Symbol bzw. die Schaltfläche *Schließen* wird rot, wenn Sie mit der Maus darauf zeigen, eventuell erscheint auch der Hinweistext *Schließen*.

Microsoft Edge zeigt nach dem Öffnen automatisch aktuelle Nachrichten an. Wie Sie weitere Informationen anzeigen und welche Möglichkeiten die App noch bietet, lesen Sie in Kapitel 7 dieses Buches.

Möglichkeit 2: Im Startmenü starten

Im Gegensatz zur Taskleiste enthält das Startmenü alle Apps und Anwendungen, die auf Ihren Gerät installiert sind. Ein weiterer Vorteil des Startmenüs: Alle Symbole sind beschriftet. Falls Sie also eine App nicht in der Taskleiste finden, dann benutzen Sie zum Starten das Startmenü.

1 Zuerst öffnen Sie das Startmenü: Klicken oder tippen Sie ganz links unten auf das Windows-Logo ⊞ ❶.

Sollten Sie auf Ihrem Gerät Microsoft Edge nicht als Kachel im Startmenü finden, dann lesen Sie auf den folgenden Seiten, wie Sie die App trotzdem finden.

Die Kacheln des Startmenüs können frei angeordnet, hinzugefügt oder entfernt werden. Auch die Größe des Startmenüs ist änderbar. Daher sieht das Startmenü Ihres Geräts mit Sicherheit anders aus, als hier abgebildet.

Das Symbol Microsoft Edge ist allerdings immer gleich, befindet sich aber wahrscheinlich an anderer Stelle.

2   Das Startmenü wird geöffnet. Es weist auf der linken Seite eine alphabetisch geordnete Liste aller Apps auf ❷, im rechten, größeren Bereich sind einige ausgesuchte und häufig verwendete Apps auch als größere Symbolen angeordnet, diese werden auch als Kacheln bezeichnet. Hier sollte auch Microsoft Edge zu finden sein. Achtung: In einem sehr umfangreichen Startmenü müssen Sie möglicherweise in diesen Bereich zeigen und durch Drehen des Mausrädchens den sichtbaren Ausschnitt verschieben.

3   *Microsoft Edge* befindet sich meist als Kachel im Startmenü: Tippen oder klicken Sie auf die Kachel ❸.

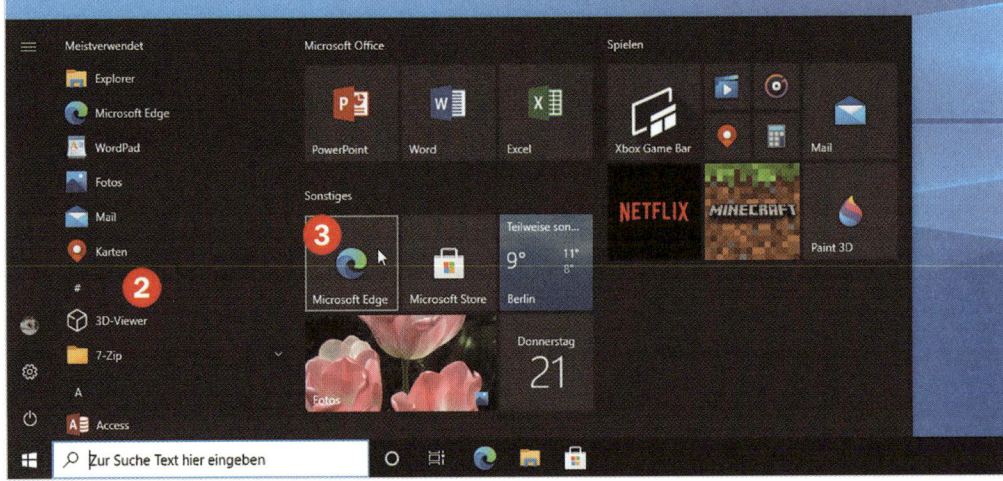

Genau wie beim Start über die Taskleiste öffnet sich wieder ein Fenster mit Microsoft Edge. Zum Beenden der App klicken Sie, wie oben bereits beschrieben, wieder in der rechten oberen Ecke des Fensters auf das Symbol *Schließen* ✕ .

3.4   So finden Sie sich im Startmenü zurecht

Das Startmenü ist die zentrale Stelle, wenn Sie eine bestimmte App suchen und starten möchten, aber auch um Einstellungen Ihres Geräts zu kontrollieren oder zu ändern. Daher sollten Sie sich mit dem Startmenü etwas genauer befassen.

Achtung: Aussehen und Verhalten des Startmenüs hängen davon ab, ob Sie Ihr Gerät mit der Maus bedienen oder mit dem Finger.

Bei Fingerbedienung startet Ihr Gerät automatisch im sogenannten Tablet-modus. Welche abweichenden Besonderheiten im Tabletmodus zu beachten sind, lesen Sie ab Seite 69.

Startmenü öffnen

▶ Sie öffnen das Startmenü, indem Sie auf das Windows-Logo ⊞ in der linken unteren Ecke des Bildschirms klicken oder tippen. Oder betätigen Sie auf der Tastatur die Taste mit dem Windows-Logo. Das Startmenü verschwindet automatisch wieder, sobald Sie eine App starten.

Startmenü schließen

▶ Sollten Sie das Startmenü versehentlich geöffnet haben, dann klicken Sie zum Schließen erneut auf das Windows-Logo oder auf eine freie Stelle des Desktops. Auch die Esc-Taste der Tastatur schließt das Startmenü wieder.

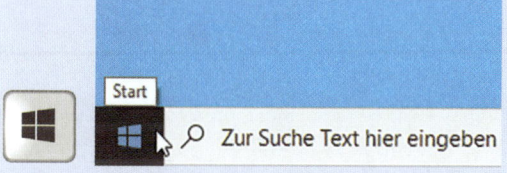

Die Bereiche des Startmenüs

Höhe und Breite des Startmenüs sind frei änderbar und daher auf jedem Gerät anders. Das Startmenü selbst besteht aus drei nebeneinander liegenden Bereichen:

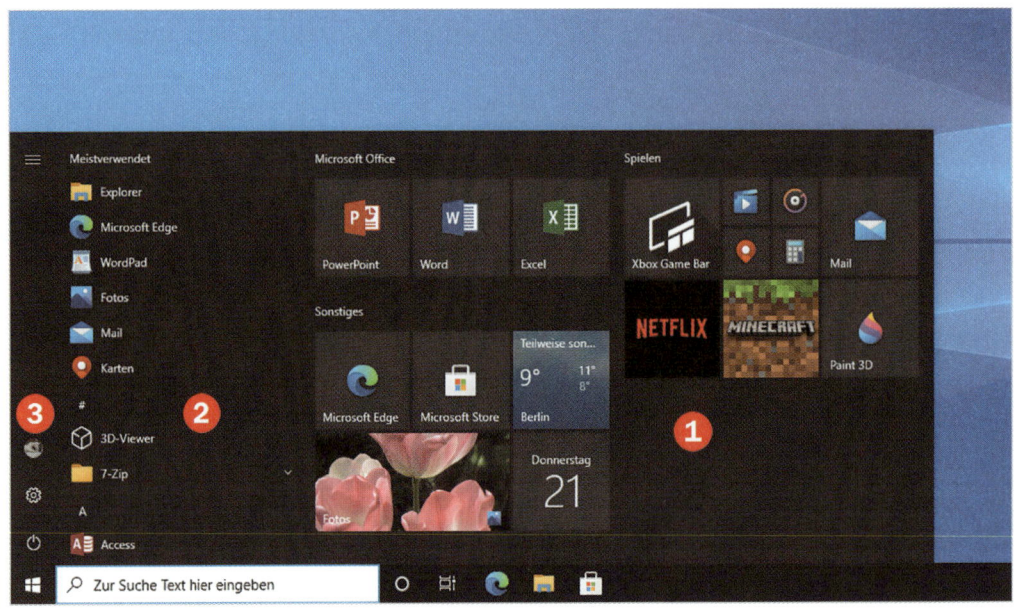

Die Bereiche von rechts nach links:

- Der größte Bereich des Startmenüs ❶ wird von App-Symbolen unterschiedlicher Größe eingenommen, diese werden als Kacheln bezeichnet.

- Links davon finden Sie eine alphabetisch geordnete Liste aller Apps ❷.

- Die schmale Leiste ganz links **3** ermöglicht unter anderem den Zugang zu verschiedenen Einstellungen und enthält das Symbol *Ein/Aus* ⏻, über das Sie Windows beenden.

Die Kacheln des Startmenüs

Nicht alle, auf dem Gerät vorhandenen, Apps werden auch als Kacheln angezeigt. Beim Neuerwerb bzw. bei der ersten Nutzung eines PCs finden Sie hier möglicherweise auch eine Zusammenstellung mehr oder weniger nützlicher Apps und Spiele. Sie können jedoch diesen Bereich an Ihre Arbeitsweise anpassen und jederzeit Apps als Kacheln hinzufügen und überflüssige Kacheln entfernen, Näheres hierzu im Kapitel 6.1 auf Seite 180.

Die Kacheln sind in Gruppen angeordnet, z. B. *Erkunden* oder *Spielen* und können unterschiedliche Größen aufweisen. Einige zeigen anstelle eines Symbols auch eine wechselnde Live-Vorschau an, z. B. die App *Fotos*. Auch Größe und Anordnung der Kacheln können Sie jederzeit ändern.

Achtung: Wenn eine App als Kachel erscheint, bedeutet das nicht immer, dass diese App auch auf Ihrem Gerät vorhanden bzw. installiert ist. In diesem Fall wird mit einem Klick auf die Kachel die App zunächst über das Internet aus dem Microsoft Store heruntergeladen und anschließend installiert. Dies kann einige Sekunden dauern und erst nach Abschluss des Installationsvorgangs kann die App gestartet werden.

Wie Sie das Startmenü entrümpeln und überflüssige Kacheln entfernen sowie häufig benötigte Apps hinzufügen, lesen Sie in Kapitel 4.

Näheres zum Microsoft Store und zum Installieren oder Entfernen von Apps lesen Sie in Kapitel 10.4.

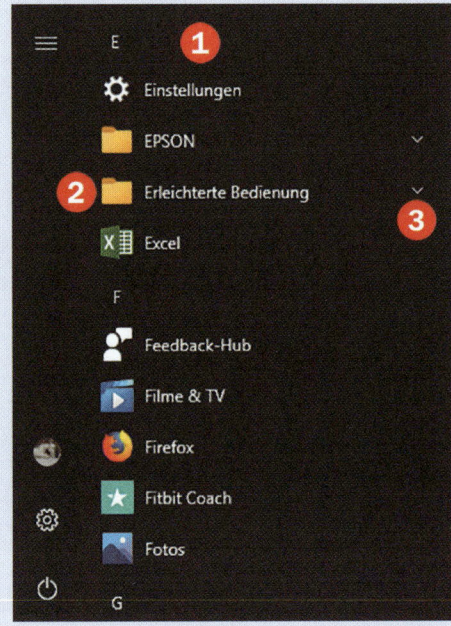

Die alphabetische Liste aller Apps

Im Gegensatz zu den Kacheln finden Sie in der alphabetischen Liste ❶ alle auf dem PC vorhandenen Apps.

▶ Da diese Liste sehr umfangreich ist, müssen Sie den sichtbaren Ausschnitt verschieben (scrollen), wenn Sie weitere Apps sehen möchten. Zeigen Sie mit der Maus auf die alphabetische Liste und drehen Sie das Mausrädchen. Dadurch verschiebt sich der sichtbare Bereich nach oben oder unten und weitere Apps erscheinen.

▶ Einige zusammengehörige Apps sind auch hier zu Gruppen zusammengefasst. Solche Gruppen erkennen Sie am einheitlichen gelben Symbol eines Ordners ❷ und am, nach unten weisenden, Pfeil rechts daneben ❸, als Beispiel die Gruppe *Erleichterte Bedienung*. Klicken Sie auf diesen Pfeil, um unterhalb und etwas eingerückt die dazugehörigen Apps anzuzeigen wie im Bild rechts ❹.

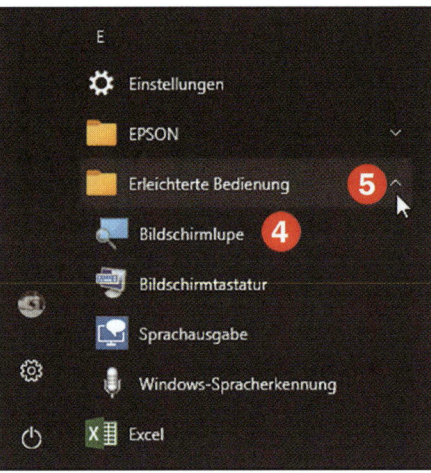

▶ Ein weiterer Klick auf den Pfeil ❺ blendet die Apps dieser Gruppe wieder aus.

Hinweis: Das beliebte und kostenlose Schreibprogramm WordPad, seit Jahren fester Bestandteil von Windows, finden Sie in der Gruppe *Windows Zubehör*.

Eine App über den alphabetischen Index finden

Wenn Sie in der alphabetischen Liste schnell zu einem bestimmten Buchstaben springen möchten, dann benutzen Sie den Index:

1 Klicken Sie auf einen beliebigen Buchstaben als Überschrift, z. B. A **❶** .

2 Statt der Liste erscheint ein alphabetischer Index. Klicken Sie auf den gewünschten Anfangsbuchstaben, z. B. W, wenn Sie das Schreibprogramm Word suchen **❷** .

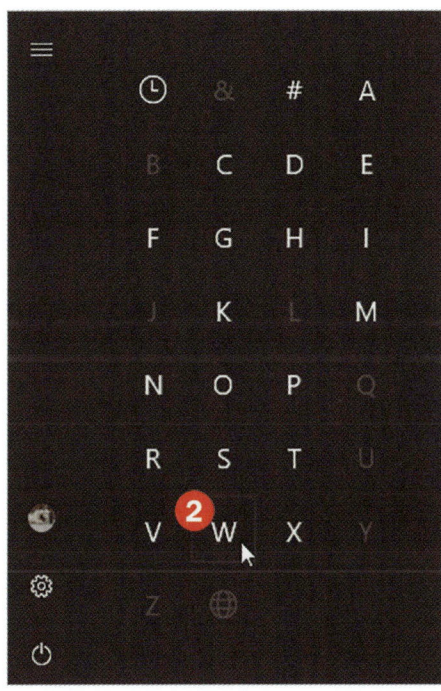

Weitere Symbole des Startmenüs

Ganz links im Startmenü finden Sie eine Leiste mit verschiedenen Symbolen. Die dazugehörige Beschriftung ❷ erscheint, wenn Sie den Mauszeiger in die Leiste bewegen oder auf das Symbol *Erweitern* ☰ ❶ klicken.

▶ Wenn Sie Windows beenden möchten, klicken Sie auf das Symbol *Ein/Aus* ⏻. Details zu den hier angebotenen Möglichkeiten lesen Sie auf Seite 93.

Die übrigen Symbole dieser Leiste werden vorerst nicht benötigt.

Das Symbol *Erweitern* wird aufgrund seines Aussehens manchmal auch scherzhaft als „Hamburger-Symbol" bezeichnet.

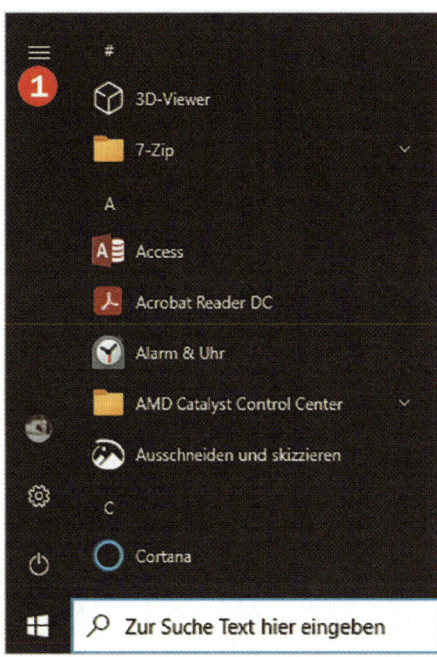

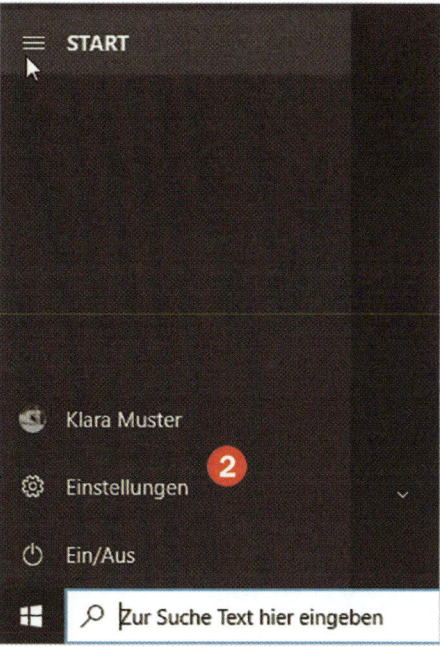

Das Startmenü im Tabletmodus

Wenn Sie mit einem Tablet-PC mit Fingerbedienung bzw. im Tabletmodus arbeiten, dann sieht das Startmenü etwas anders aus. Es füllt den gesamten Bildschirm aus (Vollbild) und bleibt dauerhaft geöffnet, das Hintergrundbild des Desktops ist in der Standardeinstellung nicht sichtbar.

▶ Auf den ersten Blick sind nur die Kacheln sichtbar ❶.

▶ Die alphabetische Liste aller Apps ❷ erscheint, wenn Sie in der linken oberen Ecke auf das Symbol *Alle Apps* ❸ tippen. Mit dem Symbol *Angeheftete Kacheln* ❹ wechseln Sie wieder zurück zu den Kacheln.

▶ Das Symbol *Erweitert* ❺ blendet zu den Symbolen die Beschriftung ein ❻.

Auch im Tabletmodus kann der Hintergrund, je nach Windows-Modus hell oder dunkel sein.

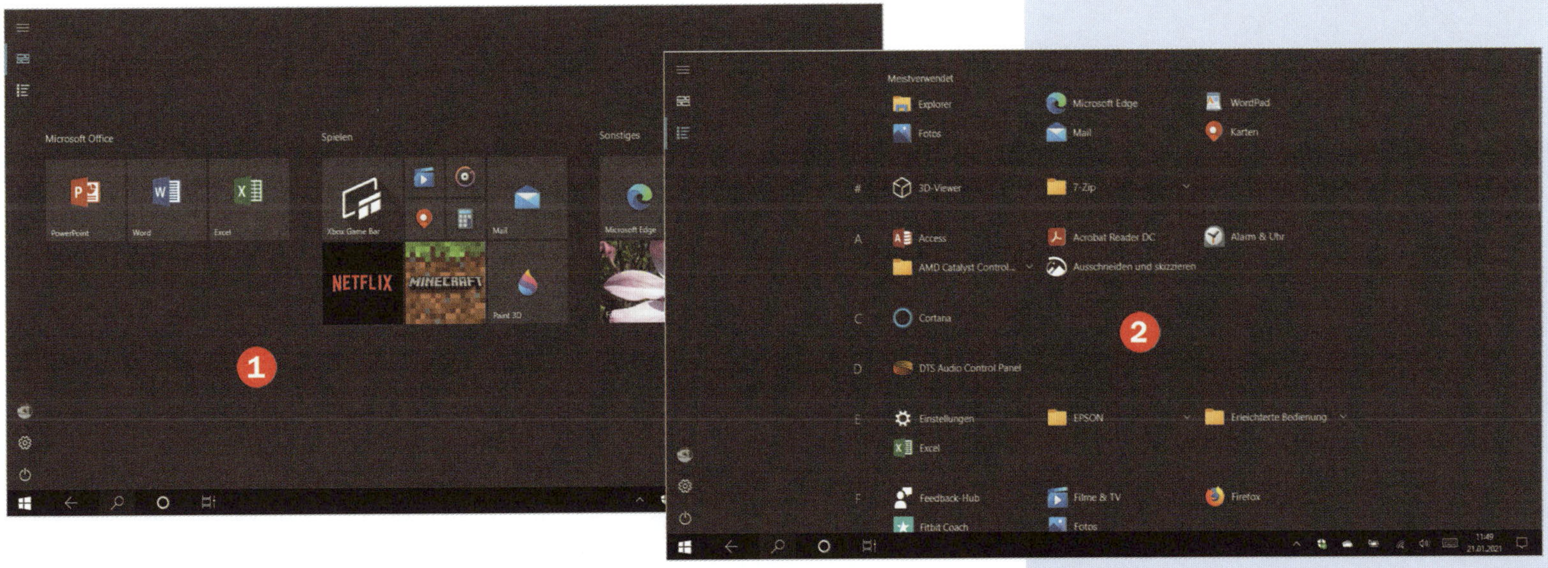

Genau wie im normalen Startmenü brauchen Sie zum Starten einer App nur auf die betreffende Kachel, das Symbol oder den Namen der App tippen.

Eine App im Tabletmodus beenden

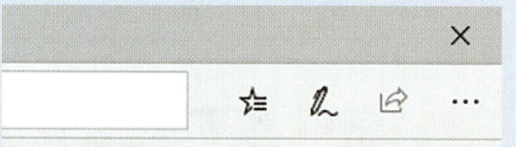

Im Tabletmodus füllen auch alle Apps automatisch den gesamten Bildschirm aus. Das Symbol in der rechten oberen Ecke zum Schließen der App erscheint bei vielen Apps erst, wenn Sie vom oberen Bildschirmrand etwas nach unten wischen.

▶ Wischen Sie mit dem Finger vom oberen Rand des Bildschirms etwas nach unten und tippen Sie dann auf das Symbol *Schließen*.

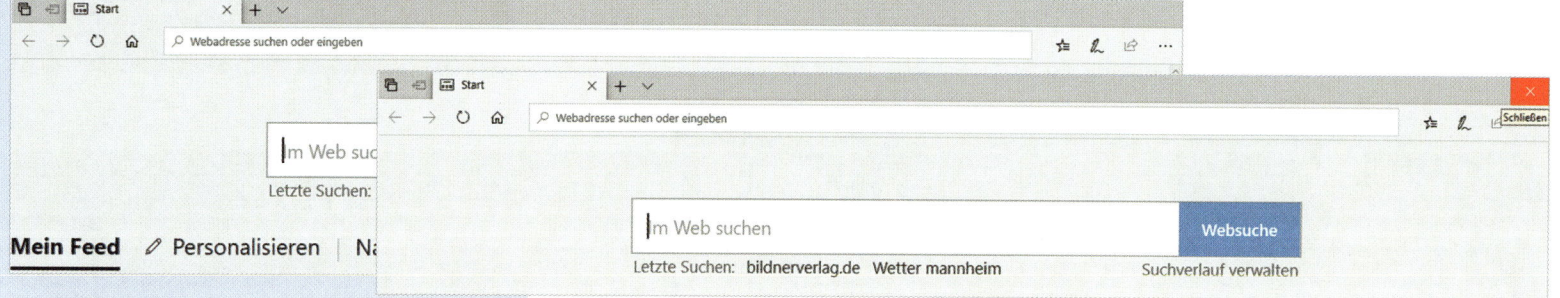

Alternativ können Sie im Tabletmodus eine App auch beenden, wenn Sie vom oberen Bildschirmrand bis ganz an den unteren Rand wischen.

App über die Suche starten

Ist die gewünschte App nicht als Kachel im Startmenü vorhanden oder in der alphabetischen Liste nicht auf Anhieb auffindbar, dann bietet sich statt der alphabetischen Liste die Suche als schnelle und komfortable Alternative an. Dazu dient das

Suchfeld **1** am unteren Rand des Bildschirms, gleich neben dem Symbol *Start*. Es zeigt den Hinweis „*Zur Suche Text hier eingeben*" oder ähnlichen Text an.

Im Tabletmodus sehen Sie statt des Suchfeldes meist nur das Symbol Lupe **2**. Dann tippen Sie auf die Lupe, um das Suchfeld anzuzeigen.

Links das Suchfeld als Eingabefeld und rechts als Symbol im Tabletmodus.

1 Klicken oder tippen Sie in das Suchfeld, unmittelbar darauf öffnet sich ein Feld mit verschiedenen Vorschlägen, wie im Bild unten. Sollte hier unter *Top-Apps* die gesuchte App bereits aufgeführt werden, so starten Sie diese durch Anklicken oder Antippen.

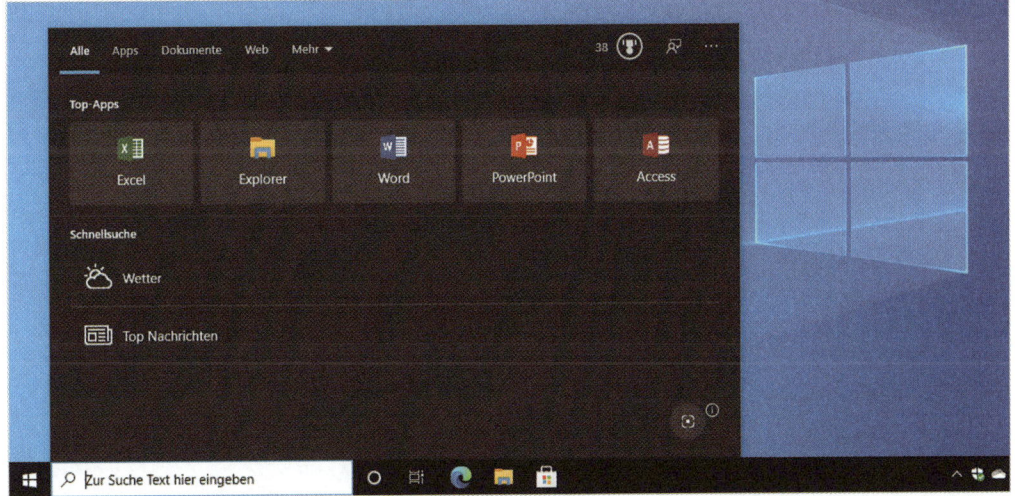

Wenn Sie das Suchfeld schließen möchten, ohne eine App zu starten, dann klicken oder tippen Sie einfach an eine beliebige Stelle außerhalb des Suchfeldes oder betätigen auf der Tastatur die Esc-Taste (Abbrechen).

Hinweis: WordPad ist standardmäßig auf jedem Gerät vorhanden, während Word als Bestandteil von Microsoft Office käuflich erworben werden muss und daher ev. auf Ihrem PC nicht erscheint.

Höchste Übereinstimmung bedeutet, die betreffende App wird häufig verwendet oder ist die Standard-App, z. B. für Texteingabe.

2 Falls nicht, so ignorieren Sie alle Vorschläge und tippen die ersten Buchstaben der gesuchten App ein, zum Beispiel die Buchstaben wor ❶, wenn Sie die Apps WordPad oder Microsoft Word suchen.

3 Im Feld erscheinen nun alle Suchergebnisse, die die angegebenen Zeichen enthalten. In diesem Beispiel Word ❷ und WordPad ❸ und zum Starten brauchen Sie nur auf das Symbol der jeweiligen App klicken. Die App mit der höchsten Übereinstimmung ist außerdem hervorgehoben.

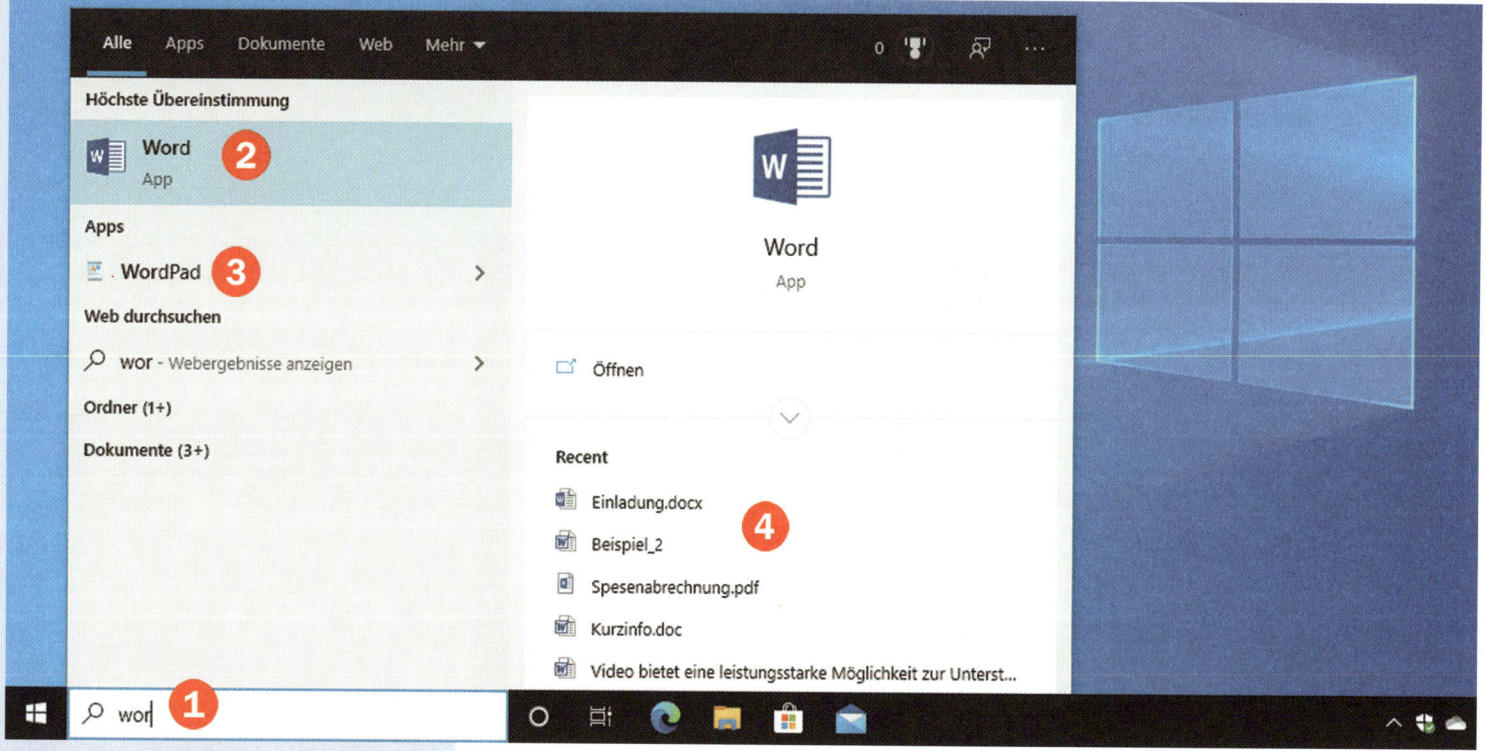

Im rechten Bereich sehen Sie, was Sie zuletzt mit der blau hervorgehobenen App, im Bild oben Word, bearbeitet haben ❹. Statt einfach nur die App zu starten, könnten Sie beispielsweise auch auf einen, zuletzt mit dieser App geschriebenen, Brief klicken und so diesen zusammen mit der App wieder anzeigen.

Die Suchergebnisse auf Apps begrenzen

▶ Standardmäßig erhalten Sie als Suchergebnisse auch Vorschläge zur Suche im Internet, also alle Ergebnisse ❶. Falls Sie die Suchergebnisse auf Apps einschränken möchten, so klicken Sie stattdessen auf *Apps* ❷.

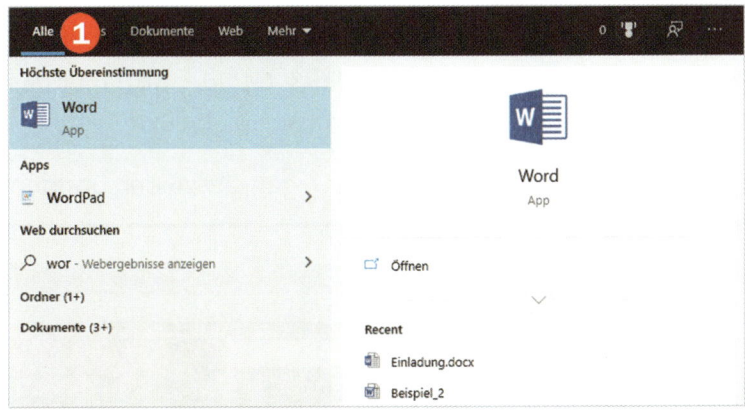 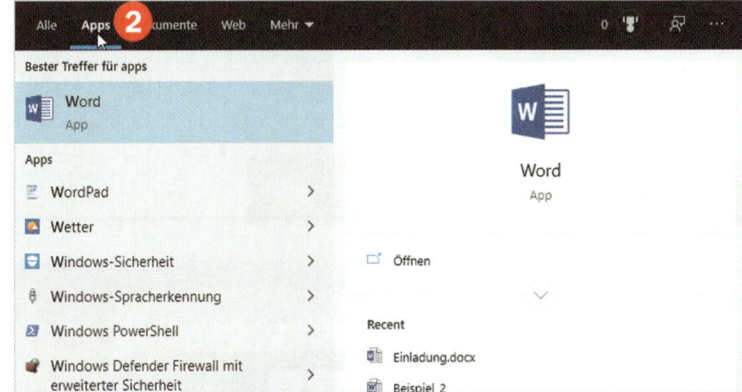

Tipps zur Suche

- Falls Sie das Suchfeld mit einer Tastenkombination aktivieren möchten: Drücken Sie die Tasten ⊞ + S.

- Das Suchfeld wird auch aktiviert, wenn Sie das Startmenü öffnen. Sie können also anschließend ebenfalls einfach drauflos tippen.

3.5 Fenster und Fenstertechniken

Für jede App, die Sie starten, öffnet Windows ein eigenes Fenster auf dem Desktop; daher spricht man auch vom Öffnen einer App und beim Beenden vom Schließen. Ein Fenster kann jede beliebige Größe annehmen oder gleich den gesamten Bildschirm ausfüllen (Vollbild). Hingegen sind Aufbau und Bedienung der Fenster immer gleich, als Beispiel die App *Microsoft Edge*:

▶ Starten Sie *Microsoft Edge*, entweder mit Klick auf die Kachel im Startmenü oder über das Symbol in der Taskleiste.

● Die App wird geöffnet, meist ist auf dem Bildschirm auch noch ein Teil des Desktophintergrunds sichtbar, wie im Bild unten links. Gelegentlich füllt das Fenster der App aber auch den gesamten Bildschirm aus, siehe Bild rechts.

● In der Taskleiste wird das Symbol *Microsoft Edge* im Gegensatz zu den übrigen Symbolen heller und unterstrichen hervorgehoben.

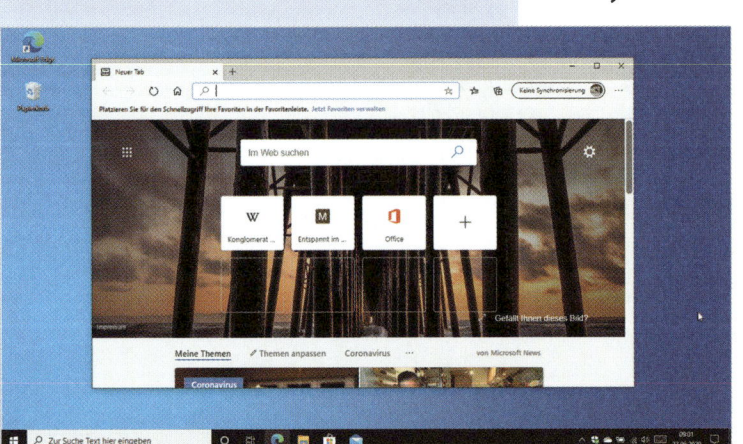

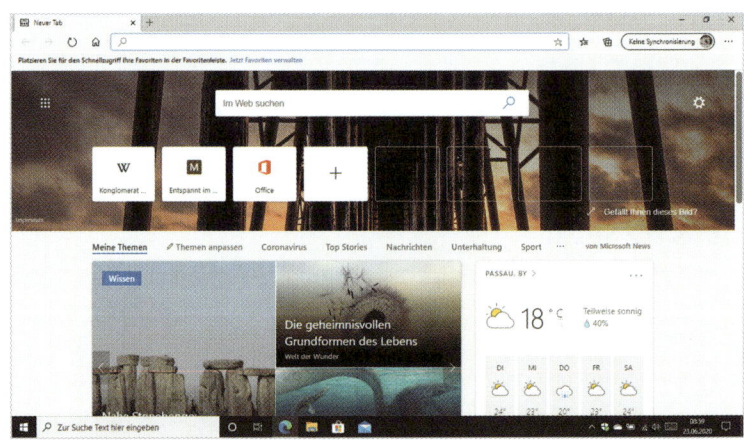

Fenster schließen, Größe ändern

Jedes Fenster besitzt am oberen Rand eine Titelleiste mit dem Namen der jeweiligen App. Ganz rechts befinden sich in dieser Leiste drei wichtige Symbole bzw. Schaltflächen, mit denen Sie die Fenstergröße steuern.

Die Farbe der Titelleiste ist abhängig von der jeweiligen App und kann auch blau, rot, grün oder weiß sein.

Fenster schließen, App beenden

▶ Klicken Sie auf das rechte der drei Symbole ❶ (*Schließen*, auch erkennbar am x). Wenn Sie eine Maus benutzen, dann wird die Schaltfläche rot, wenn Sie darauf zeigen. Mit dem Schließen des Fensters wird die App beendet.

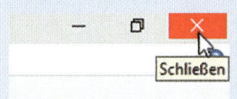

Fenster verkleinern und vergrößern

▶ Wenn das Fenster den gesamten Bildschirm ausfüllen soll, dann klicken Sie auf das mittlere der drei Symbole ❷ (*Maximieren*).

Ist dagegen das Fenster bereits maximiert, dann sieht dieses Symbol etwas anders aus und beim Zeigen erscheint der Hinweis *Verkleinern*. Damit stellen Sie die vorherige Fenstergröße wieder her.

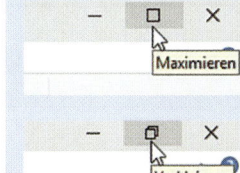

Fenster minimieren

▶ Mit Klick auf *Minimieren* ❸ wird das Fenster nicht geschlossen, sondern verschwindet nur vom Desktop. Da das Symbol der App weiterhin in der Taskleiste verbleibt, brauchen Sie hier nur auf dieses Symbol klicken, um das Fenster in seiner vorherigen Größe wieder auf den Desktop zu holen.

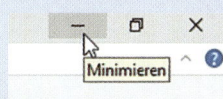

Fenstergröße und -position mit der Maus anpassen

Wenn ein Fenster nicht den gesamten Bildschirm ausfüllt, dann können Sie es mit der Maus in jede beliebige Höhe und Breite ziehen.

1 Zeigen Sie dazu mit der Maus an eine beliebige Stelle der Fensterumrandung und beobachten Sie den Mauszeiger.

2 Sobald anstelle des Mauszeigers ein Doppelpfeil erscheint, drücken Sie die linke Maustaste und halten diese gedrückt, während Sie die Maus in eine der beiden Richtungen bewegen. Lassen Sie die Maustaste erst los, wenn das Fenster die gewünschte Größe erreicht hat.

Dies funktioniert an jeder Seite und auch in den Ecken: hier erhalten Sie als Mauszeiger einen diagonalen Doppelpfeil und verändern Breite und Höhe gleichzeitig.

> **Im Tabletmodus verhalten sich Fenster etwas anders:**
>
> - Apps werden ausschließlich im Vollbildmodus geöffnet und die Titelleiste enthält meist nur die Schaltfläche *Schließen*. Verkleinern oder Verschieben des Fensters ist nicht möglich.
>
> - Die Titelleiste klassischer Büroanwendungen, z. B. Microsoft Word oder WordPad, weist zwar im Tabletmodus alle drei Symbole auf, Verkleinern funktioniert trotzdem nicht.
>
> - Sollte die Titelleiste nicht sichtbar sein, so wischen Sie zum Einblenden vom oberen Bildschirmrand etwas nach unten oder zeigen an den oberen Rand.

Fenster verschieben

▶ Zeigen Sie an eine freie Stelle der Titelleiste des Fensters ❶. Drücken Sie dann die linke Maustaste und ziehen Sie mit gleichzeitig gedrückter Maustaste das Fenster an die gewünschte Stelle.

> **Achtung**: Fenster, die den gesamten Bildschirm ausfüllen (Vollbildmodus) können nicht verschoben werden!

Durch den Fensterinhalt scrollen

Manchmal reicht auch im Vollbildmodus die Größe eines Fensters nicht aus, um den gesamten Inhalt anzuzeigen, z. B. Webseiten im Internet.

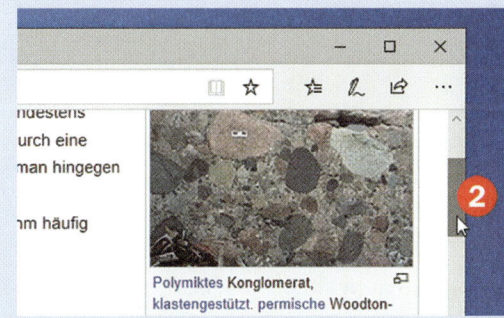

▶ Zeigen Sie mit der Maus in das Fenster und drehen Sie das Mausrädchen. Der sichtbare Bereich des Fensters wird nach oben oder unten verschoben, dies bezeichnet man auch als Scrollen. Bei einem Touchscreen wischen Sie einfach in die gewünschte Richtung.

> Als zweite Möglichkeit können Sie an den rechten Rand des Fensters zeigen. Hier erscheint eine vertikale Bildlaufleiste ❷, die Sie mit gedrückter linker Maustaste nach oben oder unten verschieben.

3.6   Mit mehreren geöffneten Apps arbeiten

Oft werden gleich mehrere Apps gleichzeitig benötigt, beispielsweise wenn Sie einen Brief schreiben und zwischendurch im Internet die korrekte Schreibweise eines Wortes nachsehen möchten. Vielleicht möchten Sie dazwischen auch noch schnell die neuesten Nachrichten checken. Dazu sollten Sie wissen:

- Auch bei mehreren geöffneten Apps ist immer nur eine App aktiv bzw. befindet sich im Vordergrund.

- Die Fenster geöffneter Apps lassen sich auf dem Desktop beliebig neben- und übereinander anordnen.

- Jede geöffnete App erscheint auch in der Taskleiste mit ihrem Symbol. Im Gegensatz zu den ständig hier befindlichen App-Symbolen, sind geöffnete Apps unterstrichen hervorgehoben.

Zwischen geöffneten Apps wechseln

▶ Ist das Fenster der App auf dem Desktop sichtbar, dann klicken oder tippen Sie einfach in das Fenster, um es in den Vordergrund zu holen.

Im Bild rechts als Beispiel die Apps WordPad und Rechner.

Im linken Bild befindet sich die App Rechner im Vordergrund, im rechten Bild die App WordPad.

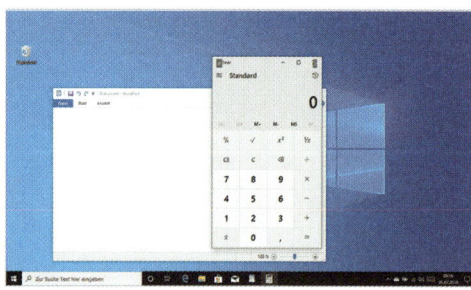 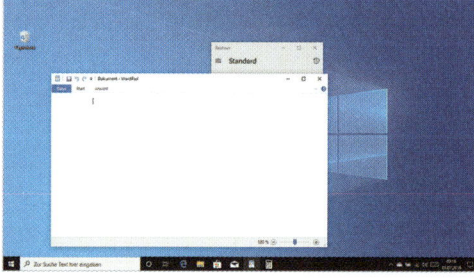

Die Taskleiste benutzen

▶ Als zweite Möglichkeit klicken Sie in der Taskleiste auf das Symbol der gewünschten App.

> **Tipp**: Für Ungeübte ist es nicht immer leicht, anhand des Symbols zu erkennen, um welche App es sich handelt. Zeigen Sie in der Taskleiste auf das Symbol einer geöffneten App, so sehen Sie oberhalb eine Miniaturvorschau. Erst mit einem Klick auf das Symbol oder in die Vorschau holen Sie die App in den Vordergrund.

Von manchen Apps, zum Beispiel WordPad oder Microsoft Word, können auch mehrere Fenster gleichzeitig geöffnet sein, dann sehen Sie beim Zeigen auf das Symbol eine Vorschau auf alle Fenster der App, wie im Bild rechts. Dann klicken Sie einfach in das gewünschte Fenster.

Achtung: Im Tabletmodus zeigt die Taskleiste die Symbole geöffneter Apps nicht an. Um eine Übersicht über geöffnete Fenster zu erhalten, müssen Sie stattdessen die Taskansicht benutzen. Näheres hierzu lesen Sie auf Seite 82.

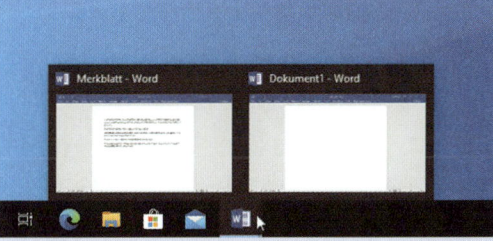

Diese Funktion wird auch als Andocken (engl. Snap = einrasten) bezeichnet.

Dies funktioniert das natürlich auch, wenn Sie ein Fenster zuerst am rechten Rand anheften.

Fenster automatisch andocken (Snap)

Windows 10 verfügt über eine Funktion, die ein Fenster automatisch am rechten oder linken Bildschirmrand einrasten lässt und dessen Größe exakt auf die Hälfte des Bildschirms bringt. Anschließend können Sie angeben, welches geöffnete Fenster die zweite Bildschirmhälfte ausfüllen soll.

▶ Zeigen Sie in die Titelleiste des ersten Fensters und ziehen Sie das Fenster ganz an den linken Bildschirmrand ❶. Lassen Sie die Maustaste erst los, wenn auf dem Desktop Umrisse erscheinen ❷ die in einer transparenten Vorschau die Größe des angehefteten Fensters anzeigen.

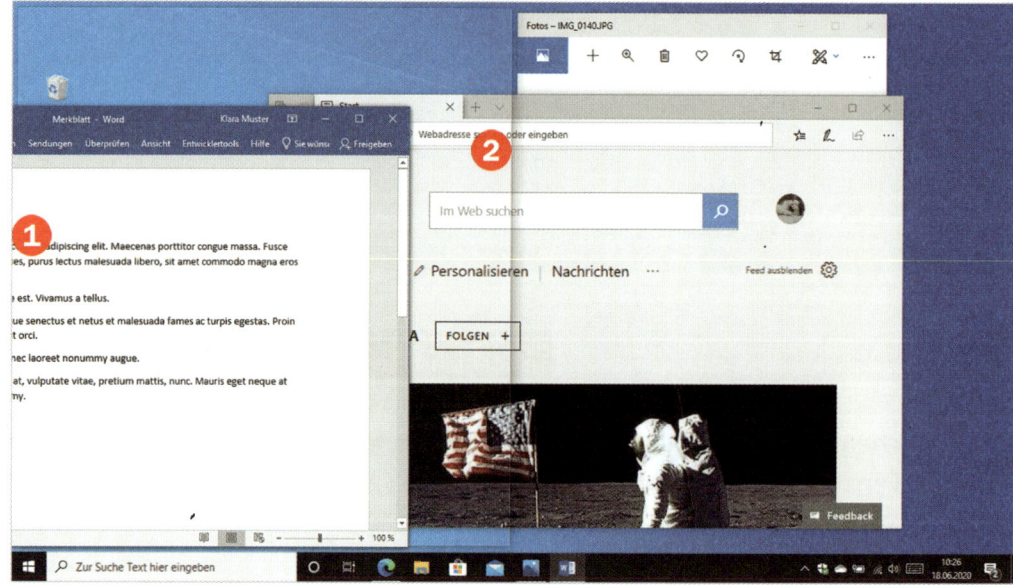

▶ Das erste Fenster füllt jetzt die linke Bildschirmhälfte aus. Rechts davon erscheinen die übrigen geöffneten Fenster in einer Miniaturvorschau. Klicken Sie auf das Fenster ❸ , das die zweite Bildschirmhälfte ausfüllen soll.

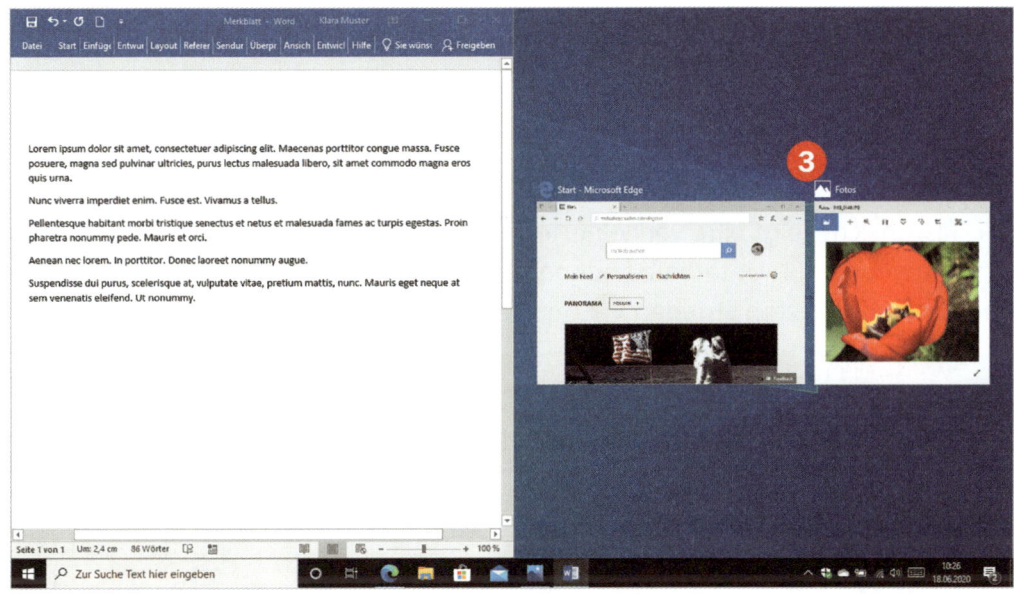

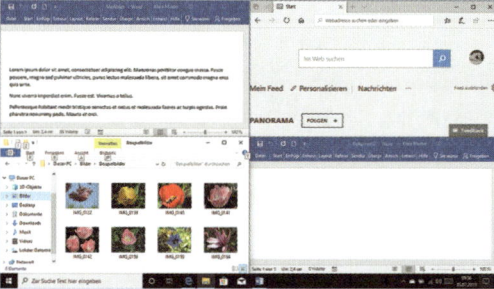

Tipp: Mit dieser Methode können Sie auch vier Fenster anordnen: Dazu ziehen Sie die einzelnen Fenster nacheinander jeweils in die Ecken des Bildschirms.

Wird diese Aufteilung nicht mehr benötigt, so lassen sich die Fenster anschließend wieder beliebig vergrößern, verkleinern oder verschieben und damit vom Bildschirmrand wieder lösen.

In der Taskansicht zwischen Apps wechseln

Auf einem Tablet-PC bzw. im Tabletmodus erscheinen die Symbole geöffneter Apps nicht in der Taskleiste. Dann nutzen Sie eine gesonderte Ansicht, die Taskansicht. Auch mit der Maus bietet diese Ansicht einige zusätzliche Möglichkeiten.

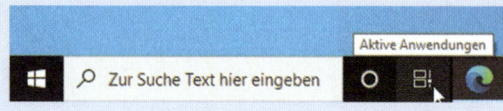

▶ Zum Anzeigen klicken Sie in der Taskleiste auf das Symbol *Aktive Anwendungen* 🏢. Bei Touchbedienung können Sie auch vom linken Bildschirmrand nach innen wischen.

Die Taskansicht zeigt eine verkleinerte Vorschau auf alle aktuell geöffneten Apps und Dateien an ❶. Unterhalb finden Sie außerdem auch bereits wieder geschlossene Apps der letzten Stunden ❷ und Tage, maximal 30.

Um die Taskansicht wieder zu schließen, klicken Sie erneut auf das Symbol oder betätigen auf der Tastatur die Esc-Taste.

Hinweis: Möglicherweise sehen Sie nur Ihre Aktivitäten der letzten 10 Tage. Wenn die letzten 30 Tage angezeigt werden sollen, dann werden Sie darauf aufmerksam gemacht und müssen sich damit einverstanden erklären, dass Ihr Aktivitätsverlauf auch an Microsoft gesendet wird und auf die Schaltfläche *Ja* klicken.

▶ Zum Anzeigen einer App klicken oder tippen Sie auf die entsprechende Vorschau. Es spielt keine Rolle, ob die App oder das Fenster aktuell geöffnet ist
oder zuletzt vor einigen Stunden oder Tagen. Bereits geschlossene Apps werden beim Anklicken wieder geöffnet.

Achtung: Wenn Sie eine vor Tagen besuchte Webseite mit wechselnden Inhalten z. B. Wetter, oder Nachrichten anklicken, wird nicht die besuchte Version, sondern die aktuelle Seite geladen.

Weitere Details der Taskansicht

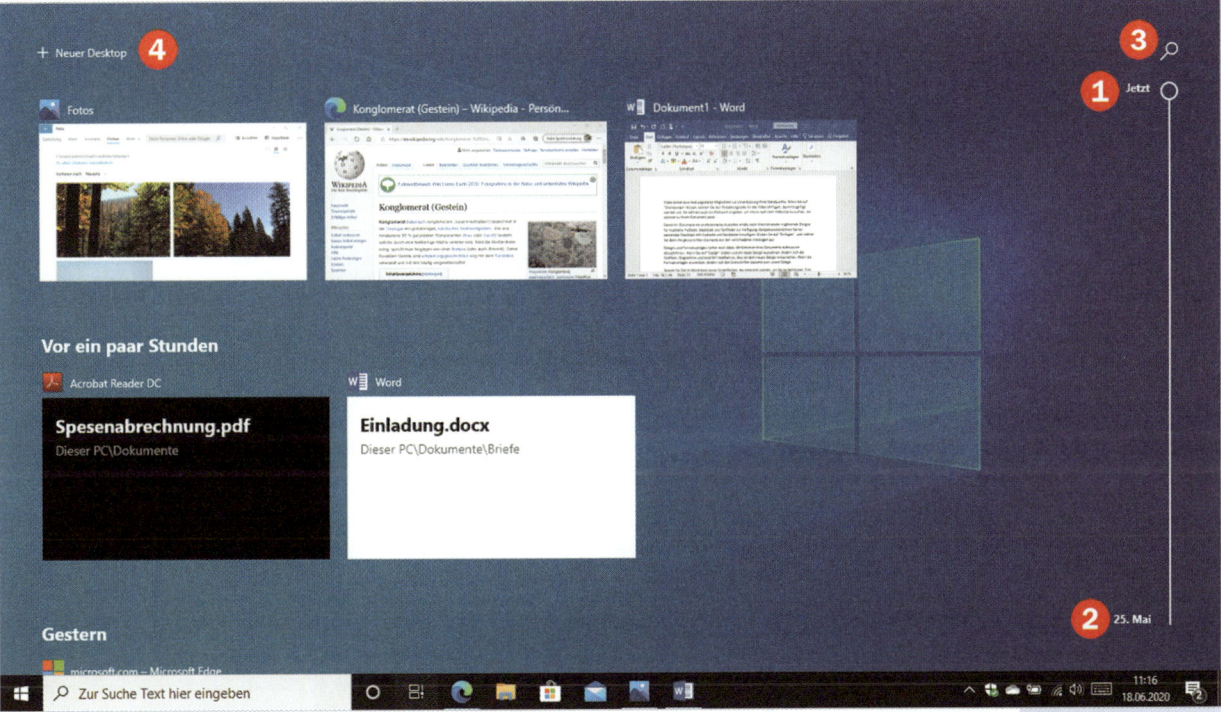

Der Punkt auf der Zeitleiste, hier ganz oben, kennzeichnet den aktuell sichtbaren Bereich.

▶ Auf der rechten Seite sehen Sie eine Zeitleiste ❶ (engl. Timeline). Zum Anzeigen weiter zurückliegender Aktivitäten drehen Sie das Mausrad oder wischen

Pro Tag werden, je nach Bildschirmgröße, maximal sechs Aktivitäten angezeigt. Um alle Aktivitäten eines Tages einzusehen, klicken Sie auf *Alle Aktivitäten von x anzeigen*.

24. Juni   Alle Aktivitäten von 7 anzeigen

Möglicherweise sind hier auch bereits weitere Desktops vorhanden, diese werden in der Standardeinstellung mit *Desktop 2*, *Desktop 3*, usw. bezeichnet.

auf dem Bildschirm nach oben. Oder verschieben Sie auf der Zeitleiste den Punkt mit gedrückter Maustaste in die gewünschte Richtung. Die Zeitleiste zeigt maximal die letzten 30 Tage an ❷.

▶ Falls Sie eine bestimmte App oder Datei suchen, klicken Sie auf das Symbol *Lupe* ❸ und geben einen Suchbegriff ein.

▶ Ganz oben erhalten Sie mit Klick auf *+ Neuer Desktop* ❹ die Möglichkeit, einen zweiten zusätzlichen Desktop zu öffnen und auf diesem ebenfalls Apps anzuzeigen. Wie das geht, erfahren Sie im nächsten Punkt.

Weitere Desktops anlegen

Falls Sie sehr viele Fenster bzw. Apps geöffnet haben, dann können Sie diese auf mehrere Desktops verteilen. Auch die Desktops verwalten Sie in der Taskansicht.

Desktop hinzufügen und auswählen

1   Klicken Sie in der Taskleiste auf das Symbol *Aktive Anwendungen* ▤.

2   Klicken Sie in der linken oberen Ecke der Taskansicht auf *Neuer Desktop*.

▶ Der neue Desktop erscheint rechts vom ersten Desktop in der Vorschau. Zum Anzeigen klicken Sie mit der Maus darauf.

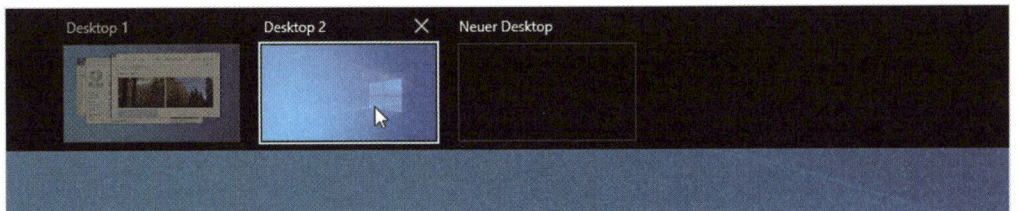

Der neue Desktop ist leer ❶ und Sie können hier nun beliebig weitere Apps starten. Hintergrund und Startmenü sind in allen Desktops gleich, die Taskleiste zeigt dagegen ausschließlich die geöffneten Apps des aktuellen Desktops an.

▶ Wenn Sie zurück zu ersten Desktop wechseln möchten, dann klicken Sie in der Taskleiste auf das Symbol *Aktive Anwendungen* 🗗 und hier auf *Desktop 1* ❷. Tipp: Wenn Sie auf einen Desktop zeigen, erhalten Sie eine Vorschau auf die Apps.

Mit Klick auf *Neuer Desktop* können Sie auch noch weitere Desktops hinzufügen. Diese werden automatisch durchnummeriert.

Desktop umbenennen: Wenn Sie einem Desktop einen Namen geben möchten, dann klicken Sie einfach auf dessen Namen, z. B. Desktop 2. Dieser wird markiert und kann einfach per Tastatureingabe überschrieben werden.

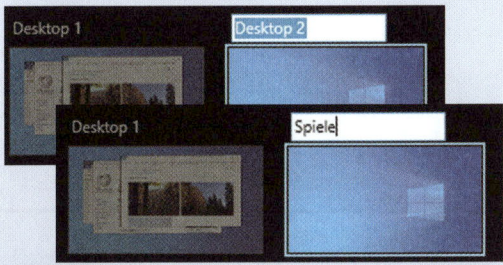

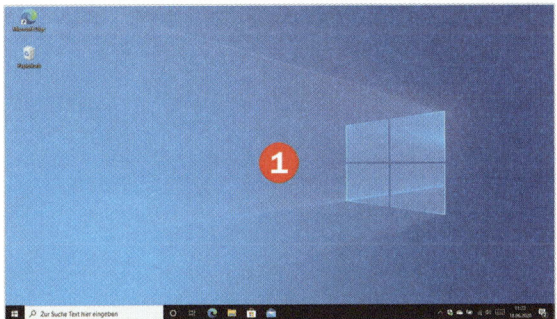

Tipp: Mit der Auswahl *Neuer Desktop* können Sie auch einen neuen Desktop hinzufügen und die App dorthin verschieben.

Apps zwischen den Desktops verschieben

Wenn Sie eine geöffnete App auf einen anderen Desktop verschieben möchten, dann gehen Sie so vor:

1 Wechseln Sie zu dem Desktop, auf dem die App geöffnet ist, die Sie verschieben möchten und öffnen Sie die Taskansicht mit Klick auf das Symbol ▯.

2 Klicken Sie mit der rechten Maustaste auf die Miniaturansicht der App ❶.

3 Zeigen Sie auf den Befehl *Verschieben nach* ❷. Rechts davon werden alle Desktops aufgelistet, klicken Sie auf den gewünschten, im Bild unten auf *Desktop 2* ❸.

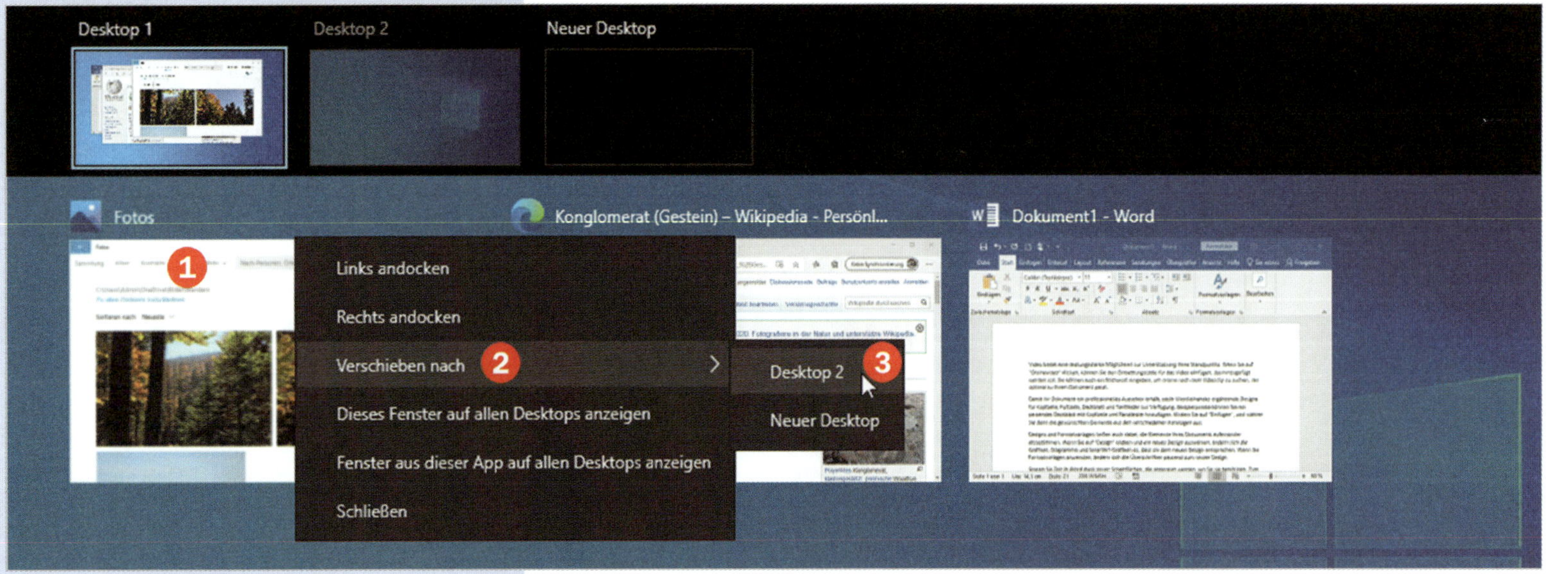

Desktop 1   Desktop 2   Neuer Desktop

Fotos   Konglomerat (Gestein) – Wikipedia - Persönl...   Dokument1 - Word

❶

Links andocken

Rechts andocken

Verschieben nach ❷   >   Desktop 2 ❸

Dieses Fenster auf allen Desktops anzeigen   Neuer Desktop

Fenster aus dieser App auf allen Desktops anzeigen

Schließen

Im Kontextmenü der rechten Maustaste finden Sie noch die folgenden Befehle:

- *Links andocken* und *Rechts andocken*. Mit diesen können Sie das Fenster ebenfalls am linken oder rechten Bildschirmrand andocken, siehe Seite 80.

- *Dieses Fenster auf allen Desktops anzeigen* sorgt dafür, dass die App auf allen Desktops sichtbar ist.

Als zweite Möglichkeit ziehen Sie in der Taskansicht die Vorschau der betreffenden App ❶ mit gedrückter Maustaste auf den anderen Desktop ❷. Lassen Sie die Maustaste erst los, wenn hier die Vorschau verkleinert wird, wie im Bild unten.

Da es sich um eine Vorschau handelt, können Sie zum Verschieben eine beliebige Stelle benutzen.

Achtung: beide Möglichkeiten funktionieren nur mit aktuell geöffneten Apps, nicht aber mit Fenstern aus der Zeitleiste!

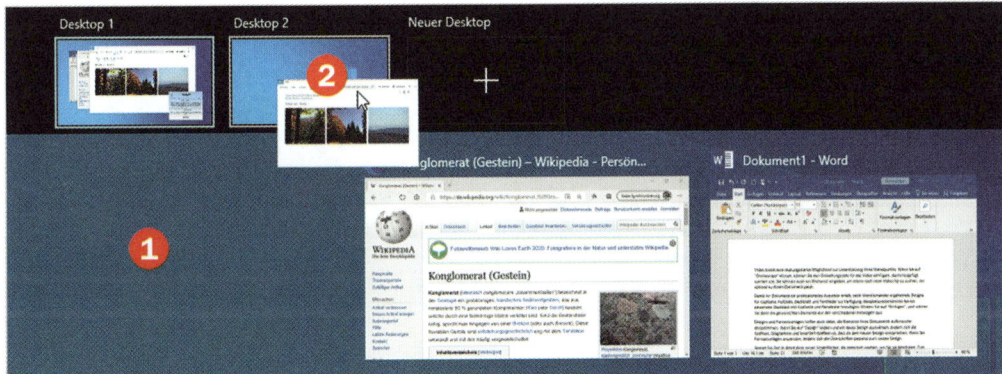

Desktop wieder schließen

▶ Wenn Sie einen mehr benötigten Desktop schließen möchten, dann zeigen Sie in der Taskansicht ⊟ auf den betreffenden Desktop. In seiner rechten oberen Ecke wird das Symbol *Schließen* sichtbar. Klicken Sie auf dieses Symbol. Wichtig: Falls auf diesem Desktop noch Apps geöffnet sind, werden diese nicht geschlossen, sondern auf den verbleibenden Desktop verschoben.

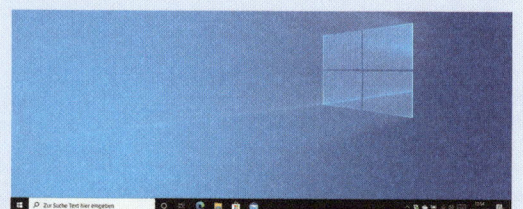

Über das Symbol Wolke haben Sie auch noch Zugriff auf Ihren Cloudspeicher OneDrive. Näheres zum Thema OneDrive lesen Sie in Kapitel 5.

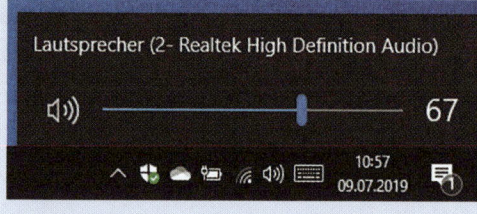

3.7 Taskleiste und Info-Center

Die Taskleiste befindet sich in der Regel am unteren Rand des Bildschirms. Sie kann, je nach Windows-Modus, schwarzen oder hellen Hintergrund aufweisen. Einige Funktionen und Symbole der Taskleiste, nämlich Startmenü, Wechsel zwischen Apps, Taskansicht und Suchfeld haben Sie bereits kennengelernt.

Die Symbole des Infobereichs

Im rechten Bereich der Taskleiste, dem Infobereich, befinden sich mehrere Symbole. Diese können, je nach Computer, recht unterschiedlich sein. Eine kleine Übersicht über die wichtigsten Symbole (von rechts nach links):

- Das Symbol *Sprechblase* ❶ ganz rechts öffnet das Info-Center und die Zahl gibt an, wie viele ungelesene Meldungen sich hier befinden. Links daneben sehen Sie Datum und Uhrzeit ❷; wenn Sie darauf klicken, öffnet sich ein Kalenderblatt.

- Auf einem PC mit Touchbedienung finden Sie das Tastatursymbol ❸, über das Sie durch Antippen die Bildschirmtastatur anzeigen.

- Mit Klick auf das Lautsprechersymbol ❹ steuern Sie die Lautstärke Ihres Lautsprechers. Es erscheint ein kleiner Schieberegler den Sie mit gedrückter linker Maustaste verschieben können.

- Bei einem mobilen Gerät zeigt dieses Symbol **5** an, dass Sie mit dem Internet (im Bild per WLAN) verbunden sind. Sollte stattdessen dieses Symbol ⊕ sichtbar sein, bedeutet dies, dass keine Internetverbindung besteht. Daneben sehen Sie den Ladezustand Ihres Akkus **6**.

- Das Symbol Wolke **7** zeigt an, dass auch der Cloud-Speicher *OneDrive* verfügbar ist und über dieses Symbol **8** öffnen Sie die Sicherheitseinstellungen (Antivirensoftware usw.) Ihres Geräts.

- Nicht immer sind alle Symbole auf den ersten Blick sichtbar. Dann klicken Sie auf den nach oben weisenden Pfeil **9**, um auch die übrigen einzublenden.

Das Info-Center

Das Info-Center sammelt aktuelle Benachrichtigungen, z. B. über kürzlich erfolgte oder anstehende Updates, Sicherheitswarnungen, Tipps und Systembenachrichtigungen sowie neu eingegangene und ungelesene E-Mails (sofern Sie die App *Mail* verwenden). Außerdem können Sie hier schnell Einstellungen vornehmen, z. B. Ein- und Ausschalten des Flugzeugmodus oder Regeln der Bildschirmhelligkeit.

▶ Zum Öffnen des Info-Centers klicken Sie im Infobereich der Taskleiste auf das Symbol *Sprechblase* 🗨. Bereits am Aussehen des Symbols erkennen Sie, ob und wie viele neue Benachrichtigungen vorhanden sind 🗨.

Das Info-Center erscheint als Leiste am rechten Bildschirmrand (Bild auf der nächsten Seite). Sind Meldungen vorhanden, z. B. über kürzlich installierte Updates von Windows, so sehen Sie diese im oberen Bereich und nach Prioritäten geordnet. Kritische Systemmeldungen und Warnungen erscheinen ganz oben.

Im Tabletmodus können Sie zum Anzeigen des Info-Centers auch vom rechten Bildschirmrand nach innen wischen.

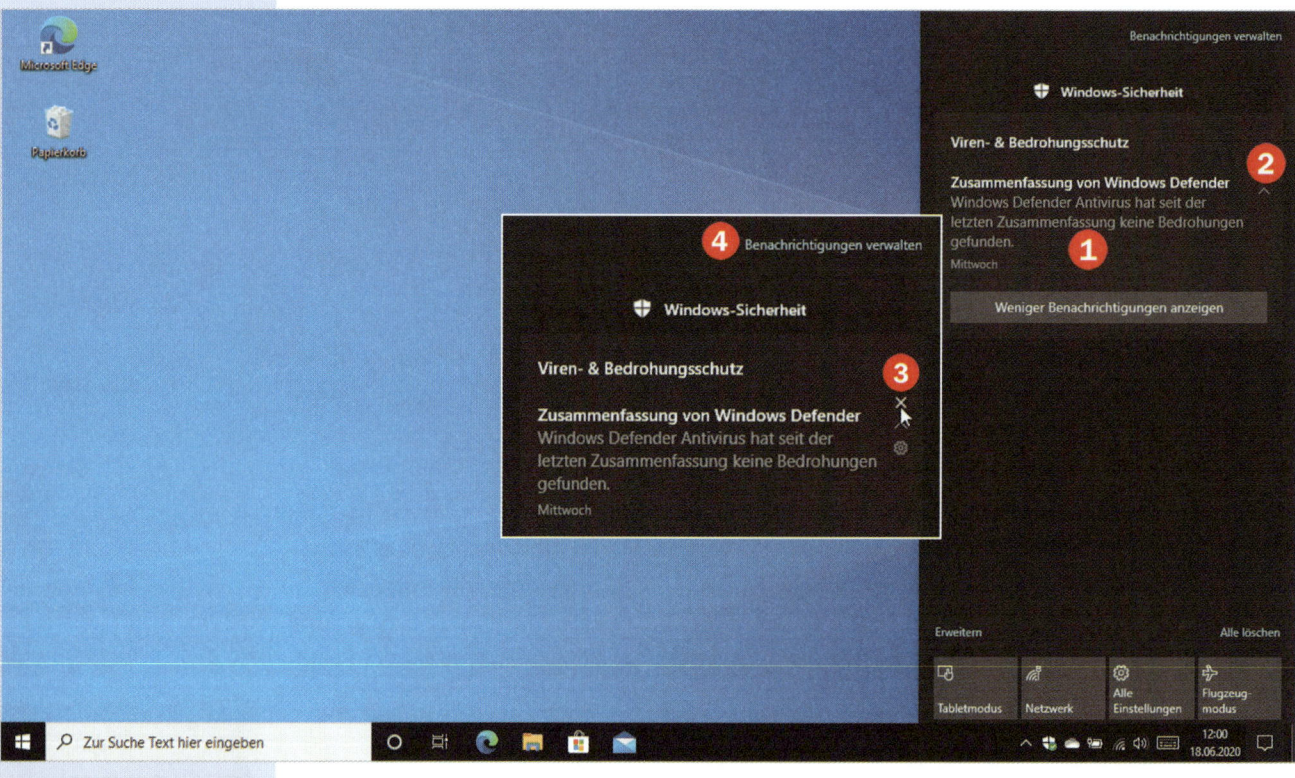

Als drittes Symbol erscheint ein kleines Rädchen. Über dieses Symbol *Einstellungen* oder mit Klick auf *Benachrichtigungen verwalten* 4 können Sie die Anzeige von Benachrichtigungen steuern.

Wenn Sie auf eine Meldung zeigen, werden an deren rechtem Rand kleine Symbole sichtbar. Als Beispiel im Bild oben eine Meldung zum Viren- und Bedrohungsschutz 1. Mit dem nach unten oder oben weisenden Pfeil 2 blenden Sie die gesamte Meldung ein bzw. aus. Zum Löschen klicken Sie auf das Symbol x 3 und ein Klick direkt auf die Meldung öffnet die dazugehörige Einstellung oder App, z. B. Mail.

Schnelle Einstellungen im Info-Center

Im unteren Bereich des Info-Centers finden Sie mehrere Schaltflächen für schnelle Einstellungen. Sollten hier nur vier sichtbar sein, so klicken Sie auf *Erweitern* ❶, mit *Reduzieren* hingegen blenden Sie die zusätzlichen Schaltflächen wieder aus. Die meisten Schaltflächen besitzen Ein-/Ausschaltfunktion; eingeschaltete Funktionen sind farbig hervorgehoben und so schnell zu erkennen z. B. *Position* ❷.

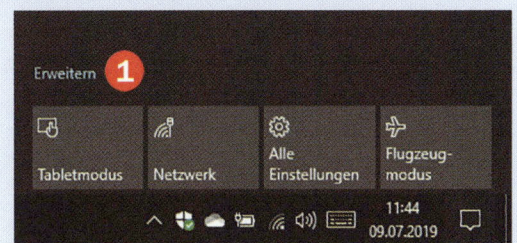

- Um die Helligkeit Ihres Bildschirms zu regeln, brauchen Sie nur den Schieberegler ❸ mit gedrückter linker Maustaste verschieben.

- Die Schaltfläche *Tabletmodus* wechselt in eine, für Touchbedienung und kleinere Bildschirme optimierte Darstellung. Nochmaliges Anklicken dieser Schaltfläche zeigt Windows 10 wieder im normalen Modus an.

- Ein Klick auf die Schaltfläche *Netzwerk* zeigt alle verfügbaren Netzwerke (WLAN/WiFi) in Reichweite an, sowie das Netzwerk, mit dem Ihr Gerät aktuell verbunden ist. Hier können Sie auch ein Netzwerk auswählen, mit dem Sie sich verbinden möchten oder die aktuelle Verbindung trennen.

- Die Schaltfläche *Flugzeugmodus* schaltet den sogenannten Flugzeugmodus ein und wieder aus. Im Flugzeugmodus sind alle Funkverbindungen und damit auch die Verbindung zum Internet deaktiviert.

- Mit der Schaltfläche *Position* schalten Sie die automatische Standorterkennung aus und ein. Diese wird z. B. von der App *Karten* genutzt.

- Mit dem *Benachrichtigungsassistent* steuern Sie die Anzeige der Benachrichtigungen im Info-Center. Dieser unterscheidet drei Möglichkeiten: der erste Klick auf die Schaltfläche schränkt die Anzeige auf Alarme ein (*Nur Alarme*),

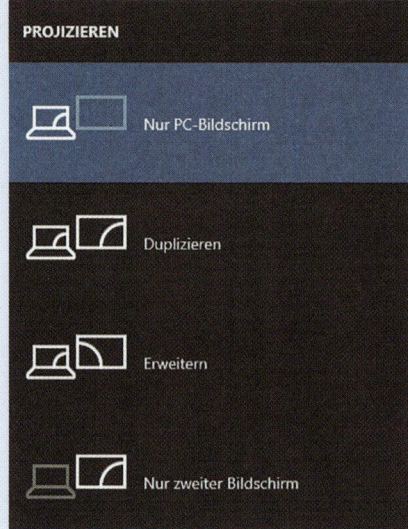

Als Buetooth bezeichnet man einen Standard für Datenübertragung per Funk über kurze Entfernungen. Dies erfordert spezielle Hardware, die in manchen mobilen Geräten bereits integriert ist. Auf diese Weise können Sie beispielsweise ein Notebook drahtlos mit einem Lautsprecher verbinden.

VPN ist die Abkürzung für virtuelles privates Netzwerk.

der nächste Klick zeigt nur Meldungen mit Priorität an und ein dritter Klick schaltet den Benachrichtigungsassistent wieder aus.

- Im *Nachtmodus* werden die blauen Lichtanteile des Bildschirms reduziert und ein wärmeres Licht verwendet.

- Die Schaltfläche *Stromsparmodus* ist nur im Akkubetrieb verfügbar, mit ihr schalten Sie schnell den Stromsparmodus ein und aus.

- Falls Sie am PC zwei Bildschirme angeschlossen haben, können Sie über die Schaltfläche *Projizieren* die Anzeige regeln. Bei Verwendung eines Beamers wählen Sie z. B. anschließend *Duplizieren*, wenn der Bildschirminhalt auch über Beamer wiedergegeben werden soll.

- Mit der Schaltfläche *Verbinden* können Sie ein Gerät über Funk bzw. per Bluetooth verbinden.

- Die Schaltfläche *Bildschirmausschnitt* erzeugt ein Abbild Ihres Bildschirms als Bild, den genauen Ausschnitt legen Sie anschließend mit der Maus fest.

- Mit der Schaltfläche *Einstellungen* gelangen Sie schnell zu den gesamten Einstellungen Ihres PCs. Näheres hierzu im nächsten Kapitel.

- *Mobiler Hotspot* sollte nur mit Vorsicht aktiviert werden, da Sie damit auf einem mobilen Gerät wie z. B. Notebook Ihre Internetverbindung für andere Geräte freigeben. Über *VPN* richten Sie eine sichere Verbindung ein, beispielsweise unterwegs zum Netzwerk Ihrer Firma. Eine genaue Beschreibung würde den Rahmen dieses Einsteigerbuches sprengen.

3.8 Tätigkeit am Computer beenden

Unterbrechungen

Wenn am Computer über einen Zeitraum zwischen 5 und 10 Minuten keine Mausbewegung oder Tastatureingabe erfolgt, dann wird der Energieverbrauch automatisch verringert.

- Zunächst wird der Bildschirm dunkler und schaltet sich wenige Minuten später automatisch aus. In diesem Fall bewegen Sie einfach die Maus oder betätigen eine Taste der Tastatur und die vorherige Anzeige wird wiederhergestellt.

- Nach etwa 15 bis 30 Minuten versetzt sich der Computer automatisch in den Energiesparmodus (Standby): Alle Einstellungen und Daten werden zwischengespeichert, nicht benötigte Geräte wie Bildschirm und Lüfter abgeschaltet und damit der Stromverbrauch auf ein Minimum reduziert. Wenn Sie den Deckel eines Laptops einfach schließen, wird dieser ebenfalls in den Energiesparmodus versetzt.

- Um den Computer aus dem Energiesparmodus heraus wieder in Betrieb zu nehmen, müssen Sie die Einschalttaste am Gerät betätigen und sich erneut anmelden. Anschließend finden Sie den Bildschirm wieder so vor, wie Sie ihn verlassen haben.

Achtung - Speichern Sie vor dem Herunterfahren Ihre Daten!

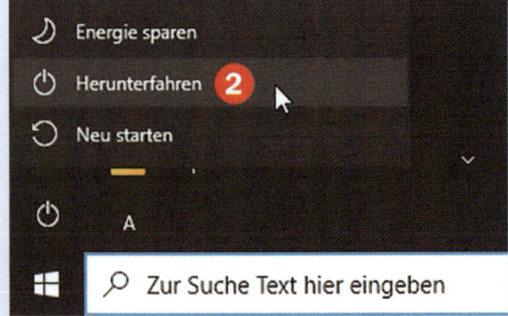

Den Computer ganz herunterfahren und ausschalten

Beim Beenden der Tätigkeit am Computer sollten Sie den PC nie mit der Ein/Aus-Taste am Gerät ausschalten, sondern entweder in den Energiesparmodus versetzen (siehe links) oder ganz herunterfahren und damit ausschalten.

1   Öffnen Sie das Startmenü, indem Sie links unten in der Taskleiste auf das Symbol mit dem Windows-Logo ▦ klicken.

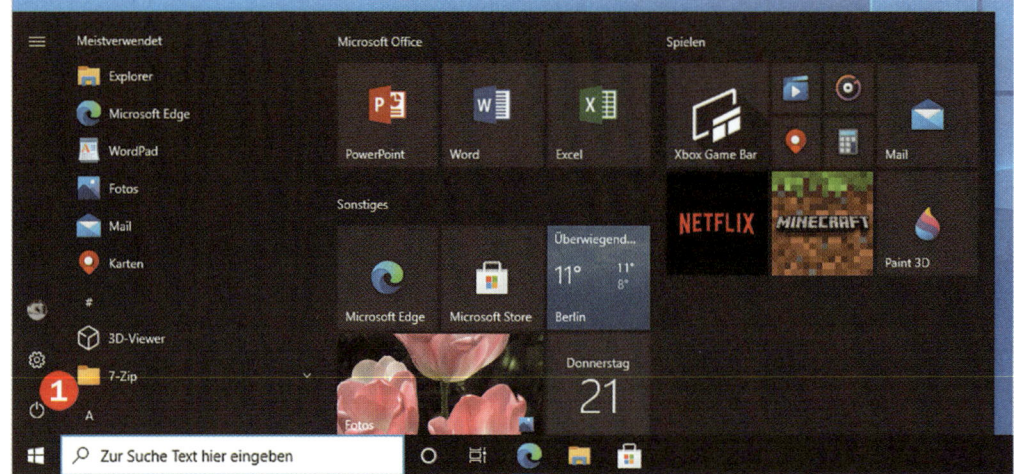

2   Klicken Sie dann auf *Ein/Aus* ⏻ ❶. Es erscheinen die drei Optionen *Energie sparen*, *Herunterfahren* und *Neu starten*. Klicken Sie auf *Energiesparen* oder *Herunterfahren* ❷.

Windows wird damit beendet und der Computer anschließend automatisch ausgeschaltet. Betätigen Sie also nicht mehr den Ein-/Aus Schalter am Gerät, da Sie sonst den PC wieder einschalten!

Windows beim Herunterfahren aktualisieren

Windows wird von Microsoft regelmäßig aktualisiert, z. B. um den integrierten Virenschutz auf den neuesten Stand zu bringen oder um etwaige Fehler oder Schwachstellen zu korrigieren. Aktualisierungen werden im Hintergrund über das Internet zwar heruntergeladen, jedoch erst mit dem Herunterfahren und einem nachfolgenden Neustart installiert und damit wirksam.

In der Fachsprache bezeichnet man eine solche Aktualisierungen als Update.

Nähere Informationen zum Thema Update finden Sie in Kapitel 10 dieses Buches.

Ob eine Aktualisierung ansteht, erkennen Sie mit einem Blick rechts in die Taskleiste am unteren Bildschirmrand. Das Symbol mit dem roten Punkt 🔁 signalisiert, dass ein Neustart erforderlich ist.

Auch im Startmenü erkennen Sie am Symbol *Ein/Aus* ❶ anstehende Aktualisierungen. Statt *Herunterfahren* finden Sie nun die Option *Aktualisieren und herunterfahren* ❷. Wenn Sie unmittelbar nach dem Aktualisieren wieder am Computer fortfahren möchten, dann wählen Sie *Aktualisieren und Neu starten*.

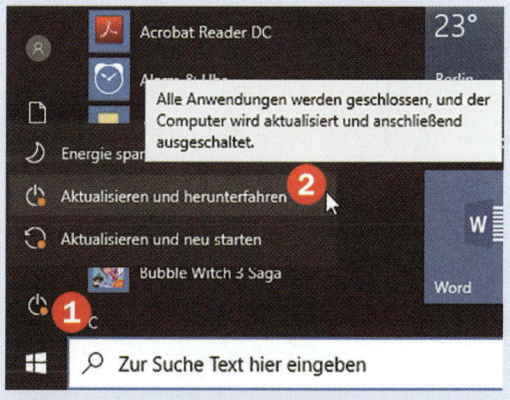

▶ Beachten Sie, dass jede Aktualisierung, je nach Umfang einige Minuten dauern kann. Schalten Sie in dieser Zeit den Computer nicht aus, dies passiert automatisch, wenn Sie *Aktualisieren und herunterfahren* gewählt haben. Ein entsprechende Meldung macht Sie darauf aufmerksam.

Auch beim anschließenden Neustart erscheint in solchen Fällen eine Meldung, dass Windows zuerst aktualisiert werden muss.

3.9   Tipps und Problemlösungen

Die Schaltfläche *Desktop anzeigen* im hellen und im dunklen Modus.

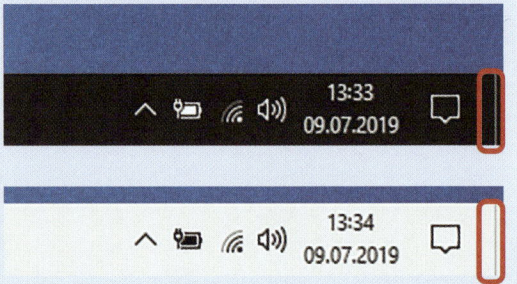

Dieser Effekt tritt nur auf, wenn *Vorschau für Desktop* aktiviert ist. Wenn Sie die Vorschau ausschalten möchten, dann klicken Sie mit der rechten Maustaste auf *Desktop anzeigen*. Ein Häkchen vor *Vorschau für Desktop* signalisiert, dass die Vorschau eingeschaltet ist. Mit einem Klick darauf entfernen Sie das Häkchen und schalten damit die Vorschau aus. Ein weiterer Klick aktiviert die Vorschau wieder.

Auf dem Desktop erscheinen seltsame Umrisse

Vielleicht kennen Sie diesen Effekt bereits: Alle geöffneten Fenster sind verschwunden und auf dem Desktop erscheinen transparente Umrisse, wie im Bild unten.

Die Ursache: Sie haben versehentlich den Mauszeiger ganz rechts in der Taskleiste auf der Schaltfläche *Desktop anzeigen* platziert. Mit Klick auf diese Schaltfläche minimieren Sie alle geöffneten Fenster; wenn Sie dagegen darauf zeigen, werden die Fenster in der Vorschau vorübergehend transparent. Als Abhilfe bewegen Sie die Maus weg von dieser Stelle.

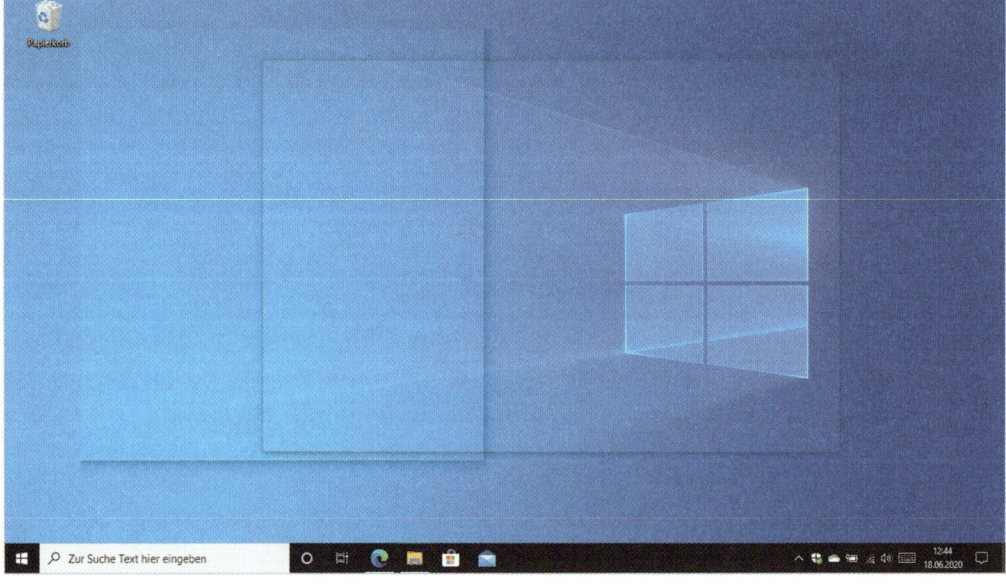

Die Taskleiste ist nicht sichtbar oder sieht anders aus

Symbol Bildschirmtastatur oder Taskansicht (Aktive Anwendungen) fehlt

▶ Klicken Sie mit der rechten Maustaste an eine freie Stelle der Taskleiste. Es erscheint ein kleines Menü: Links von *Taskansicht-Schaltfläche anzeigen* ❶ und *Bildschirmtastatur anzeigen (Schaltfläche)* ❷ muss sich ein kleines Häkchen befinden. Falls nicht, so klicken Sie darauf, um das Häkchen zu setzen. Vorsicht: ein weiterer Klick entfernt das Häkchen wieder!

Die Taskleiste befindet sich nicht an ihrem Platz/ist nicht sichtbar

Zwar ist der untere Bildschirmrand der Standardort für die Taskleiste, jedoch nicht zwingend. Sie kann sich also auch am oberen, linken oder rechten Bildschirmrand befinden. Sollte die Taskleiste ganz ausgeblendet sein, so erscheint sie erst, wenn Sie auf den unteren Bildschirmrand mit der Maus zeigen oder von unten wischen.

▶ Im Menü der rechten Maustaste (siehe oben), finden Sie auch den Befehl *Taskleiste fixieren* ❸ . Hier sollte ebenfalls ein Häkchen gesetzt sein: es verhindert versehentliches Verschieben der Taskleiste.

▶ Für weitere Einstellungen klicken Sie hier auf *Taskleisteneinstellungen* ❹ . Das Fenster *Einstellungen* wird geöffnet, siehe Bild auf der nächsten Seite.

• Sollte der Schalter *Taskleiste im Desktopmodus automatisch ausblenden* ❶ auf *Ein* stehen (Bild auf der nächsten Seite), so bedeutet dies, die Taskleiste erscheint erst beim Zeigen auf den unteren Bildschirmrand. Ein zweiter Schalter blendet die Taskleiste im Tablet-Modus automatisch aus ❷ . Beide Schalter müssen auf *Aus* gesetzt sein, wenn die Taskleiste dauerhaft sichtbar sein soll. Zum Ändern klicken Sie einfach auf den Schalter.

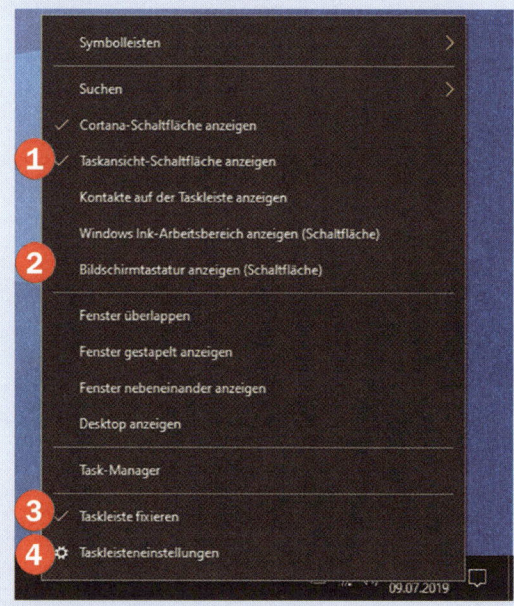

Sollte die Taskleiste nicht sichtbar sein, dann geben Sie einfach „Taskleisteneinstellungen" als Suchbegriff in das Suchfeld ein.

- Scrollen Sie etwas nach unten, so erscheint das Feld *Position der Taskleiste auf dem Bildschirm*. Hier sollte *Unten* ❸ ausgewählt sein.

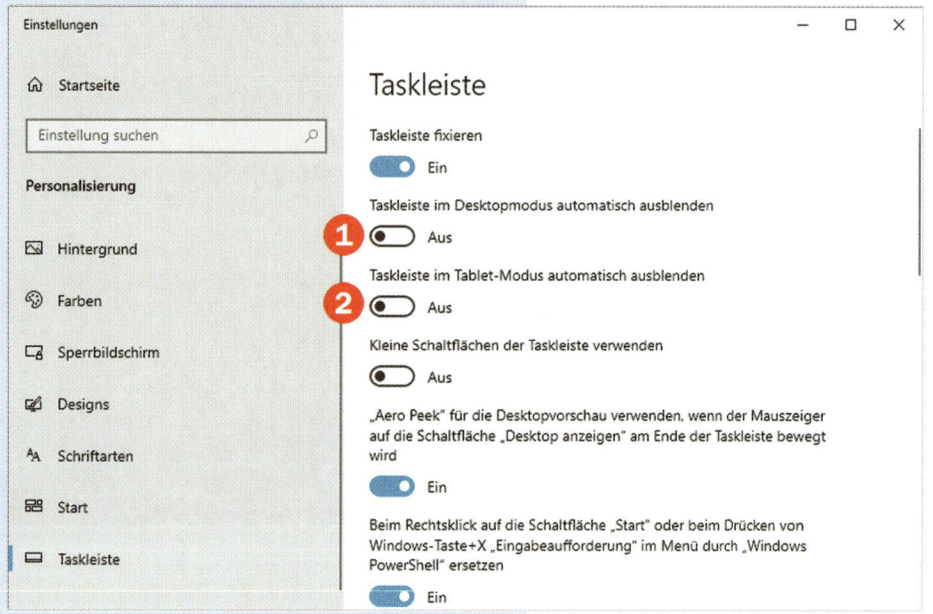

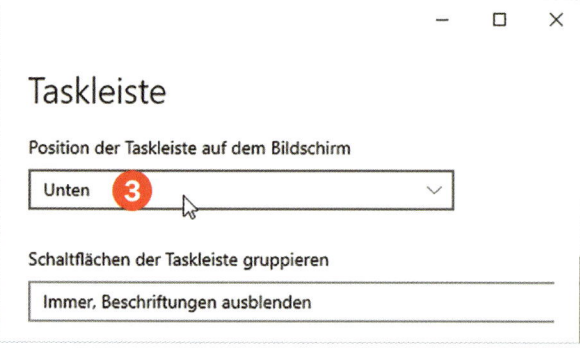

Falls für die Taskleiste ❸ eine andere Position auf dem Bildschirm angegeben sein sollte, so klicken Sie einfach in das Feld und dann auf *Unten*.

Weitere Informationen zu den Windows-Einstellungen finden Sie in Kapitel 6.

Eine App reagiert nicht mehr bzw. lässt sich nicht beenden

Wenn eine App nicht mehr auf Maus- und/oder Tastatureingaben reagiert, kann dies verschiedene Ursachen haben.

Die App wartet auf eine Eingabe oder Antwort

Möglicherweise ist ein Dialogfenster, z. B. zum Speichern, oder eine andere Meldung dieser App geöffnet. Dann müssen Sie zuerst das Dialogfenster schließen bzw. die Meldung bestätigen, bevor Sie fortfahren können. Als Beispiel im Bild unten die Frage von WordPad beim Beenden, ob Sie Ihre Eingaben oder Änderungen speichern möchten. Erst wenn Sie sich für *Speichern* oder *Nicht speichern* entschieden haben, können Sie fortfahren.

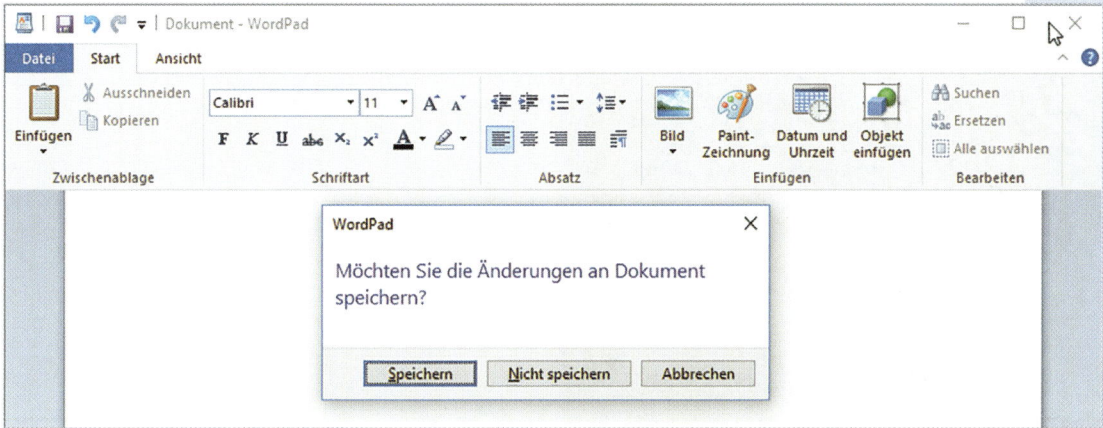

Die App reagiert nicht mehr

Manchmal reagiert auch eine App tatsächlich nicht mehr, man sagt dann, sie ist „abgestürzt". In diesem Fall sollten Sie versuchen, die App über den Task-Manager zu beenden, so gehen Sie vor:

1 Klicken Sie mit der rechten Maustaste auf eine freie Stelle der Taskleiste und auf *Task-Manager* ❶.

2 Klicken Sie dann im Task-Manager auf die App, die Sie beenden möchten ❷, manchmal steht hier auch der Zusatz *„reagiert nicht mehr"* und klicken Sie auf *Task beenden* ❸.

3 Schließen Sie zuletzt den Task-Manager wieder **4**.

Sollte der Task-Manager mit der erweiterten Anzeige geöffnet werden und auch Hintergrundprozesse anzeigen, dann klicken Sie in der linken unteren Ecke des Task-Managers auf *Weniger Details*.

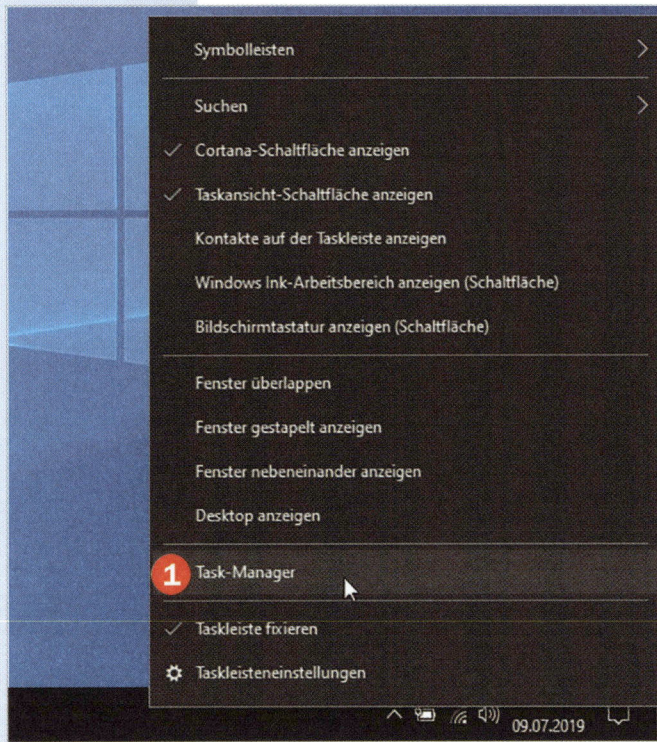

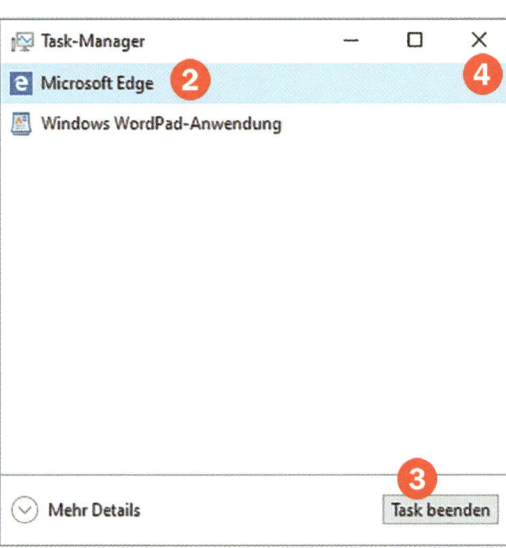

Details zum Thema Sicherheit und Sicherheitseinstellungen lesen Sie in Kapitel 10 nach.

Achtung: Möglicherweise erscheint beim Aufrufen des Task-Managers ein Fenster, das Sie fragt, ob die App Task-Manager Änderungen an Ihrem Gerät vornehmen darf. Dies ist eine Vorsichtsmaßnahme, die unerwünschte Manipulationen, z. B. durch Computerviren oder andere schädliche Software verhindern soll.

Klicken Sie auf *Ja*, wenn Sie Eingriffe durch die App zulassen möchten, im Fall Task-Manager können Sie dies unbedenklich tun. Wenn allerdings kein solcher Befehl von Ihnen ausging, z. B. während Sie im Internet surfen, dann klicken Sie sicherheitshalber auf *Nein*.

PC aus - und wieder einschalten
Sollte auch das Beenden der App über den Task-Manager nichts bewirken, so benutzen Sie den Schalter bzw. Einschaltknopf am Gerät zum Ausschalten und schalten den PC anschließend wieder ein. Achtung: zum Ausschalten müssen Sie den Schalter einige Sekunden lang gedrückt halten!

Das Gerät neu starten
Wenn nach einem Programmabsturz Ihr PC nicht mehr stabil läuft oder sich beispielsweise die abgestürzte App nicht mehr starten lässt, dann hilft häufig ein Neustart des gesamten Systems: Speichern Sie Ihre Daten und beenden Sie alle Apps. Klicken Sie dann im Startmenü auf das Symbol *Ein/Aus* ⏻ und hier auf *Neu starten*.

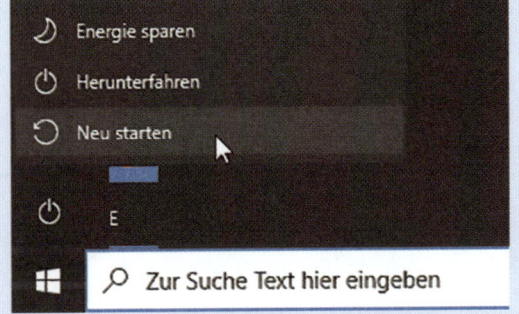

4 Mit WordPad einen Brief schreiben

Sie lernen, wie Sie ...

- Text eingeben und nachträglich korrigieren
- Zeilenabstände und Textausrichtung ändern
- Text mit Schriftarten und -farben gestalten
- Seitenränder festlegen
- Text in der Druckvorschau kontrollieren und drucken

Was Sie bereits wissen sollten ...

- Umgang mit Taskleiste und Startmenü
- Apps starten und beenden
- Wichtige Tasten der Tastatur

Die kostenlose App WordPad ist in der Regel zusammen mit Windows 10 bereits auf Ihrem PC installiert.

Zum Starten klicken Sie in das Suchfeld der Taskleiste am unteren Rand des Bildschirms und tippen hier WordPad ein. Klicken Sie dann auf die App *WordPad*.

An der Cursorposition beginnen Sie mit der Texteingabe. Jedes Zeichen, das Sie über die Tastatur eintippen, erscheint an derjenigen Stelle, an der sich der Cursor gerade befindet.

Tipp: Die Position des Mauszeigers spielt bei der Texteingabe keine Rolle. Platzieren Sie ihn daher am besten etwas am Rand.

4.1 Die Bedienoberfläche von WordPad

Wichtige Elemente von WordPad
WordPad wird nach dem Start mit einem leeren Blatt geöffnet und Sie können mit der Texteingabe beginnen.

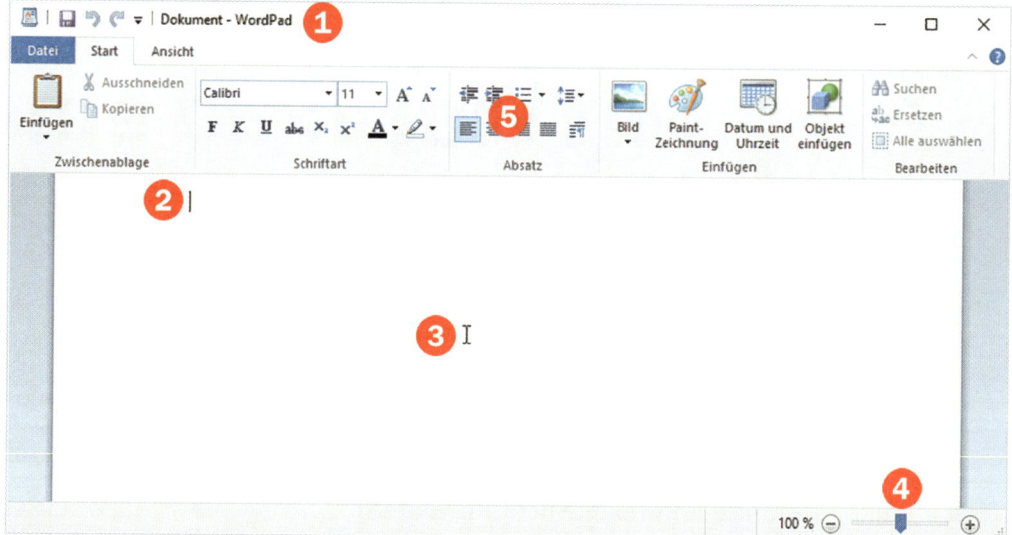

- Im Titel des Fensters sehen Sie den Namen der App, *WordPad*. *Dokument* ❶ bezieht sich auf den, noch nicht gespeicherten Text.

- In der linken oberen Ecke des Blattes sehen Sie einen senkrechten, blinken-den Strich, die Einfügemarke ❷, auch als Cursor bezeichnet.

- Wenn sich der Mauszeiger im Blatt befindet, dann ändert sich sein Aussehen und er erscheint als senkrechter Strich ❸. Er unterscheidet sich von der Einfügemarke durch kleine Füßchen oben und unten und blinkt nicht und darf auch nicht mit dieser verwechselt werden.

● Sind Einfügemarke und die Buchstaben im Blatt zu klein und nur schwer lesbar? Dann vergrößern Sie die Anzeige: Klicken Sie im Zoombereich ❹ in der unteren rechten Ecke mit der Maus mehrmals auf das ⊕. Ist die Anzeige zu groß geraten, so klicken Sie auf das ⊖.

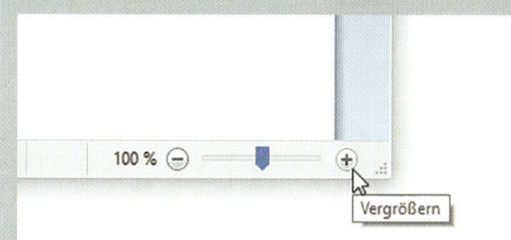

Achtung: Vergrößern und Verkleinern gilt nur die Bildschirmanzeige, nicht aber für den Druck. Wie Sie zum Drucken die Buchstaben vergrößern, lesen Sie auf Seite 124.

Das Menüband

Oberhalb des eigentlichen Textbereichs befindet sich das Menüband ❺ mit Schaltflächen zur Bearbeitung des Textes. Es besteht aus den Registern *Start* und *Ansicht*, zum Anzeigen der dazugehörigen Schaltflächen und Symbole klicken Sie einfach auf den Namen des Registers, z. B. *Ansicht*.

> Unter Umständen ist das Menüband bis auf die Reiter mit den Registernamen ausgeblendet. Dann klicken Sie einfach auf den Reiter des Registers und die Schaltflächen werden sichtbar.
>
> **Achtung**: Mit Doppelklick auf einen Reiter blenden Sie die Schaltflächen dauerhaft ein, allerdings auch wieder aus!

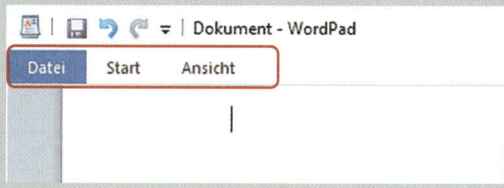

Lineal

Während der Eingabe und beim Drucken werden automatisch Seitenränder berücksichtigt. Diese sind im Lineal ❻ als graue Bereiche zu erkennen.

▶ Sollte das Lineal nicht sichtbar sein, so klicken Sie auf das Register *Ansicht* und aktivieren mit einem Mausklick das Kontrollkästchen *Lineal* ❼.

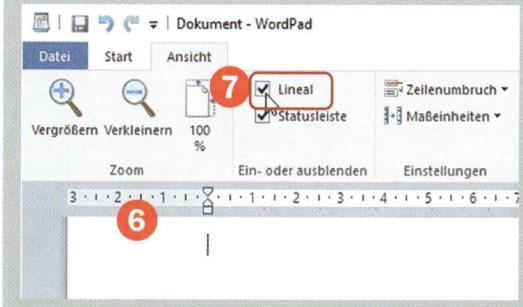

4.2   Grundlegende Techniken der Texteingabe

Text eingeben

Beginnen Sie in der ersten Zeile mit der Texteingabe, in unserem Beispiel ein Brief. Der obere und untere Seitenrand sowie die Ränder links und rechts können nachträglich hinzugefügt bzw. geändert werden

▶ Klicken Sie mit der Maus an die Stelle, an der Sie Text einfügen möchten. Die Einfügemarke blinkt nun an dieser Stelle.

▶ Beginnen Sie mit dem Absender ❶ und drücken Sie am Ende jeder Zeile die Eingabetaste, auch als Return- oder Enter-Taste bezeichnet.

▶ Absenderort und -datum ❷ können Sie ruhig ebenfalls zunächst am linken Seitenrand eingeben, diese werden wir später nach rechts rücken.

Für alle Tasten gilt: Tippen Sie immer nur kurz auf jede Taste! Wenn Sie eine Taste zu lange gedrückt halten, dann erscheint dieser Buchstabe gleich mehrfach.

Eigentlich beendet die Eingabetaste einen Absatz, dieser kann auch mehr als eine einzige Zeile umfassen.

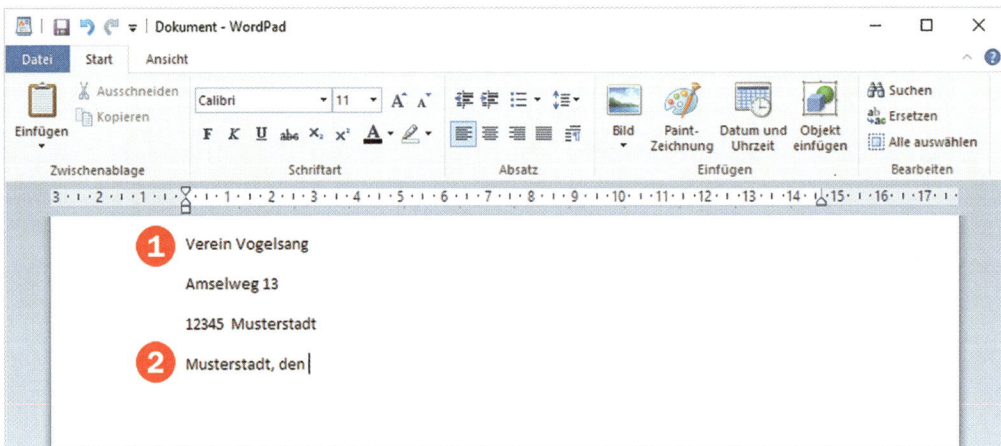

Tipp: Datum einfügen

Statt der Eingabe über die Tastatur können Sie auch das Datum Ihres PCs einfügen. Dazu muss sich die Einfügemarke an dieser Stelle befinden ❶.

1   Klicken Sie im Menüband auf das Register *Start* und hier auf *Datum und Uhrzeit* ❷.

2   Es öffnet sich ein kleines Fenster, markieren Sie mit einem Klick die gewünschte Schreibweise ❸ und klicken Sie auf *OK* ❹.

Das aktuelle Datum Ihres Computers sehen Sie ganz rechts in der Taskleiste am unteren Bildschirmrand.

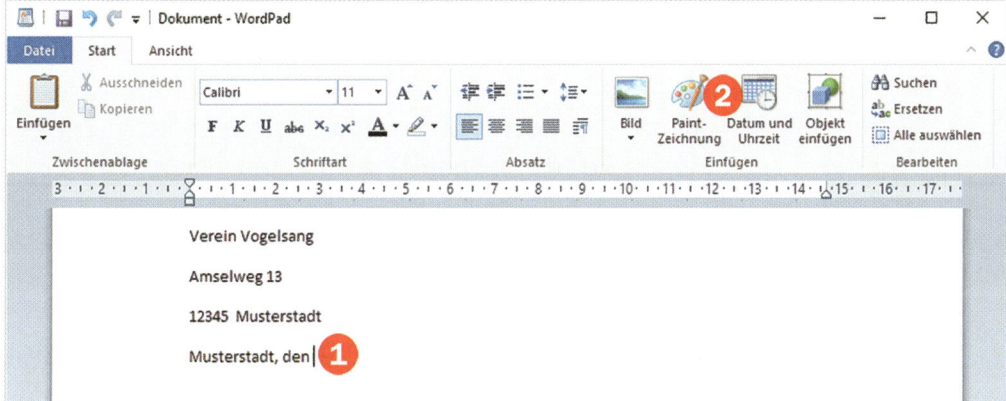

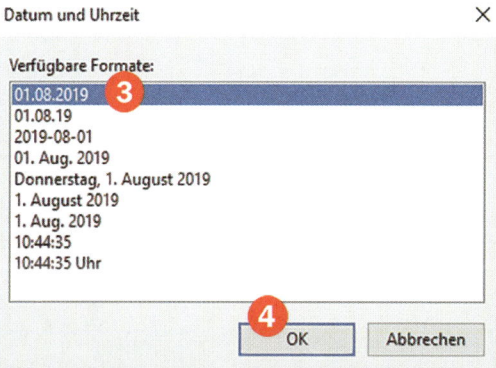

Die automatische Zeilenschaltung

▶   Tippen Sie nun den Brieftext. WordPad erkennt automatisch das Ende einer Zeile, wenn während des Schreibens ein Wort nicht mehr in die Zeile passt, so wandert dieses Wort automatisch an den Beginn der nächsten Zeile. Dies bezeichnet man als automatischen Zeilenumbruch.

Falls Sie einen größeren Abstand zwischen zwei Zeilen benötigen, so betätigen Sie einfach zwei- oder dreimal die Eingabe-Taste.

Dadurch erzeugen Sie leere Zeilen, die sich später leicht wieder löschen lassen und so den Abstand wieder verkleinern.

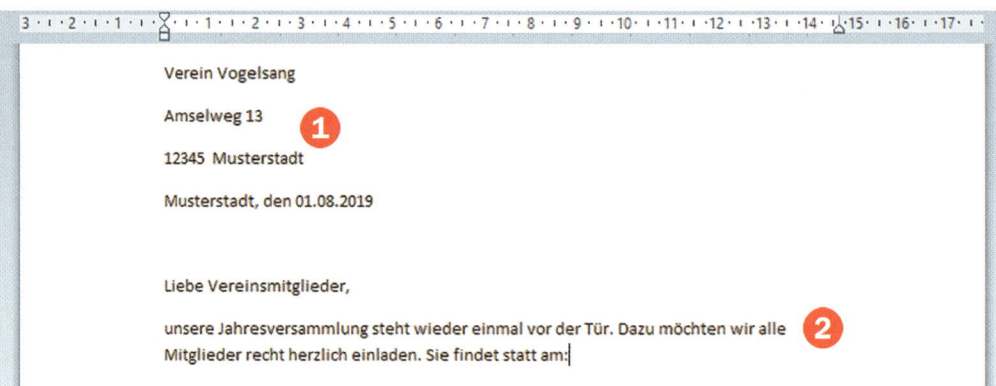

Für die Zeilenschaltung gilt:

- Drücken Sie die Eingabe-Taste nicht grundsätzlich am Ende jeder Zeile, sondern nur dann, wenn Sie einen neuen Absatz beginnen möchten, beispielsweise bei der Eingabe der Adresse ❶.

- Bei längerem zusammenhängendem Text ❷ hingegen überlassen Sie die Zeilenschaltung WordPad. Der Vorteil: Wenn Sie später eine größere oder kleinere Schrift verwenden möchten oder die Seitenränder ändern, dann passt sich der Zeilenumbruch automatisch an.

Größere Abstände im Text mit der Tab-Taste erzeugen

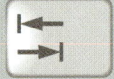

Zum Erzeugen größerer Abstände innerhalb einer Zeile verwenden Sie anstelle von mehrmaligem Drücken der Leertaste besser die Tab-Taste (Tabulator).

▶ Drücken Sie für die Zwischenräume ❶ zwei- oder dreimal die Tab-Taste.

▶ Geben Sie dann noch den restlichen Brief ein ❷ .

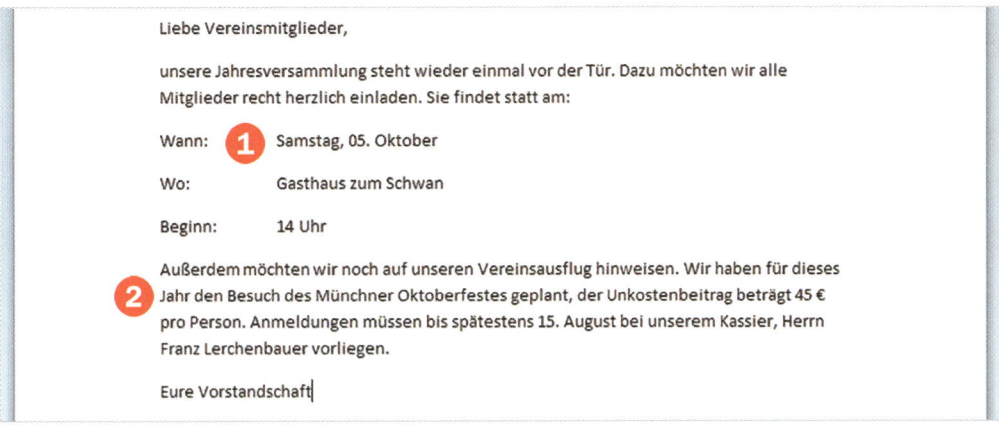

Text nachträglich korrigieren

Spätere Änderungen und Korrekturen am Text sind jederzeit möglich. Jedes Zeichen, das Sie über die Tastatur eintippen, wird an derjenigen Stelle eingefügt, an der sich die Einfügemarke gerade befindet. Sie brauchen daher nur die Einfügemarke an die betreffende Textstelle setzen und können so weitere Buchstaben an jeder beliebigen Stelle in den Text einfügen oder löschen. Dabei gilt:

- Vorhandener Text wird beim Eingeben weiterer Buchstaben nicht überschrieben, sondern nach rechts in Schreibrichtung verschoben.

- Beim Löschen von Zeichen rücken die übrigen Zeichen wieder nach links.

Für nachträgliche Änderungen muss immer erst die Einfügemarke an diese Stelle gesetzt werden!

1. Schritt: Die Einfügemarke mit der Maus versetzen

Beispiel: Sie möchten mit der Maus die Einfügemarke rechts vom Wort „scheint"
platzieren.

Heute scheint die Sonne.|

Heute scheint die Sonne.|

Heute scheint die Sonne. I

▶ Zeigen Sie mit der Maus auf die gewünschte Stelle. Noch befindet sich die
Einfügemarke am Ende der Zeile.

▶ Drücken Sie die linke Maustaste. Erst jetzt erscheint auch die Einfügemarke
an dieser Stelle.

▶ Der Mauszeiger kann sich nun wieder an beliebiger Stelle befinden, er wird
nicht mehr benötigt.

Einfügemarke mit den Pfeiltasten der Tastatur bewegen

Als zweite Möglichkeit benutzen Sie zum Versetzen der Einfügemarke die Pfeiltasten der Tastatur. Im Gegensatz zur *Korrektur*-Taste wird kein Text gelöscht, sondern die Einfügemarke in Pfeilrichtung um ein Zeichen nach rechts oder links beziehungsweise um eine Zeile nach oben oder unten bewegt.

Beachten Sie: Die Einfügemarke kann mit Maus oder Tastatur immer nur innerhalb des Textes platziert werden.

▶ Damit Sie wieder am Ende des Textes in der nächsten Zeile weiterschreiben können, müssen Sie zuerst die Einfügemarke an das Ende der letzten Zeile setzen und mit der *Eingabetaste* eine neue Zeile anfügen.

2. Schritt: Text korrigieren

Der Ablauf bei der Textkorrektur ist immer gleich:

Text einfügen

1 Klicken Sie mit der Maus an die Stelle, an der Sie Text einfügen möchten. Die Einfügemarke blinkt nun an dieser Stelle.

2 Tippen Sie den Text über die Tastatur ein, bestehender Text wird nicht gelöscht, sondern nach rechts verschoben.

Text mit der Korrektur-Taste löschen

1 Zum Löschen klicken Sie mit der Maus rechts vom zu löschenden Text. Jetzt befindet sich auch die Einfügemarke hier.

2 Drücken Sie dann auf der Tastatur die *Korrektur*-Taste. Jeder Tastendruck löscht ein Zeichen in Pfeilrichtung, also **links** von der Einfügemarke und entgegen der Schreibrichtung.

Text mit der Entf-Taste löschen

Die *Entf*-Taste (Entfernen) am rechten Rand der Tastatur kann ebenfalls zum Löschen benutzt werden. Im Gegensatz zur Korrektur-Taste löschen Sie damit Zeichen, die sich **rechts** von der Einfügemarke befinden.

1 Klicken Sie also mit der Maus links vom zu löschenden Text.

2 Drücken Sie dann die Entf-Taste. Jeder Tastendruck löscht ein Zeichen **rechts** von der Einfügemarke

Sie möchten nachträglich einen Zwischenraum zwischen zwei Wörtern einfügen? Dann klicken Sie mit der Maus an die Stelle und drücken auf der Tastatur die Leertaste.

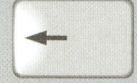

Auf manchen Tastaturen ist diese Taste auch mit *Del* (Abkürzung für das englische Wort „delete" = Löschen) beschriftet.

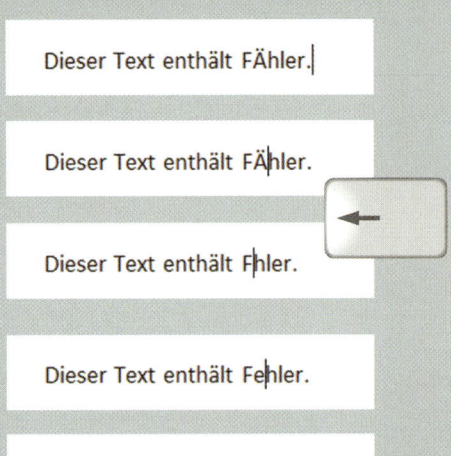

Beispiel: Sie möchten den Rechtschreibfehler im links abgebildeten Text korrigieren und zum Schluss noch ein Wort einfügen.

1 Klicken Sie mit der Maus rechts vom falschen Buchstaben (Ä). Die Einfügemarke befindet sich jetzt an dieser Stelle.

2 Drücken Sie auf der Tastatur die *Korrektur*-Taste, um den falschen Buchstaben zu löschen. Der restliche Text rückt nach links nach.

3 Tippen Sie über die Tastatur den richtigen Buchstaben (e) ein. Alle Buchstaben rechts davon rücken automatisch wieder nach rechts.

4 Zuletzt soll zwischen „enthält" und „Fehler" das Wort „keinen" eingefügt werden. Klicken Sie mit der Maus an diese Stelle und tippen Sie ein Leerzeichen, gefolgt vom Wort, ein.

Auf diese Weise können Sie nicht nur einzelne Zeichen einfügen oder löschen, sondern auch Wörter und ganze Sätze.

Text markieren

Längere Texte lassen sich schneller löschen, wenn sie zuvor markiert wurden. Auch wenn Sie später Text gestalten, zum Beispiel unterstreichen möchten, dann muss diese Textstelle zuvor markiert werden.

- Zum Markieren am Computer verwenden Sie die Maus wie einen Textmarker. Markierter Text ist am blauen Hintergrund leicht zu erkennen.

- Eine Markierung ist nicht dauerhaft, sondern verschwindet wieder, sobald Sie mit der Maus an eine andere Stelle im Text klicken.

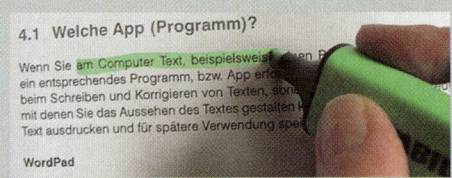

Eine Textstelle mit der Maus markieren

1 Zeigen Sie mit der Maus an den Beginn der zu markierenden Stelle, drücken Sie dann die linke Maustaste und halten Sie die Taste gedrückt.

2 Bewegen Sie nun die Maus langsam mit gedrückter Taste nach rechts oder links über den Text, dieser wird blau hervorgehoben. Lassen Sie die Maustaste los, wenn die gewünschte Textstelle markiert ist.

> **Tipps zum schnellen Markieren**
>
> **Ein Wort markieren**
> ▶ Zeigen Sie mitten in das Wort und drücken Sie zweimal kurz hintereinander die linke Maustaste. Achtung - die Maus darf dazwischen nicht bewegt werden!
>
> **Die gesamte Zeile markieren**
> ▶ Zeigen Sie mit der Maus in den Seitenrand links von der Zeile und beobachten Sie den Mauszeiger: Sobald er als Pfeil sichtbar wird, klicken Sie hier einmal und die gesamte Zeile wird markiert.

Markierten Text löschen oder korrigieren

▶ Zum Löschen des markierten Textes drücken Sie auf der Tastatur die *Entf* -Taste oder die *Korrektur*-Taste.

▶ Um Text zu korrigieren, z. B. um ein falsches Wort zu ersetzen, markieren Sie das Wort und tippen ohne vorheriges Löschen das neue Wort ein.

Außerdem möchten wir noch für unseren Vereinsausflu
Jahr den Besuch des Münchner Oktoberfestes geplant,
pro Person. Anmeldungen müssen bis spätestens 15. Au
Franz Lerchenbauer vorliegen.

WordPad markiert automatisch immer gleich ganze Wörter.

Wann:	Samstag, 05. Oktober
Wo:	Gasthaus zum Schwan
Beginn:	14 Uhr

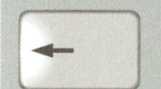

Achtung: Verschieben oder Kopieren funktioniert immer nur innerhalb des Textes. Zum Verschieben ans Textende müssen Sie dort eventuell erst einige Leerzeilen anfügen.

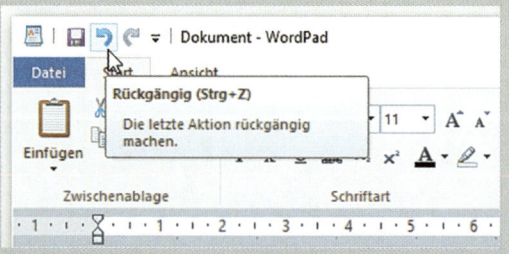

Beispiel: Sie möchten „Oktober" durch „November" ersetzen.

1   Markieren Sie das Wort „Oktober".

2   Tippen Sie über die Tastatur das Wort „November" ein. Es spielt keine Rolle, ob das neue Wort länger oder kürzer als das ursprüngliche Wort ist. Sie könnten also auch „Mai" oder „Juli" eingeben.

Textstellen verschieben und kopieren

Möchten Sie nachträglich Wörter, Sätze oder ganze Absätze an eine andere Stelle verschieben? Dann benutzen Sie dazu entweder die Maus bzw. den Finger oder verwenden einen Zwischenspeicher, die sogenannte Zwischenablage.

Text mit Maus oder Finger verschieben

1   Markieren Sie den Satz bzw. die zu verschiebende Textstelle ❶.

2   Zeigen Sie mit der Maus auf die markierte Stelle. Dann drücken Sie die linke Maustaste und halten sie gedrückt, während Sie die Maus bewegen. **Achtung:** Der markierte Text wandert nicht mit, sondern verbleibt zunächst an der ursprünglichen Stelle.

3   Ein kleines Kästchen am Mauszeiger ❷ signalisiert, dass Text verschoben wird, gleichzeitig wandert die Einfügemarke mit. Lassen Sie die Maustaste erst los, wenn sich die Einfügemarke an der gewünschten Stelle befindet.

> Sollte dies nicht auf Anhieb klappen, so machen Sie den letzten Schritt rückgängig und versuchen es nochmals.

Text ausschneiden und an anderer Stelle wieder einfügen

Sollte das Verschieben nicht klappen, dann schneiden Sie einfach den markierten Text in die Zwischenablage aus und fügen ihn an anderer Stelle wieder ein.

1 Zuerst markieren Sie wieder die betreffende Textstelle ❶. Klicken Sie dann im Menüband auf das Register *Start* und in der Gruppe *Zwischenablage* auf *Ausschneiden* (Symbol Schere) ❷. Der markierte Text verschwindet, wurde aber nicht gelöscht, sondern in der Zwischenablage abgelegt.

2 Setzen Sie die Einfügemarke durch Klicken oder Antippen an die Stelle, an der Sie den ausgeschnittenen Text einfügen möchten ❸.

3 Klicken Sie wieder im Menüband auf *Start* und in der Gruppe *Zwischenablage* auf *Einfügen* ❹.

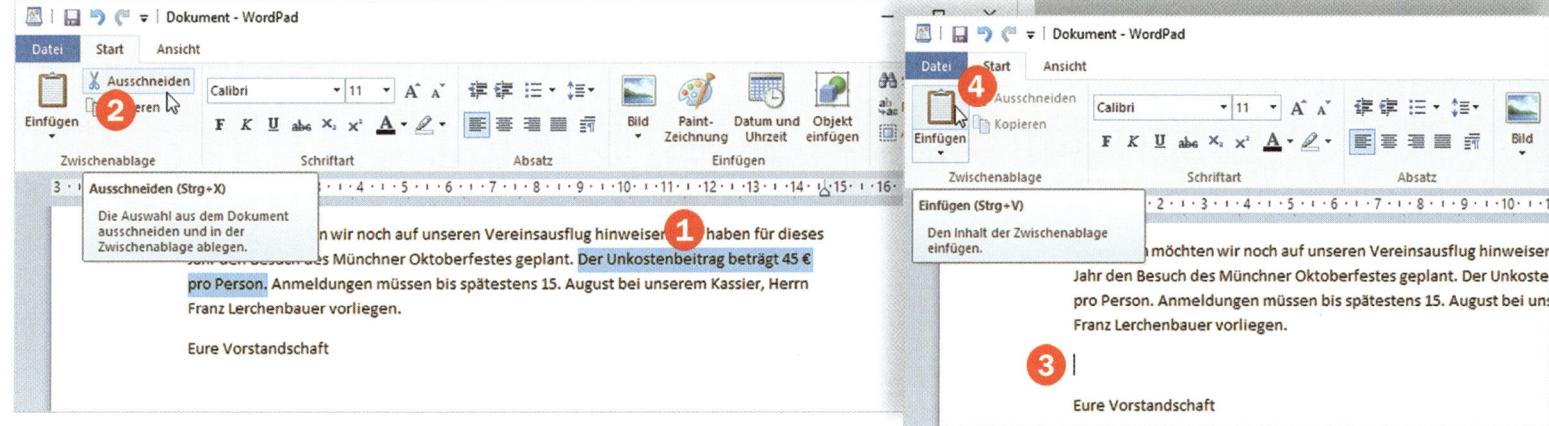

Nun brauchen Sie eigentlich nur noch den Text auf Leerzeichen, eventuell auch Zeilenschaltungen, kontrollieren und diese nachträglich einfügen bzw. löschen.

Text kopieren und wieder einfügen

Die Zwischenablage benutzen Sie auch, wenn Sie eine Textstelle kopieren und anschließend mehrmals wieder einfügen möchten.

1 Zuerst markieren Sie wieder diese Stelle ❶ und klicken dann im Register *Start*, Gruppe *Zwischenablage*, auf *Kopieren* ❷.

2 Positionieren Sie die Einfügemarke an derjenigen Stelle, an der der kopierte Text eingefügt werden soll ❸ und klicken Sie in der Gruppe *Zwischenablage* wieder auf *Einfügen* ❹.

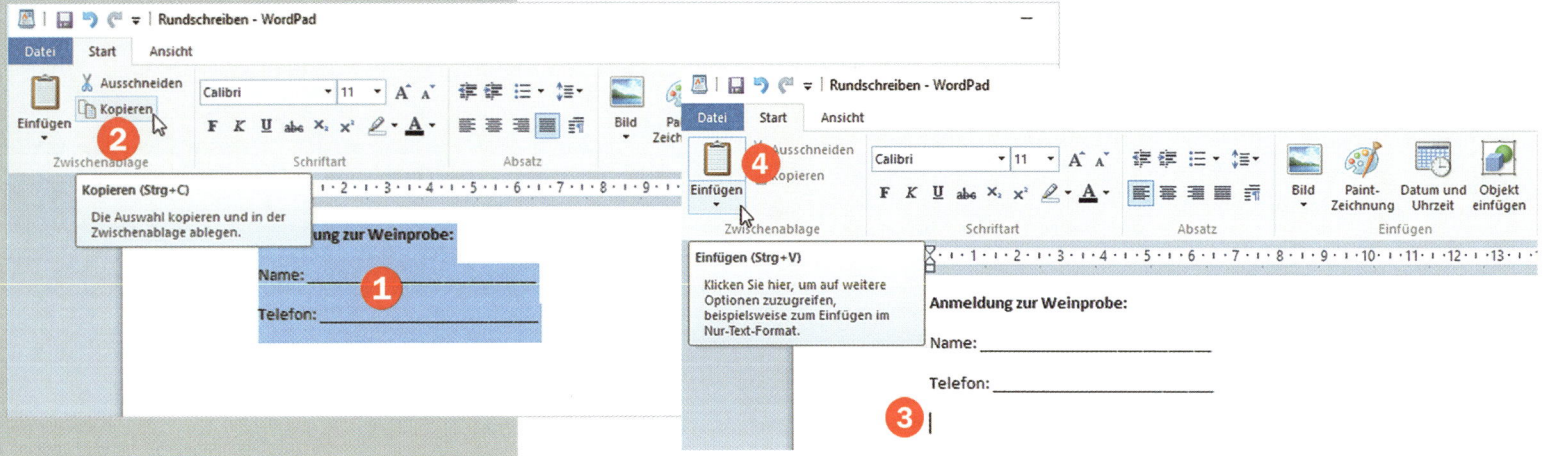

Die Zwischenablage speichert immer das zuletzt ausgeschnittene oder kopierte Element, und zwar so lange, bis der nächste Text ausgeschnitten oder kopiert wird. Sie können also Text aus der Zwischenablage auch mehrmals nacheinander einfügen.

4.3 Text ausrichten

Standardmäßig beginnen alle Zeilen am linken Seitenrand exakt untereinander (bündig), man bezeichnet dies als linksbündige Ausrichtung. Diese Ausrichtung kann für einzelne Absätze jederzeit geändert werden. In unserem Beispiel etwa gehören Ort und Datum eigentlich an den rechten Seitenrand.

Text am rechten Seitenrand ausrichten

1 Klicken oder tippen Sie in die Zeile mit Absenderort- und datum, die Einfügemarke befindet sich nun irgendwo in diesem Absatz ❶.

2 Klicken Sie dann im Menüband auf das Register *Start*. Hier finden Sie in der Gruppe *Absatz* mehrere Schaltflächen, mit denen Sie die Ausrichtung eines Absatzes ändern können. Klicken Sie auf *Text Rechtsbündig ausrichten* ❷ und sofort rückt der aktuelle Absatz exakt an den rechten Seitenrand.

Text gestalten, zum Beispiel ausrichten oder Schrift ändern, bezeichnet man auch als **Formatieren**.

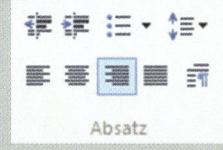

Text zentrieren

Wie wäre es mit einer Überschrift in der Mitte der Seite mit dem Text „Einladung zur Jahresversammlung"?

1   Klicken Sie in eine der Leerzeilen zwischen Ort, Datum und der Anrede und geben Sie hier den Text ein ❶.

    Falls Ihnen die Abstände zu gering erscheinen, können Sie hier ruhig auch noch weitere Leerzeilen durch Drücken der Eingabe-Taste einfügen.

2   Achten Sie darauf, dass sich die Einfügemarke in dieser Zeile befindet und klicken Sie im Menüband auf das Register *Start* und hier auf *Zentrieren* ❷.

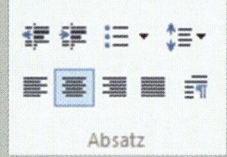

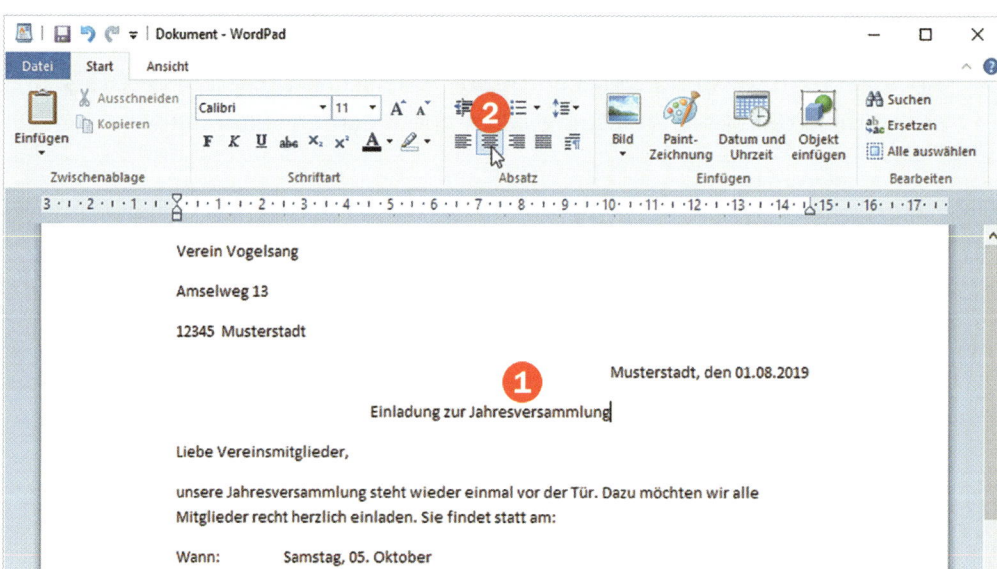

Die Zeilen eines Absatzes im Blocksatz ausrichten

Absätze über mehrere Zeilen können auch im so genannten Blocksatz ausgerichtet werden. Dies bedeutet, mit Ausnahme der letzten Zeile schließen alle Zeilen des Absatzes links und rechts bündig ab und die Abstände zwischen den Wörtern werden entsprechend angepasst.

Achtung: Dabei erfolgt keine automatische Silbentrennung.

▶ Klicken Sie in eine Zeile des betreffenden Absatzes und im Menüband auf *Im Blocksatz ausrichten*.

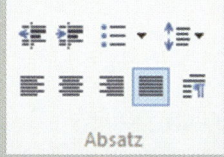

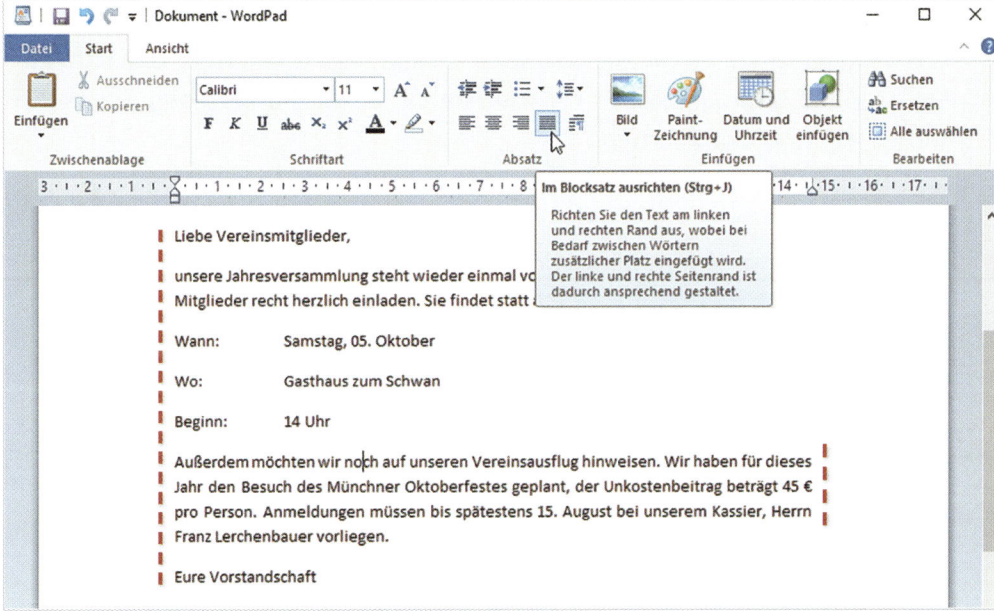

Selbstverständlich können Sie einen Absatz auch wieder am linken Rand ausrichten: Klicken Sie in den Absatz und im Menüband auf *Text linksbündig ausrichten*.

4.4   Zeilenabstände ändern

Auch die Zeilenabstände lassen sich verändern. WordPad (und auch Microsoft Word) unterscheiden zwischen zwei Arten von Abständen:

- Abstand zwischen den einzelnen Zeilen eines Absatzes

- Abstand zum nachfolgenden Absatz unterhalb

Als Beispiel die Anschrift zu Beginn des Briefes, die Abstände sind viel zu groß!

1   Am besten markieren Sie gleich alle drei Zeilen ❶. Ziehen Sie dazu am einfachsten mit gedrückter linker Maustaste am linken Rand neben diesen Absätzen von oben nach unten.

2   Klicken Sie dann im Register *Start* auf die Schaltfläche *Zeilenabstand* ❷.

3   Entfernen Sie mit einem Mausklick das Häkchen links von *Nach Absätzen einen 10-Punkt-Abstand einfügen* ❸.

Da Sie bei der Eingabe jede dieser Zeilen mit der Eingabe-Taste beendet haben, handelt es sich hier um Absätze. Sie müssen folglich die Abstände zum jeweils nachfolgenden Absatz entfernen.

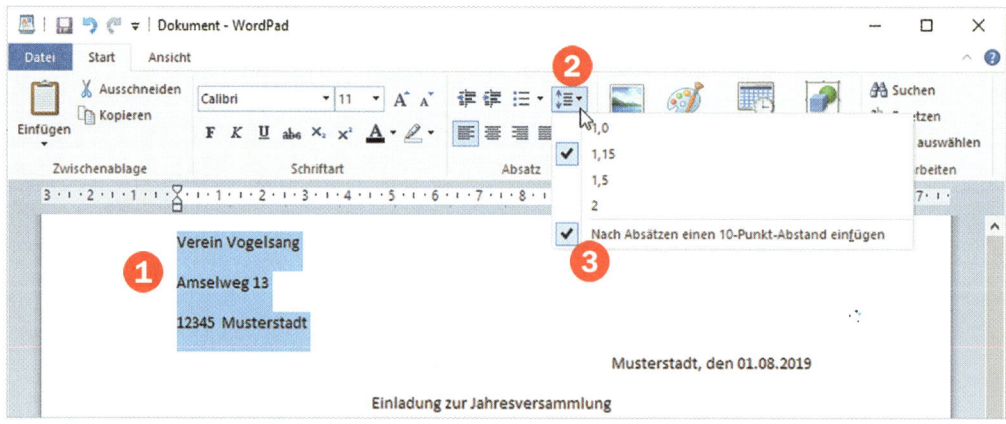

4.5   Das Schriftbild gestalten

Im nächsten Schritt befassen wir uns mit der Schrift, auch hierzu gibt es verschiedene Gestaltungsmöglichkeiten.

> Für alle Änderungen am Schriftbild gilt: Sie müssen zuvor alle zu ändernden betreffenden Zeichen bzw. Buchstaben markieren!

Unterstreichen, fett oder kursiv hervorheben

Die Überschrift „Einladung zur Jahresversammlung" soll unterstrichen werden.

1   Markieren Sie diese Zeile ❶ .

2   Dann klicken Sie im Menüband auf das Register *Start* und auf die Schaltfläche *Unterstrichen* ❷ .

Sämtliche Schriftformate sind im Menüband in der Gruppe *Schriftart* zusammengefasst.

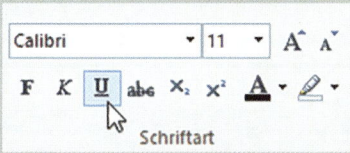

▶ Genauso gehen Sie vor, wenn Sie Text fett oder kursiv hervorheben möchten, zum Beispiel Ort, Datum und Beginn der Versammlung. Markieren Sie die erste Textstelle, „Gasthaus zum ..." und klicken Sie im Register *Start* auf *Fett* ❶.

Wenn Text an unterschiedlichen Stellen des Briefs fett formatiert werden soll, dann müssen Sie diese Schritte für jede Textstelle wiederholen.

▶ Falls Sie Buchstaben auch noch schräg stellen möchten, dann verwenden Sie dazu die Schaltfläche *Kursiv* ❷.

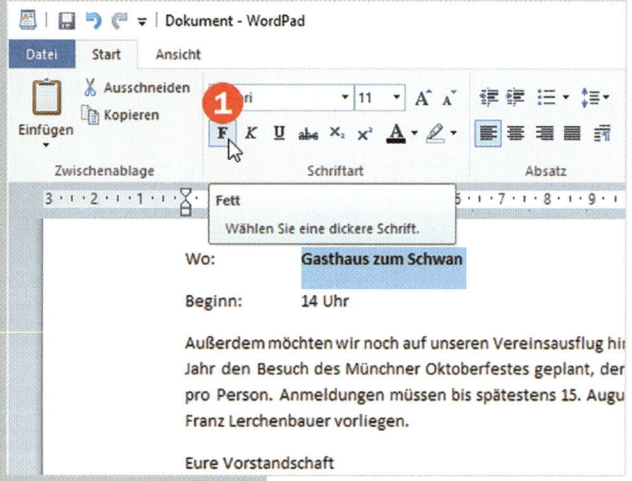 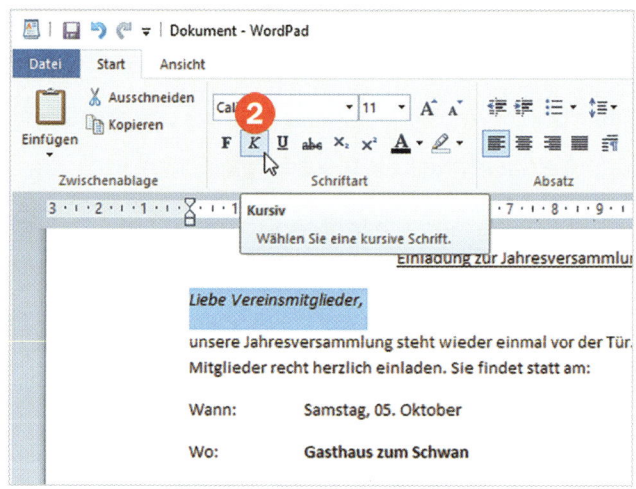

Unterstreichung, fett, kursiv wieder entfernen

Mit denselben Schaltflächen entfernen Sie unterstrichen, fett und kursiv auch wieder. Markieren Sie die Textstelle und klicken Sie erneut auf die betreffende Schaltfläche.

Die Schriftart ändern

WordPad, genauer gesagt Windows 10, verfügt über eine Vielzahl von Schriftarten. Als Standardschriftart verwendet WordPad Calibri. Sie sehen die aktuell verwendete Schriftart im Register *Start* in der Gruppe *Schriftart*. Über dieses Feld ändern Sie auch die Schriftart.

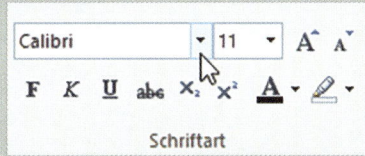

1 Markieren Sie die Textstelle ❶.

2 Klicken Sie auf das kleine, nach unten weisende Dreieck rechts neben der Schriftart ❷. Eine alphabetisch sortierte Liste aller Schriftarten wird geöffnet. Diese Liste bildet nur den Anfang, verschieben Sie die Bildlaufleiste, wenn noch mehr Schriftarten angezeigt werden sollen.

Tipp: Soll die Schriftart für den gesamten Brief geändert werden, so müssen Sie natürlich den gesamten Text markieren. Am schnellsten geht dies mit der Tastenkombination Strg+A (Alles).

3 Sobald Sie den Mauszeiger auf einer Schriftart positionieren ❸, sehen Sie im Text eine Vorschau. Mit einem Klick übernehmen Sie dann die Schriftart.

Im Bild wurde als Beispiel die Schrift *Arial Black* gewählt. Am besten testen Sie selbst, welche Schriftart Ihnen am besten gefällt.

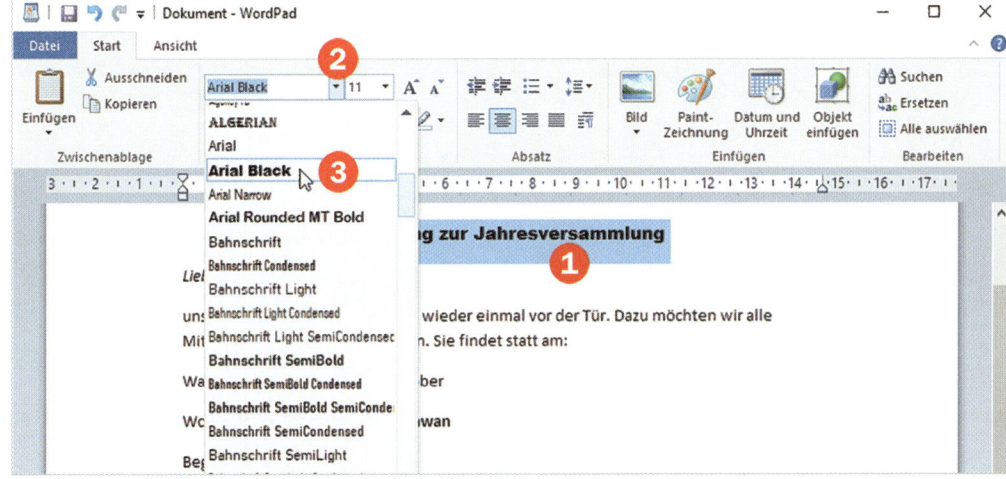

Die Schriftgröße wird üblicherweise in dem typografischen Maß Punkt (pt) angegeben. 1 Punkt entspricht etwa 0,35 mm.

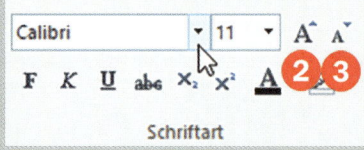

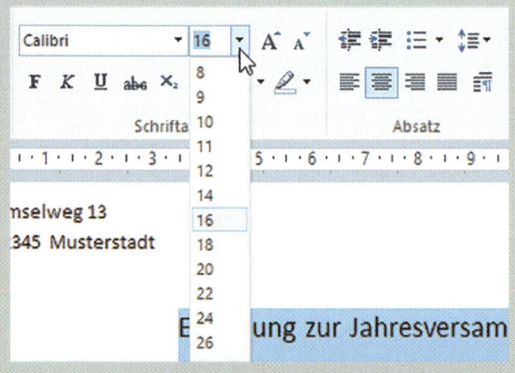

Schrift vergrößern oder verkleinern

Im allgemeinen verwendet man für Briefe, je nach Schriftart, die Schriftgröße 10 oder 11 Punkt. Dies ist auch die Standardschriftgröße von WordPad, die jederzeit geändert werden kann.

▶ Zuerst markieren Sie wieder die betreffende Textstelle ❶, falls gewünscht auch den gesamten Brief.

▶ Zum Vergrößern klicken Sie mehrmals auf die Schaltfläche *Schriftart vergrößern* ❷, bis der Text die gewünschte Größe erreicht hat. Im Feld *Schriftgrad* links daneben sehen Sie die Größe in Punkt.

▶ Zum Verkleinern von markiertem Text verwenden Sie die Schaltfläche daneben, *Schriftart verkleinern* ❸.

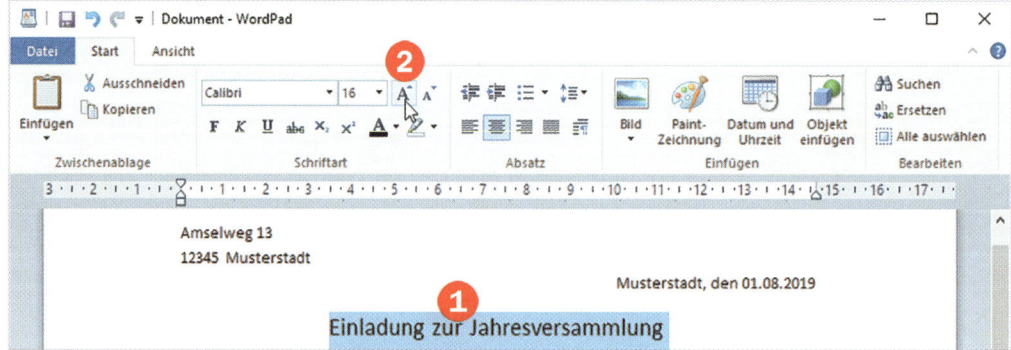

Oder benutzen Sie das Feld *Schriftgrad*:

▶ Klicken Sie auf das kleine Dreieck und wählen Sie dann per Mausklick aus der Liste die gewünschte Schriftgröße.

Schriftfarbe ändern

▶ Die Schriftfarbe lässt sich auf die gleiche Weise ändern. Markieren Sie den Text und klicken Sie im Menüband, Register *Start*, auf *Textfarbe*.

> **Achtung:** Diese Schaltfläche ist zweigeteilt, ein Klick direkt auf die Schaltfläche weist die angezeigte Farbe (im Bild rechts schwarz) zu, ein Klick auf das kleine Dreieck dagegen öffnet ein Feld zur Farbauswahl. Wenn Sie auf eine Farbe zeigen, sehen Sie am markierten Text eine Vorschau, erst mit einem Klick wird die Farbe übernommen.

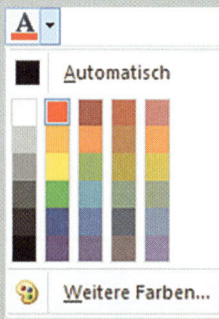

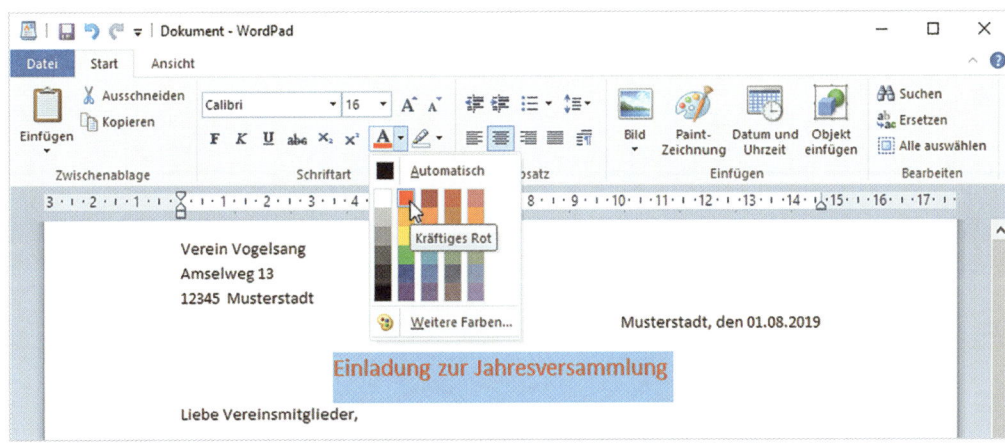

Ursprüngliche Farbe (schwarz) wieder herstellen

▶ Markieren Sie die Textstelle, klicken Sie auf das kleine Dreieck der Schaltfläche *Textfarbe* und wählen Sie dann *schwarz*.

Mit der Auswahl *Automatisch* verwenden Sie die Standardfarbe des Druckers, dies ist in den meisten Fällen ebenfalls die Farbe schwarz.

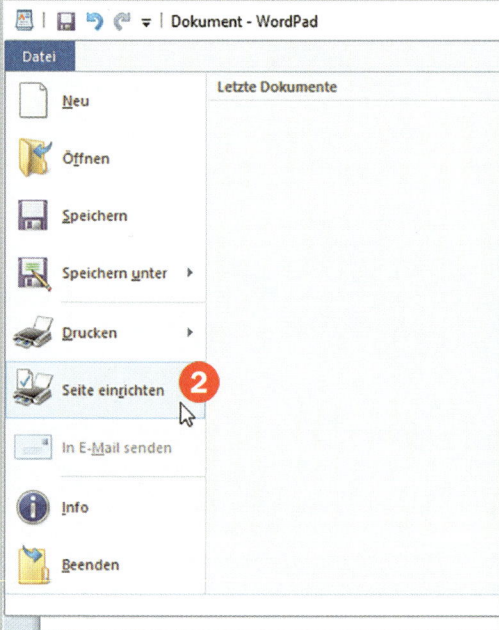

4.6   Text drucken und speichern

Seitenränder kontrollieren und ändern

Vor dem Drucken sollten Sie noch Papierformat und Seitenränder kontrollieren und ggf. ändern.

▶ Klicken Sie auf das Register *Datei* ❶ und auf *Seite einrichten* ❷ . Das Fenster *Seite einrichten* ❸ wird geöffnet.

▶ Zum Ändern der Seitenränder klicken Sie unter *Ränder* ❹ der Reihe nach in die Eingabefelder, z. B. *Links* oder *Oben*; löschen Sie den Inhalt und geben Sie das neue Maß in mm ein. Bestätigen Sie zuletzt mit *OK* ❺ .

Weitere Möglichkeiten im Fenster *Seite einrichten* sind: Papierformat ändern, im Querformat anstelle Hochformat drucken und die Seitenzahl ❻ am unteren Seitenrand drucken.

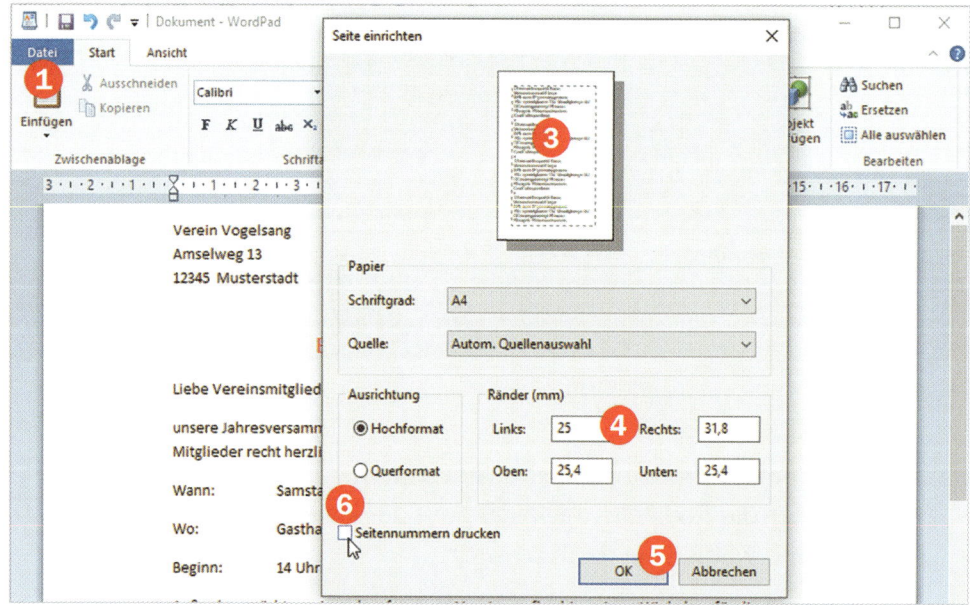

Kontrolle in der Druckvorschau

Die Druckvorschau zeigt am Bildschirm an, wie der Text später gedruckt wird.

▶ Klicken Sie auf das Register *Datei* und zeigen Sie mit der Maus auf *Drucken*. Rechts erscheinen drei Möglichkeiten, klicken Sie auf *Druckvorschau*.

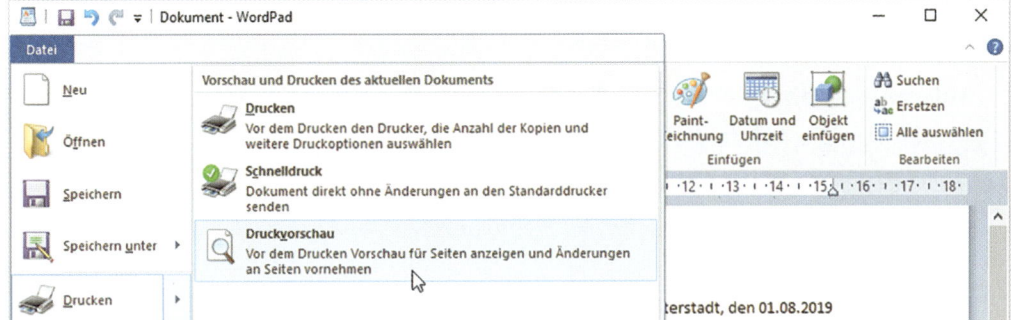

Achtung: nicht klicken, sonst öffnet sich das Fenster *Drucken*!

In der Vorschau sehen Sie im Text anstelle des Mauszeigers eine Lupe ❶: Zum Vergrößern der Anzeige brauchen Sie nur in die Vorschau klicken, auf einen weiteren Klick hin wird die Anzeige wieder verkleinert.

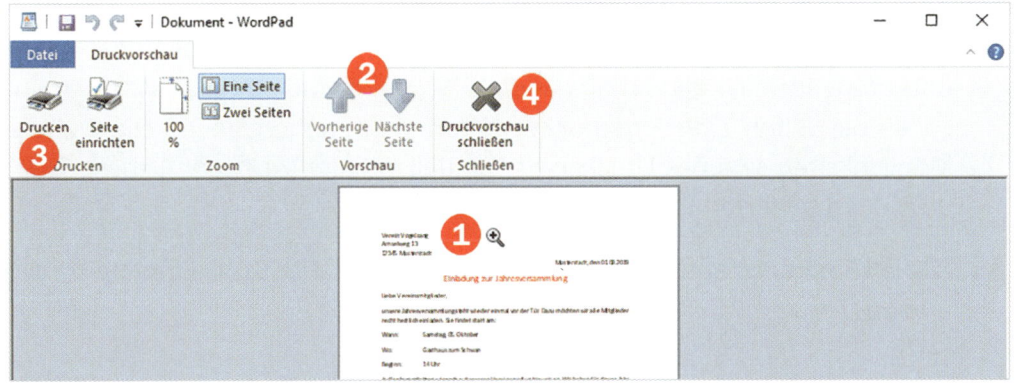

Damit die Druckseite vollständig auf den Bildschirm passt, wird sie verkleinert angezeigt.

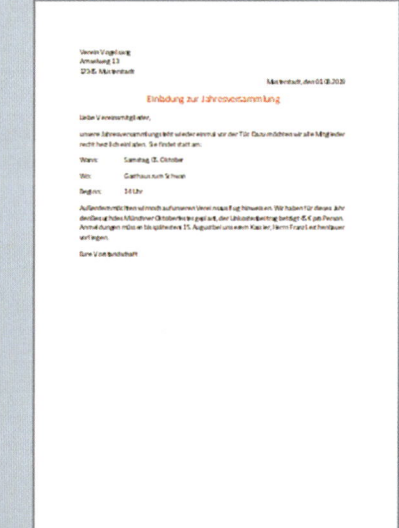

- Mit Klick auf die Pfeile *Vorherige Seite* bzw. *Nächste Seite* ❷ blättern Sie durch die Seiten (falls mehrere Seiten vorhanden sind).

- Mit Klick auf *Drucken* ❸ starten Sie den Ausdruck. Falls Sie die Seitenränder nochmals korrigieren möchten, so finden Sie daneben auch noch die Schaltfläche *Seite einrichten* (siehe oben).

> **Änderungen am Text sind in der Druckvorschau nicht möglich!**
>
> ▶ Klicken Sie auf die Schaltfläche *Druckvorschau schließen* ❹ , wenn Sie zur normalen Textbearbeitung zurückkehren möchten.

Ausdruck starten

1   Klicken Sie im Menüband auf das Register *Datei* und auf *Drucken* oder in der Druckvorschau auf *Drucken*.

2   Das gleichnamige Fenster wird geöffnet. Kontrollieren Sie, ob der richtige Drucker ❶ ausgewählt ist oder wählen Sie per Mausklick einen anderen aus.

      Falls Sie nur bestimmte Seiten, z. B. Seite 3, drucken möchten, dann geben Sie unter *Seitenbereich* ❷, im Eingabefeld *Seiten*, einfach die Seitenzahl 3 ein. Sollen die Seiten 2 bis 5 gedruckt werden, dann geben Sie 2-5 ein. Weitere Möglichkeiten sind das Drucken der aktuellen Seite (Auswahl *Aktuelle Seite*) oder des markierten Textes (*Markierung*).

3   Klicken Sie zuletzt auf die Schaltfläche *Drucken* ❸ . Der Druckvorgang startet und das Fenster *Drucken* automatisch geschlossen.

Tipp: Als Drucker steht auch Microsoft Print to PDF zur Verfügung. Damit erfolgt der Ausdruck nicht auf Papier sondern in eine Datei im PDF-Format.

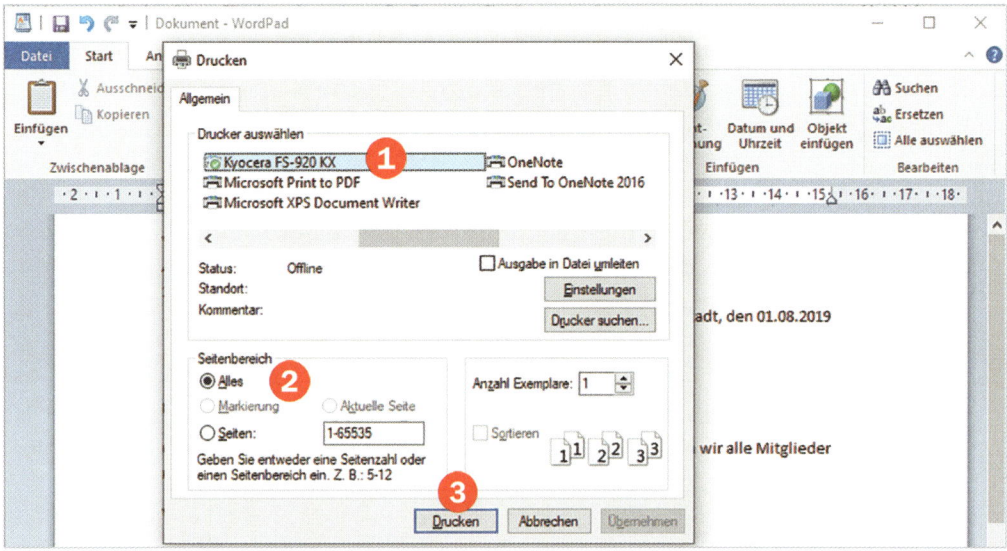

Wie Sie eventuelle Probleme mit dem Drucker beheben, lesen Sie in Kapitel 10.5 nach.

Text speichern

Als letztes steht noch das Speichern des fertigen Briefs an, damit Sie auch später noch den Brief erneut drucken oder bei Bedarf ändern können.

1 Klicken Sie in der linken oberen Ecke des WordPad-Fensters auf das Symbol *Speichern* 💾 oder klicken Sie auf das Register *Datei* ❶ und auf *Speichern* ❷.

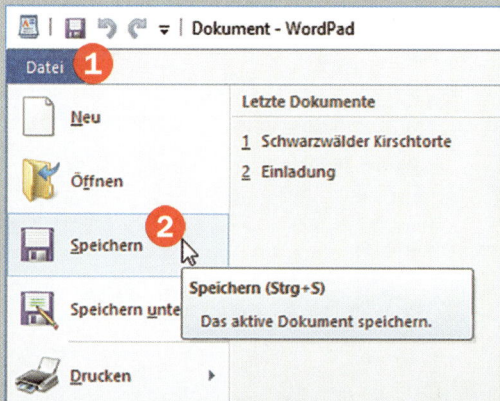

In Kapitel 8 lesen Sie mehr zum Thema Speichern. Erfahren Sie z. B., wie Sie beim Speichern einen Ordner auswählen oder anlegen und wie Sie eine gespeicherte Datei wieder am Bildschirm anzeigen können.

Das Fenster *Speichern unter* öffnet sich. Damit Sie Ihren Brief später wieder finden, müssen Sie im Feld *Dateiname* einen aussagefähigen Namen vergeben. Hier steht zunächst einfach nur *Dokument* ❶, dieser provisorische Name ist bereits markiert bzw. blau hinterlegt und kann einfach durch Tastatureingabe überschrieben werden.

2 Tippen Sie den gewünschten Namen über die Tastatur ein, z. B. Einladung Jahresversammlung ❷, wie im Bild unten. Gespeichert wird der Brief normalerweise im Ordner Dokumente ❸, dieser kann beibehalten werden.

3 Klicken Sie dann auf *Speichern* ❹. Das Fenster *Speichern unter* wird geschlossen und Sie können anschließend WordPad beruhigt beenden, Ihr Text ist dauerhaft gespeichert.

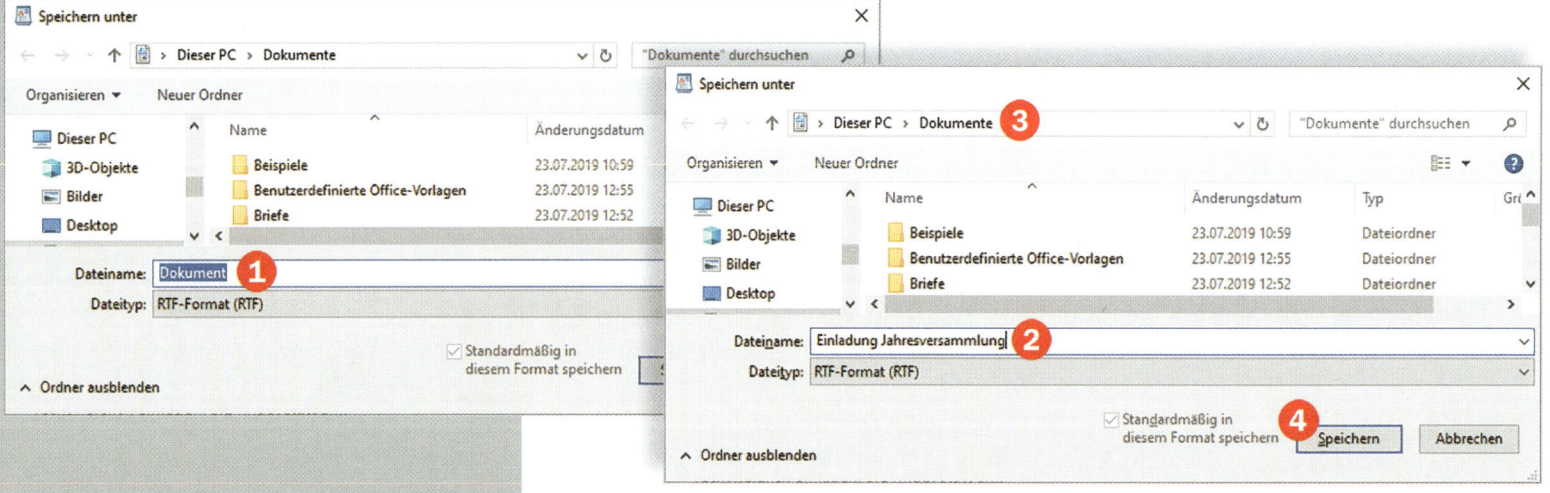

5 E-Mail, Kontakte und Kalender

Sie lernen, wie Sie

- E-Mails lesen, versenden und verwalten

- Kontaktdaten speichern und verwalten

- im Kalender Termine eintragen

Was Sie bereits wissen sollten...

- Umgang mit Maus, Touchpad oder Touchscreen

- Apps starten und beenden

- Einfache Texte eingeben und korrigieren

5.1   E-Mail-Kommunikation im Griff

Zum Schreiben, Lesen und Verwalten von E-Mails steht Ihnen die App Mail zur Verfügung, die Sie im Startmenü in der Liste *Alle Apps* (*M*) oder durch Anklicken der angehefteten Kachel öffnen.

E-Mail-Konto einrichten

Das Versenden und Empfangen von E-Mails ist nur möglich, wenn in der App ein E-Mail-Konto hinterlegt wurde.

Angemeldet mit Microsoft-Konto und Microsoft E-Mail-Adresse
Die App Mail verwendet, wenn Sie mit einem Microsoft-Konto angemeldet sind, automatisch die E-Mail-Adresse dieses Kontos. Wenn Sie zusammen mit dem Microsoft-Konto eine Microsoft-E-Mail-Adresse (Sie erkennen eine Microsoft E-Mail-Adresse an der Endung @outlook.de, @outlook.com oder bei älteren Konten @hotmail.com oder @live.de) hinterlegt haben, können Sie direkt loslegen. Der Einrichtungsvorgang ist schon vollzogen.

Konto hinzufügen
Ist beim ersten Start noch kein Konto für die App Mail hinterlegt, wählen Sie nach dem Öffnen der App zunächst Ihren E-Mail-Anbieter aus, bei dem Sie eine E-Mail-Adresse registriert haben; falls Ihre Adresse z. B. auf @gmail.com endet, wählen Sie *Google* ❶. Die weitere Vorgehensweise ist vom gewählten Konto abhängig und kann je nach Anbieter variieren. Für Google geben Sie Ihre E-Mail-Adresse ❷ ein, scrollen ggf. über die Bildlaufleiste rechts nach unten und klicken auf *Weiter* ❸. Tippen Sie dann das zugehörige Kennwort ein und wählen wieder *Weiter*. Scrollen

Sie im nächsten Fenster nach unten und erlauben mit *Zulassen* ❹ den Zugriff auf das E-Mail-Konto. Im nächsten Schritt geben Sie den Namen ein, der als Absender für die E-Mail angezeigt werden soll und klicken dann auf *Anmelden* ❺. Das Konto wird der App Mail hinzugefügt; verlassen Sie das Fenster durch Anklicken von *Fertig*.

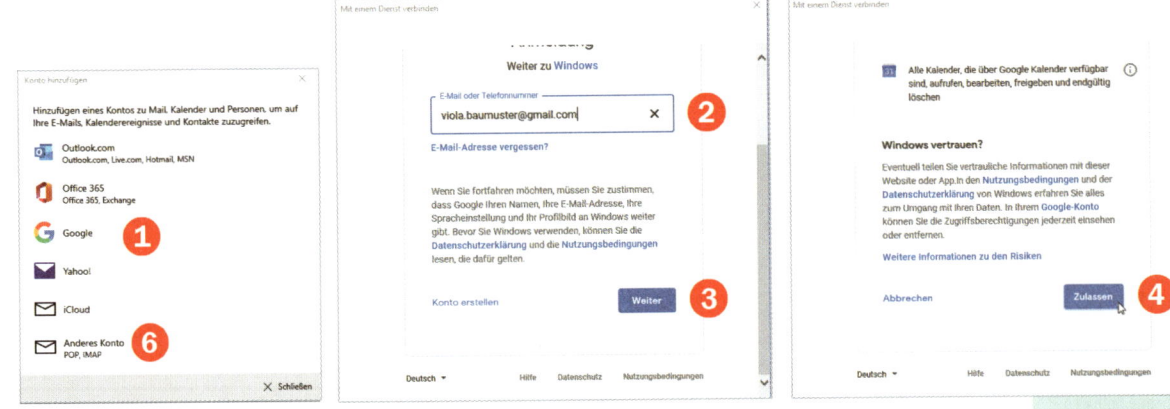

Wenn Sie mit einem Microsoft Konto an Ihrem Rechner angemeldet sind, für welches keine Microsoft-E-Mail-Adresse hinterlegt ist, dann wird dieser Umstand erkannt und Sie erhalten beim ersten Öffnen der App nur die Option *Konto hinzuzufügen*. Die weitere Vorgehensweise ist mit der oben beschriebenen identisch.

Anderes Konto hinzufügen am Beispiel von web.de

Sollten Sie bei keinem der aufgeführten Anbieter ein Konto haben, klicken Sie auf *Anderes Konto* ❻ (siehe Abbildung oben) und geben dann Ihre E-Mail-Adresse, den Namen, der beim Versand von E-Mails angezeigt werden soll und das Kennwort ein und klicken auf *Anmelden*.

Probleme beheben

Sollten Probleme beim Hinzufügen des Kontos auftreten, erkennen Sie das am Symbol neben dem Konto ❶. Meist wird auch ein Text eingeblendet. Durch Anklicken von *Einstellungen* ⚙ ❷ blenden Sie diese rechts ein. Klicken Sie hier auf *Konten verwalten*. Wenn Sie beispielsweise das Kennwort geändert haben, klicken Sie mit der linken Maustaste auf das Konto für das eine Aktion erforderlich ist und wählen *Konto reparieren* ❸ aus. Jetzt erhalten Sie die Möglichkeit zur Eingabe des neuen Kennworts.

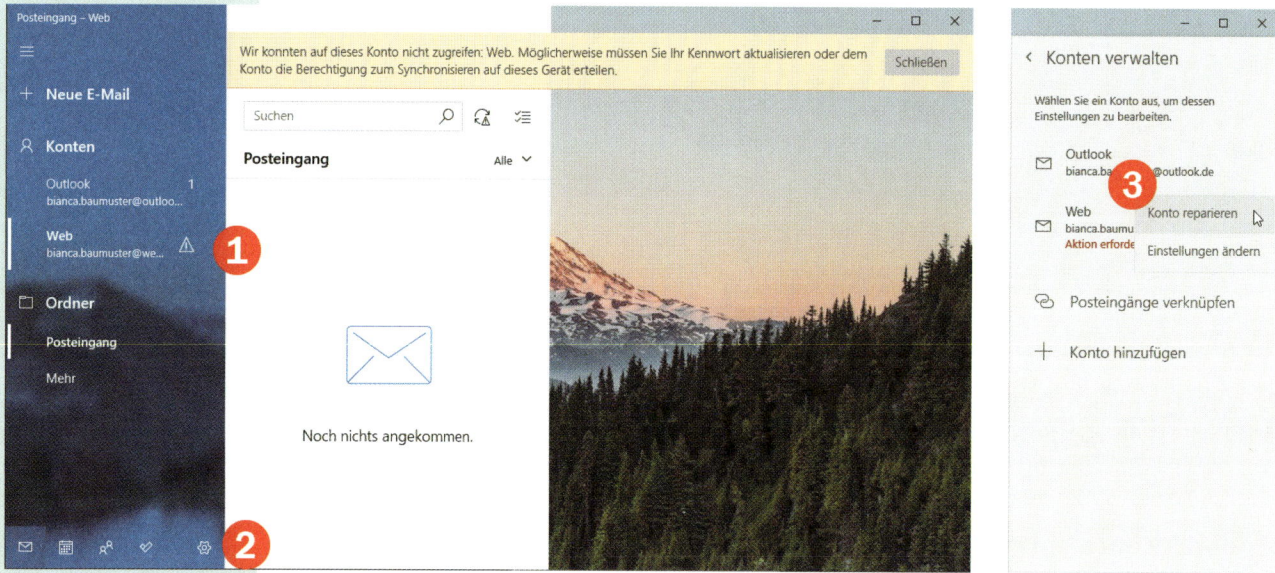

Unter Umständen muss der Abruf von E-Mails mittels App erst erlaubt werden. Das ist von Anbieter zu Anbieter verschieden. Für web.de-E-Mail-Konten müssen Sie dies beispielsweise online einrichten. Dazu rufen Sie die Seite von web.de im

Browser auf und melden sich mit Ihren Kontodaten an. Für den Anbieter web.de wählen Sie *Einstellungen* ❹ und dann *zu den Einstellungen* ❺. Klicken Sie dann auf *POP3/IMAP Abruf* ❻ und dann in das Kästchen vor *POP3 und IMAP Zugriff erlauben* ❼, sodass ein Häkchen dort angezeigt wird. Klicken Sie dann auf *Speichern*. Unter Umständen müssen Sie als Sicherheitsüberprüfung noch eine angezeigte Buchstabenkombination eingeben ❽ und nochmals auf *Speichern* klicken.

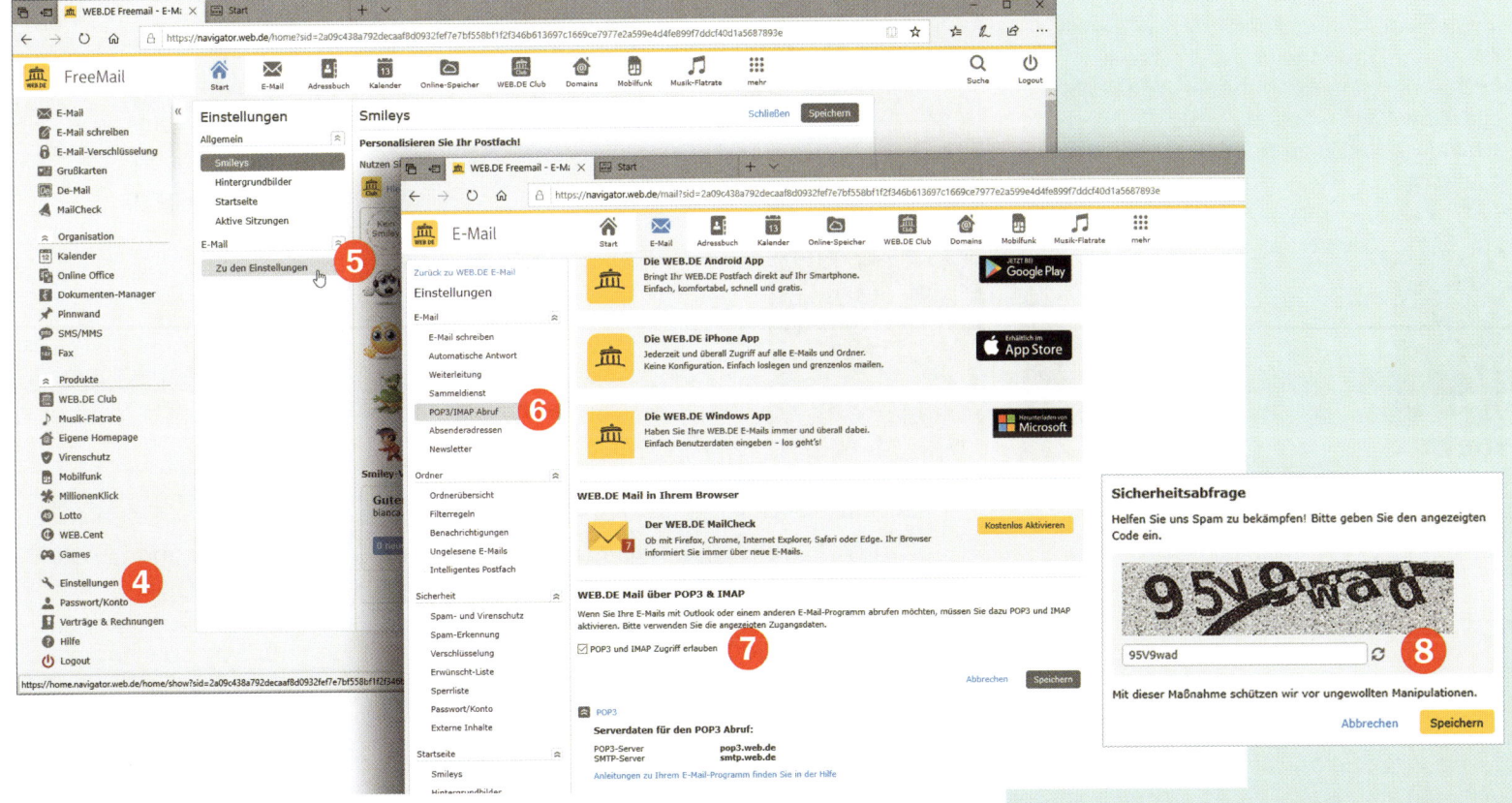

Bedienoberfläche

Nach dem Start der App Mail wird der Posteingang angezeigt. Hier finden Sie alle E-Mails, die Sie in letzter Zeit erhalten haben.

Im Bild unten wurde keine E-Mail angeklickt. Aus diesem Grund zeigt der Lesebereich (rechts) das Hintergrundbild an. Sobald Sie eine E-Mail durch Anklicken auswählen, verschwindet das Hintergrundbild.

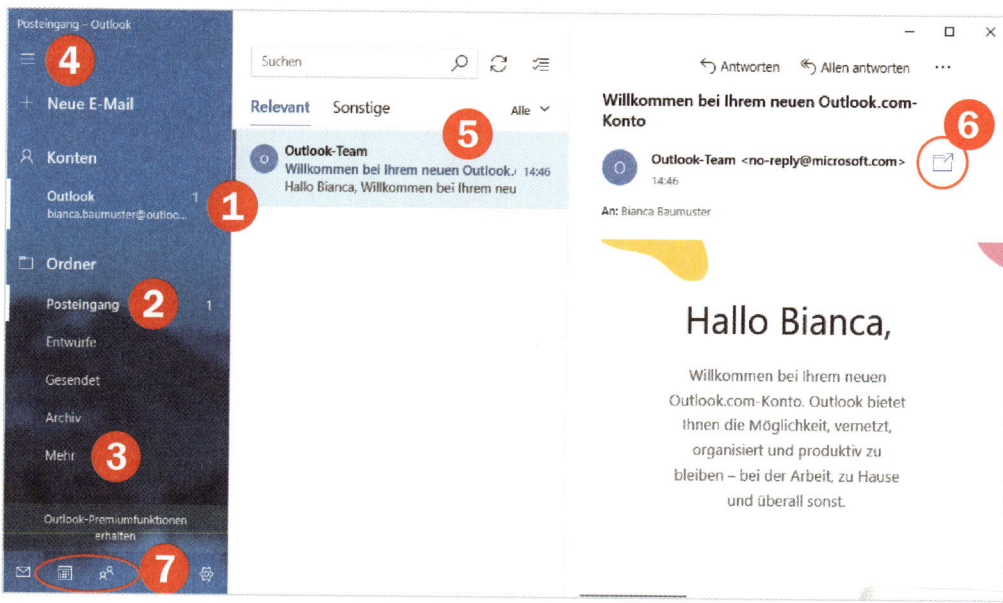

- **Navigationsbereich:** Die linke Spalte der App dient der Navigation. Oben sehen Sie das verwendete E-Mail-Konto ❶, darunter den dazugehörigen Posteingang ❷, weitere Ordner erscheinen, wenn Sie auf *Mehr* ❸ klicken.

  Falls im Navigationsbereich anstelle der Beschriftung nur Symbole angezeigt werden, klicken Sie links oben auf *Erweitern* ☰ ❹.

- **Nachrichtenliste:** Die mittlere Spalte zeigt den Inhalt des ausgewählten Ordners an. Standardmäßig ist der Ordner *Posteingang* ausgewählt.

- Zum Lesen klicken Sie in der Nachrichtenliste auf eine Mail. Diese wird markiert **5** und ihr Inhalt erscheint in der rechten Spalte genannt Lesebereich.

- Über die Schaltfläche *Nachricht in neuem Fenster öffnen* **6** zeigen Sie den Nachrichtentext in einem zweiten Fenster an.

- Über die Schaltflächen *Zum Kalender wechseln* bzw. *Zu Personen wechseln* **7** rufen Sie schnell die Apps Kalender bzw. Kontakte auf.

Funktion der E-Mail-Ordner

Die Ordner *Posteingang*, *Gesendete Elemente* und *Entwürfe* werden im Navigationsbereich der App Mail angezeigt. Die Ordner *Postausgang*, *Junk-E-Mail* und *Gelöschte Elemente* erhalten Sie durch Anklicken von *Mehr*. Durch Anklicken des Ordners wird dessen Inhalt angezeigt.

- Im *Posteingang* sind alle empfangenen E-Mails gespeichert.

- Sobald Sie eine E-Mail senden, wird diese in den Ordner *Postausgang* verschoben und in der Regel gleich verschickt. Deshalb ist der Ordner meist leer. Falls sich E-Mails in diesem Ordner befinden, so wurden diese noch nicht versendet, z. B. weil Sie gerade offline arbeiten, also ohne Verbindung zum Internet.

- Beim Senden werden alle E-Mails automatisch als Kopie im Ordner *Gesendete Elemente* gespeichert. Hier können Sie überprüfen, ob eine E-Mail, die Sie geschrieben haben, auch wirklich verschickt wurde.

- Unerwünschte E-Mails werden beim Empfangen automatisch in den Ordner *Junk-E-Mail* bzw. in Ordner mit Namen wie *Spam* o. Ä. verschoben.

- Im Ordner *Gelöschte Elemente* (Papierkorb) befinden sich alle E-Mails, die gelöscht wurden. Sie sollten den Inhalt dieses Ordners von Zeit zu Zeit leeren.

- Alle E-Mails, die Sie verfassen und nicht senden, werden im Ordner *Entwürfe* gespeichert und ggf. für eine spätere Versendung aufbewahrt.

> Name und Anzahl der angezeigten Ordner sind abhängig vom verbundenen Konto. Für dieses Beispiel wurde ein Outlook.de-Konto verwendet. Bei Gmail- oder Yahoo-Konten weichen einige Ordner ab. Bei Outlook.de-Konten wird unter Umständen ein Archiv-Ordner angezeigt.

Design auswählen

Manche empfinden die Hintergrundgrafik, die im Navigationsbereich durchscheint, als störend. Wenn es Ihnen auch so geht oder wenn Sie einfach eine andere Farbe auswählen möchte, geht gehen Sie so vor:

▶ Klicken Sie unten links auf *Einstellungen* ⚙ ❶ . Der Bereich *Einstellungen* wird rechts angezeigt. Hier klicken Sie auf *Personalisierung* ❷ .

▶ Im Bereich *Personalisierung* bestimmen Sie bei *Farben* die Programmfarbe für die App und unter *Hintergrund*, ob und welches Hintergrundbild Sie verwenden möchten. Klicken Sie mit der Maus auf eine andere Farbe, einen anderen Hintergrund, um diese(n) auszuwählen.

Änderungen, die Sie hier vornehmen, gelten auch für die App Kalender und umgekehrt. Die App Kalender lernen Sie gleich kennen.

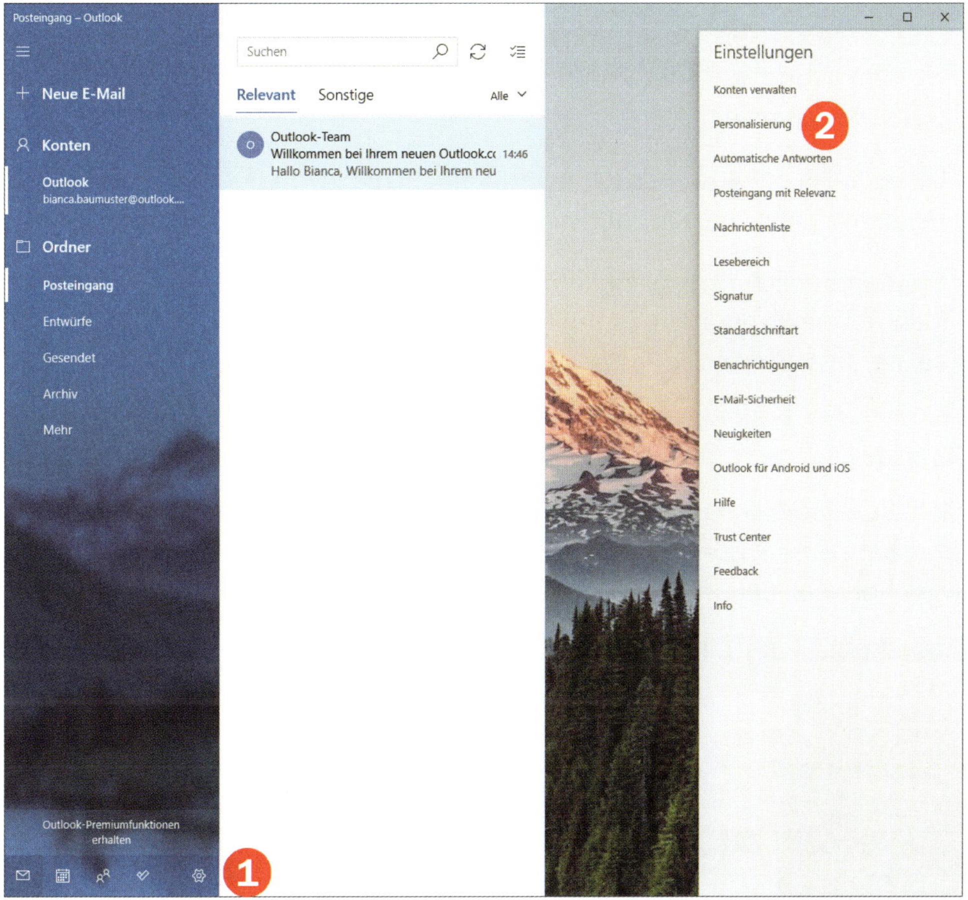

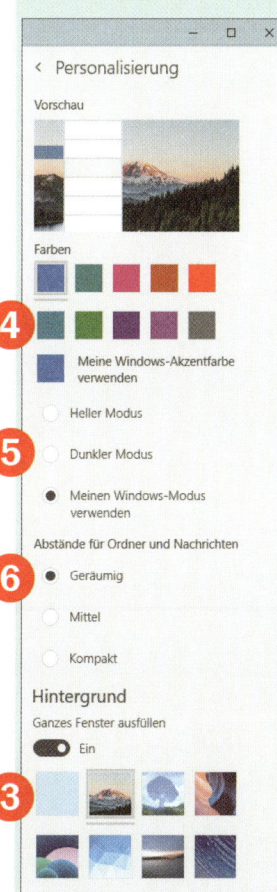

▶   Hintergrundbild ausblenden: Klicken Sie bei *Hintergrund* auf das erste Quadrat ❸ . Dadurch verschwindet auch der Hintergrundeffekt im Navigationsbereich und dieser ist besser lesbar. Als Farbe haben wir *Petrol* ❹ gewählt.

▶ **Dunkler Modus** ❺ : Dieser sorgt dafür, dass anstelle von schwarzer Schrift auf weißem Grund, der Hintergrund schwarz wird und die Schrift weiß. Das ist Geschmackssache.

▶ Belassen Sie bei *Abstände für Ordner und Nachrichten* ❻ die Einstellung auf *Geräumig*, außer Sie verfügen nur über einen sehr kleinen Bildschirm.

▶ Um den Bereich *Personalisierung* wieder auszublenden, klicken Sie mit der Maus auf einen anderen, leeren Bereich innerhalb der App Mail oder drücken auf der Tastatur die Esc-Taste.

E-Mails lesen

Die Zahl bei *Posteingang* gibt an, wie viele neue, noch nicht gelesene E-Mails Sie erhalten haben. Im Posteingang selbst erkennen Sie ungelesene E-Mails am farbig hervorgehobenen Betreff und dem senkrechten Balken vor der E-Mail.

▶ Sobald Sie im Posteingang auf die Mail klicken, erscheint ihr Inhalt rechts.

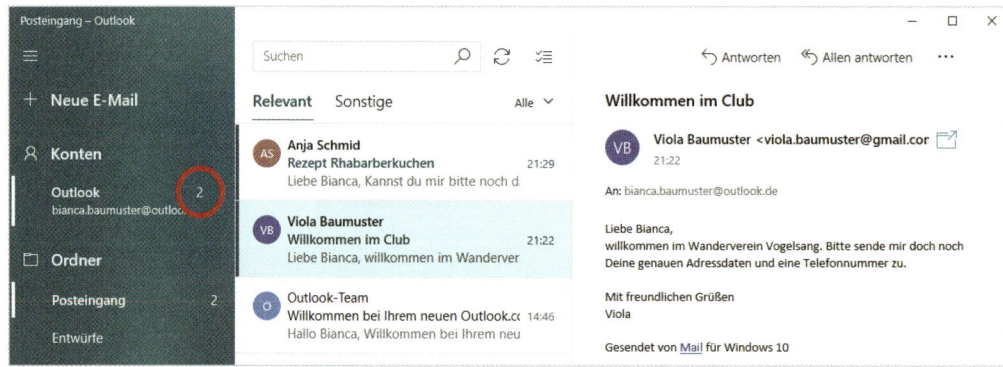

Benachrichtigung über den Eingang einer neuen Nachricht

Im Info-Center werden Sie auch bei geschlossener App auf das Eintreffen einer neuen E-Mail-Nachricht aufmerksam gemacht. Durch Anklicken der Benachrichtigung wird die App Mail geöffnet und der Inhalt der E-Mail angezeigt.

Neue E-Mails laden - Synchronisation

Das Empfangen neuer Nachrichten erfolgt in der Regel automatisch, z. B. nach einem festgelegten Zeitintervall. Dieser Vorgang ist Teil der Synchronisation - also des Abgleichs Ihres E-Mail-Kontos mit der App Mail. Nach erfolgreicher Synchronisation werden unter Umständen neue E-Mails im Posteingang angezeigt. Sie können die Synchronisation aber auch selbst anstoßen, um sicherzustellen, dass aktuell keine neuen E-Mails eingegangen sind.

▶ Klicken Sie auf das Symbol ↻ oberhalb der Nachrichtenliste.

> Unter Umständen vermissen Sie nach der Synchronisation einige ältere E-Mails. Lesen Sie mehr dazu auf Seite 159.

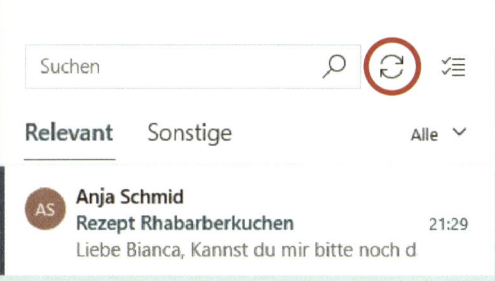

E-Mail löschen

Es ist ratsam, gleich bei Durchsicht der eingetroffenen E-Mails, die zu löschen, die Sie nicht mehr benötigen.

▶ Markieren Sie die E-Mail durch Anklicken ❶ und klicken Sie dann rechts oben auf *Löschen* ❷.

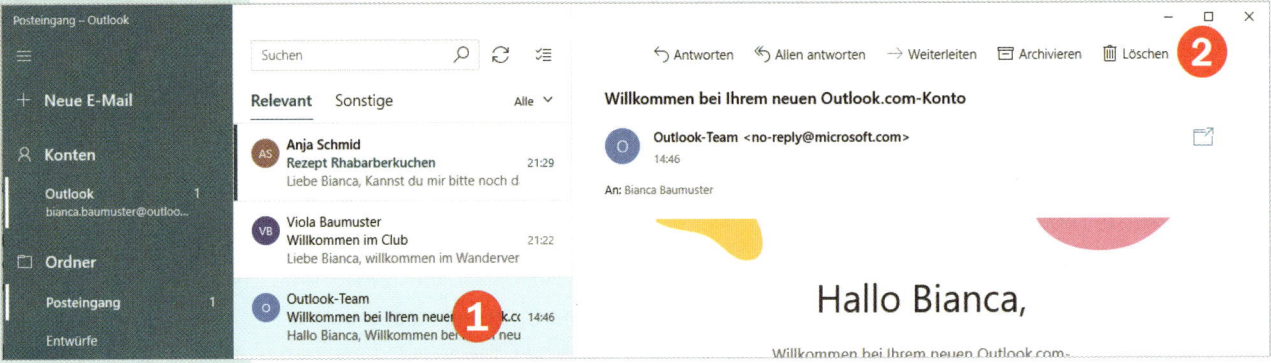

Wenn Sie den Befehl *Löschen* oben nicht finden, dann klicken Sie zunächst auf die Dreipunkte-Schaltfläche *Aktionen* ⋯ . Hier verstecken sich Befehle, die aufgrund der Größe des Fensters nicht angezeigt werden können.

▶ Alternativ zeigen Sie mit der Maus auf die zu löschende E-Mail in der Nachrichtenliste und klicken dann auf das Papierkorbsymbol.

▶ Falls Sie versehentlich eine E-Mail gelöscht haben, die Sie eigentlich behalten möchten, klicken Sie unten auf *Rückgängig*. Die rote Leiste ist nur für kurze Zeit nach dem Löschbefehl sichtbar. Sobald Sie einen anderen Ordner oder Befehl anklicken, verschwindet die Leiste sofort.

E-Mail drucken

1 Markieren Sie die E-Mail im *Posteingang* oder im Ordner *Gesendete Elemente*. Klicken Sie dazu einmal auf die E-Mail.

2 Klicken Sie oben rechts auf ⋯ *Aktionen* und dann auf *Drucken*.

3 Im Druckfenster wählen Sie ggf. bei *Drucker* den Drucker aus, auf dem ausgedruckt werden soll und klicken Sie dann unten auf *Drucken*.

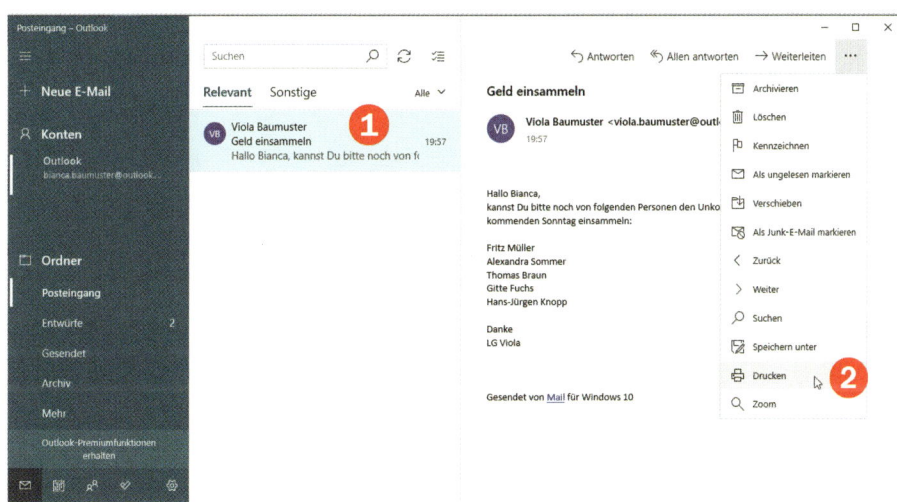
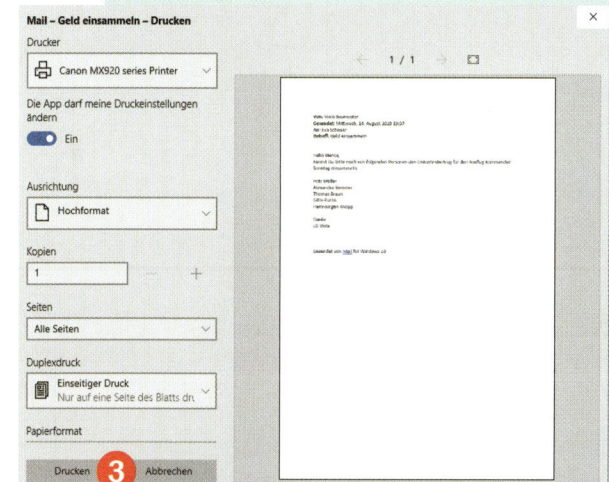

Posteingang mit Relevanz

Mit dieser Funktion werden im Posteingang eingehende E-Mails **automatisch** den Bereichen *Relevant* und *Sonstige* zugeordnet. Die Idee ist, dass E-Mails, wie z. B. Bestellbestätigungen in den Bereich *Sonstige* einsortiert werden. Hier hat man diese

im Fall der Fälle zur Hand, sie überfluten aber nicht den Posteingang. Im Bereich *Relevant* werden dann idealerweise nur „wichtige" E-Mails angezeigt.

Achtung: Diese Funktion steht nur zur Verfügung, wenn Sie mit einem Outlook-Konto verbunden sind. Wenn Sie beispielsweise eine Gmail-Adresse verwenden, können Sie diesen Punkt überspringen.

▶ Standardmäßig wird im Posteingang der Inhalt der Registerkarte *Relevant* angezeigt. Klicken Sie auf die Registerkarte *Sonstige* ❶, um weitere E-Mails anzuzeigen.

▶ Falls eine E-Mail fälschlicherweise auf der Registerkarte *Sonstige* erscheint, klicken Sie mit der rechten Maustaste auf die E-Mail und wählen *In „Relevant" verschieben* bzw. *Immer in „Relevant" verschieben* ❷. Analog verfahren Sie, wenn eine E-Mail im Bereich *Relevant* angezeigt wird, Ihrer Meinung nach aber doch besser bei *Sonstige* aufgehoben ist.

Tipp: Sollten Sie auf eine E-Mail warten, schauen Sie auch im Bereich *Sonstiges* nach. Vielleicht wurde die Wichtigkeit der Mail nicht erkannt und sie ist versehentlich in diesem Bereich gelandet.

Funktion deaktivieren: Wenn Sie diese Aufteilung des Posteingangs als unnötig empfinden, schalten Sie die Funktion einfach aus. Dazu klicken Sie auf *Einstellungen* ⚙ und wählen rechts *Posteingang mit Relevanz* aus. Ziehen Sie den Regler nach links auf die Position *Aus* ❸.

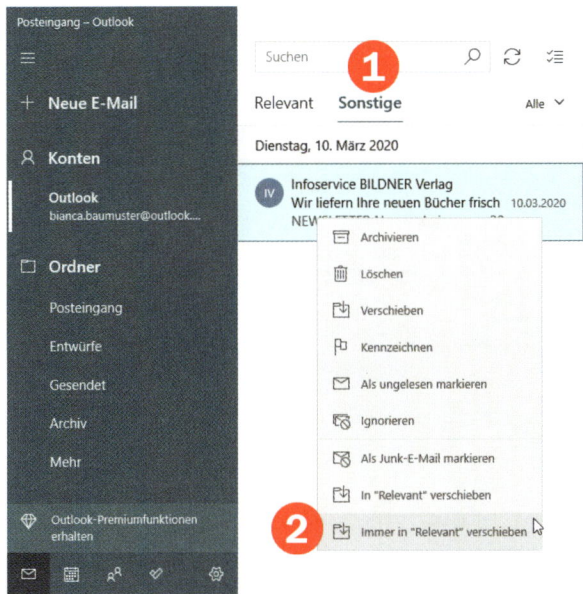

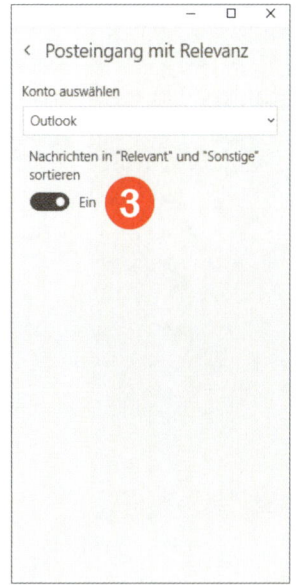

Eine E-Mail schreiben und verschicken

1 Zum Schreiben einer neuen E-Mail klicken Sie links im Navigationsbereich auf *Neue E-Mail*. Dadurch erscheint rechts ein leeres Nachrichtenformular. Gleichzeitig wird die E-Mail automatisch im Ordner *Entwürfe* gespeichert.

2 **E-Mail-Adresse eingeben:** Klicken Sie in das Eingabefeld *An:* und tragen Sie hier die E-Mail-Adresse des Empfängers ein. Drücken Sie, um die Eingabe zu bestätigen, die Enter-Taste. Geben Sie die gesamte E-Mail-Adresse ein, auch wenn der Hinweis *Diese Adresse verwenden* erscheint. Sie müssen die Meldung nicht anklicken, klicken Sie nach der Eingabe einfach auf einen weißen Bereich.

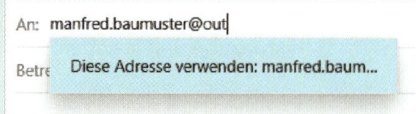

Tipp: Emoji einfügen

Emojis sind kleine Bilder, die E-Mails bunter machen. Die Smileys (Gesichter) drücken darüber hinaus Gefühle aus. Sie finden die Emojis im Register *Einfügen*. Das Emoji wird an der Cursorposition im Text eingefügt.

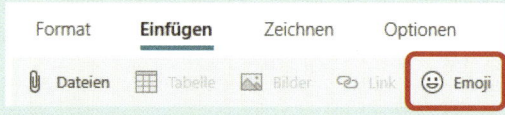

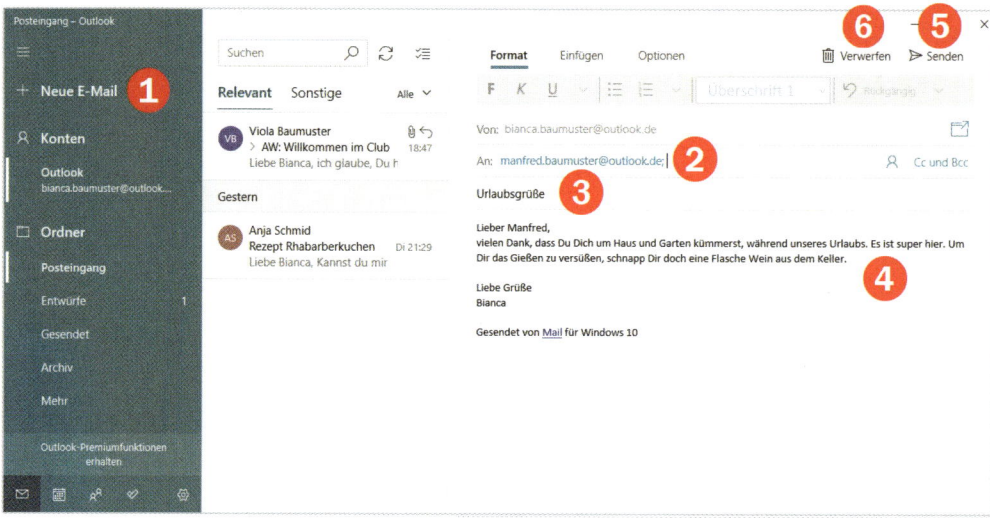

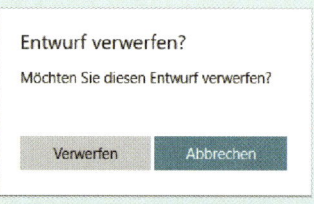

3　**Betreff eingeben:** Klicken Sie in die Zeile *Betreff* und geben Sie einen kurzen Text ein, z. B. *Urlaubsgrüße*. Dieser ist zwar nicht zwingend erforderlich, liefert aber dem Empfänger einen ersten Hinweis auf den Inhalt.

4　**Nachricht eingeben:** Klicken Sie dann in das Feld darunter und geben Sie Ihren Nachrichtentext in beliebiger Länge ein.

5　**E-Mail senden:** Zuletzt klicken Sie auf *Senden*.

6　Falls Sie eine E-Mail nicht senden möchten, klicken Sie rechts oben auf *Verwerfen*. Bestätigen Sie dann durch erneutes Anklicken von *Verwerfen*.

Wissenswertes zur E-Mail-Adresse

- Eine vollständige E-Mail-Adresse wird in der Form name@anbieter.xx geschrieben. Das @-Zeichen geben Sie mit den Tasten AltGr und Q ein. Achten Sie bei der E-Mail-Adresse auf korrekte und vollständige Schreibweise und vergessen Sie nach dem Anbieter das Kürzel z. B. *.de* oder *.com* nicht! Wie bei Telefonnummern kann schon das Vertauschen zweier Buchstaben dazu führen, dass die E-Mail beim falschen Empfänger landet oder nicht zugestellt werden kann.

- Wenn die E-Mail-Adresse einer Person in der App *Kontakte* bereits gespeichert wurde, erscheinen nach Eingabe der ersten Zeichen der Adresse ein oder mehrere Vorschläge, die Sie durch Anklicken übernehmen können.

In diesem Beispiel wurden nach Eingabe von „Vi" alle Kontaktdaten angezeigt, deren Namen (Nachname oder Vorname) mit diesen Buchstaben beginnen. Nach Auswahl einer Adresse wird nur noch der Name im Feld *An* angezeigt.

Für eine Person können auch mehrere E-Mail-Adressen hinterlegt werden. Dann taucht der Name zweimal auf.

- Durch Anklicken des Kontaktsymbols ⧖ ❶ erhalten Sie Zugriff auf die Adressdaten der App *Kontakte*. Hier können Sie im Feld *Suchen* ❷ (Abbildung nächste Seite) nach dem Namen einer Person im Adressbuch suchen. Ebenfalls aufgeführt sind hier Adressen von Absendern, die Ihnen eine E-Mail geschickt haben. Auch diese können ausgewählt werden. Klicken Sie auf den gewünschten Eintrag ❸, dieser wird dann oben im Suchfeld angezeigt.

E-Mail-Adressen, die Sie vollständig eintippen und die nach dem Wechsel in das nächste Feld verkürzt angezeigt werden, wurden automatisch verändert. Grund ist, dass die Adresse bereits in der App Kontakte gespeichert ist. Die E-Mail kann zugestellt werden. Lesen Sie mehr dazu auf den nächsten Seiten.

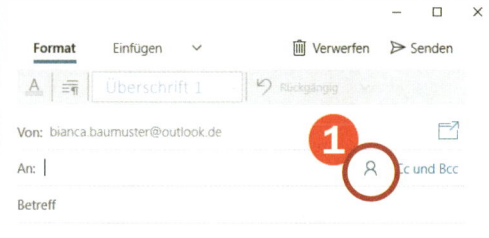

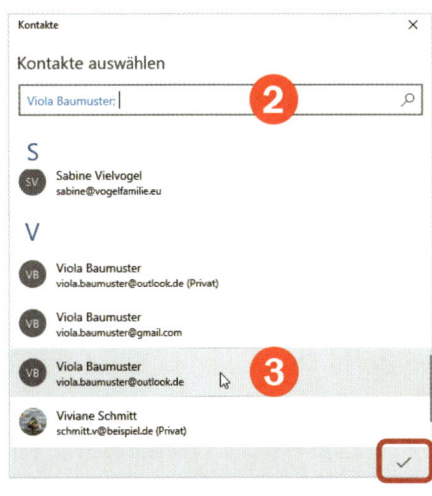

Durch Anklicken des Häkchens rechts unten wird die markierte E-Mail-Adresse in das Feld *An* eingefügt.

E-Mail an mehrere Empfänger senden

▶ Klicken Sie in das Feld *An* und tragen Sie mehrere Adressen, getrennt durch Semikolon (;) ein. Der Semikolon wird automatisch hinzugefügt, wenn Sie nach Eingabe der vollständigen Adresse die Enter-Taste drücken.

▶ Durch Anklicken von *Cc und Bcc* rechts neben dem Feld *An* fügen Sie der E-Mail zwei weitere Zeilen für Empfänger-Adressen hinzu.

▶ Im Feld *Cc* geben Sie an, wer eine Kopie der E-Mail erhalten soll. Auch hier können Sie mehrere Empfänger eintragen bzw. auswählen. Personen, die Sie in das Feld *Cc* eintragen, sollen nur über den Inhalt informiert werden, es wird keine weitere Aktion erwartet.

▶ Empfänger, die Sie in das Feld *Bcc* eintragen, sind für die anderen Empfänger nicht sichtbar.

Eine Antwort verfassen

Sie möchten die E-Mail einer Freundin beantworten. Dazu ist es nicht notwendig, eine neue E-Mail zu verfassen. Es ist viel praktischer, den Befehl *Antworten* zu verwenden. Dadurch haben Sie verschiedene Vorteile: Die Empfängeradresse wird automatisch eingetragen. Der Betreff wird weiterverwendet. Der Text der E-Mail, auf die Sie antworten, wird angehängt. In einer E-Mail-Konversation, die immer mit gegenseitigem Antworten geführt wird, enthält die letzte E-Mail alle bisherigen Nachrichten. Es entsteht sozusagen ein Konversationsprotokoll.

▶ Markieren Sie im Posteingang die E-Mail, auf die Sie antworten möchten und klicken Sie entweder rechts auf *Antworten* ❶ oder auf *Allen antworten*.

Antworten:
Nur Absender/Absenderin erhält Ihre Antwort.

Allen antworten:
Falls die E-Mail an mehrere Empfänger gesendet wurde, erhalten alle Personen Ihre Antwort.

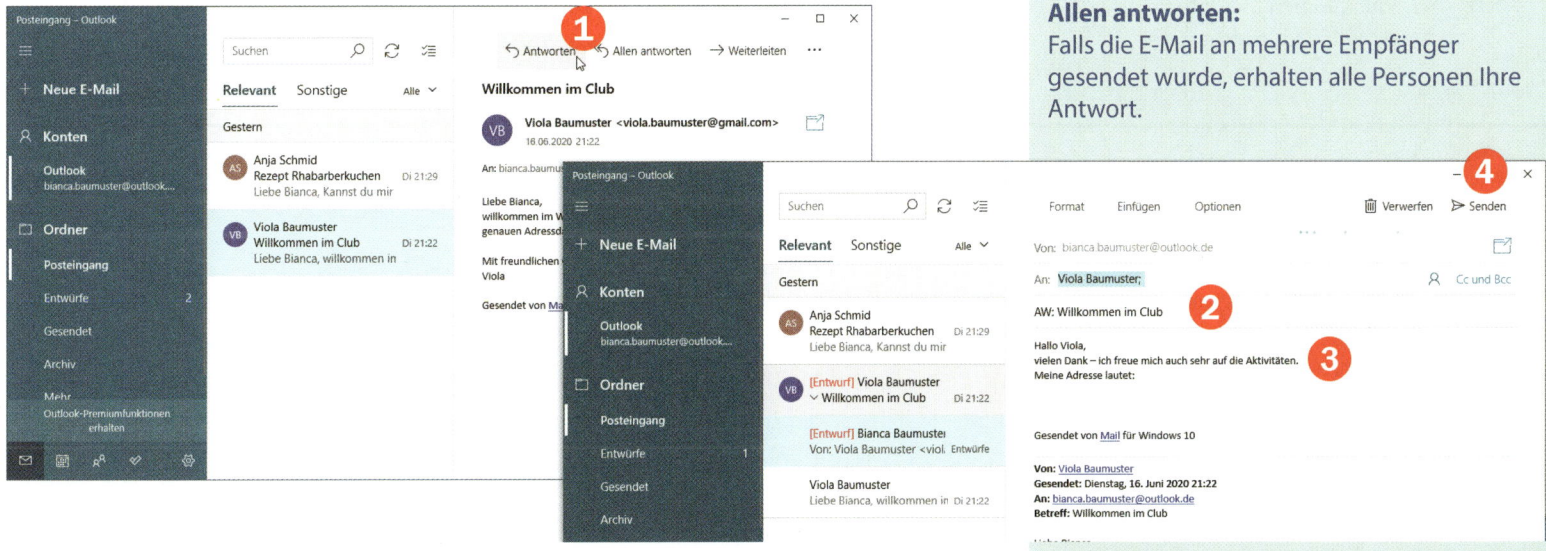

Wenn Sie auf eine E-Mail geantwortet haben, erhält diese in der Nachrichtenliste einen Pfeil nach links.

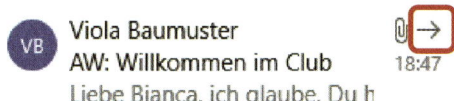

Beim Weiterleiten einer E-Mail an eine andere Person, erhält diese in der Nachrichtenliste einen Pfeil nach rechts.

Alle E-Mails im Ordner Gesendete Elemente können selbstverständlich auch ausgedruckt oder gelöscht werden.

Im Lesebereich wird ein Nachrichtenformular geöffnet. Die Empfängeradresse ist bereits eingetragen und dem Betreff wurde ein „**AW:**" (=Antwort) vorangestellt. ❷ (Abbildung vorherige Seite). Die ursprüngliche Nachricht wird im Nachrichtenformular unten angezeigt.

▶   Tippen Sie Ihren Antworttext ❸ ein und klicken Sie dann auf Senden ❹.

E-Mail weiterleiten

Manche E-Mails, die Sie erhalten, sind unter Umständen auch für eine dritte Person von Interesse. Damit Sie nicht umständlich die Inhalte von E-Mail zu E-Mail kopieren müssen, gibt es die Funktion Weiterleiten. Mit dieser können Sie ganz einfach eine erhaltene Mail an Dritte senden. Dazu markieren Sie die Mail im Posteingang und klicken rechts auf Weiterleiten. Oberhalb der ursprünglichen Nachricht erscheint die Zeile An zum Eintragen der Empfängeradresse. Dem Betreff wird ein **WG:** (Weiterleitung) vorangestellt. Wie beim Antworten fügen Sie Ihren Text hinzu und klicken dann auf Senden.

Wurde meine E-Mail versandt?

Im Ordner Gesendete Elemente sind die E-Mails gespeichert, die Sie verschickt haben. Sollte eine vermeintlich versendete E-Mail hier nicht angezeigt werden, überprüfen Sie durch Anklicken von Mehr und Auswahl von Postausgang den Inhalt dieses Ordners. Ist die gesuchte E-Mail im Ordner Postausgang, besteht unter Umständen zur Zeit keine Verbindung zum Internet und die E-Mail wurde noch nicht versendet.

Unterhaltungsansicht verwenden oder lieber nicht?

Die Unterhaltungsansicht fasst E-Mails zusammen, die durch gegenseitiges Antworten erstellt wurden. Der Container, der die Nachrichten sozusagen aufnimmt, ist mit den Namen der Gesprächspartner und dem Betreff beschriftet. Durch Anklicken des Containers wird dessen Inhalt angezeigt bzw. wieder ausgeblendet. In der Nachrichtenliste erkennen Sie den Container einer Unterhaltung am Dreieck vor dem Betreff.

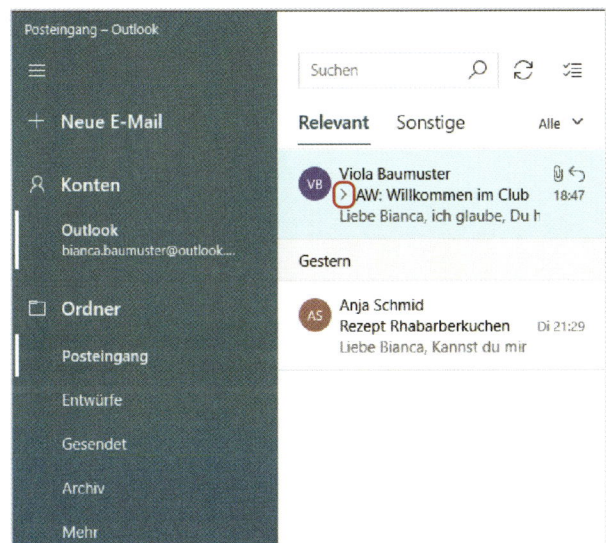
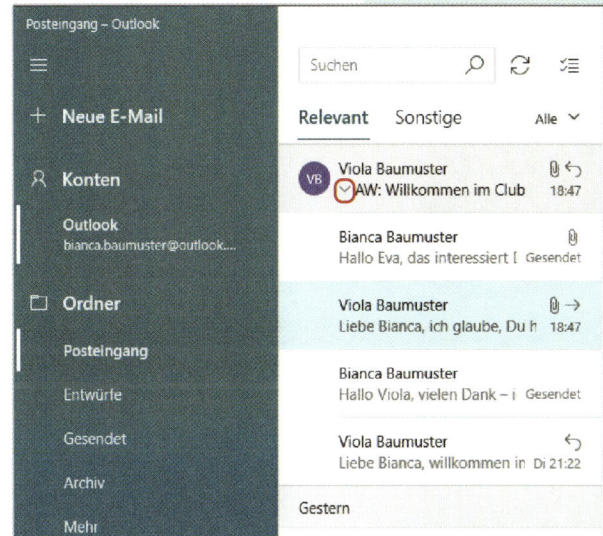

Bild links: Container in reduzierter Ansicht - Dreieck zeigt nach rechts

Bild rechts: Container der Unterhaltung in erweiterter Ansicht - Dreieck zeigt nach unten

Im Bild rechts sehen Sie alle E-Mails einer Unterhaltung. Die unterste E-Mail ist gleichzeitig die erste, älteste E-Mail der Unterhaltung. Die Kontoinhaberin Bianca hat diese E-Mail erhalten und darauf geantwortet. Aus diesem Grund ist die zweite E-Mail dem Ordner *Gesendete Elemente* zugeordnet.

Die Unterhaltungsansicht ist standardmäßig aktiviert. Manche Benutzer finden es allerdings irritierend, dass E-Mails automatisch einem Container zugeordnet werden und sozusagen in ihm verschwinden. Auch die Tatsache, dass E-Mails, die eigentlich vom Benutzer versendet wurden, innerhalb einer Unterhaltung im Ordner *Posteingang* angezeigt werden, empfinden manche als störend.

Um die Unterhaltungsansicht zu deaktivieren, gehen Sie so vor:

▶ Klicken Sie auf *Einstellungen* ⚙ und wählen Sie dann *Nachrichtenliste* ❶ aus.

▶ Im Bereich *Organisation* klicken Sie auf *Einzelne Nachrichten* ❷.

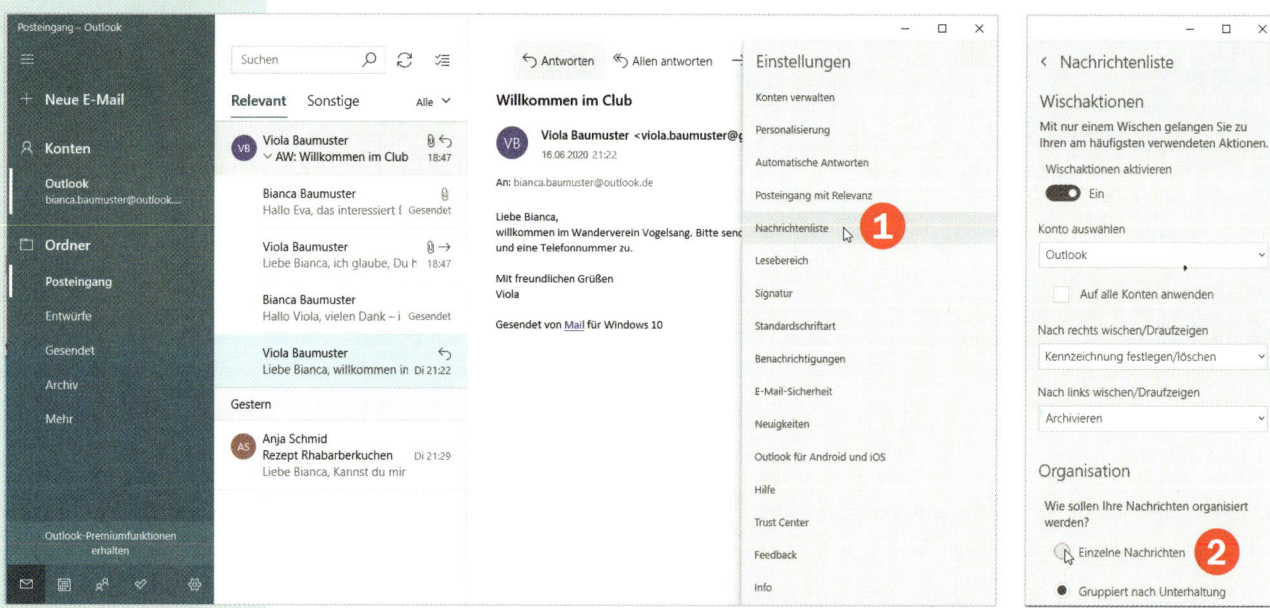

5.2 Versand und Empfang von Fotos und anderer Dateien

Zusammen mit einer E-Mail können Sie eine oder mehrere Dateien, z. B. Fotos, PDFs aber auch WordPad-Dokumente und vieles mehr versenden.

Datei anfügen und versenden

▶ Erstellen Sie eine neue E-Mail, tragen Sie den bzw. die Empfänger ein und geben Sie einen Betreff und eine Mitteilung ein.

▶ Klicken Sie dann auf das Register *Einfügen* ❶.

▶ Zum Anfügen einer Datei klicken Sie hier auf *Dateien* ❷.

Im Register *Einfügen* finden Sie auch die Schaltfläche *Bilder*. Im Gegensatz zur Schaltfläche *Dateien* wird damit ein Bild nicht als Anhang, sondern direkt in den Text der E-Mail eingefügt.

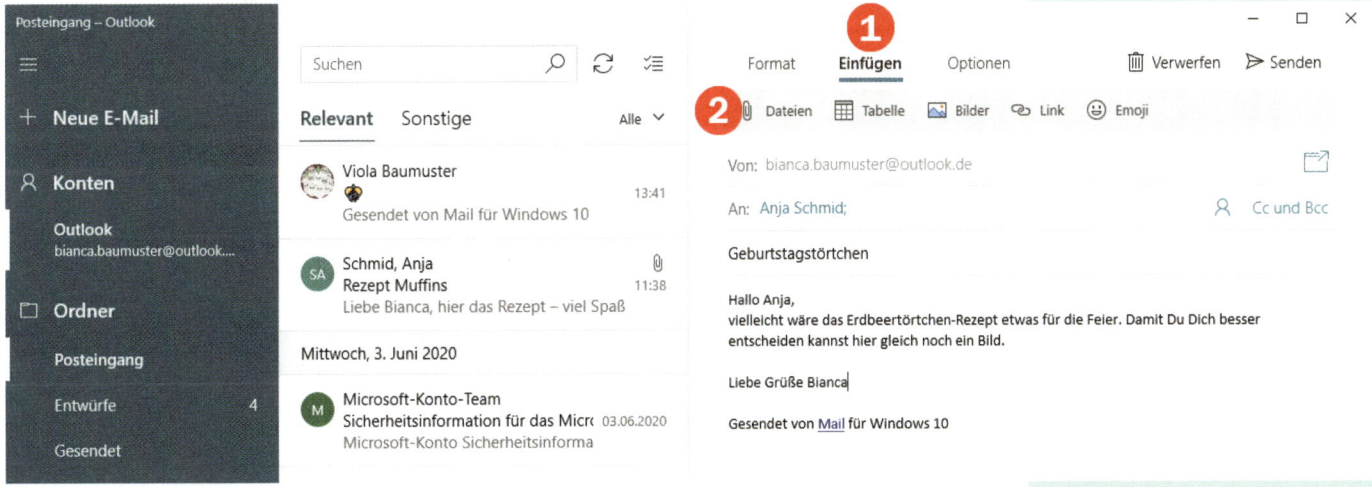

▶ Das Fenster *Öffnen* erscheint. Navigieren Sie zum Speicherort der Datei bzw. Ihres Fotos. Unter *Dieser PC* finden Sie den Ordner *Bilder* mit auf dem Computer gespeicherten Fotos. Klicken Sie den Ordner ❸ an. Falls sich das gewünschte Bild in einem Unterordner befindet, öffnen Sie diesen mit einem Doppelklick.

▶ Markieren Sie durch Anklicken das Bild ❹, welches Sie via E-Mail versenden möchten und klicken Sie dann auf *Öffnen* ❺.

> **Mehrere Bilder markieren:** Falls Sie gleich mehrere Bilder via E-Mail verschicken möchten, markieren Sie das erste Bild, halten dann die Strg-Taste gedrückt und klicken auf ein weiteres Bild usw. Nachdem Sie alle gewünschten Bilder markiert haben, klicken Sie auf *Öffnen*.

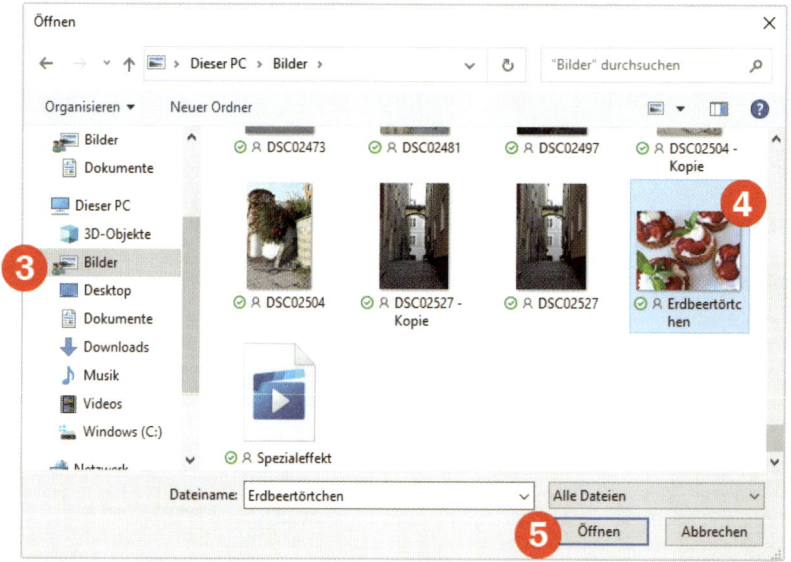

▶ In einem zweiten Schritt können durch nochmaliges Anklicken von *Dateien* weitere Dateien, z. B. ein PDF aus dem Ordner *Dokumente* hinzugefügt werden.

▶ Die ausgewählten Dateien werden nun im Nachrichtenformular angezeigt. Klicken Sie auf *Senden* ❻, um die E-Mail samt Fotos an den Empfänger der Nachricht zu schicken.

> **Achtung: Es können nicht beliebig viele Bilder verschickt werden!**
> Bei einigen E-Mail-Anbietern dürfen Dateianhänge eine Gesamtgröße von 20 MB nicht überschreiten. Dabei ist es unerheblich, ob es sich um eine oder mehrere Dateien handelt. Die Dateigröße wird Ihnen im Nachrichtenformular für jedes Bild angezeigt ❼. Falls Sie eine Anlage entfernen möchten, klicken Sie auf das *X* ❽.

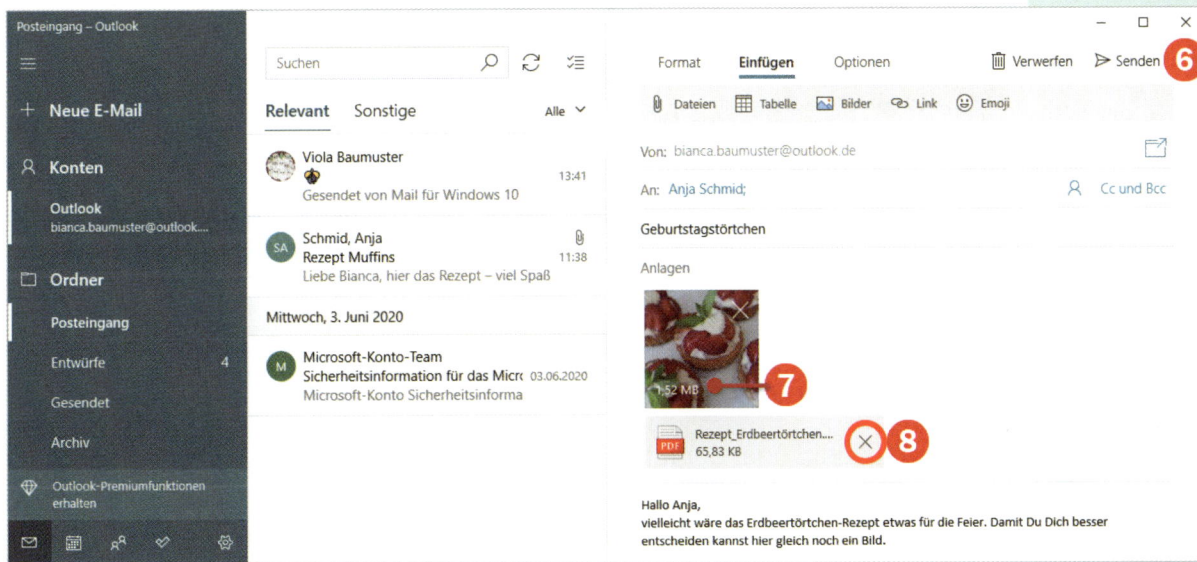

In diesem Beispiel wurde an die E-Mail eine Grafikdatei und eine PDF-Datei angehängt.

Was tun, wenn Sie eine Anlage erhalten?

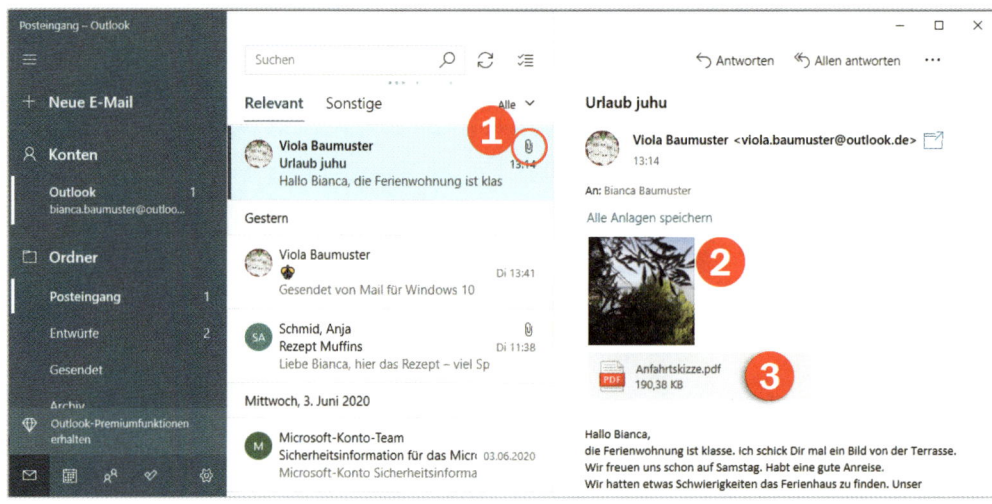

E-Mails mit einer angefügten Datei sind im Posteingang am Büroklammer-Symbol
🖇 leicht zu erkennen ❶. Handelt es sich bei der Dateianlage um ein Bild, so sehen
Sie zusammen mit dem Inhalt der E-Mail eine Vorschau ❷. Bei anderen Dateity-
pen sehen Sie nur den Dateinamen ❸.

▶ Zur Anzeige klicken Sie das Bild, das PDF oder eine andere Art von Dateianhang im Lesebereich an.

▶ Falls das Bild oder der Inhalt des PDFs nicht angezeigt wird, kontrollieren Sie
die Taskleiste. Vielleicht hat sich das Programm im Hintergrund geöffnet. In
diesem Fall blinkt das Programmsymbol auf der Taskleiste. Klicken Sie das
Symbol an.

Beachten Sie, dass zum Öffnen des Dateianhangs die entsprechende App auf Ihrem Computer installiert sein muss. Ein Bild wird in der Regel in der App Fotos angezeigt, der Inhalt eines PDFs kann im Browser Microsoft Edge abgebildet werden. Beide Apps sind auf Ihrem Computer vorhanden.

Falls einmal keine passende App zur Verfügung steht, erscheint eine Meldung. Dann können Sie durch Anklicken von *Suchen Sie nach einer App im Microsoft Store* und *OK* im Microsoft Store nach einer App suchen. Mehr zum Herunterladen von Apps aus dem Microsoft Store erfahren Sie im Kapitel 10.4.

Vorsicht bei unbekannten Absendern!

Angefügte Dateien können Schadprogramme enthalten und ein Sicherheitsrisiko für Ihren Computer sein! Öffnen Sie daher keine Anlagen von unbekannten Absendern, insbesondere wenn diese Ihnen Hauptgewinne oder kostenlose Software versprechen. Löschen Sie diese E-Mails am besten sofort!

Vorsicht auch bei E-Mails, die vorgeben, von Ihrer Bank oder einem Internet-Shop zu stammen und Sie auffordern, Ihre Kundendaten zu bestätigen. Dabei handelt es sich meist um Versuche von Betrügern, an Ihre persönlichen Zugangsdaten zu gelangen, um diese zu Missbrauchszwecken einzusetzen.

Meist werden derartige Anlagen von Ihrer Antivirensoftware erkannt und unschädlich gemacht. Sollte eine Dateianlage schädliche Software enthalten, so wird diese erst beim Öffnen aktiv.

Dateianlagen speichern

▶ Klicken Sie mit der rechten Maustaste auf die Anlage und dann nochmal auf
Speichern ❶. Wählen Sie den gewünschten Speicherort und klicken Sie erneut auf *Speichern*.

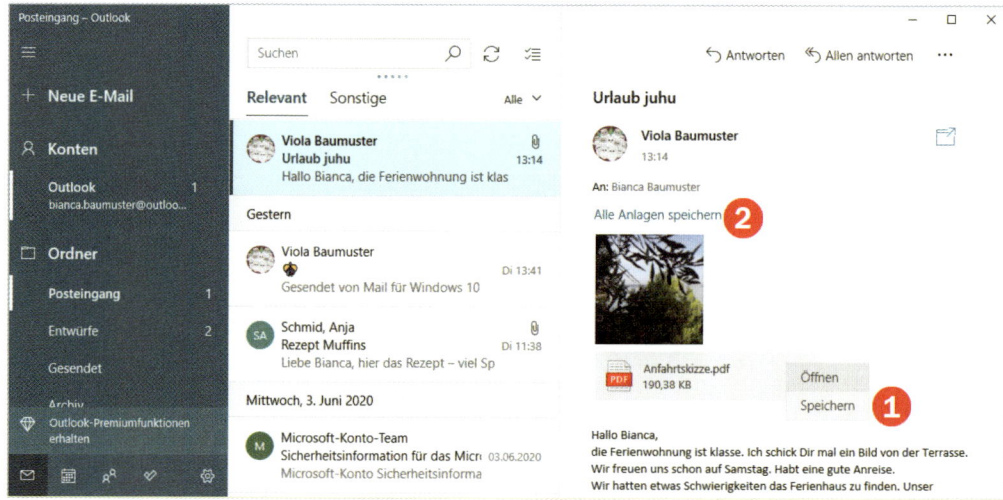

▶ Wenn Sie gleich mehrere Bilder oder Dateien in einer E-Mail erhalten haben,
können Sie über *Alle Anlagen speichern* ❷ zum gewünschten Ordner navigieren und dann durch Anklicken der Schaltfläche *Ordner auswählen* schnell
sämtliche Dateien auf Ihren Computer sichern. Wenn die zugesandten Datei-
en in unterschiedliche Ordner gespeichert werden sollen, können Sie diese
Funktion nicht verwenden, sondern müssen, wie oben beschrieben, die Dateien einzeln abspeichern.

5.3   Tipps und Problemlösungen

E-Mail finden

Die App Mail verfügt über eine Suchfunktion. Geben Sie in das Suchfeld einen oder mehrere Suchbegriffe ein. Das kann z. B. der Name einer Person sein, deren E-Mails Sie anzeigen möchten. Sie können aber auch ein Wort eingeben, das Sie im Betreff oder Nachrichtentext der gesuchten E-Mail vermuten.

1   Klicken Sie in das Suchfeld und geben Sie den Suchbegriff ein.

2   Klicken Sie dann auf das Lupe-Symbol oder verwenden Sie die Enter-Taste. Standardmäßig wird in allen Ordnern, also Posteingang, Gesendete Elemente etc. gesucht und eine Ergebnisliste in der Nachrichtenliste erstellt.

3   Klicken Sie die gesuchte E-Mail an, um im Lesebereich den Nachrichtentext zu lesen. Hier sind Übereinstimmungen mit dem gesuchten Wort gelb markiert.

4   Um die Suche zu beenden, klicken Sie auf das Symbol *X*. Jetzt wird wieder der gesamte Inhalt des markierten Ordners angezeigt.

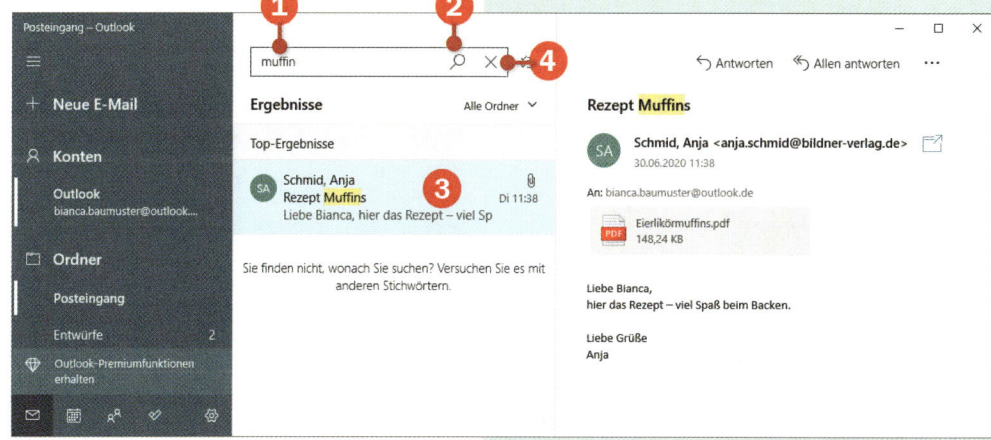

In diesem Beispiel wurde die App Mail mit einem Outlook.de - Konto verbunden. Wenn Sie die App mit einem Gmail-, Yahoo-Konto etc. verwenden, trägt der Ordner Junk-E-Mail eine andere Bezeichnung, z. B. Werbung oder Spam etc.

Tipp: Bedenken Sie auch, dass sich die vermisste E-Mail auch im Bereich Sonstige (siehe Seite 143) befinden könnte.

E-Mail nicht erhalten

Haben Sie eine E-Mail nicht erhalten? Dann sollten Sie im Ordner *Junk-E-Mail* nachsehen. Manchmal werden E-Mails irrtümlich als Junk-E-Mails erkannt und in diesen Ordner verschoben. Junk-E-Mail bezeichnet unerwünschte Werbemails. Die meisten Anbieter von E-Mail-Postfächern versuchen, diese Mails auszufiltern. Dies gelingt jedoch nicht immer, manchmal landet trotzdem Werbung in Ihrem Posteingang. Umgekehrt werden E-Mails manchmal auch fälschlich als Werbung eingestuft.

▶ Zur Anzeige des Ordners klicken Sie links auf *Mehr* und auf *Junk-E-Mail* ❶. Da bei vermeintlichen Werbe-E-Mails alle enthaltenen Anlagen, z. B. Bilder deaktiviert wurden, sollten Sie die Nachricht wieder in den Ordner Posteingang verschieben. So geht's:

▶ Klicken Sie mit der rechten Maustaste auf die E-Mail, die Sie verschieben möchten und wählen Sie *Nicht mehr als Junk-E-Mail markieren* ❷ aus.

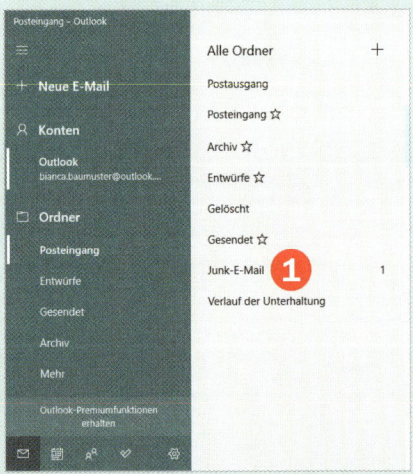

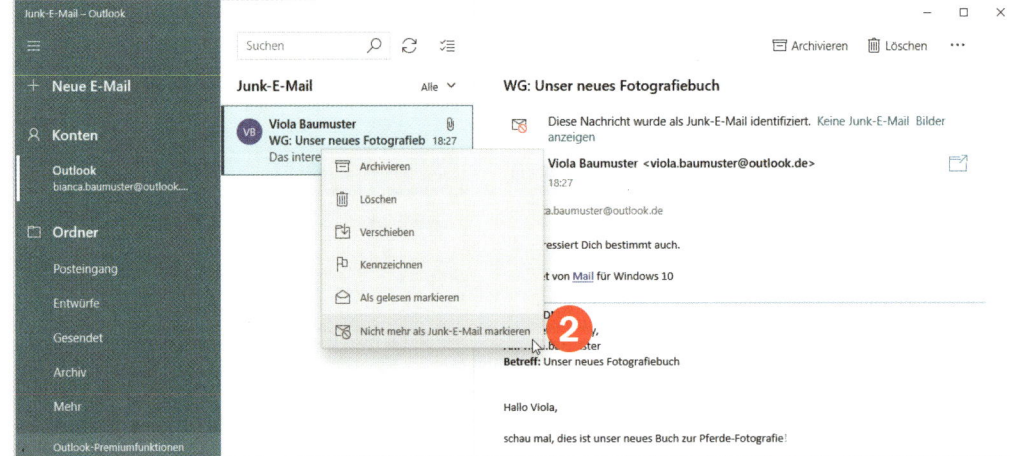

Versehentlich gelöschte E-Mail wieder im Posteingang anzeigen

Wenn Sie eine E-Mail, die Sie in der App Mail gelöscht haben, doch gerne wieder hätten, dann gehen Sie so vor:

▶ Rufen Sie den Ordner *Gelöscht* auf. Zeigen Sie mit der Maus auf die E-Mail, welche Sie nicht löschen wollten, ziehen Sie diese bei gedrückter linker Maustaste im Navigationsbereich auf den Ursprungsordner ❶, z. B. *Posteingang*. Falls Sie die E-Mail aus Versehen in einen anderen Ordner verschoben haben, können Sie das gleich nach der Aktion rückgängig ❷ machen.

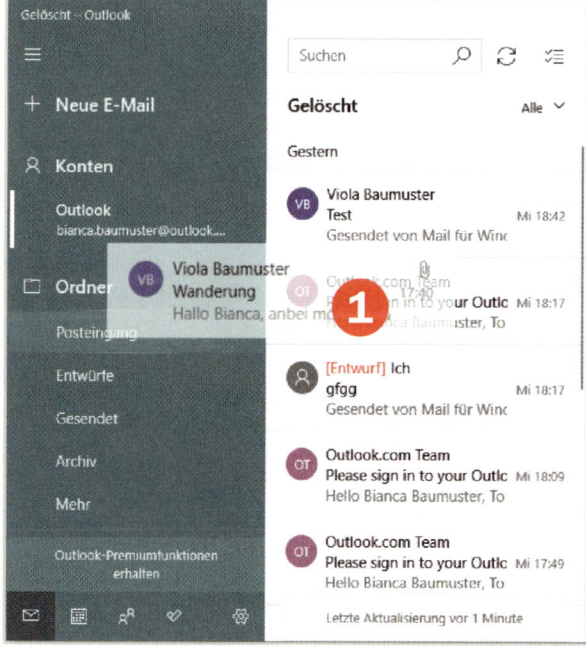
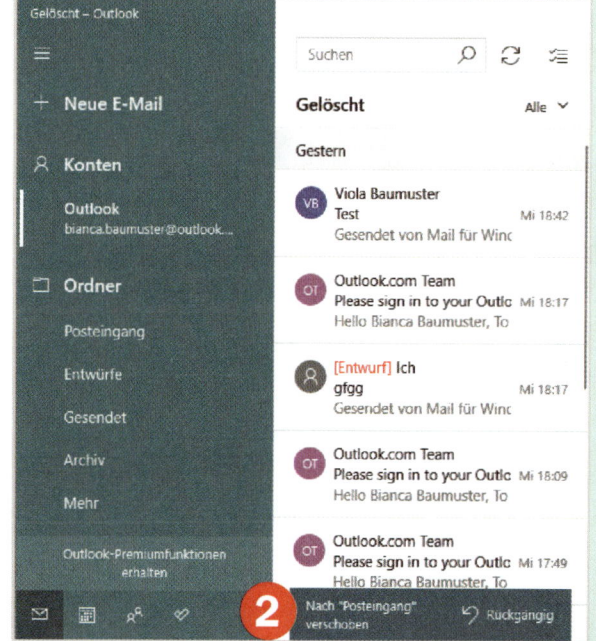

5.4   E-Mail-Adresse und Kontaktdaten speichern

Benutzeroberfläche der App Kontakte

In der App Kontakte (teilweise auch als Personen bezeichnet) organisieren Sie Telefonnummern, postalische Adressdaten und E-Mail-Adressen. Auch diese App lässt sich mit Ihrem Microsoft-Konto nutzen. Wenn Sie in der App *Mail* ein Konto hinzugefügt haben, wird diese Einstellung von der App *Kontakte* übernommen und Sie können gleich loslegen.

▶ Öffnen Sie die App über das Startmenü. Sie finden diese in der Liste *Alle Apps* (*K*).

▶ Sie können die App Kontakte auch über die App Mail öffnen. Klicken Sie dazu links unten auf die Schaltfläche *zu Personen wechseln*.

▶ Unter Umständen erhalten Sie eine Einführung in die Funktionsweise der App, klicken Sie auf *Erste Schritte*.

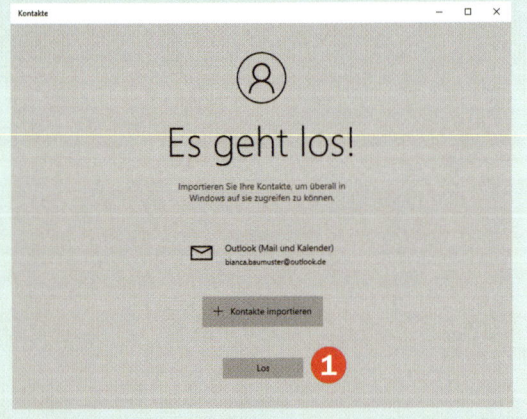

▶ Unter Umständen müssen Sie erlauben, dass aus der App *Kontakte* E-Mails versendet werden und dass diese App außerdem Zugriff auf den *Kalender* erhält. Das ist praktisch, Sie können hier beides Mal auf *Ja* klicken.

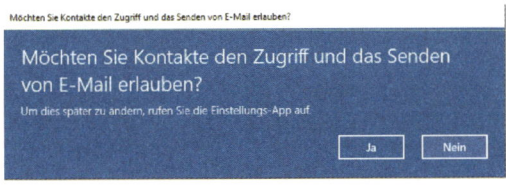

Möchten Sie Kontakte den Zugriff und das Senden von E-Mail erlauben?

Möchten Sie Kontakte den Zugriff und das Senden von E-Mail erlauben?

Um dies später zu ändern, rufen Sie die Einstellungs-App auf.

Ja   Nein

▶ Beim ersten Öffnen der App Kontakte wird das Konto, welches für die App Mail hinterlegt ist, angezeigt. Klicken Sie auf *Los* **❶**.

Wenn in Ihrer App noch keine Kontaktdaten gespeichert sind, erhalten Sie folgende Darstellung. Unter Umständen werden aber schon Kontaktdaten angezeigt, dann haben Sie diese vielleicht online in Ihrem E-Mail-Konto hinterlegt.

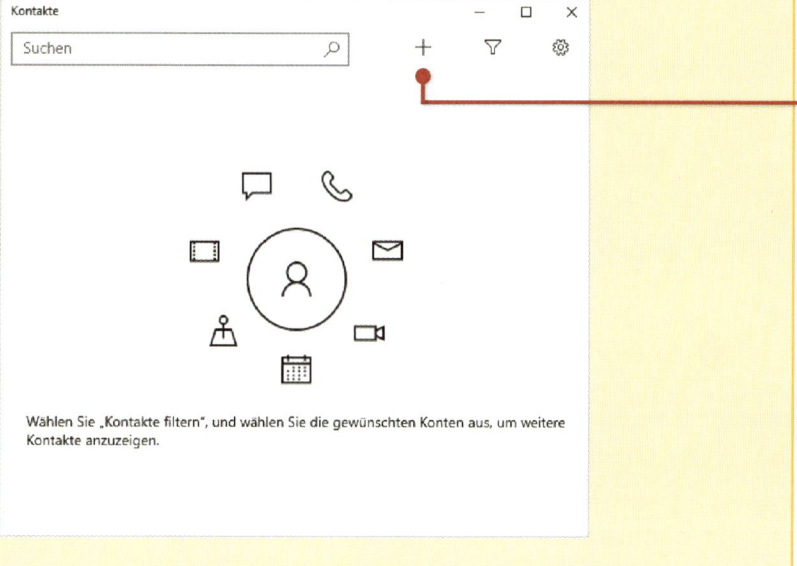

Anklicken, um einen neuen Kontakt anzulegen. Mehr dazu gleich auf der nächsten Seite.

Neuen Kontakt speichern

Bevor Sie einen neuen Kontakt anlegen, überprüfen Sie, ob die Person unter Umständen schon in der App *Kontakte* hinterlegt ist. Kontakte, mit denen Sie via Mail kommunizieren, können automatisch hinzugefügt werden. Dann muss der Kontakt nur bearbeitet werden.

Wie Sie einen neuen Kontakt anlegen, zeigen wir auch in einem Video. Zum Betrachten des Videos geben Sie die folgende Adresse in Ihren Browser ein:

https://bildnerverlag.de/004031

▶ Klicken Sie auf das Plus-Symbol ⊕ links oben.

▶ Falls Sie den Kontakt mit Foto anzeigen möchten, klicken Sie auf *Foto hinzufügen* ❶.

▶ Wenn Sie die App mit mehreren Konten (z. B. Outlook, Yahoo, Gmail) verbunden haben, wird ein Feld mit der Bezeichnung *Speichern unter* angezeigt. Hier können Sie das Konto auswählen, für das der Kontakt gespeichert werden soll.

▶ Klicken Sie nacheinander in die Eingabefelder ❷ und tragen Sie Name, Handynummer, E-Mail-Adresse etc. ein.

▶ Durch Antippen des Erweiterungssymbols ⌄ ❸ ändern Sie die aktuelle Bezeichnung eines Eingabefelds, z. B. von *Handy* zu *Privat*.

▶ Zum Hinzufügen einer Adresse klicken Sie auf das Plus-Symbol vor *Adresse* ⊕ Adresse und wählen dann eine Option, z. B. *Privatadresse*. Weitere Felder werden angezeigt, in die Sie Straße, PLZ etc. eintragen. Verwenden Sie das Plus-Symbol auch, um z. B. bei *Telefon* eine weitere Telefonnummer zu hinterlegen.

▶ Zum Hinzufügen des Geburtstags klicken Sie auf *Sonstige* und wählen *Geburtstag* ❹ aus. Klicken Sie dann auf das Eingabefeld für den Geburtstag. Zeigen Sie in der Auswahl auf das Jahr und drehen Sie am Mausrad bis die richtige Jahreszahl erscheint. Zeigen Sie danach auf den Monat und wiederholen Sie die Vorgehensweise. Gleiches gilt für den Tag. Zum Übernehmen der Auswahl klicken Sie am unteren Rand des Feldes auf das Häkchen ❺.

▶ Zuletzt klicken Sie auf *Speichern* ❻.

Übersicht aller Kontakte anzeigen

● Beim Öffnen der App werden Ihre Kontakte links sortiert nach Vornamen angezeigt. Über die Bildlaufleiste in der Mitte des Fensters scrollen Sie durch Ihre Kontaktliste.

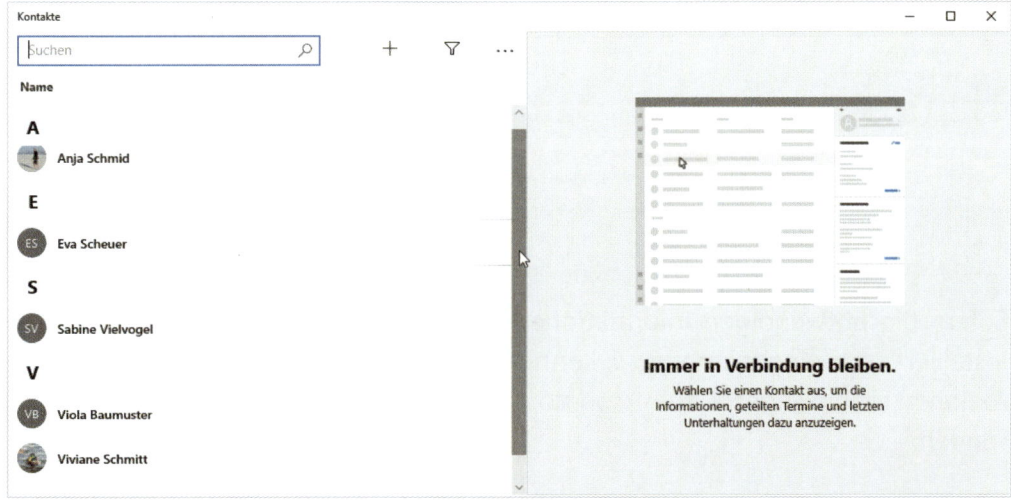

Informationen zu einem Kontakt anzeigen

- Durch Anklicken eines gespeicherten Namens, zeigen Sie rechts Informationen zum markierten Kontakt an, z. B. E-Mail-Adresse, Telefonnummer, postalische Adresse etc. Ist der Eintrag *Weitere Informationen* ❶ in blauer Schrift abgebildet, gibt es weitere Daten zu dieser Person, z. B. das Geburtsdatum. Um diese Infos anzuzeigen, klicken Sie auf *Weitere Informationen*. Sie verlassen den Bereich wieder durch Anklicken des Pfeils ❷.

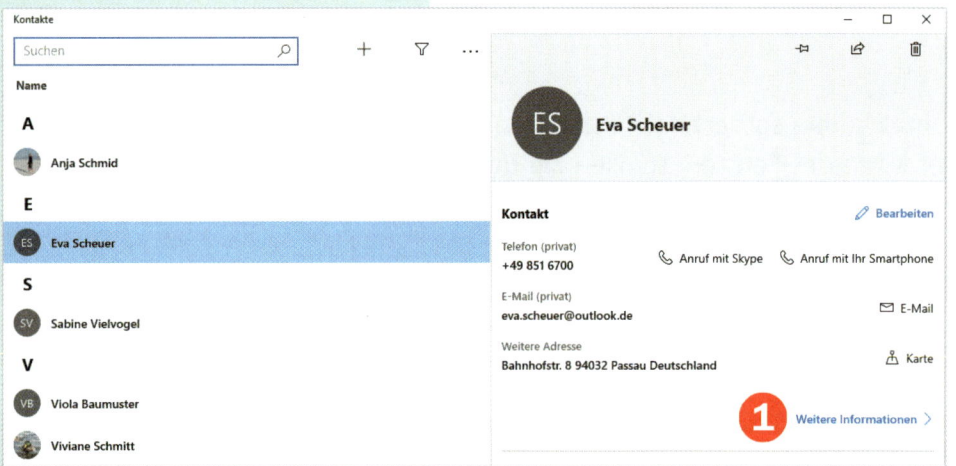
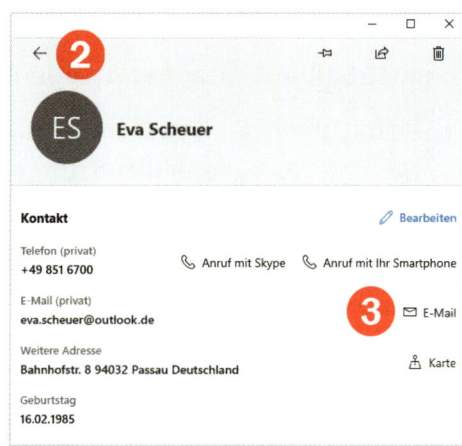

Sofern die notwendigen Informationen hinterlegt und die erforderlichen Apps installiert bzw. eingerichtet sind, können Sie aus der App *Kontakte* verschiedene Aktionen für die angezeigte Person starten. Das ist z. B. eine E-Mail an den Kontakt senden:

▶ Klicken Sie auf den Befehl *E-Mail* ❸. Dadurch wird die App *Mail* geöffnet und eine neue E-Mail mit der hinterlegten E-Mail-Adresse erstellt.

Sofern eine Adresse hinterlegt ist, können Sie über den Befehl *Karte* die Adresse in der App Karten anzeigen und eine Wegbeschreibung erhalten.

Kontakt bearbeiten oder löschen

▶ Zum Bearbeiten bestehender Kontaktinformationen markieren Sie den entsprechenden Kontakt und klicken dann rechts auf *Bearbeiten*. Sie erhalten wieder dieselben Felder, die Sie bereits von der Kontakterstellung kennen.

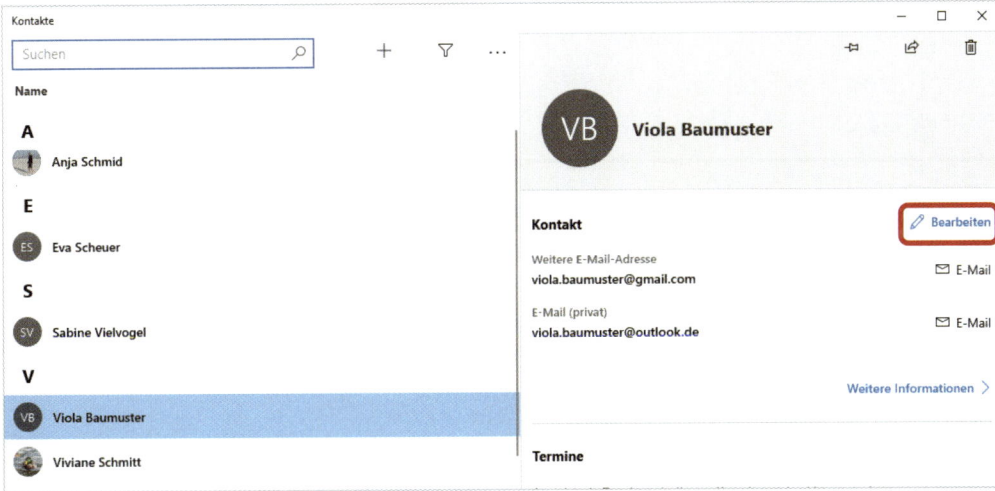

▶ Für einzelne Berichtigungen klicken Sie einfach in das Eingabefeld und löschen Text bzw. fügen neuen hinzu.

▶ Sollen einzelne Informationen gelöscht werden, zeigen Sie mit der Maus auf das Feld und löschen dessen Inhalt mit Klick auf das *X* . Das Feld wird in der Übersicht nicht mehr angezeigt.

▶ Klicken Sie auf *Speichern*, um Ihre Änderungen zu übernehmen, falls Sie nicht speichern möchten, klicken Sie auf *Abbrechen*.

▶ Zum Löschen eines Kontakts markieren Sie den Kontakt, klicken rechts oben auf *Löschen* und bestätigen erneut durch Anklicken von *Löschen*.

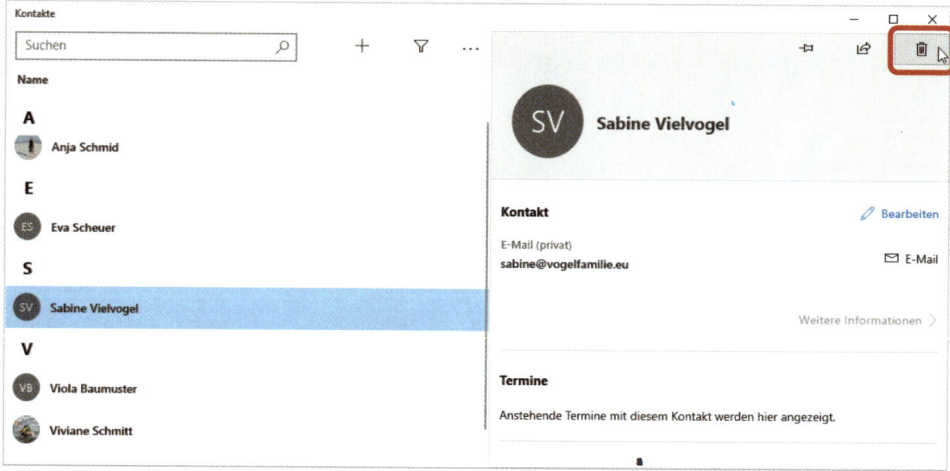

5.5 Termine im Kalender eintragen und verwalten

Die App Kalender dient der Terminverwaltung. Zur Verwendung der App benötigen Sie ein Microsoft-Konto. Die Apps Mail, Kontakte und Kalender bedingen sich gegenseitig. Ein Konto, dass Sie in einer App hinterlegen, wird auch in den anderen verwendet. Darüber hinaus gelten farbliche Personalisierungen, die Sie in der App Mail vorgenommen haben auch für die App Kalender und andersherum. Beim ersten Start entscheiden Sie auch, ob die App Kalender Zugriff auf Ihre Position erhält. Wenn Sie der App erlauben, Ihre Position zu ermitteln, wird das aktuelle Wetter im Kalender angezeigt. Sie können das Zugriffsrecht jederzeit entziehen oder hinzufügen. Wie das geht, erfahren Sie in diesem Kapitel. Die App *Kalender* finden Sie im Startmenü in der Liste *Aller Apps* unter *K*. Die App ist standardmäßig installiert.

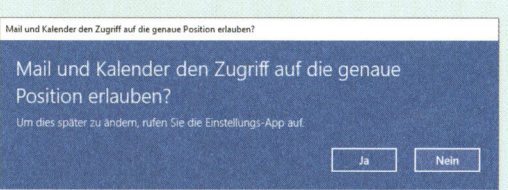

Häufig nach einem Update wird statt der deutschen Bezeichnung Kalender die englische angezeigt. Das ändert sich dann mit dem nächsten Update wieder.

Übersicht wichtiger Kalenderelemente

Termine, Geburtstage und Feiertage

In Ihrem Kalender werden standardmäßig Termine ❶, Feiertage ❷ und Geburtstage ❸ angezeigt. Termine werden von Ihnen eingetragen, die deutschen Feiertage erscheinen automatisch. Geburtstage werden, sofern für den Kalender ein Microsoft-Konto hinterlegt ist, aus der App *Kontakte* übernommen. Hier können Sie für jeden Ihrer Kontakte das Geburtsdatum hinterlegen.

Falls Sie eines der Elemente nicht anzeigen möchten, entfernen Sie dieses durch Anklicken das Häkchen ❹ vor dem Eintrag. Die Bezeichnungen *Kalender*, *Feiertage in Deutschland* und *Geburtstage* sind abhängig vom E-Mail-Konto, mit dem die App *Kalender* verbunden ist. Die Bezeichnungen können in Ihrer Anzeige abweichen.

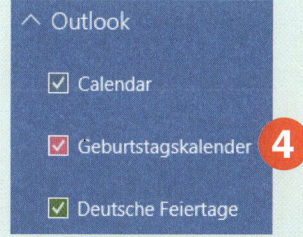

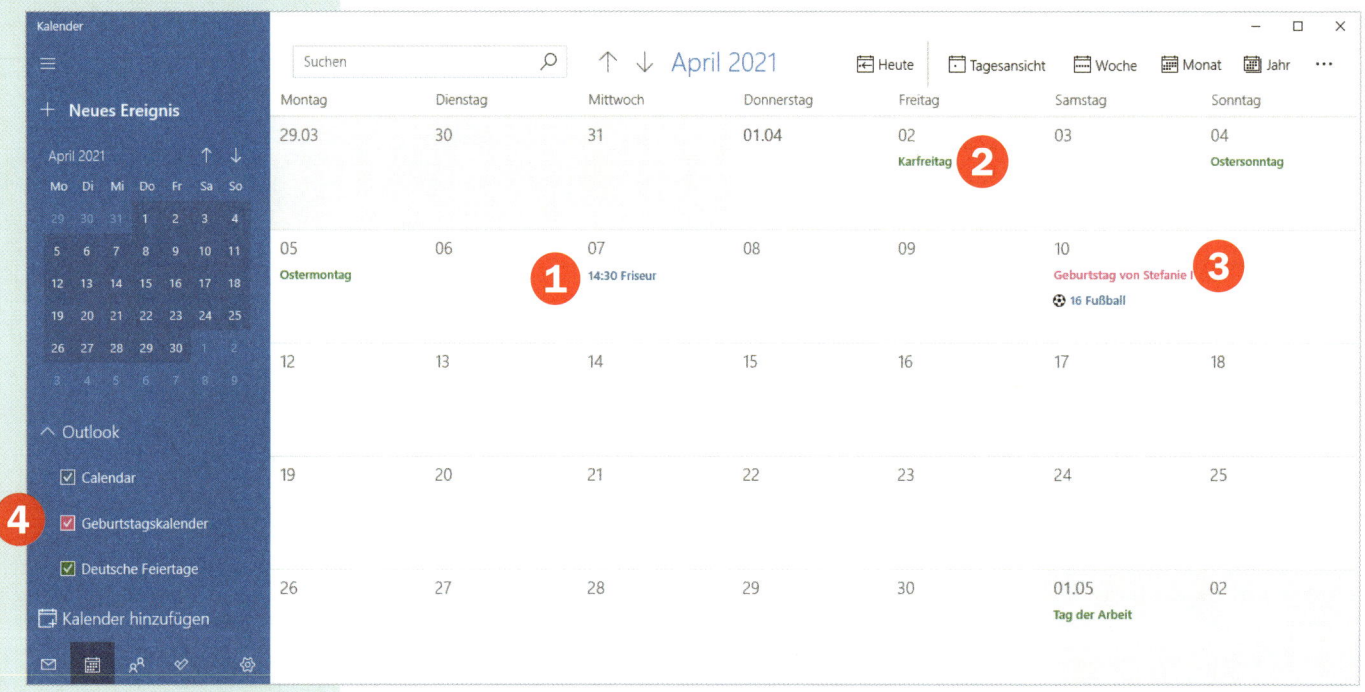

Kalender in der Monatsansicht

Wetter

Im Kalender wird das aktuelle Wetter **5** und das der nächsten Tage angezeigt. Wenn Sie keine Wetteranzeige erhalten, hat die App keinen Zugriff auf Ihre Position oder die Positionserkennung ist nicht eingeschaltet. Wie Sie die Positionserkennung aktivieren, erfahren Sie auf Seite 387. Die Zugriffserlaubnis erteilen Sie über *Startmenü* ▶ *Einstellungen* ▶ *Datenschutz* ▶ *Position*. Ziehen Sie im Bereich *Zulassen, dass Apps auf Ihren Standort zugreifen* den Regler auf die Position *Ein*.

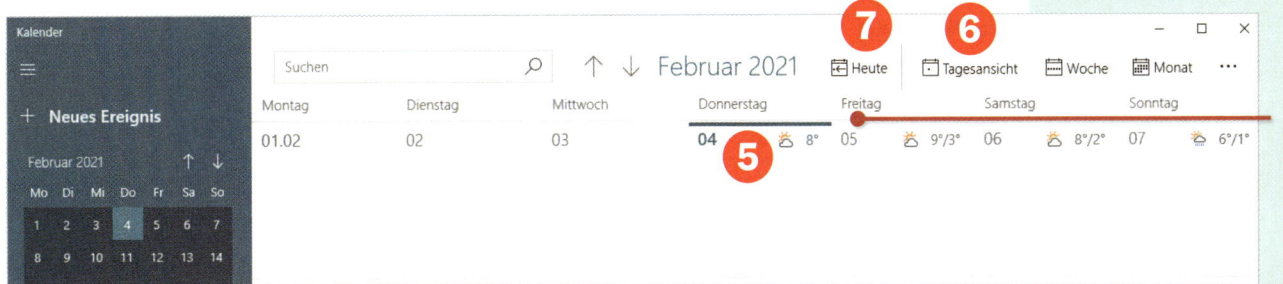

Der aktuelle Tag wird in der Monats- und Wochenansicht durch einen Strich hervorgehoben.

Tages-, Wochen- oder Jahreskalender

Um die Übersichtlichkeit des Kalenders zu erhöhen und ihn an Ihre Bedürfnisse anzupassen, stehen verschiedene Ansichten zur Verfügung. Sie finden diese rechts oben: *Tagesansicht*, *Woche*, *Monat*, *Jahr* ❻. Unter Umständen müssen Sie die Schaltfläche *Anzeigen* ··· anklicken, um die einzelnen Ansichten auszuwählen.

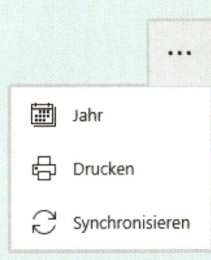

- In der *Tagesansicht* wird nur das ausgewählte Datum angezeigt. Allerdings kann die Tagesansicht zu einer Mehrtagesansicht umgewandelt werden. Zeigen Sie auf die Schaltfläche mit der Maus und klicken Sie auf den Erweiterungspfeil. Hier können Sie zwischen der Anzeige von 1 bis zu 6 Tage auswählen.

- Die Ansicht *Woche* zeigt die Woche von Montag bis Sonntag an; auch hier erhalten Sie über den Erweiterungspfeil die Möglichkeit, zur Ansicht *Arbeitswoche* (Anzeige von Montag bis Freitag) zu wechseln.

- Mit der Ansicht *Monat* erhalten Sie eine Übersicht des gesamten Monats und in der Ansicht *Jahr* eine Jahresansicht.

- Die Schaltfläche *Heute* ❼ zeigt das aktuelle Datum an. Hier kommt es auch darauf an, in welcher Ansicht Sie sich befinden: In der Tagesansicht wechseln Sie zum aktuellen Tag, in der Ansicht Arbeitswoche zur aktuellen Woche und in der Ansicht Monat zum aktuellen Monat.

Navigation

Der Datumsnavigator ermöglicht den schnellen Wechsel zu einem anderen Tag, einer anderen Woche oder einem anderen Monat.

- Die Tage, die durch die gerade gewählte Ansichtsform angezeigt werden, sind im Datumsnavigator farblich hervorgehoben, in diesem Beispiel wurde die Ansicht *Woche* gewählt, diese ist auch im Datumsnavigator markiert ❽. Das aktuelle Datum ist nochmals andersfarbig hinterlegt.

- Zum Wechseln klicken Sie auf das gewünschte Datum im Datumsnavigator. Entsprechend der gewählten Ansicht, wird nun der Tag bzw. die Woche oder der Monat angezeigt.

- Zur Auswahl eines anderen Monats, klicken Sie auf die Pfeile ❾ für den vorigen bzw. kommenden Monat.

- Abhängig von der gewählten Ansicht wechseln Sie zum folgenden Tag, zur folgenden Woche bzw. Monat durch Anklicken der Pfeile ❿ über dem Kalender.

- In der Tages- und Wochenansicht ist die aktuelle Uhrzeit durch einen Strich hervorgehoben und wird angezeigt.

Kalender in der Wochenansicht

- Der Kalender ist in helle und dunkle Bereiche unterteilt. Die dunklen Bereiche visualisieren Zeiten außerhalb der gewöhnlichen Arbeitszeit (in der Regel vor 08:00 Uhr, nach 17:00 Uhr und am Wochenende). Ausnahme bildet hier die Ansicht *Monat*; hier visualisieren die hellen Bereiche den aktuellen Monat und die dunklen Bereiche Vor- bzw. Folgemonat.

Termine eintragen

Schnell einen Termin festlegen

Zur schnellen Eingabe eines Termins, klicken Sie in der *Tagesansicht*, Ansicht *Arbeitswoche* oder *Woche* am gewünschten Tag, zur gewünschten Uhrzeit auf das Kalenderfeld. Die Daten werden dadurch übernommen.

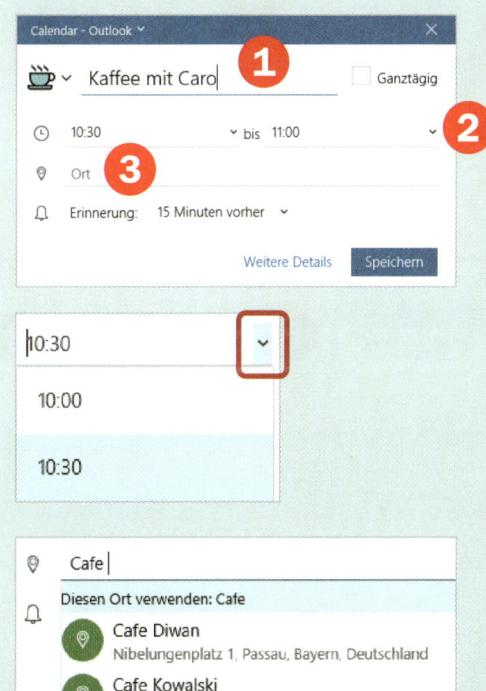

- **Name:** Im sich öffnenden Eingabebereich tragen Sie eine Bezeichnung ❶ für den Termin ein. Für einige Schlagworte, wie z. B. Kaffee oder Zahnarzt werden automatisch kleine Grafiken passend zum Termin angezeigt.

- **Dauer:** Den Terminbeginn haben Sie durch Anklicken der richtigen Zelle im Kalender bereits übernommen. Zu diesem wird jetzt eine halbe Stunde hinzugerechnet und als Ende des Termins angezeigt. Zur Auswahl einer anderen Zeit klicken Sie auf den Erweiterungspfeil ❷ und wählen eine andere Uhrzeit durch Anklicken aus. Auch den Beginn können Sie so nochmals verändern.

- **Ort:** Für manche Orte ❸, wie z. B. Cafe erhalten Sie automatisch eine Liste von Vorschlägen in Ihrer Nähe (Dazu muss die Positionserkennung aktiv sein). Dann können Sie einfach einen Ort durch Anklicken auswählen. Falls das Passende nicht dabei ist, schreiben Sie einfach weiter, die Liste verschwindet automatisch.

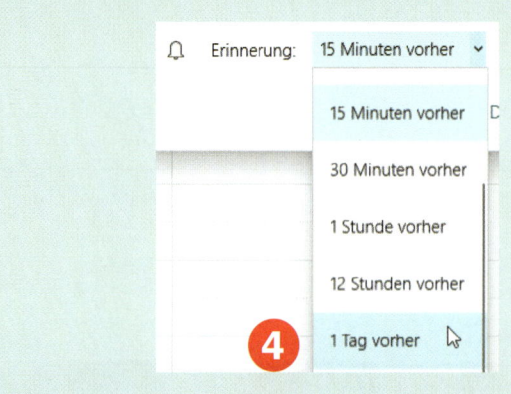

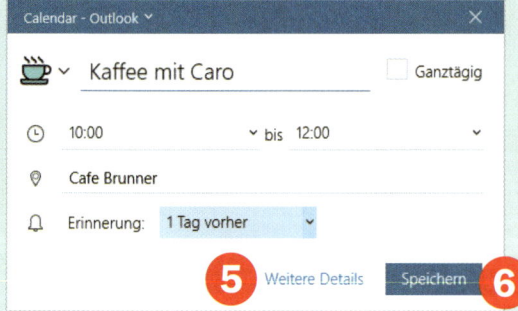

- **Erinnerung:** Sie werden automatisch 15 Minuten vor Beginn des Termins an diesen erinnert. Wenn Sie nicht dauernd vor dem Rechner sitzen, werden Sie die Erinnerung wahrscheinlich nicht rechtzeitig sehen. Je nach Nutzungsverhalten ist es vielleicht sinnvoller, sich einen Tag vorher an einen Termin erinnern zu lassen. Tippen Sie dazu auf den Erweiterungspfeil und wählen bei Erinnerung *1 Tag vorher* **4** aus.

- Zusätzliche Termindetails fügen Sie hinzu, indem Sie auf *Weitere Details* **5** klicken. Damit öffnen Sie das Terminformular. Dazu gleich mehr.

- Zu guter Letzt tippen Sie auf *Speichern* **6**.

Der Termin wird nun im Kalender angezeigt. Zeigen Sie mit der Maus auf den Termin, um weitere Infos **7** zu erhalten. Durch Anklicken von *Ereignis anzeigen* öffnen Sie das Terminformular.

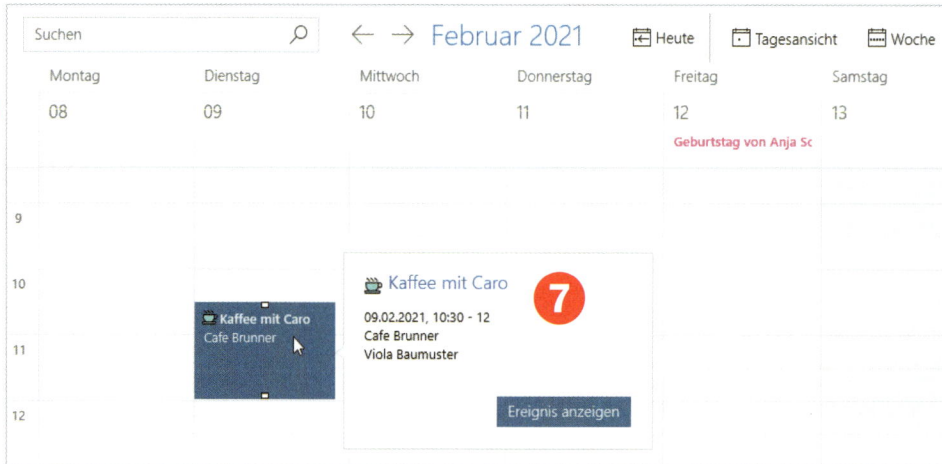

Habe ich heute Termine?

- Ohne den Kalender zu öffnen, zeigen Sie Termine, die heute anstehen, durch Anklicken des Bereichs Uhr ❶ rechts auf der Taskleiste an. Klicken Sie auf ein anderes Datum, um Termine diesen Tages anzuzeigen.

- Unter Umständen sind die aktuellen Termine ausgeblendet. Klicken Sie in diesem Fall auf *Agenda anzeigen* ❷ .

- Zur Eingabe eines neuen Termins, wählen Sie zunächst das passende Datum, tippen dann den Titel in das Eingabefeld ❸ , geben Datum und Ort ein und bestätigen mit *Speichern* ❹ .

Termin über Terminformular festlegen

Das Terminformular bietet weitere Möglichkeiten, zusätzliche Informationen zum Termin zu hinterlegen, z. B. einen Bereich für Notizen.

▶ Zum Aufrufen des Terminformulars klicken Sie auf *Neues Ereignis* links oben. Ein neues Terminformular wird geöffnet, in welches Sie die notwendigen Informationen eintragen, wie Sie es bereits kennengelernt haben. In diesem Beispiel dauert der Termin den ganzen Tag. Aus diesem Grund wurde bei *Ganztägig* ❶ ein Häkchen gesetzt. Damit entfällt die Möglichkeit zur Eingabe von Uhrzeiten. Im unteren Bereich wurde eine Notiz ❷ hinterlegt.

▶ Klicken Sie dann auf *Speichern* ❸ .

Ein Ereignis wird in der Tages- bzw. Wochenansicht oben in der Spalte angezeigt, da dem Ereignis keine bestimmte Uhrzeit zugeordnet ist.

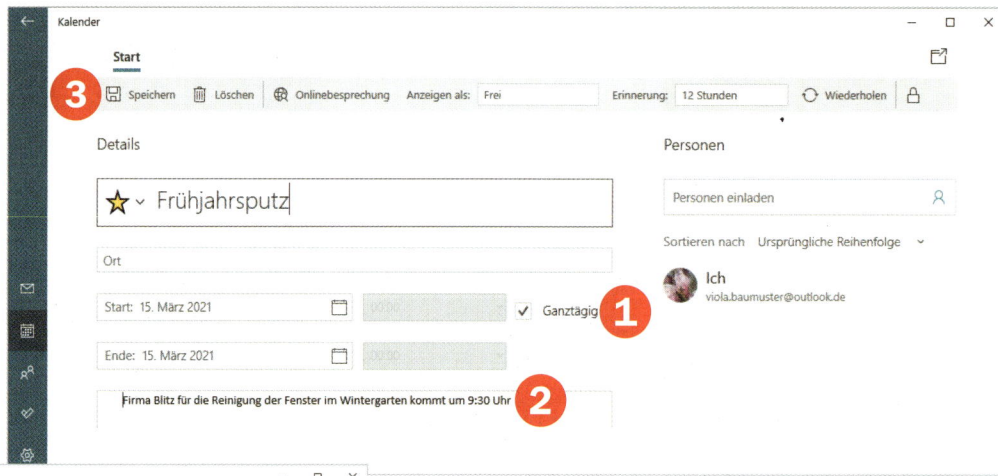

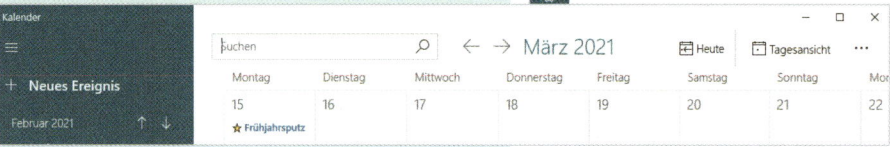

Erinnerung

Standardmäßig erhalten Sie 15 Minuten vor Beginn eines Termins eine Erinnerung, sofern Sie an der Einstellung nichts geändert haben. Die Erinnerung wird rechts unten auf dem Bildschirm angezeigt und ist im Info-Center bei Benachrichtigungen aufgeführt. Sie erscheint auch wenn die App *Kalender* nicht geöffnet ist. Klicken Sie auf *Erneut erinnern*, dann erscheint die Meldung nach 5 Minuten erneut. Oder wählen Sie einen anderen Zeitraum aus, nach dem Sie sich nochmals erinnern lassen möchten. Benötigen Sie das nicht, klicken Sie auf *Schließen*.

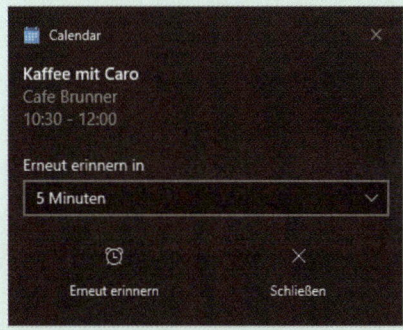

Termin bearbeiten, verschieben und löschen

- **Termin bearbeiten:** Zur nachträglichen Bearbeitung eines Termins klicken Sie diesen doppelt in der Tagesansicht an. Wenn Sie eine andere Ansicht verwenden, dann zeigen Sie auf den Termin, um die zusätzlichen Informationen anzuzeigen und klicken dann auf den Termin.

- Das Terminformular öffnet sich und Sie können Änderungen vornehmen. Mit *Speichern* links oben sichern Sie die Änderungen und schließen das Terminformular.

Wenn Sie das Terminformular ohne Änderung verlassen und wieder die Kalenderübersicht anzeigen möchten, dann klicken Sie auf den Pfeil. Unter Umständen werden Sie gefragt, ob Sie Änderungen speichern möchten. Durch Anklicken von *Änderungen verwerfen* nehmen Sie keine Änderungen an dem Termin vor.

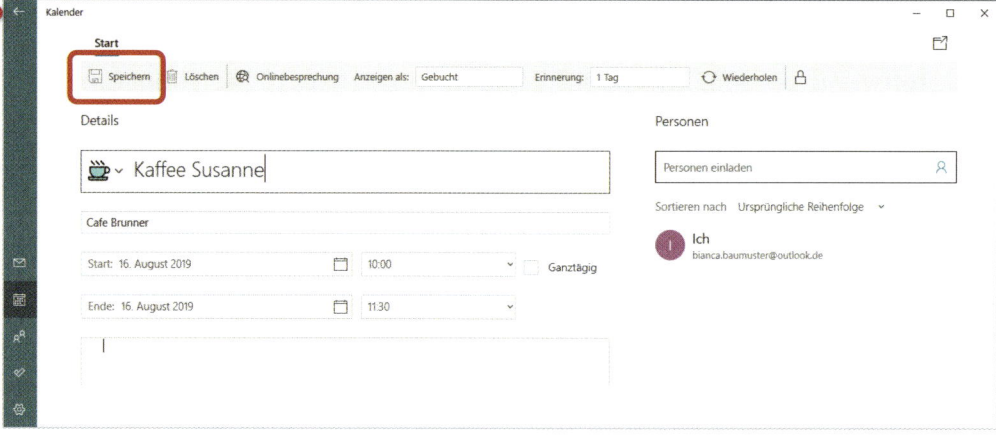

- **Datum und Uhrzeit schnell verändern:** Um das Datum oder die Uhrzeit eines Termins schnell zu verändern, zeigen Sie mit der Maus auf dem Termin, halten die linke Maustaste gedrückt und ziehen den Termin an die neue Position im Kalender. Dadurch werden automatisch Datum/Uhrzeit angepasst.

- **Termin entfernen:** Klicken Sie den Termin im Kalender mit der rechten Maustaste an und wählen Sie *Löschen* aus.

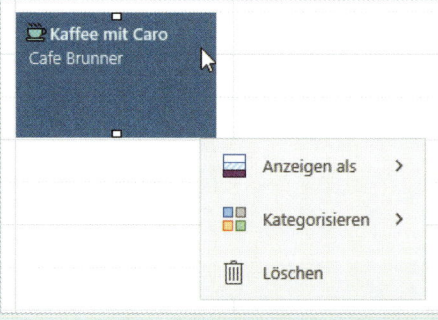

6 Richten Sie sich die Bedienoberfläche ein

Sie lernen, wie Sie ...

- Apps als Kacheln dem Startmenü hinzufügen

- Aussehen und Anordnung der Kacheln ändern

- das Hintergrundbild von Sperrbildschirm und Desktop anpassen

- Apps über Symbole in der Taskleiste starten

- die Anzeige auf dem Bildschirm vergrößern

Was Sie bereits wissen sollten...

- Umgang mit Taskleiste und Startmenü

- Apps starten und beenden

6.1 Apps aus dem Startmenü entfernen oder hinzufügen

Entfernen Sie überflüssige Apps aus dem Startmenü

Über die Kacheln des Startmenüs lassen sich Apps schnell starten. Allerdings befinden sich hier, insbesondere nach dem Kauf eines neuen PCs, vermutlich zahlreiche Apps, die Sie nicht brauchen. Räumen Sie daher das Startmenü auf: entfernen Sie die Kacheln nicht verwendeter Apps und fügen Sie häufig benötigte hinzu. Auch wenn Sie die Kachel einer App aus dem Startmenü entfernen, so ist diese trotzdem noch in der alphabetischen Liste vorhanden, wird also nicht gelöscht.

▶ Klicken Sie im Startmenü mit der rechten Maustaste auf die Kachel der App, die Sie entfernen möchten und klicken Sie auf *Von „Start" lösen*.

Wie Sie das Startmenü aufräumen und an Ihre Bedürfnisse anpassen, sehen Sie auch in unserem Video. Geben Sie dazu in Ihren Browser folgende Adresse ein:

https://bildnerverlag.de/004032

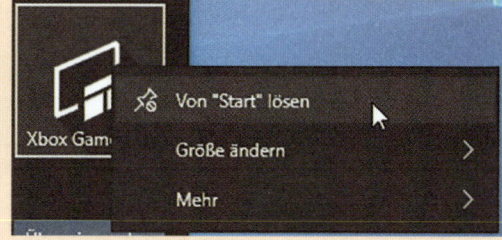

Wie Sie nicht benötigte Apps dauerhaft vom PC entfernen, lesen Sie in Kapitel 10 dieses Buches nach.

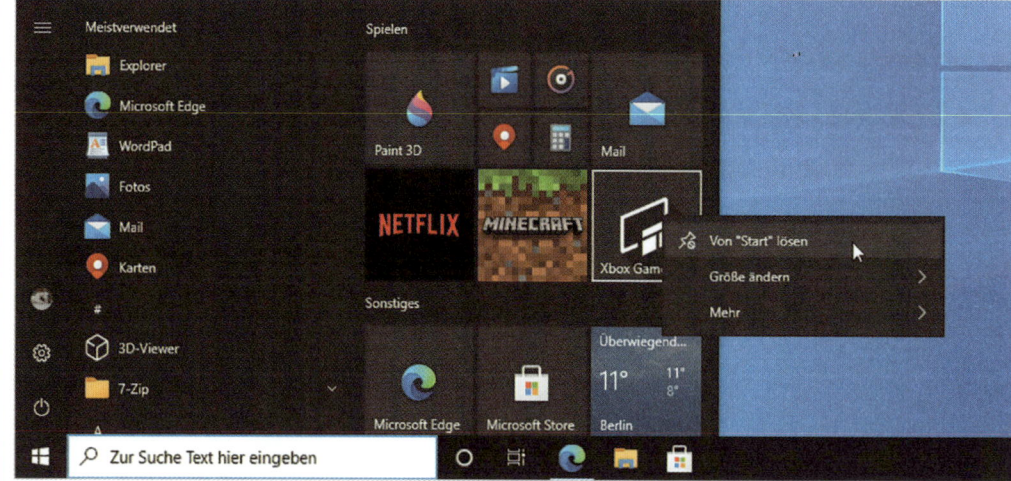

Achtung! Bei vielen Apps erscheint nach dem Klick mit der rechten Maustaste auch *Deinstallieren*. Im Gegensatz zu *Von Start lösen* wird mit diesem Befehl die betreffende App auch vom PC entfernt und muss erst wieder installiert werden, falls sie später wieder benötigt wird.

Apps als Kachel hinzufügen

Apps, die sich als Kachel im Startmenü befinden, werden schneller gefunden und somit schneller gestartet. Heften Sie also Apps, die Sie häufig verwenden als Kacheln im Startmenü an. Als Beispiel fügen wir die App WordPad als Kachel dem Startmenü hinzu.

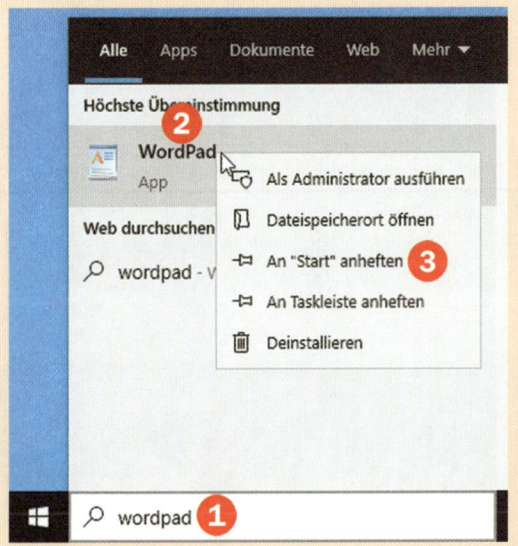

1   Navigieren Sie im Startmenü in der alphabetischen Liste zur gewünschten App oder benutzen Sie die Suche und tippen die ersten Zeichen der App in das Suchfeld ein ❶ .

2   Klicken Sie mit der rechten Maustaste auf die App ❷ und dann auf *An „Start"* *anheften* ❸ .

Die Kachel der angehefteten App erscheint im Startmenü in einer neuen Gruppe. Sie können nun die Kachel beliebig platzieren und beispielsweise in eine andere Gruppe verschieben. Wie Sie dabei vorgehen, lesen Sie im nächsten Punkt.

Tipp: Aus der alphabetischen Liste der Apps können Sie die App auch mit gedrückter Maustaste direkt in den Bereich der Kacheln ziehen.

6.2　Anordnung und Aussehen der Kacheln im Startmenü ändern

Ordnen Sie die Kacheln neu an

Die Kacheln des Startmenüs lassen sich mit der Maus beliebig verschieben.

1　Zeigen Sie auf die Kachel, die Sie verschieben möchten, als Beispiel im Bild unten *Microsoft Store*. Drücken Sie dann die linke Maustaste und halten Sie die Taste gedrückt, während Sie die Maus bewegen.

2　Die Kachel hängt am Mauszeiger und die übrigen Kacheln ordnen sich automatisch neu an, während Sie die Maus darüber bewegen. Lassen Sie daher die Maustaste erst los, wenn sich die Kachel an der gewünschten Stelle befindet.

Die Kacheln lassen sich mit der Maus innerhalb einer Gruppe und in andere Gruppen verschieben.

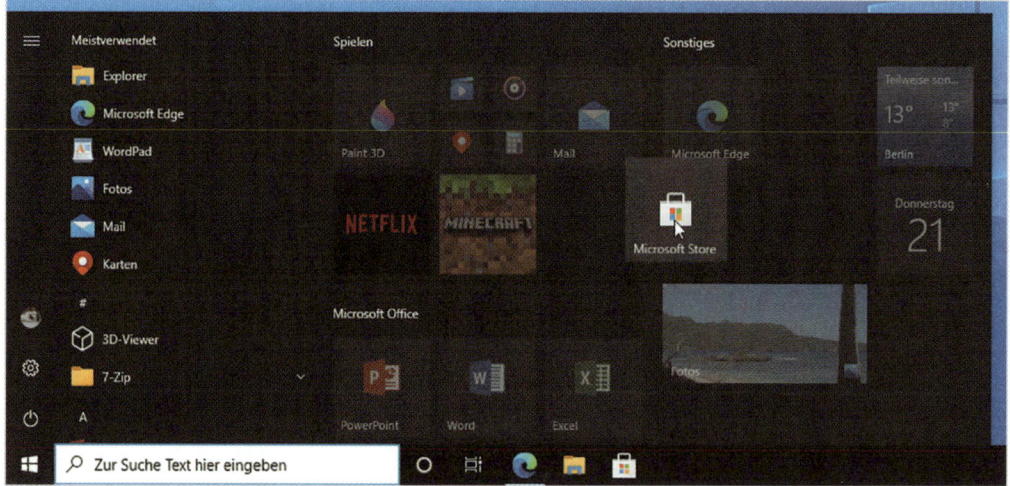

Beachten Sie beim Verschieben

- Die Kacheln sind in Gruppen angeordnet, wobei je Gruppe maximal drei Kacheln mittlerer Größe nebeneinander Platz finden. Wo eine Kachel platziert werden kann, hängt also auch von Ihrer Größe ab.

- Wenn Sie eine Kachel direkt auf eine andere ziehen, werden beide Apps in einer einzigen Kachel zusammengefasst, vergleichbar einem Ordner. Die Kachel zeigt dann die Symbole der enthaltenen Apps an, im Bild unten WordPad, Rechner und Alarm & Uhr ❶. Die Kacheln zu den Apps erscheinen unterhalb ❷ erst dann, wenn Sie auf die Ordnerkachel klicken. Mit einem weiteren Klick auf den Ordner ❸ blenden Sie die Apps wieder aus.

Sie können in den Einstellungen auch vier Kacheln mittlerer Größe je Gruppe festlegen, Details hierzu lesen Sie in diesem Kapitel unter Punkt 6.7 auf Seite 213.

Um die Kacheln wieder aus einem Ordner zu entfernen, blenden Sie zunächst mit Klick auf den Ordner die einzelnen Kacheln ein. Ziehen Sie dann einfach eine Kachel wieder an die gewünschte Stelle. Der Ordner selbst verschwindet automatisch, sobald Sie die letzte App daraus entfernt haben.

Tipp: Klicken Sie auf *Ordner benennen* ❹, dann können Sie dem Ordner anschließend über die Tastatur einen Namen geben. Dieser Name wird dann ebenfalls auf der Ordnerkachel angezeigt.

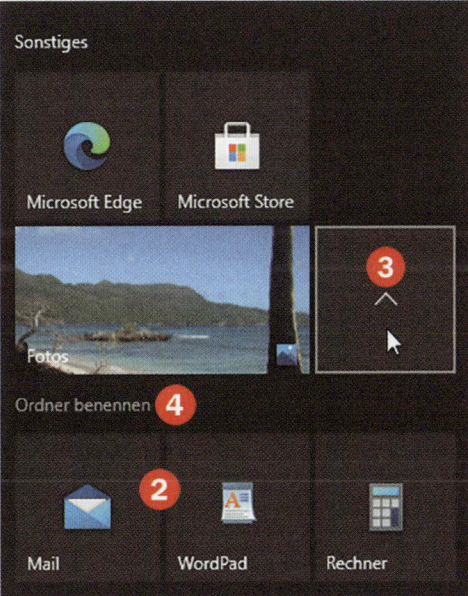

Durch das Ändern der Kachelgröße erge-
ben sich natürlich auch Änderungen in der
Anordnung der Kacheln. Eventuell entstehen
auch Lücken, so dass Sie einige Kacheln unter
Umständen verschieben müssen.

- Innerhalb einer Gruppe ziehen Sie eine Kachel am einfachsten in eine Lücke.
  Befinden sich jedoch an dieser Stelle bereits Kacheln, so machen diese automatisch Platz, wenn Sie eine Kachel dazwischen platzieren. Lassen Sie am
  besten die Maustaste erst los, wenn sich die Kachel an der gewünschten Stelle befindet.

- Wenn Sie eine Kachel etwas unterhalb oder neben den vorhandenen Kacheln
  platzieren, dann signalisiert ein Balken, wie im Bild links, dass eine neue Gruppe gebildet wird.

Größe der Kacheln und Live-Vorschau

1 Windows bietet für die Kacheln verschiedene Größen an. Wenn Sie die Größe
   einer Kachel ändern möchten, dann klicken Sie im Startmenü mit der rechten
   Maustaste auf die betreffende Kachel und zeigen auf *Größe ändern* ❶.

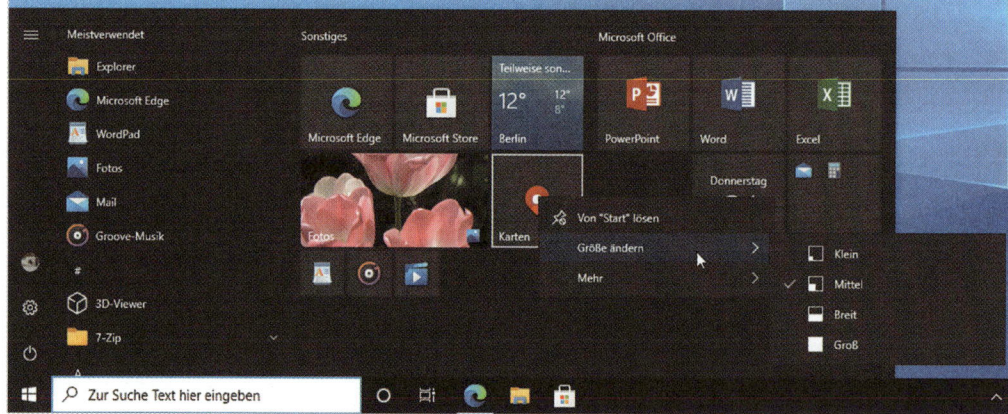

2 Rechts davon sehen Sie nun die zur Auswahl stehenden Größen *Klein*, *Mittel*, *Breit* und *Groß*, klicken Sie mit der linken Maustaste auf die gewünschte Größe. Die aktuelle Größe ist am Häkchen ❷ zu erkennen, im Bild *Breit*.

Für manche Apps, zum Beispiel WordPad oder Microsoft Word, sind nur die Größen *Klein* und *Mittel* verfügbar.

Live-Vorschau

Einige Kacheln sind mit einem Symbol versehen, zum Beispiel *Microsoft Edge* oder *WordPad*, andere zeigen aktuelle Informationen an, beispielsweise *Fotos* oder *Wetter*. Solche Kacheln werden als Live-Kacheln bezeichnet. Hier als Beispiel, wie Sie die Live-Kachel *Wetter* aktivieren/deaktivieren:

▶ Klicken Sie im Startmenü mit der rechten Maustaste auf die Kachel *Wetter* ❶ und zeigen Sie auf *Mehr* ❷. Klicken Sie dann mit der linken Maustaste auf *Live-Kachel deaktivieren* ❸.

Ist eine Live-Kachel bereits deaktiviert, dann erscheint an dieser Stelle *Live-Kachel aktivieren*.

Achtung: Nicht alle Apps unterstützen Live-Kacheln, auch wenn der Befehl Live-Kachel angezeigt werden sollte.

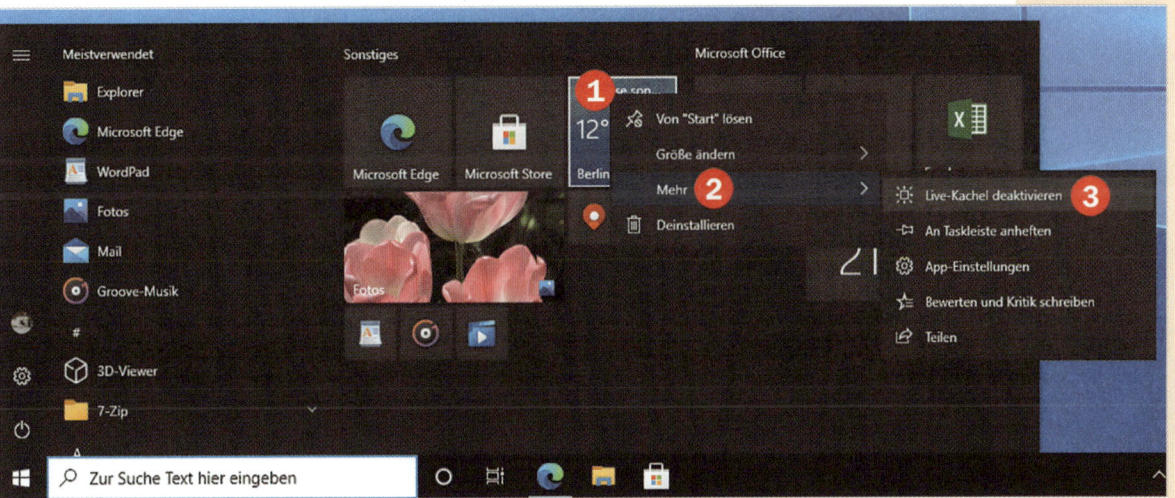

Ausnahme Tabletmodus: Im Tabletmodus nimmt das Startmenü den gesamten Bildschirm ein und die Größe kann nicht verändert werden.

Größe des Startmenüs anpassen

Die Breite und Höhe des Startmenüs lässt sich durch Ziehen mit gedrückter Maustaste ändern. Wenn Sie beispielsweise das Startmenü um weitere Kacheln und Gruppen erweitern möchten, dann sollten Sie es auch vergrößern.

1   Öffnen Sie das Startmenü und zeigen mit der Maus an den rechten Rand des Startmenüs. Als Mauszeiger erscheint ein waagrechter Doppelpfeil ❶.

2   Drücken Sie die linke Maustaste und halten Sie die Taste gedrückt, während Sie die Maus bewegen. Ziehen Sie nach rechts, wenn Sie das Startmenü verbreitern möchten und nach links, um es zu verkleinern.

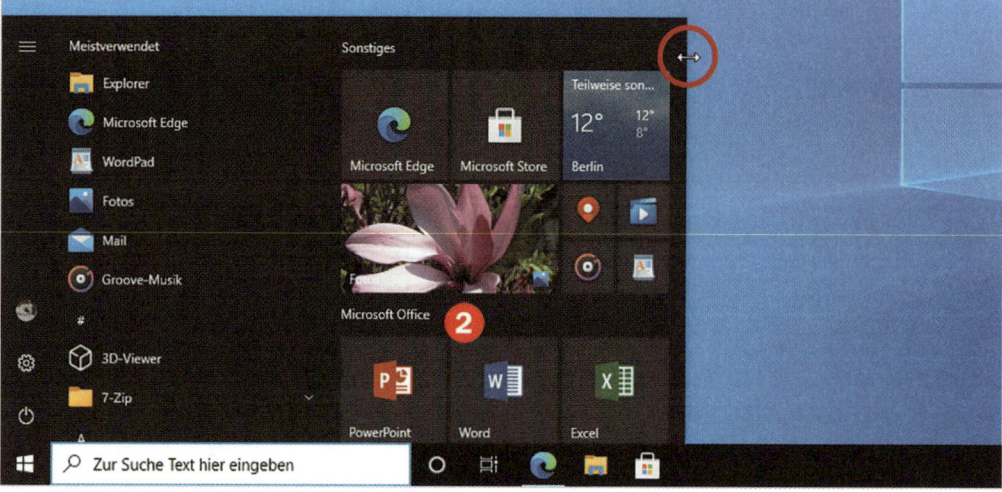

Von der Breite des Startmenüs hängt es ab, ob die Kachelgruppen nebeneinander oder untereinander, wie im Bild oben ❷ angeordnet werden.

▶ Auch die Höhe des Startmenüs lässt sich ändern: Dazu zeigen Sie an den oberen Rand des Startmenüs. Hier erscheint der Mauszeiger als senkrechter Doppelpfeil.

▶ Eine weitere Möglichkeit bietet die rechte obere Ecke: hier wird ein diagonaler Doppelpfeil sichtbar und beim Ziehen ändern Sie Höhe und Breite gleichzeitig.

> **Beachten Sie beim Vergrößern bzw. Verkleinern**
> - Die Gruppen des Startmenüs werden nicht getrennt. Beim Verbreitern des Startmenüs wandert daher jeweils eine komplette Gruppe nach rechts bzw. beim Verkleinern wieder nach unten.
>
> - Die Höhe des Startmenüs können Sie dagegen beliebig ändern. Hier können Sie anschließend durch Drehen des Mausrädchens den sichtbaren Teil nach oben und unten verschieben (scrollen).

Schaffen Sie Ordnung mit Kachelgruppen

Eine neue Gruppe anlegen

Wie bereits erwähnt, bilden die Kacheln des Startmenüs Gruppen, z. B. die Gruppe *Durchsuchen*. Weitere Gruppen können Sie ganz einfach bilden und mit einem Namen versehen. Umgekehrt verschwindet eine Gruppe automatisch, sobald Sie die letzte Kachel daraus entfernt haben. Als Beispiel fassen wir die Microsoft Office Anwendungen *Word*, *Excel* und *PowerPoint* in einer neuen Gruppe zusammen.

Achtung: Microsoft-Office gehört nicht zu den integrierten Apps von Windows 10, sondern muss kostenpflichtig erworben und anschließend installiert werden!

1   Ziehen Sie die erste App, z. B. die Kachel *Word* innerhalb des Startmenüs in den Bereich etwas unterhalb oder neben eine bestehende Gruppe. Der farbige Balken ❶ signalisiert, dass eine neue Gruppe gebildet wird.

2   Anschließend ziehen Sie auch die übrigen Apps, wie auf Seite 181 beschrieben, in die Gruppe ❷.

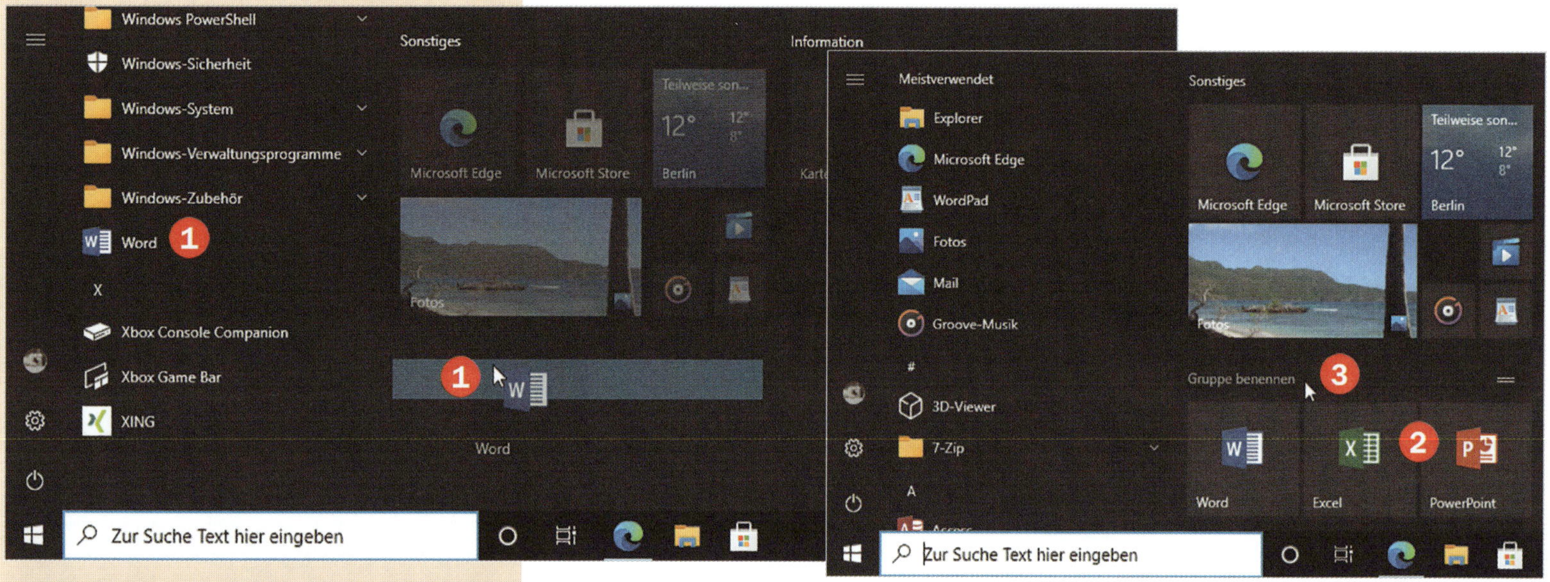

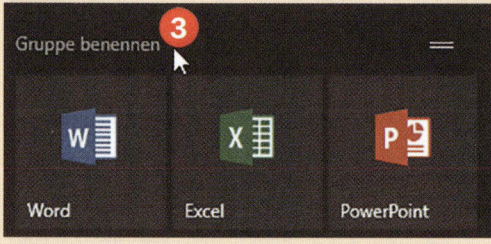

Der Gruppe einen Titel geben

Im nächsten Schritt soll die neue Gruppe einen Titel erhalten:

3   Zeigen Sie in den Bereich oberhalb der Gruppe. Hier erscheint nun der Text *Gruppe benennen* ❸.

4 Klicken Sie an diese Stelle. Es öffnet sich ein Eingabefeld: tippen Sie den Titel der Gruppe ein **4** und schließen Sie durch Drücken der Eingabetaste ab.

Tipp: Eine komplette Gruppe verschieben

▶ Zeigen Sie auf den Titel der Gruppe **1**. Drücken Sie dann die linke Maustaste und halten Sie die Taste gedrückt. Der Titel wird blau unterlegt.

▶ Ziehen Sie nun diesen blauen Balken **2** an die gewünschte Stelle des Start-menüs, zum Beispiel unter- oder oberhalb einer anderen Gruppe.

Während des Ziehens ist nur der Balken mit dem Namen der Gruppe sichtbar. Erst wenn Sie die Maustaste loslassen, erscheinen auch die Kacheln der Gruppe an dieser Stelle.

Mit derselben Methode können Sie den Titel einer Gruppe auch nachträglich ändern: Klicken Sie einfach auf den Titel.

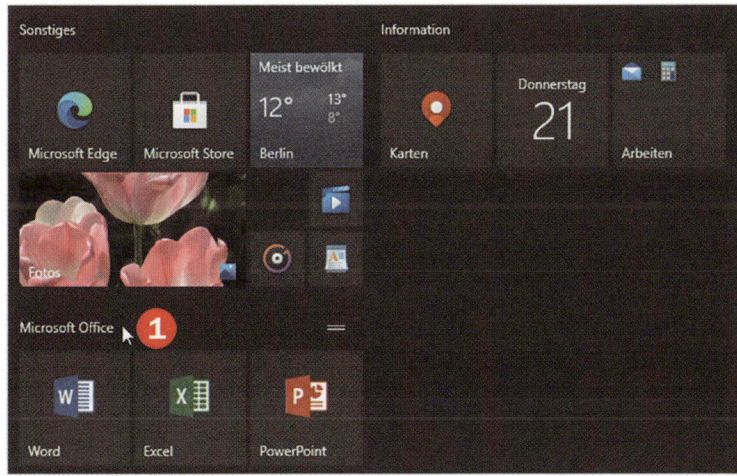

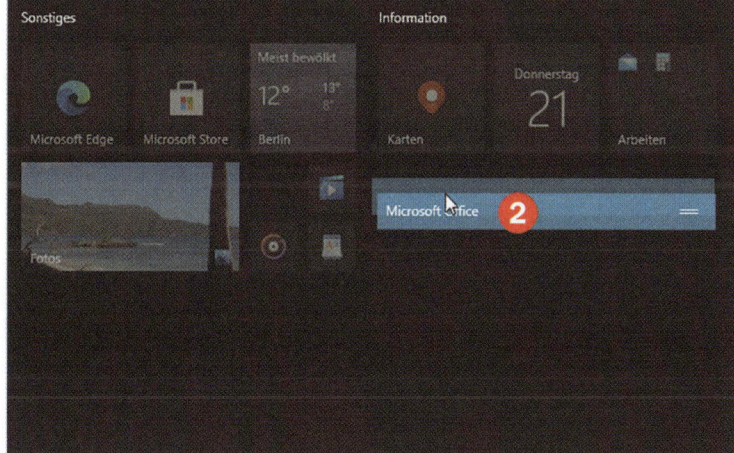

6.3 Noch mehr Möglichkeiten zum schnellen Starten von Apps

Apps über Symbole auf dem Desktop starten

Achtung: Apps auf dem Desktop ablegen, ist im Tabletmodus nicht möglich, da hier das Startmenü den gesamten Bildschirm ausfüllt und dauerhaft geöffnet ist.

Link bedeutet, Sie erzeugen einen Verweis, genauer gesagt eine Verknüpfung, zu dem Ort, an dem sich die Kachel bzw. die App tatsächlich befindet.

Sie können das Symbol auf dem Desktop mit der Maus beliebig verschieben und beispielsweise unterhalb des Papierkorbs platzieren, wie im Bild unten.

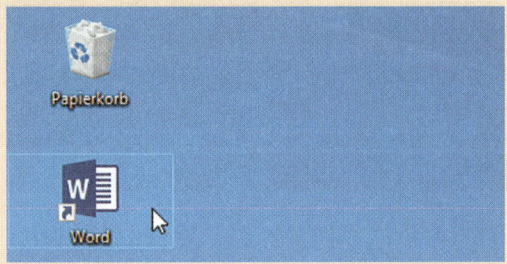

Wenn Sie eine App ohne vorheriges Öffnen des Startmenüs starten möchten, dann können Sie das Symbol der App auch auf dem Desktop ablegen.

▶ Ziehen Sie einfach mit gedrückter linker Maustaste die Kachel ❶ aus dem Startmenü heraus auf den Desktop. Während des Ziehens erscheint an der Kachel der Hinweistext *Link* ❷. Die Kachel selbst wird dadurch nicht aus dem Startmenü entfernt, wie das Beispiel der App *Word* im Bild unten zeigt.

Auf dem Desktop erscheint allerdings nur ein kleines Symbol anstelle der Kachel. Hier wird auch keine Live-Vorschau unterstützt! Der Pfeil in der unteren Ecke des Symbols bedeutet, es handelt sich um einen Link, also einen Verweis auf die App.

> **App auf dem Desktop starten**
>
> Um eine App zu starten, die sich als Symbol auf dem Desktop befindet, ist ein Doppelklick auf das Symbol erforderlich (zweimal kurz hintereinander klicken). Im Startmenü genügt dagegen ein einfacher Klick.

App vom Desktop entfernen

Wenn Sie das Symbol, genauer gesagt den Link zur App, wieder vom Desktop entfernen möchten, dann ist dies problemlos möglich: Ziehen Sie das Symbol einfach mit gedrückter linker Maustaste auf das Papierkorbsymbol, das sich ebenfalls auf dem Desktop befindet. Die App selbst wird dadurch nicht entfernt, sondern befindet sich nach wie vor im Startmenü.

Apps an die Taskleiste anheften

Auch über Symbole in der Taskleiste am unteren Bildschirmrand lassen sich häufig benötigte Apps unter Umgehung des Startmenüs mit einem einfachen Mausklick schnell starten. Meist finden Sie hier neben den Symbolen *Cortana* und *Aktive Anwendungen* zunächst nur Symbole der Apps *Microsoft Edge*, *Explorer*, *Microsoft Store* und *Mail*. Weitere lassen sich ganz einfach hinzufügen, als Beispiel die App Rechner:

Nachteil: Die Symbole werden ohne Beschriftung angezeigt und der verfügbare Platz ist begrenzt.

1 Öffnen Sie das Startmenü und klicken Sie mit der rechten Maustaste auf die App, die Sie anheften möchten ❶. Es spielt keine Rolle, ob die App im Startmenü als Kachel oder in der alphabetischen App-Liste angezeigt wird. Sie können auch nach der App suchen.

2 Es erscheint ein kleines Menü. Zeigen Sie auf *Mehr* **②** und klicken Sie mit der linken Maustaste auf *An Taskleiste anheften* **③** .

Das Symbol der App erscheint rechts neben den bereits angehefteten Apps. Der Name der App wird angezeigt, wenn Sie auf das Symbol zeigen.

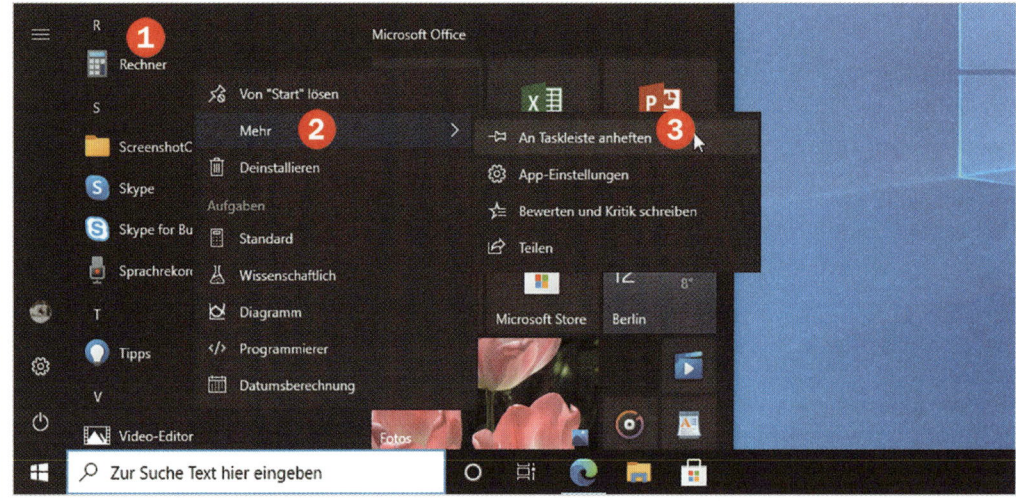

> **Achten Sie auf den Unterschied zwischen fest angehefteten und geöffneten Apps**
> Geöffnete Apps sind in der Taskleiste im Gegensatz zu den fest angehefteten und nicht geöffneten Apps unterstrichen hervorgehoben. Nicht angeheftete Symbole verschwinden beim Beenden der App bzw. beim Schließen des Fensters wieder aus der Taskleiste.

Mit Hilfe der rechten Maustaste können Sie eine angeheftete App auch schnell wieder aus der Taskleiste entfernen.

▶ Klicken Sie mit der rechten Maustaste in der Taskleiste auf das Symbol der App und auf *Von Taskleiste lösen*.

6.4   Tabletmodus: Wählen Sie Ihre Lieblingstastatur

Wenn Sie ohne angeschlossene Tastatur auf einem Gerät mit Fingerbedienung arbeiten (Touchscreen), dann blendet Windows automatisch eine Bildschirmtastatur ein, sobald eine Eingabe erforderlich ist. Sie können die Bildschirmtastatur aber auch durch Antippen des Symbols im Infobereich der Taskleiste anzeigen.

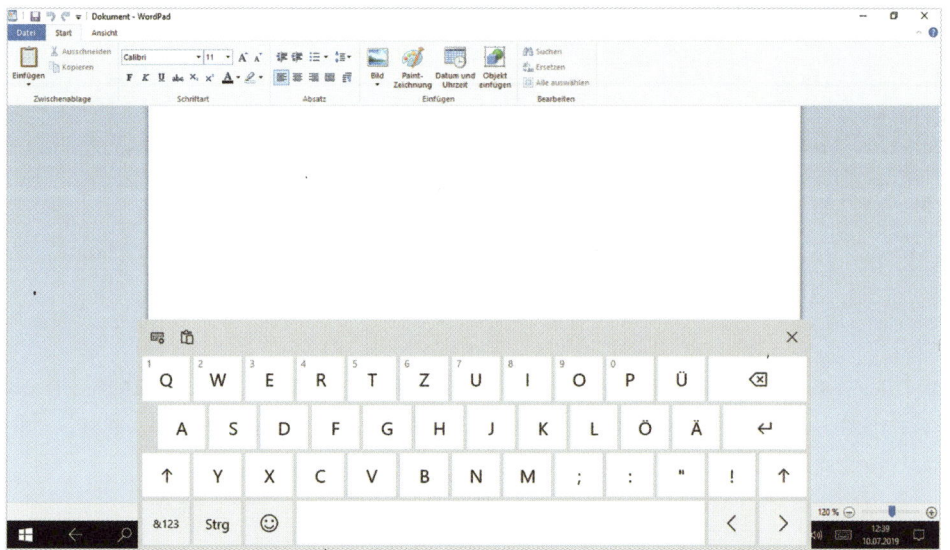

Im Bild als Beispiel die App WordPad mit der Bildschirmtastatur.

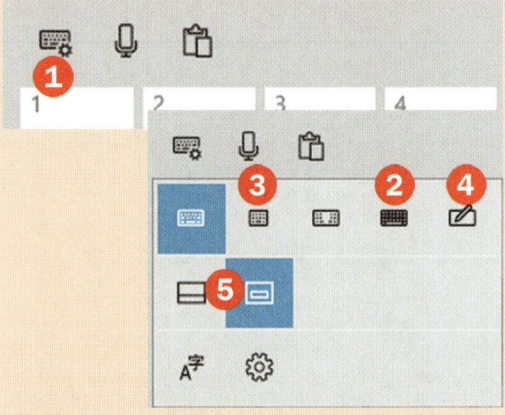

Wenn Ihre Bildschirmtastatur anders aussieht, als im Bild oben, dann liegt dies daran, dass Windows gleich mehrere Tastaturen zur Auswahl anbietet.

▶ Tippen Sie in der linken oberen Ecke der Bildschirmtastatur auf das Symbol *Tastatureinstellungen* ❶. Es erscheint ein kleines Feld verschiedener Tastaturen, Die aktuell verwendete Tastatur ist blau hervorgehoben.

- Über die Symbole der oberen Reihe wählen Sie zwischen verschiedenen Tastaturen. Hier finden Sie auch eine vollständige Tastatur mit allen Tasten auf einen Blick ❷ oder eine kleine Bildschirmtastatur wie bei einem Smartphone ❸. Eine Eingabe per Stift oder Finger unterstützt dieses Symbol ❹.

- Die beiden Symbole der mittleren Reihe ❺ wechseln zwischen einer Tastatur über die gesamte Breite des Bildschirms und ihrer tatsächlichen Größe.

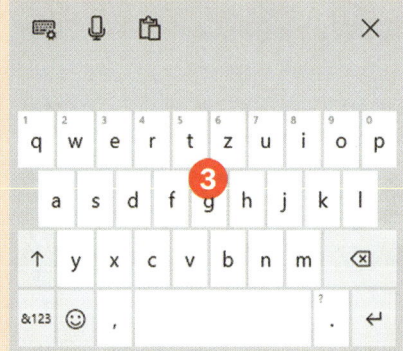

Mit Klick auf das Mikrofon-Symbol können Sie auch Text diktieren. Dazu muss die Online-Spracherkennung aktiviert sein.

Egal, für welche Tastatur Sie sich entscheiden: Um Tipparbeit zu sparen, erhalten Sie während der Eingabe über die Bildschirmtastatur automatisch verschiedene Eingabevorschläge, die Sie durch Antippen übernehmen können.

6.5 Die Windows-Einstellungen

Weitere Möglichkeiten, die Bedienoberfläche von Windows an Ihre Arbeitsgewohnheiten anzupassen, finden Sie in den Windows-Einstellungen.

> In den Einstellungen legen Sie nicht nur das Aussehen von Desktop und Startmenü fest, sondern Sie finden hier auch Funktionen, die die Sicherheit und Stabilität von Windows beeinflussen können. Daher vorneweg ein bewährter Rat an alle Einsteiger:
>
> **Keine Experimente und Finger weg von unbekannten Einstellungen!**
>
> **Für alle Einstellungen gilt außerdem:** Ihre Änderungen werden automatisch gespeichert. Sie können also einfach die Einstellungen mit Klick auf das Schließen-Symbol des Fensters wieder schließen.

Einstellungen öffnen

Die Einstellungen öffnen Sie mit einer der folgenden Methoden:

▶ Öffnen Sie das Startmenü und klicken Sie in der linken Leiste auf das Symbol *Einstellungen* ⚙, siehe Bild ❶.

▶ Oder drücken Sie die Tastenkombination Windows + i.

▶ Oder klicken Sie in der Taskleiste am unteren Bildschirmrand rechts auf das Symbol Info-Center 💬 und klicken hier auf *Alle Einstellungen*.

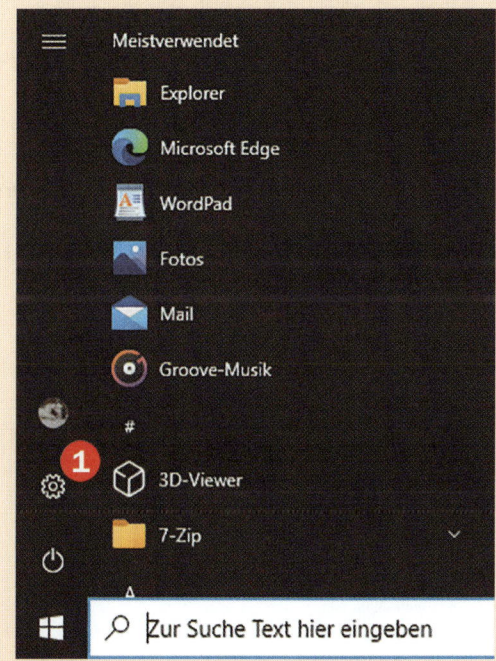

So finden Sie sich in den Einstellungen zurecht

Die Startseite der Windows-Einstellungen fasst alle Aufgaben nach Kategorien zusammen. Klicken Sie auf die gewünschte Kategorie, z. B. *Personalisierung* ❶.

Die farbliche Gestaltung der Windows-Einstellungen ist abhängig vom Hintergrundbild des Desktops und eventuellen individuell gewählten Farben. Außerdem kann aufgrund von zwischenzeitlich erfolgten Änderungen die Darstellung auf Ihrem PC geringfügig von den Abbildungen abweichen.

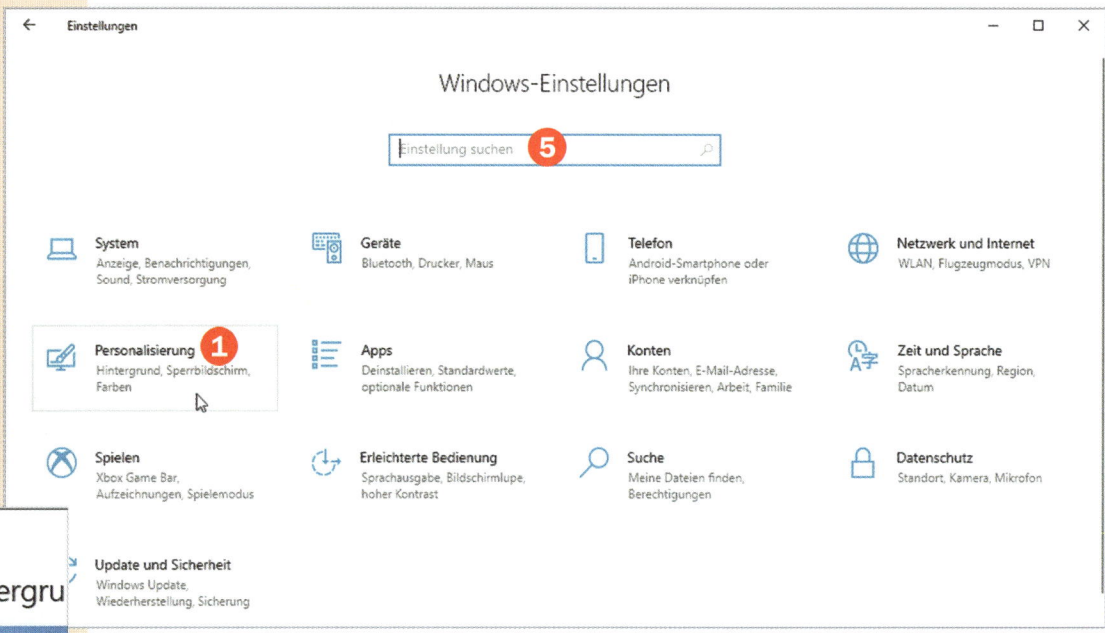

Innerhalb einer Kategorie finden Sie in der linken Spalte verschiedene Aufgaben.

▶ Klicken Sie links auf eine Aufgabe, z. B. *Hintergrund* ❷, so erscheinen rechts daneben die dazugehörigen Einstellungen.

▶ Mit Klick auf den Pfeil ❸ in der linken oberen Ecke des Fensters gelangen Sie zurück zur vorherigen Seite. Möchten Sie dagegen wieder die Startseite anzeigen, so klicken Sie auf *Startseite* ❹.

Eine Einstellung suchen

Wenn Sie eine bestimmte Einstellung suchen, dann tippen Sie einfach den Begriff, z. B. Sperrbildschirm in das Suchfeld ❺ der Einstellungen ein.

▶ Noch schneller geht's allerdings, wenn Sie die gesuchte Einstellung, z. B. „Sperrbildschirm" gleich in das Suchfeld der Taskleiste eintippen ❶, wie im Bild unten.

▶ Sie erhalten verschiedene Vorschläge, klicken Sie in diesem Fall auf *Einstellungen für den Sperrbildschirm* ❷.

Tipp: Falls Sie die Suche auf Windows-Einstellungen eingrenzen möchten, so klicken Sie auf *Mehr* ❸ und hier auf *Einstellungen*.

Das Suchfeld steht auf der Startseite der Einstellungen und in jeder Kategorie zur Verfügung.

Hinweis: Die Bezeichnung für die Einstellungen ist nicht immer einheitlich. So ist in manchen Fällen, wie hier im Bild, auch von *Systemeinstellungen* die Rede.

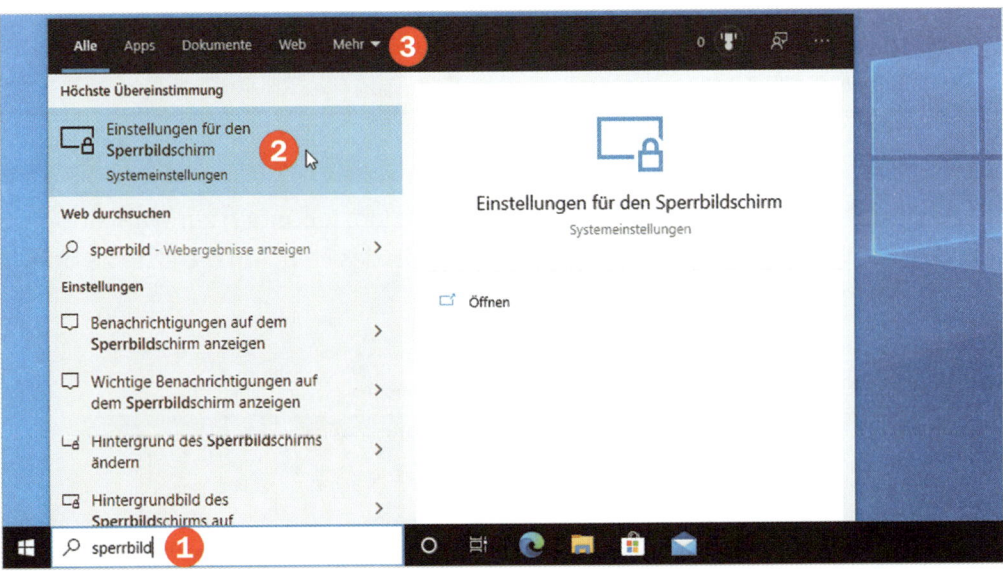

Einstellungen bearbeiten

Das Ändern einzelner Einstellungen erfolgt mit Hilfe folgender Elemente:

- **Schalter**: Schalter erlauben nur zwei Möglichkeiten: *Ein* oder *Aus*. Zum Ändern klicken oder tippen Sie direkt auf das Schaltersymbol ❶.

- **Optionen**: Optionen verhalten sich ähnlich wie Schalter, können aber auch mehr als zwei Alternativen anbieten ❷. Klicken oder tippen Sie in das kreisförmige Symbol. Ein Punkt, im Bild unten *Hell*, kennzeichnet die aktive Option.

- Klicken Sie direkt auf das Schaltersymbol
- Eine Option wählen Sie mit Klick auf das kreisförmige Symbol aus.

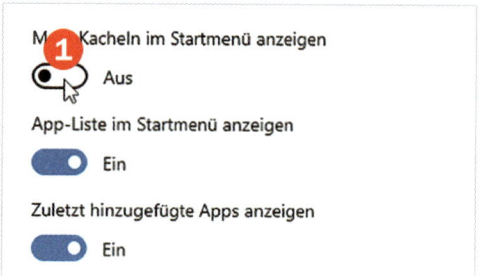
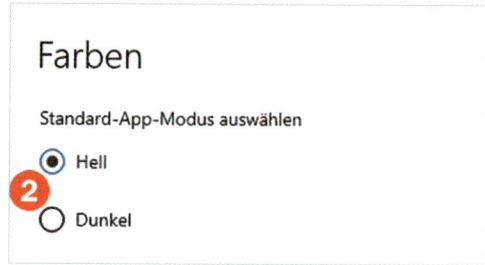

- **Auswahlfeld**: Auswahlfelder bieten mehrere Einstellungen zur Wahl und sind am Pfeil rechts zu erkennen ❸. Klicken Sie in das Feld, um die Liste zu öffnen und dann auf die gewünschte Auswahl ❹.

- Klicken Sie zum Anzeigen der Liste in das Auswahlfeld.

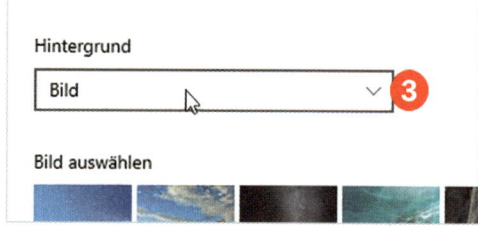

6.6   Desktophintergrund und Farben

Hintergrundbild ändern

1 Öffnen Sie die Windows-Einstellungen und klicken Sie auf *Personalisierung*.

2 Klicken Sie links auf *Hintergrund* **❶**. Rechts erhalten Sie eine Vorschau auf Ihren aktuellen Desktop **❷**. Standardmäßig ist im Feld *Hintergrund* **❸** die Auswahl *Bild* aktiv und Sie können unterhalb per Mausklick oder über die Schaltfläche *Durchsuchen* **❹** ein anderes Bild auswählen.

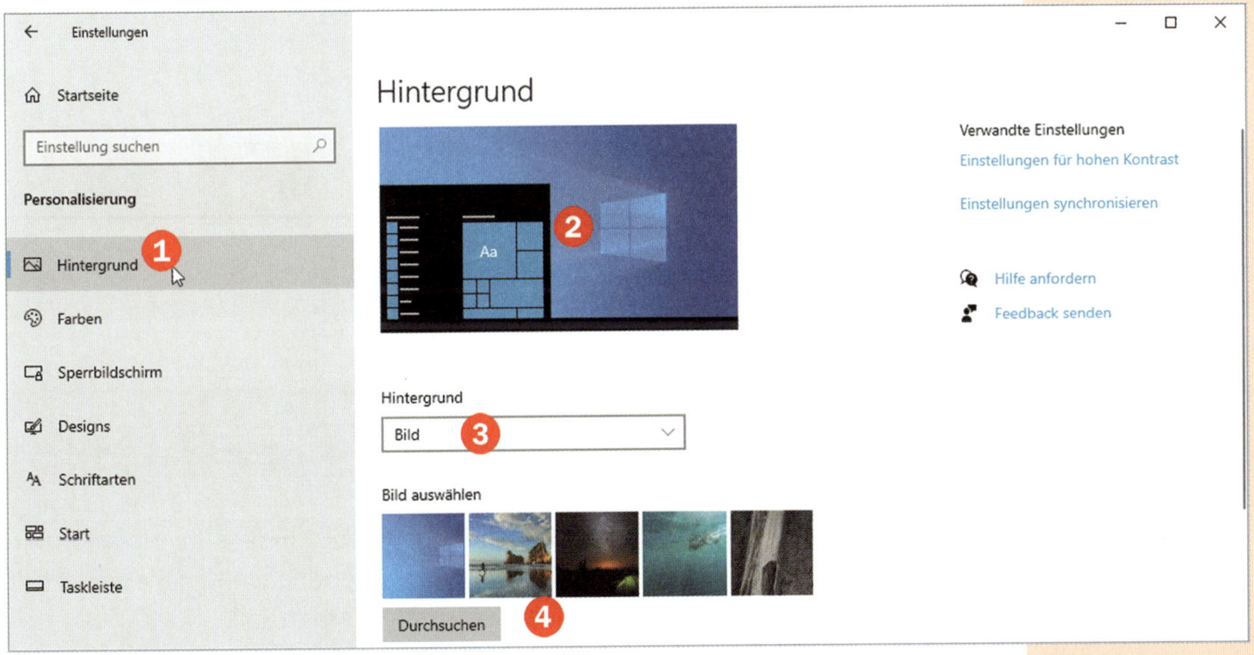

Die Auswahl *Bild* im Feld *Hintergrund* ist eigentlich die Standardeinstellung. Sollte hier trotzdem etwas anderes stehen, dann klicken Sie einfach in das Feld und wählen *Bild*.

Wie Sie in Ordnern navigieren und eine Datei zum Öffnen auswählen, lesen Sie detailliert in Kapitel 5.

Das ausgewählte Bild erscheint anschließend in der Vorschau und gleichzeitig auch auf dem Desktop.

Ihr Lieblingsfoto als Hintergrund

1 Wenn Sie eines Ihrer eigenen Fotos als Hintergrund verwenden möchten, dann klicken Sie auf die Schaltfläche *Durchsuchen* ❹.

Der Ordner *Bilder* öffnet sich und zeigt den Inhalt an. Falls sich das gesuchte Bild in einem Unterordner befindet, dann müssen Sie diesen Ordner zuerst mit Doppelklick auf das Ordnersymbol öffnen.

2 Klicken Sie auf das gewünschte Bild ❺ und dann auf die Schaltfläche *Bild auswählen* ❻.

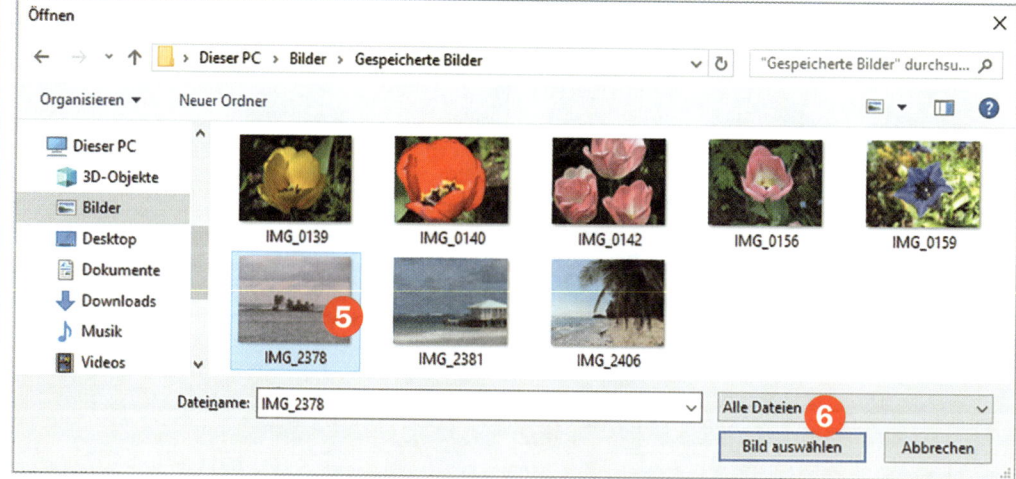

Beachten Sie: Das Seitenverhältnis eines Fotos, insbesondere im Hochformat, stimmt meist nicht mit dem Ihres Bildschirms überein, daher sollten Sie zusätzlich angeben, wie das Bild an den Bildschirm angepasst werden soll.

▶ Klicken Sie dazu in das Feld *Anpassung auswählen* und auf die gewünschte Anpassung.

Achtung: Nicht alle Anpassungsvarianten sind für jedes Bild geeignet. Mit der Einstellung *Anpassen* wird das gesamte Bild angezeigt, je nach Bild können dabei schwarze Ränder entstehen. Mit *Dehnen* oder *Strecken* wird das Bild verzerrt, während *Ausfüllen*, *Kachel* und *Zentriert* unter Umständen Teile des Fotos abschneiden. Testen Sie am besten selbst!

Wechselnde Bilder als Hintergrund
Alternativ zum stets gleichen Bild kann der Desktop im Hintergrund auch wechselnde Bilder in Form einer Diashow anzeigen.

▶ Dazu klicken Sie in das Feld *Hintergrund* und wählen *Diashow* ❶.

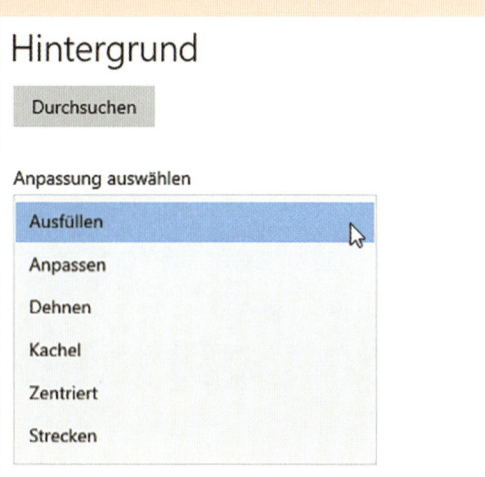

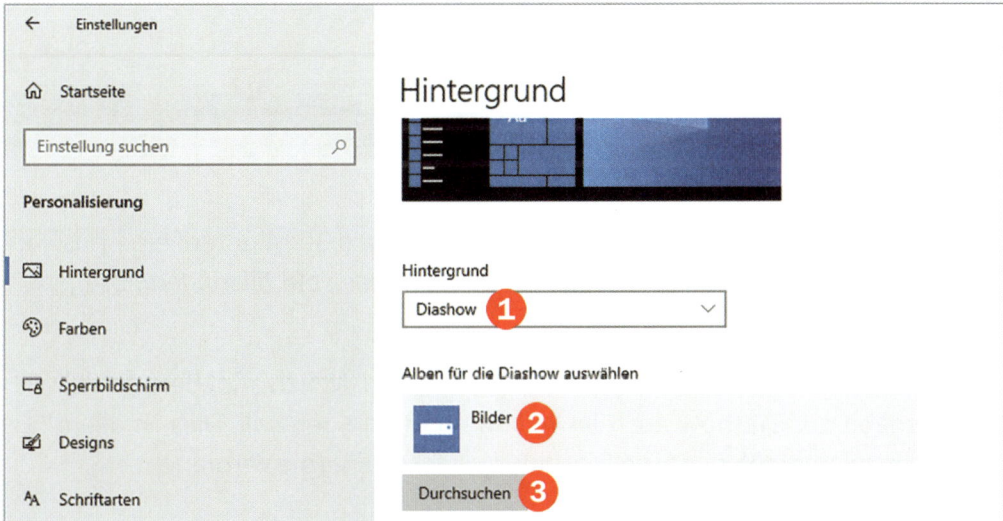

In der Standardeinstellung zeigt die Diashow der Reihe nach alle Bilder an, die im Ordner *Bilder* ❷ gespeichert sind. Wenn Sie einen anderen Ordner auswählen möchten, dann klicken Sie auf die Schaltfläche *Durchsuchen* ❸.

Klicken Sie dann auf den gewünschten Ordner ❹ und auf die Schaltfläche *Diesen Ordner auswählen* ❺.

Hintergrund

Alben für die Diashow auswählen

🔲 Bilder

[Durchsuchen]

Bildänderungsintervall:

[30 Minuten ∨]

Zufällige Wiedergabe

⦿ Aus

Diaschau auch im Akkubetrieb zulassen

⦿ Aus

Anpassung auswählen

[Ausfüllen   ∨]

Weitere Einstellungen zur Diashow:

- In der Standardeinstellung wechselt das Bild alle 30 Minuten; eine Auswahl von Zeitintervallen erhalten Sie, wenn Sie in das Feld *Bildänderungsintervall* klicken.

- Bei einem Notebook oder Laptop können Sie zusätzlich angeben, ob die Wiedergabe der Diashow auch im Akkubetrieb erfolgen soll. Dies ist allerdings nicht zu empfehlen, da die Diashow zusätzlich Energie verbraucht.

Einfarbiger Desktophintergrund

Falls Sie ein Bild als Hintergrund auf dem Desktop als störend empfinden, dann steht im Feld *Hintergrund* mit *Volltonfarbe* ❶ auch ein einfarbiger Hintergrund zur Auswahl. Die Farbe ❷ wählen Sie unterhalb durch Anklicken aus.

Sollte Ihre Lieblingsfarbe nicht darunter sein, so klicken Sie auf *Benutzerdefinierte Farbe* ❸ und stellen Ihre eigene Farbe durch Anklicken ❹ oder Ziehen mit gedrückter linker Maustaste zusammen. Rechts erhalten Sie eine Vorschau auf die Farbe ❺. Zum Übernehmen klicken Sie auf *Fertig* ❻.

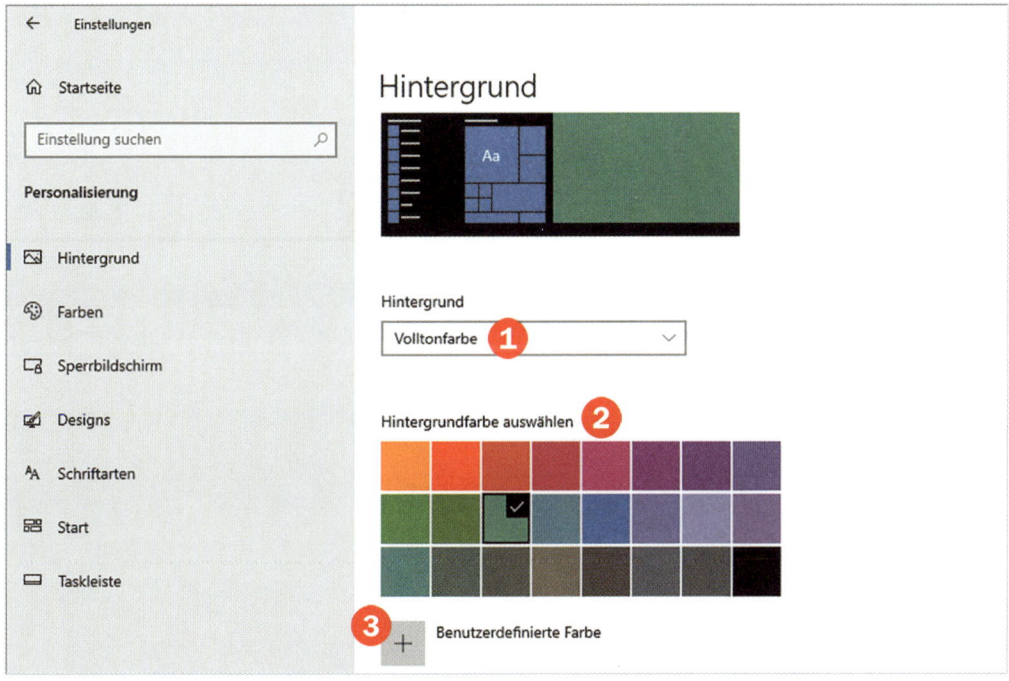

Heller oder dunkler Hintergrund für Windows-Elemente und Apps?

Startmenü, Taskleiste, Info-Center sowie einige Apps können mit hellem oder dunklem Hintergrund und entsprechender Schriftfarbe dargestellt werden. Probieren Sie selbst aus, welche Darstellung Ihnen und Ihren Augen besser zusagt.

1   Klicken Sie in den Einstellungen auf *Personalisierung* und auf *Farben* ❶.

2   Wählen Sie unter *Standardmäßigen Windows-Modus auswählen* zwischen *Hell* und *Dunkel* ❷. Das Ergebnis sehen Sie zum Vergleich auf der nächsten Seite.

Personalisierung
Hintergrund, Sperrbildschirm, Farben

Wie bereits eingangs erwähnt, wurde in diesem Buch für alle Abbildungen der Windows-Modus Dunkel verwendet.

Der Windows-Modus Hell bewirkt im Tabletmodus, dass das Startmenü und damit der gesamte Bildschirm einen hellen Hintergrund erhält.

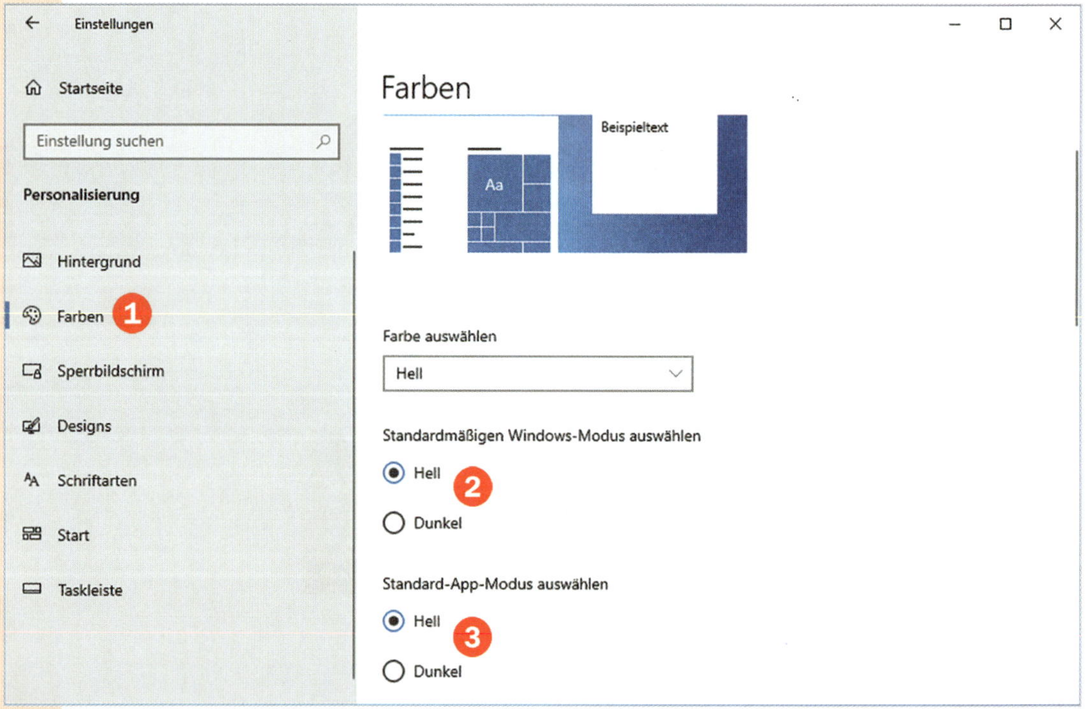

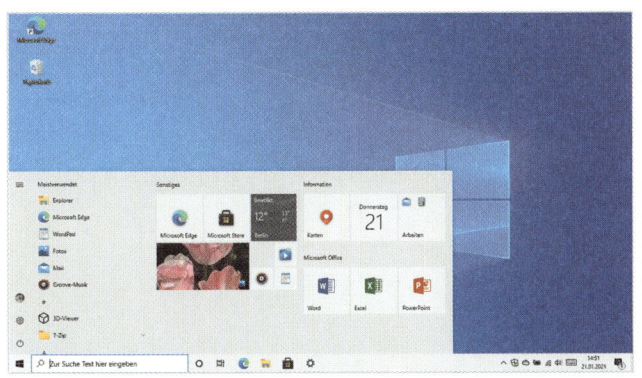
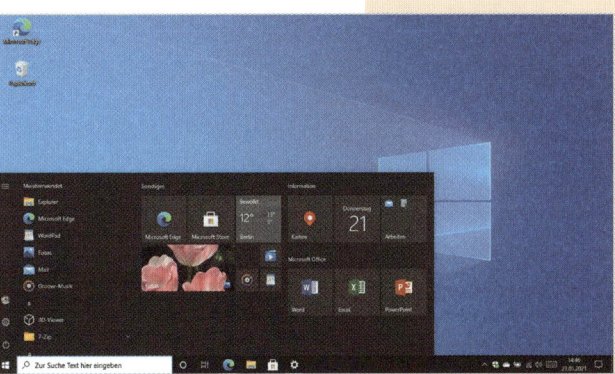

Links: Windows-Modus hell

Rechts: Windows-Modus dunkel

Apps mit hellem oder dunklem Hintergrund darstellen

Falls Sie auch in Apps, z. B. den Windows-Einstellungen einen dunklen Hintergrund bevorzugen, dann können Sie diesen zusätzlich unter *Standard-App-Modus auswählen* ❸ festlegen. Auch hier haben Sie die Wahl zwischen *Hell* und *Dunkel*.

Beachten Sie, dass sich der geänderte Hintergrund nur auf die typischen Windows-Apps auswirkt, nicht aber auf andere Anwendungen wie WordPad oder Microsoft Word und Excel.

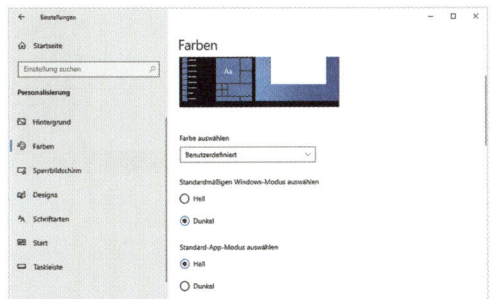
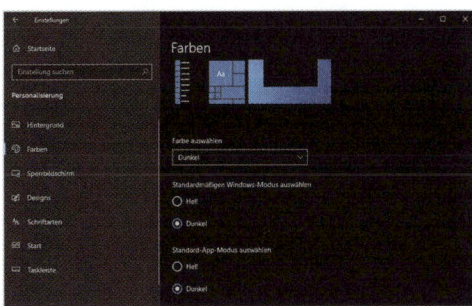

Als Beispiel im Bild die Windows-Einstellungen: links im hellem App-Modus und rechts im dunklen App-Modus.

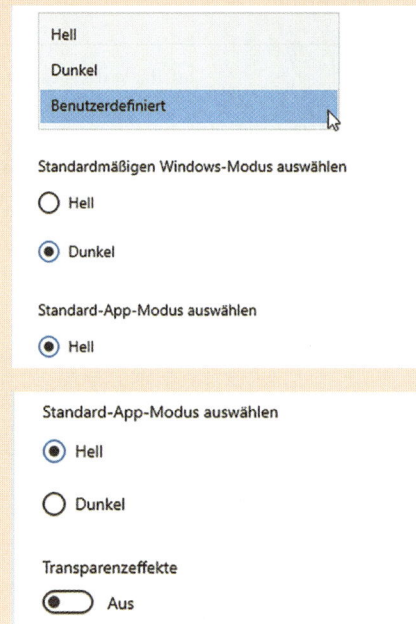

Hinweis: Das Auswahlfeld *Farbe auswählen* bietet drei Möglichkeiten an: *Hell*, *Dunkel* und *Benutzerdefiniert*. Wenn Sie hier *Hell* oder *Dunkel* wählen, dann wirkt sich dies gleichzeitig auf Windows-Elemente und Apps aus. *Benutzerdefiniert* erlaubt dagegen unterschiedliche Einstellungen für Windows-Modus und App-Modus.

Transparente Hintergründe

Unterhalb von Windows- und App-Modus befindet sich der Schalter *Transparenzeffekte*. Steht dieser auf *Ein*, so erhalten Sie leicht transparente Fenster, wie im Bild unten. Dies bewirkt aber auch, dass beispielsweise im hellen Modus im geöffneten Startmenü der Desktop-Hintergrund durchscheint.

Hinweis: Zur besseren Lesbarkeit wurden alle Abbildungen dieses Buches ohne Transparenz erstellt.

Hier zwei Beispiele für Transparenzeffekte:

- Links im hellen Windows-Modus.
- Rechts im dunklen Windows-Modus und hellen App-Modus.

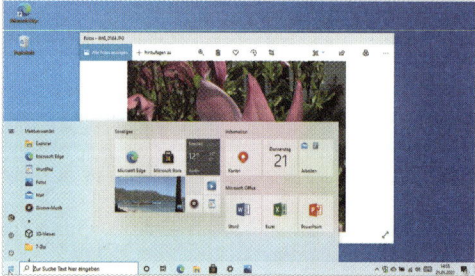
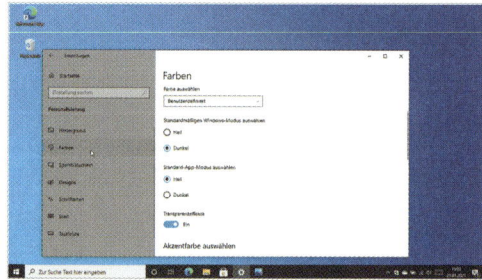

Auch für die Transparenz gilt: Probieren Sie aus, welche Einstellung Ihre Augen am angenehmsten empfinden.

Hervorhebungsfarbe wählen

Wie bereits gesehen haben, werden ausgewählte Elemente farblich hervorgehoben. Dies gilt z. B. für geöffnete Apps in der Taskleiste, aktivierte Schalter, Optionen und Hinweistexte. In der Standardeinstellung erfolgt die Hervorhebung in blauer Farbe, Sie können jedoch auch eine andere Farbe wählen, so gehen Sie vor:

1 Klicken Sie in den Einstellungen auf *Personalisierung* und auf *Farben* ❶.

2 Verschieben Sie durch Drehen des Mausrädchens den sichtbaren Bildschirmausschnitt nach unten, bis zu *Akzentfarbe auswählen* ❷.

3 Klicken Sie auf die gewünschte Farbe ❸.

Im Bild unten als Beispiel das Aussehen der Schaltfläche Start mit roter Akzentfarbe.

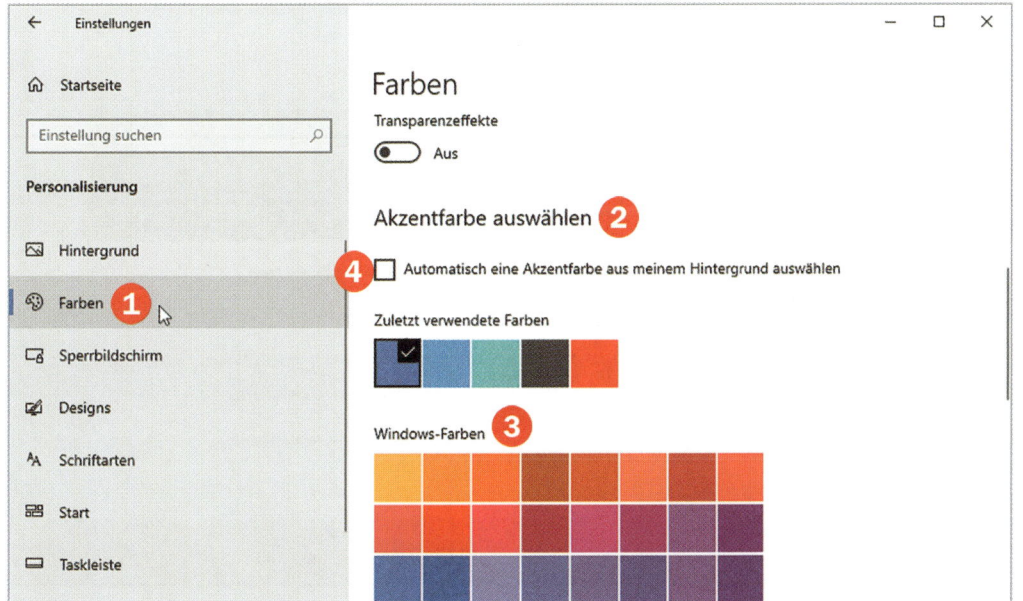

Wenn Sie die Akzentfarbe wieder auf die Standardeinstellung zurücksetzen möchten, dann klicken Sie auf *Standardblau*, meist auch unter *Zuletzt verwendete Farben* zu finden.

Benutzerdefinierte Farbe zusammenstellen, siehe Seite 203.

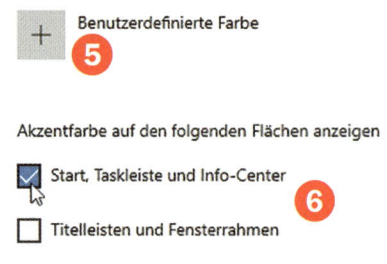

▶ Alternativ können Sie durch Anklicken (Häkchen) von *Automatisch eine Akzentfarbe aus meinem Hintergrund auswählen* ❹ auch eine farblich zum Desktop-Hintergrund passende Farbe auswählen lassen. Oder klicken Sie auf *Benutzerdefinierte Farbe* ❺ und stellen Sie Ihre eigene Farbe zusammen.

Tipp: Falls Sie möchten, können Sie auch den Hintergrund von Startmenü, Taskleiste und Info-Center sowie die Titelleisten von Fenstern in der gewählten Akzentfarbe darstellen lassen. Dazu klicken Sie einfach die jeweiligen Kästchen ❻ an (Häkchen), ein weiterer Klick entfernt das Häkchen wieder.

Als Beispiel im Bild unten die Akzentfarbe Blau in Startmenü, Taskleiste und Info-Center.

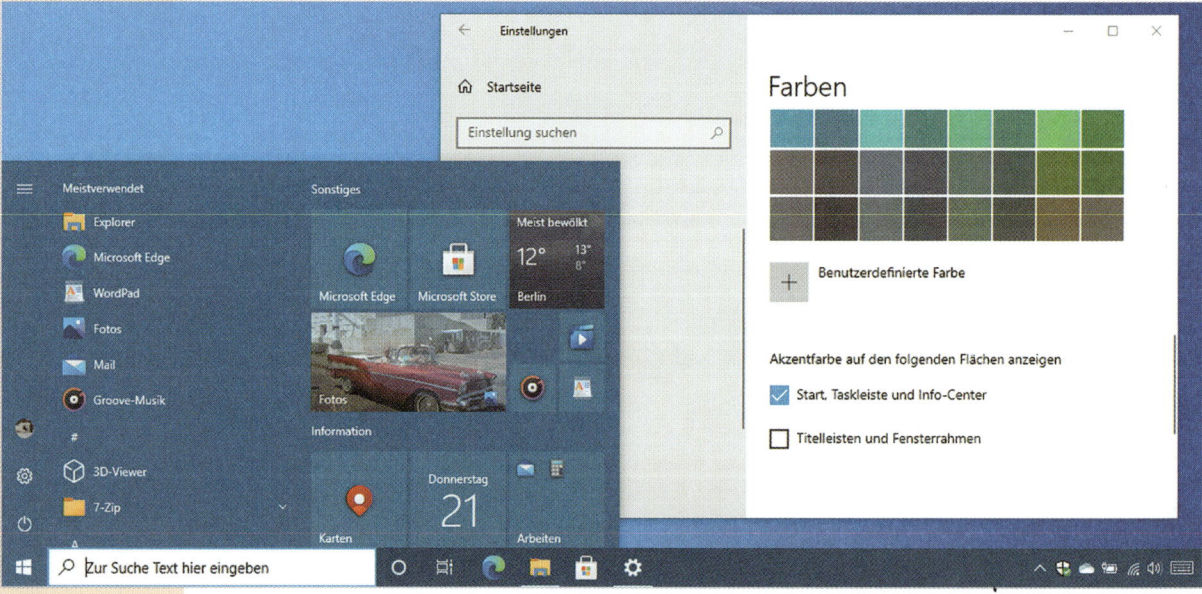

Designs verwenden

Ein Design ist eine Zusammenstellung aus Desktophintergrund und Farben. Wenn Sie z. B., wie oben beschrieben, Ihr Lieblingsfoto aus Hintergrundbild und dazu passende Farben gewählt haben, dann können Sie diese als Design speichern. Dies hat den Vorteil, dass sich nach etwaigen späteren Änderungen schnell wieder das vorherige Aussehen wiederherstellen lässt.

▶ Klicken Sie in den Einstellungen auf *Personalisierung* und auf *Designs* ❶.

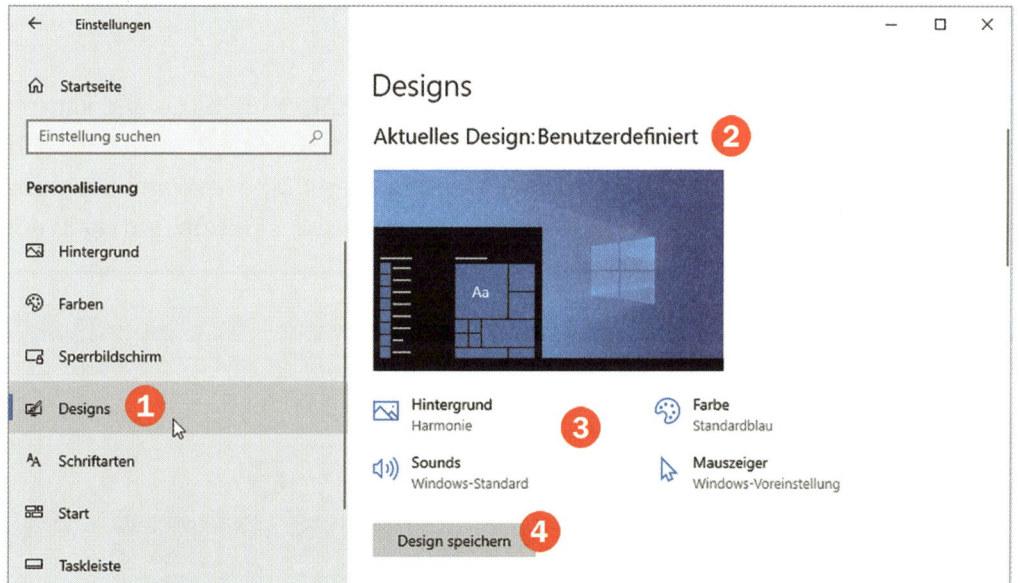

Die aktuellen Einstellungen, Hintergrundbild, Farben, Sounds und Mauszeiger sehen Sie unterhalb der Vorschau ❸.

▶ Wenn Sie eine der oben genannten Änderungen vorgenommen haben, dann sehen Sie als aktuelles Design *Benutzerdefiniert* ❷ und unterhalb der Vorschau die Details ❸.

▶ Zum Speichern dieser Einstellungen klicken Sie auf *Design speichern* ❹ und geben Ihrem Design einen aussagefähigen Namen, beispielsweise „Mein Desktop im Blau".

Ein gespeichertes Design auswählen

Unterhalb finden Sie unter *Design ändern* ❺ alle, von Ihnen gespeicherten, Designs sowie eventuell noch weitere. Um eines dieser Designs zu verwenden, klicken Sie einfach auf das gewünschte Design.

Design aus dem Microsoft Store beziehen

Näheres zum Microsoft Store und zum Herunterladen und installieren von Apps lesen Sie in Kapitel 10.4.

Weitere Designs können Sie kostenlos aus dem Microsoft Store beziehen, klicken Sie dazu auf *Weitere Designs aus dem Microsoft Store abrufen* ❻. Anschließend öffnet sich der Microsoft Store mit einer Vielzahl weiterer Motive. Wenn Sie eines davon verwenden möchten, dann klicken Sie einfach auf das Design und dann auf *Herunterladen*.

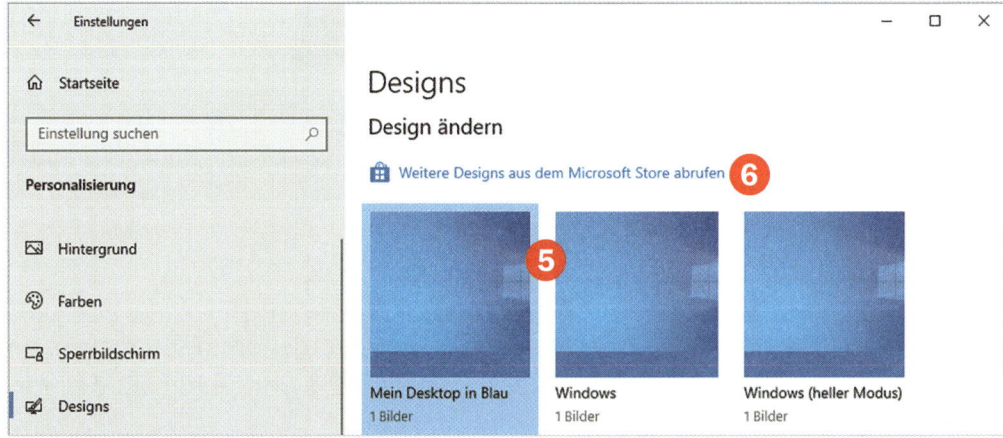

Das Bild des Sperrbildschirms ändern

Der Sperrbildschirm erscheint noch vor der Anmeldung. Auch dessen Bild können Sie frei wählen.

▶ Klicken Sie dazu in den Einstellungen auf *Personalisierung* und wählen Sie *Sperrbildschirm* ❶.

▶ In der Standardeinstellung ist als Hintergrund *Windows-Blickpunkt* ❷ ausgewählt, das bedeutet, der Sperrbildschirm zeigt ein täglich wechselndes Bild an. Alternativ können Sie, wie beim Desktop-Hintergrund, zwischen einem bestimmten Bild und wechselnden Bildern in Form einer Diashow wählen. Hierzu verfahren Sie, wie beim Desktop-Hintergrund auf Seite 199 beschrieben.

Haben Sie als Hintergrund *Bild* statt *Windows Blickpunkt* gewählt, so erscheint unterhalb ein Schalter mit dem Sie die Anzeige von Tipps und Unterhaltung in Form von Werbung für Apps auf dem Sperrbildschirm ausschalten können.

Informationen auf dem Sperrbildschirm anzeigen

Neben Datum und Uhrzeit kann der Sperrbildschirm auch kurze Statusinformationen von Apps, z. B. ob Sie neue E-Mails erhalten haben, anzeigen. Welche Apps aktuell Informationen anzeigen, sehen Sie unterhalb des Feldes *Hintergrund*.

▶ Falls Sie eine weitere App auswählen möchten, so klicken Sie auf eine der + Schaltflächen ❶. Es erscheint eine Liste geeigneter Apps, klicken Sie auf die gewünschte App, zum Beispiel *Wetter*.

▶ Ein weiterer Schalter legt fest, ob das Hintergrundbild des Sperrbildschirms auch auf dem Anmeldebildschirm angezeigt soll ❷. Alternativ erscheint ein einfarbiger Hintergrund zur Anmeldung.

Wenn Sie die Statusinfos einer App wieder vom Sperrbildschirm entfernen möchten, dann klicken Sie auf das Symbol der App und wählen *Keiner* aus.

6.7   Text, Mauszeiger und Symbole vergrößern

Empfinden Sie den Text auf dem Bildschirm als zu klein und schlecht lesbar? Oder wünschen Sie sich einen größeren und farblich besser hervorgehobenen Mauszeiger, wenn dieser wieder einmal kaum auffindbar ist? Solchen Problemen lässt sich leicht abhelfen.

Anzeige in Apps vergrößern (Zoom)

In einzelnen Apps, z. B. WordPad ❶ oder im Browser Microsoft Edge können Sie die Anzeige vergrößern (Zoomen), indem Sie das Mausrädchen mit gleichzeitig gedrückter Strg-Taste drehen. Manchmal ist zu diesem Zweck auch in der Statusleiste ein Schieberegler vorhanden, wie im Bild unten rechts ❷. Leider vergrößert dieser Zoom nur den Inhalt, Menüs und Befehle behalten ihre Größe ❸.

Ein Video zum Thema Text, Cursor und Mauszeiger vergrößern finden Sie unter der Webadresse:

https://bildnerverlag.de/004033

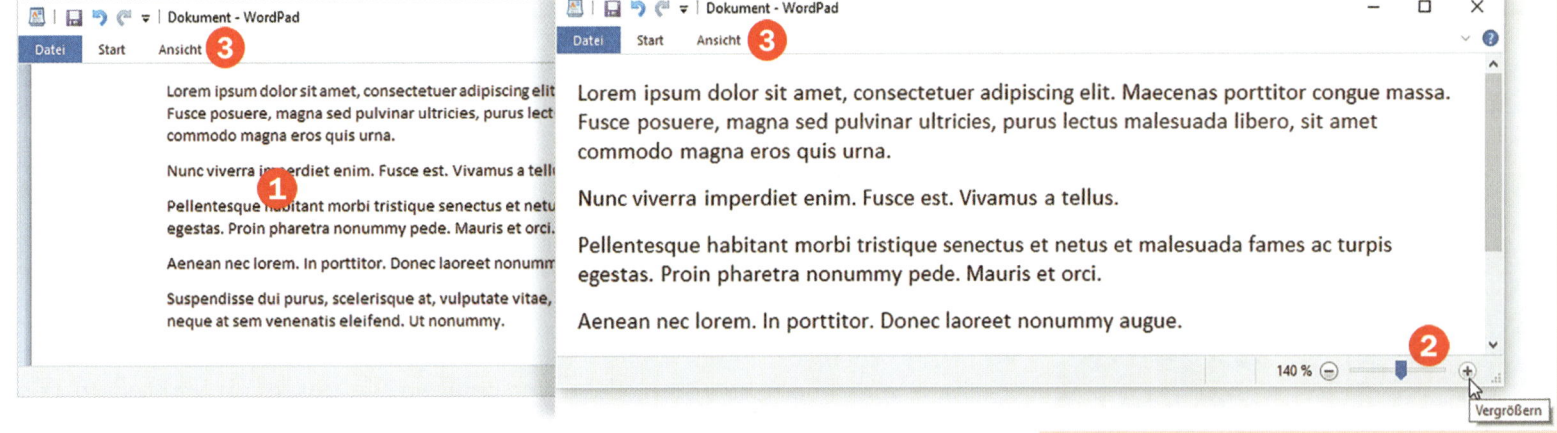

Text- und Symbolanzeige vergrößern

In den Windows-Einstellungen können Sie dagegen die Anzeige aller Beschriftungen und Symbole vergrößern.

▶ Klicken Sie auf *Erleichterte Bedienung* und auf *Anzeige* ❶.

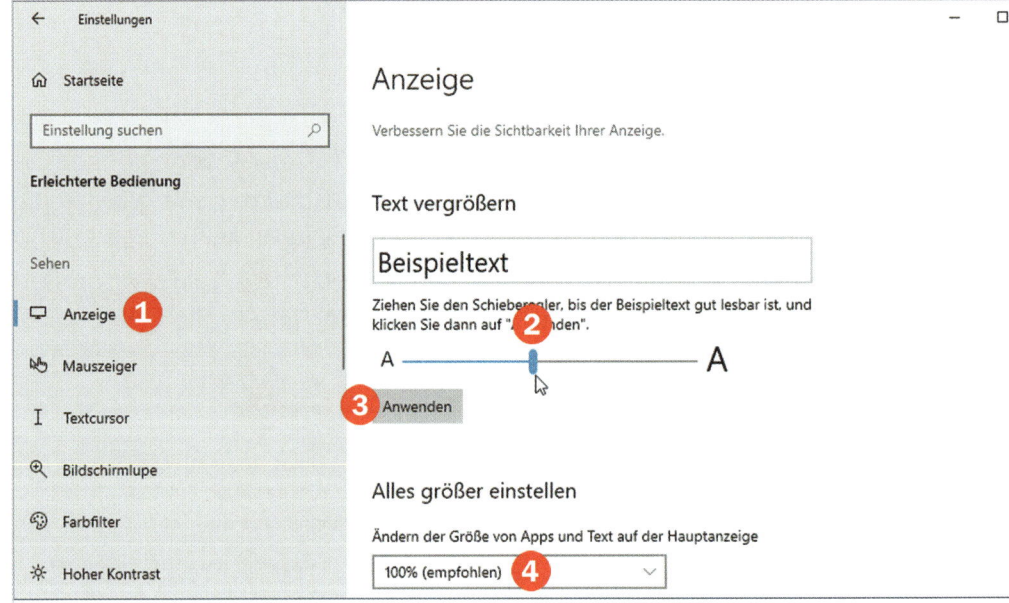

Text vergrößern:

▶ Wenn Sie nur Beschriftungen im Startmenü oder in den Windows-Einstellungen vergrößern möchten, dann verschieben Sie unter *Text vergrößern* den Schieberegler ❷ mit gedrückter linker Maustaste soweit nach rechts, bis der Beispieltext oberhalb gut lesbar ist. Klicken Sie dann auf *Anwenden* ❸.

Alles vergrößern (Text, Symbole und Menüs)

▶ Wenn Sie alle Elemente, also auch Symbole und Menübefehle, vergrößern möchten, dann klicken Sie unter *Alles größer einstellen* in das Feld ❹ und wählen statt der empfohlenen 100 % den zweiten, hier angebotenen Wert aus, z. B. 125 %.

Mauszeiger vergrößern

▶ Klicken Sie in den Einstellungen auf *Erleichterte Bedienung* und auf *Mauszeiger* ❶. Um die Größe des Mauszeigers zu ändern, verschieben Sie den Schieberegler ❷ mit gedrückter linker Maustaste nach rechts, bis der Zeiger die gewünschte Größe hat.

▶ Falls Sie die Zeigerfarbe ändern möchten, können Sie unterhalb statt der Standardeinstellung weiß auch einen schwarzen Zeiger wählen.

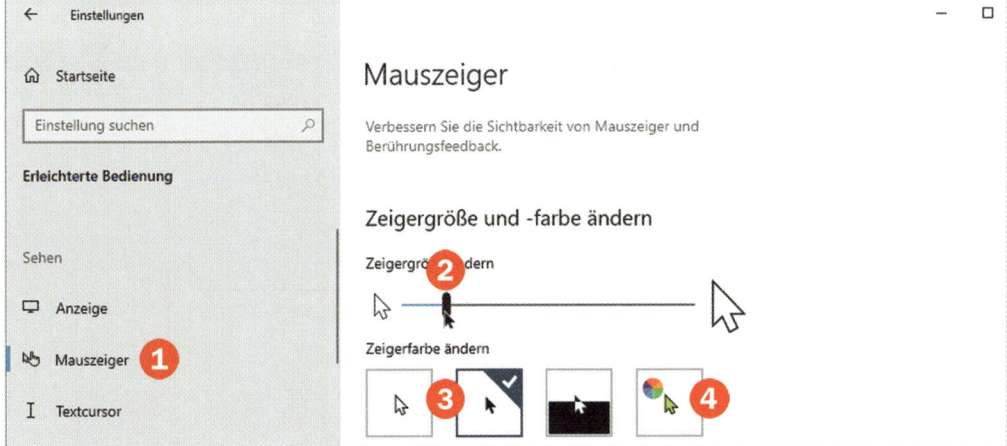

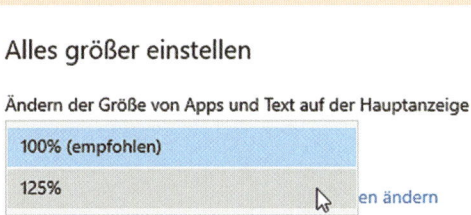

Die angebotene Vergrößerung hängt vom Bildschirm ab und kann auf Ihrem Gerät abweichen.

Oder klicken Sie auf *Farbe* ❹. Damit erscheinen verschiedene Farben zur Auswahl, klicken Sie auf die gewünschte Farbe.

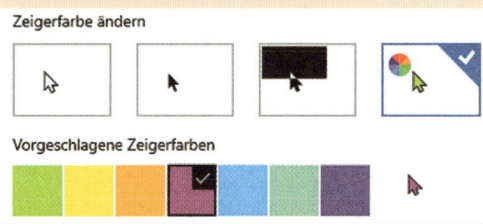

Cursor mit Textcursor-Indikator (violett)

Breiterer Textcursor (5)

Einfügemarke besser sichtbar machen

Wenn Sie zur Texteingabe den Cursor besser sichtbar machen möchten, dann klicken Sie links auf *Textcursor* ❶. Hier finden Sie gleich zwei Möglichkeiten vor:

- Hervorhebung mit farbigen Punkten: Dazu aktivieren Sie den Schalter *Textcursor-Indikator verwenden* ❷, unterhalb können Sie Größe ❸ (Schieberegler) und Farbe festlegen.

- Um den Cursor selbst zu verbreitern, wie im Bild links, verwenden Sie den Schieberegler *Textcursor-Darstellung ändern* ❹.

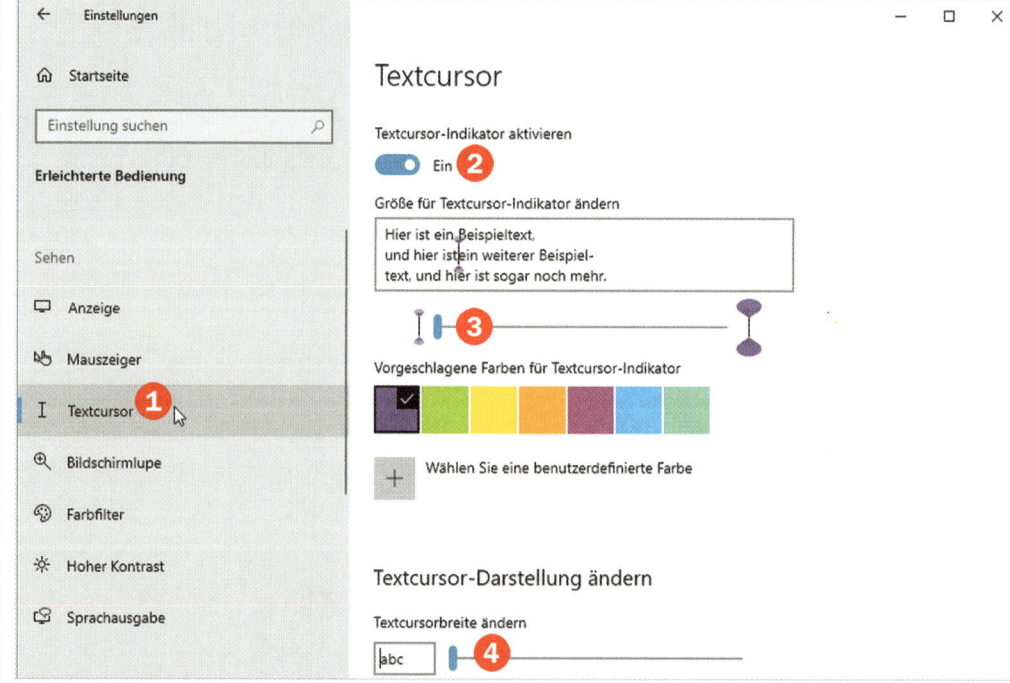

6.8   Weitere Einstellungen

Die Maus für Linkshänder umstellen

Standardmäßig ist die linke Maustaste die wichtigste Taste zum Ausführen von Befehlen, die rechte Maustaste zeigt dagegen zuerst einmal verfügbare Befehle an. Wenn Sie als Linkshänder/in die Funktion der beiden Maustasten vertauschen möchten, dann gehen Sie so vor:

1   Klicken Sie in den *Einstellungen* auf *Geräte* und links auf *Maus* ❶.

2   Klicken Sie in das Feld *Primäre Taste auswählen* ❷ und wählen Sie *Rechts*.

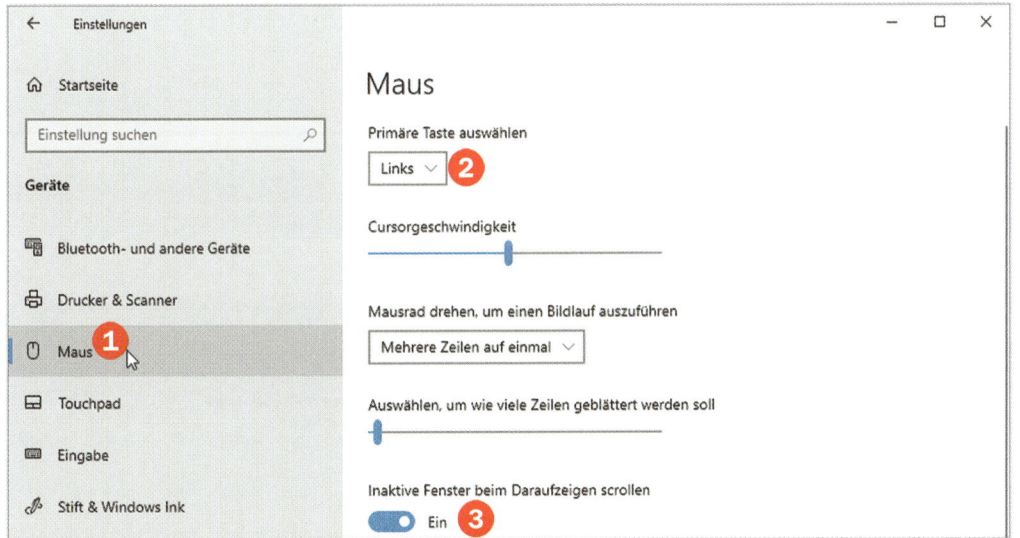

Die Cursorgeschwindigkeit regelt, wie schnell der Mauszeiger Ihren Bewegungen folgt. Hier sollte die Standardeinstellung (Mitte) beibehalten werden. Auch die übrigen Standardeinstellung können beibehalten werden.

Achtung: Der Schalter *Inaktive Fenster beim Daraufzeigen scrollen* ❸ sollte nicht deaktiviert werden! Er sorgt dafür, dass Sie ohne vorheriges Klicken, mit Drehen des Mausrads den sichtbaren Bereich des Fensters verschieben können, über dem sich der Mauszeiger gerade befindet.

Einstellungen zum Startmenü

Wie Sie dem Startmenü Kacheln hinzufügen und nicht benötigte daraus entfernen, haben Sie in diesem Kapitel bereits kennen gelernt. In den Einstellungen finden Sie weitere Möglichkeiten, das Aussehen des Startmenüs zu beeinflussen.

▶   Klicken Sie in den Einstellungen auf *Personalisierung* und auf *Start* ❶.

Die wichtigsten Schalter und ihre Bedeutung

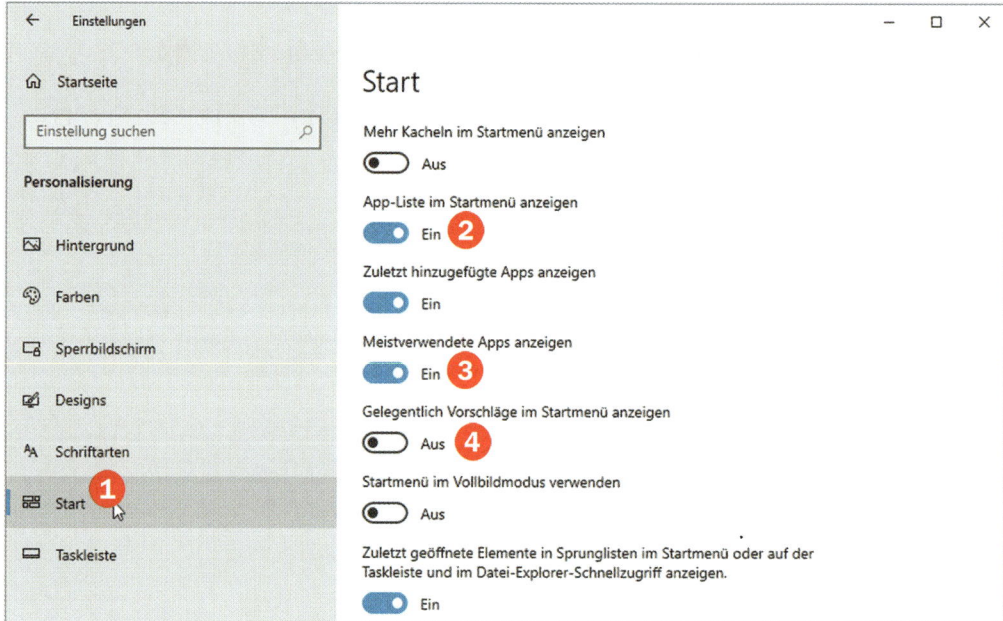

- *App-Liste im Startmenü anzeigen* ❷ sollte auf *Ein* stehen, da sonst das Startmenü ausschließlich Kacheln enthält, aber keine alphabetische Liste.

- Setzen Sie den Schalter *Meistverwendete Apps anzeigen* auf *Ein* ❸, dann finden Sie häufig verwendete Apps zu Beginn der alphabetischen Liste des Startmenüs als eigene Gruppe. Dies erleichtert das schnelle Auffinden.

- Manchmal erscheinen im Startmenü Kacheln von Apps, die Sie nicht benötigen und auch nicht installiert haben. Hierbei handelt es sich um Empfehlungen für Apps, meist Spiele aus dem Microsoft Store. Diese entfernen Sie dauerhaft aus dem Startmenü, wenn Sie den Schalter *Gelegentlich Vorschläge im Startmenü anzeigen* ❹ auf *Aus* setzen.

Die Bedeutung der übrigen Schalter

- Ist der Schalter *Mehr Kacheln im Startmenü anzeigen* aktiviert, dann können je Gruppe vier Kacheln mittlerer Größe (statt drei) nebeneinander angeordnet werden.

- Der Schalter *Zuletzt hinzugefügte Apps anzeigen* legt fest, ob in der alphabetischen Liste zuletzt installierte Apps in einer gesonderten Gruppe erscheinen.

- Soll das Startmenü auch im Desktopmodus (nicht nur im Tabletmodus) den gesamten Bildschirm ausfüllen, dann ändern Sie den Schalter *Startmenü im Vollbildmodus verwenden* auf *Ein*.

- Steht der Schalter *Zuletzt geöffnete Elemente in Sprunglisten im Startmenü oder auf der Taskleiste und im Datei-Explorer-Schnellzugriff anzeigen* auf *Ein*, dann erhalten Sie mit einem Rechtsklick auf eine App in Startmenü oder Taskleiste eine Liste der zuletzt mit dieser App geöffneten Dateien. Als Beispiel im Bild rechts die App *WordPad*.

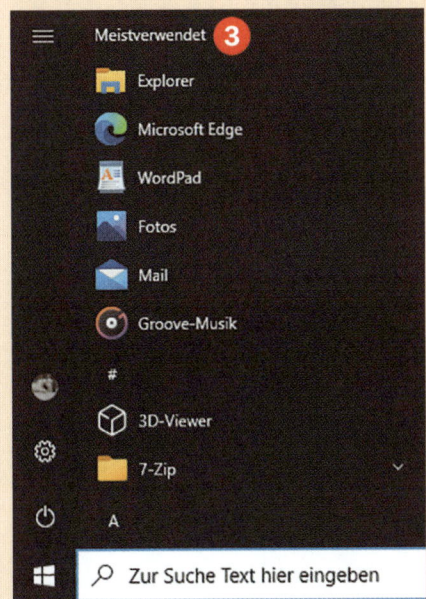

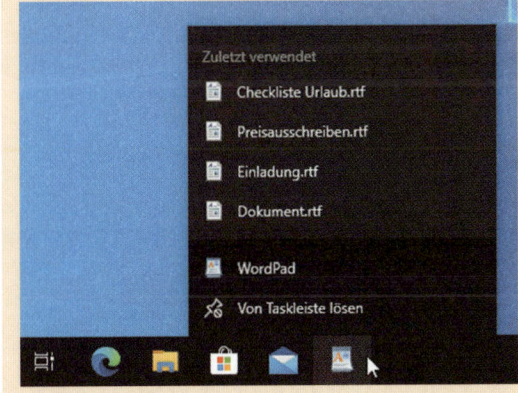

6.9   Die digitale Sprachassistentin Cortana

In Windows integriert ist auch eine digitale Assistentin mit dem Namen Cortana. Diese können Sie fragen, im Internet recherchieren oder Termine im Kalender eintragen lassen, entweder per Tastatureingabe oder Sprachbefehl, vorausgesetzt Ihr Gerät verfügt über Lautsprecher und Mikrofon.

Beim ersten Start anmelden
Beim ersten Aufruf von Cortana müssen Sie sich anmelden. Dazu klicken Sie in der Taskleiste am unteren Bildschirmrand auf das kreisförmige Symbol ⭘ rechts neben dem Suchfeld.

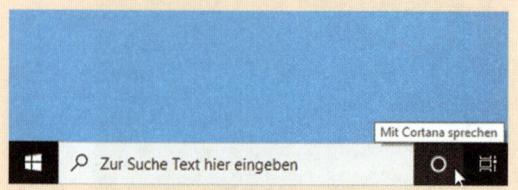

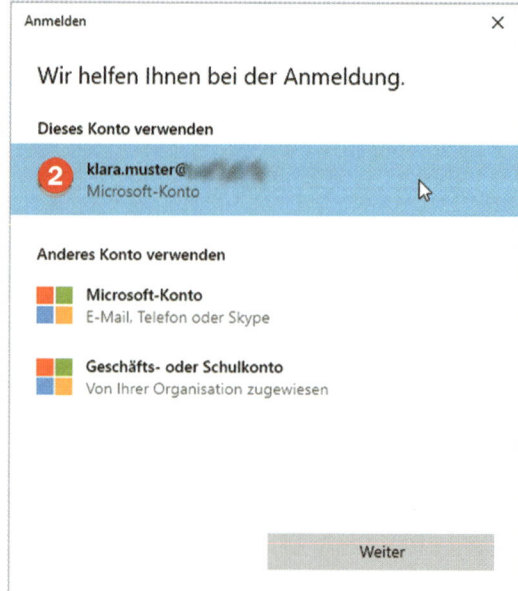

▶ Cortana wird in einem gesonderten Fenster geöffnet, klicken Sie im ersten Schritt auf *Anmelden* ❶ (Bild oben).

▶ Geben Sie an, welches Konto verwendet werden soll, klicken Sie hier auf Ihr Microsoft-Konto ❷ und dann auf *Weiter*.

▶ Wenn Sie künftig Cortana nutzen möchten, müssen Sie erlauben, dass einige persönliche Informationen an Microsoft gesendet werden. Klicken Sie dazu auf *Zustimmen und fortfahren* ❸.

Cortana verwenden

▶ Zum Start von Cortana klicken Sie auf das Symbol ⬛ in der Taskleiste ❶ und zum Schließen klicken Sie in der rechten oberen Ecke des Fensters auf das Symbol *Schließen* ❷.

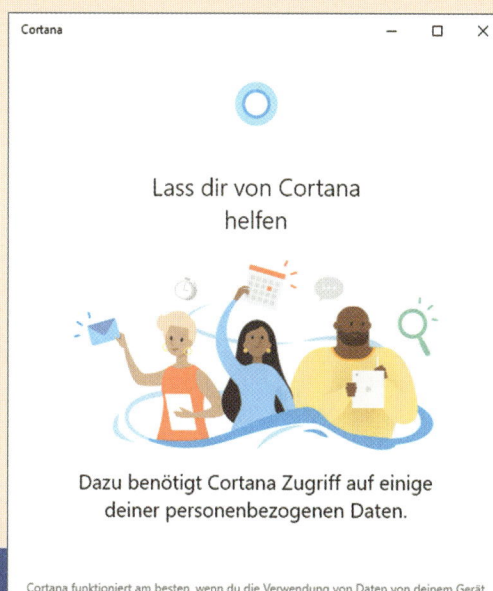

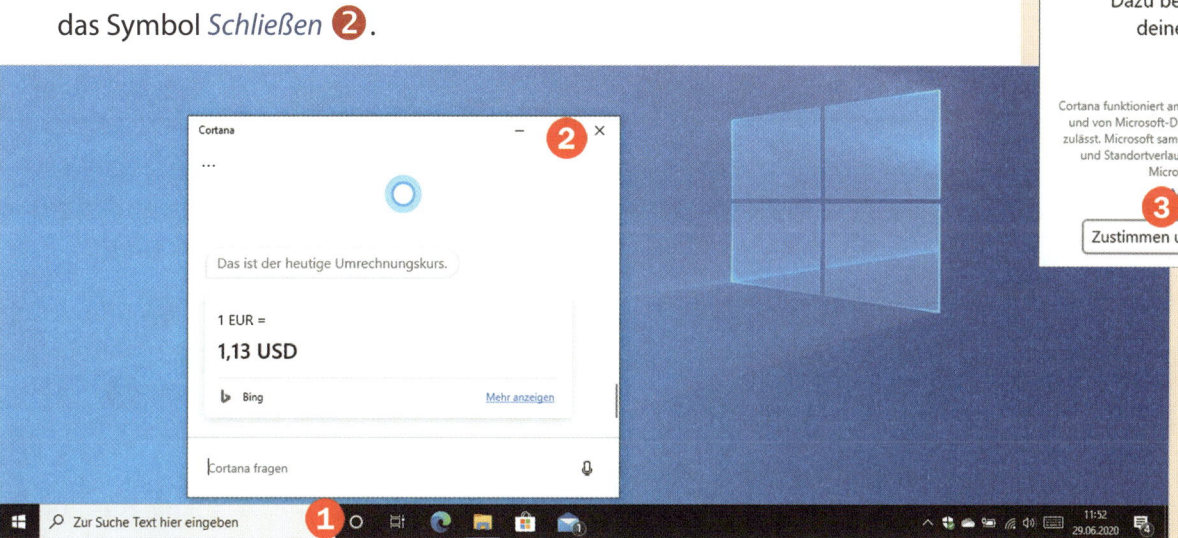

▶ Anschließend können Sie Cortana entweder per Sprache oder Tastatureingabe fragen:

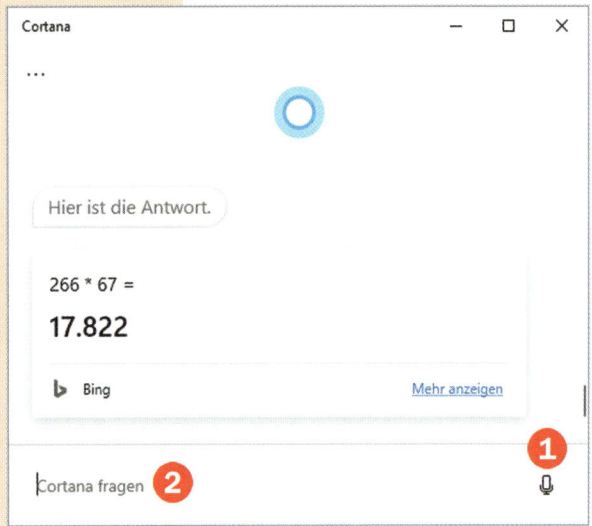 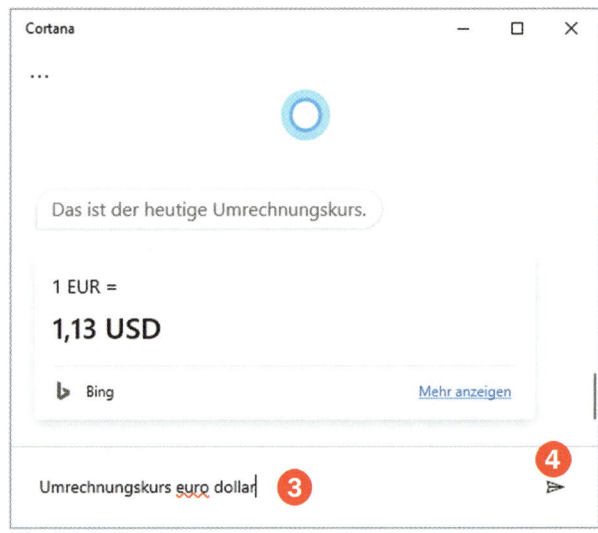

Für Spracheingaben tippen oder klicken Sie auf das Mikrofonsymbol ❶ und formulieren anschließend laut und deutlich Ihre Anfrage oder Aufgabe.

Zur Tastatureingabe klicken oder tippen Sie in das Eingabefeld ❷ und geben hier Ihre Frage ein z. B. „Umrechnungskurs Euro Dollar" ❸ und betätigen anschließend die Eingabetaste oder klicken auf das Symbol *Senden* ❹.

Abmelden und Einstellungen

Falls Sie sich bei Cortana wieder abmelden möchten, klicken Sie auf die drei Punkte ❶ und auf *Abmelden* ❷. Weiteren Einstellungen zu Cortana finden Sie hier ❸.

7 Im Internet surfen

Sie lernen, wie Sie ...

■ Webadressen eingeben und eine Suchanfrage stellen

■ mit mehreren Registern im Browser arbeiten und welche Vorteile das hat

■ Texte auf Webseiten vorlesen lassen

Was Sie bereits wissen sollten ...

■ Umgang mit Taskleiste und Startmenü

■ Apps starten und beenden

7.1   Edge der Browser von Microsoft

Um die Informationsquelle Internet nutzen zu können, benötigen Sie neben dem Internetzugang eine spezielle App - den Browser, häufig auch als Webbrowser bezeichnet. Browser ermöglichen das Anzeigen von Internetseiten und bringen Funktionen mit, über die sich besuchte Seiten schnell wieder anzeigen lassen. Microsoft Edge ist unter Windows 10 bereits vorinstalliert.

▶ **Microsoft Edge öffnen:** Zum Starten von Edge klicken Sie am unteren Bildschirmrand auf  in der Taskleiste. Selbstverständlich kann die App auch über das Startmenü geöffnet werden.

Erste Schritte beim Start von Microsoft-Edge

Microsoft Edge erhält laufend Updates. Das ist ein wichtiges Sicherheitskriterium für einen Browser. Wenn Sie Edge zum ersten Mal oder nach einem Update öffnen, ist es möglich, dass Sie einige Entscheidungen zur Einrichtung und Verwendung treffen müssen:

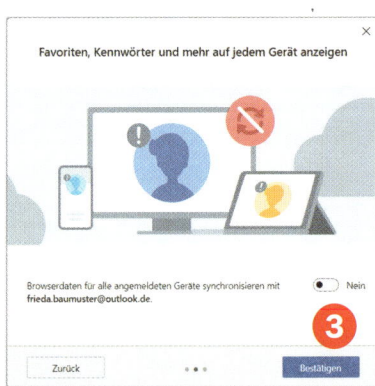

▶ Klicken Sie auf *Einrichtung abschließen* ❶. Belassen Sie die Auswahl zunächst auf *Inspirierend*. Hier entscheiden Sie über den Inhalt und die Anordnung der Startseite. Dazu kommen wir noch auf Seite 229. Klicken Sie auf *Bestätigen* ❷. Die Synchronisierung ist standardmäßig ausgeschaltet. Klicken Sie auch hier auf *Bestätigen*. Zu guter Letzt wählen Sie *Bestätigen* ❸ und stellen Microsoft keine Daten zu Ihren Suchanfragen zur Verfügung. Danach erhalten Sie eine kurze Einführung in Microsoft Edge, die Sie durch anklicken des X-Symbols schließen.

▶ Alternativ können Sie auch eine Abfrage, wie unten dargestellt erhalten. Auch hier geht es um die Synchronisierung Ihrer Daten und der Frage, wie Microsoft diese verwenden darf. Sie können hier jeweils *Nicht zulassen* anklicken ❶ und mit *Bestätigen und fortfahren* ❷ das nächste Fenster aufrufen.

Synchronisierung: Wenn Sie mehrere Geräte (z. B. einen PC und einen Laptop) verwenden, können Sie mittels Synchronisierung dafür sorgen, das beispielsweise im Browser gespeicherte Webseitenadressen auf allen Geräten zur Verfügung stehen. Wir gehen davon aus, dass das momentan noch nicht wichtig für Sie ist.

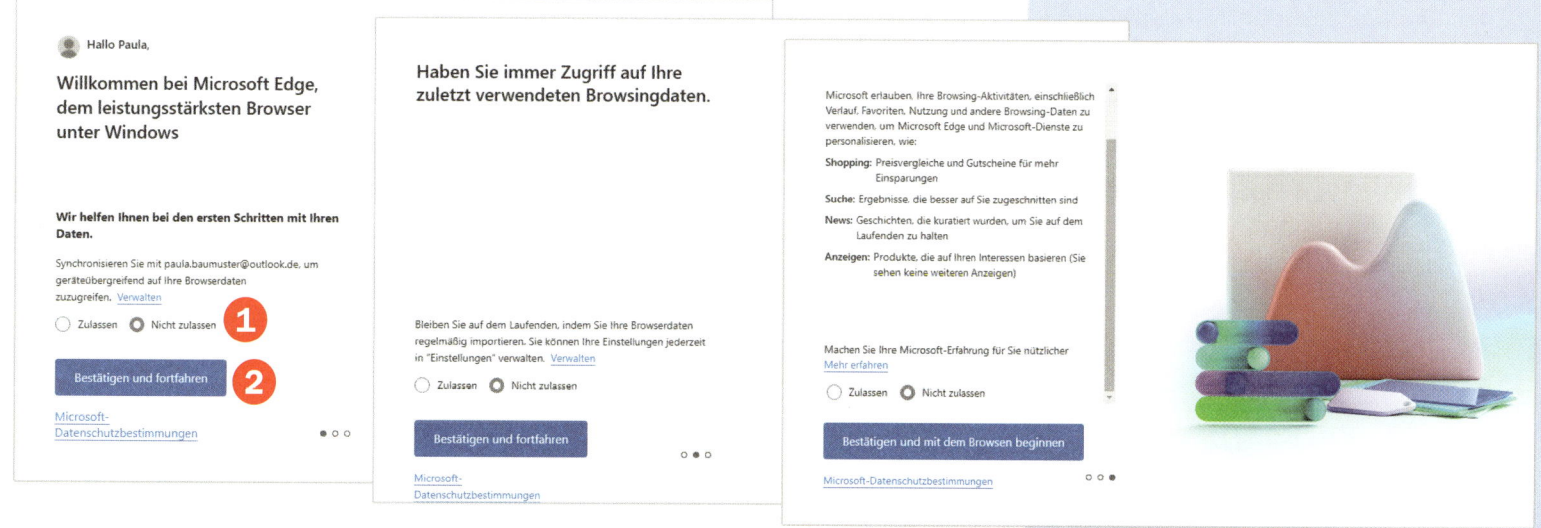

Cookies sind Dateien, die beim Besuch einer Internetseite an Ihren Rechner gesendet und dort gespeichert werden. So können Sie von der Seite beim nächsten Besuch wiedererkannt und Ihr Surfverhalten analysiert werden.

In diesem Beispiel ist der Schalter bei Standortdaten ❹ eingeschaltet. Wir schlagen vor, alle Schalter auszuschalten und keine weiteren, als die notwendigen Daten zu übermitteln.

Einstellungen zum Datenschutz

▶ Im unteren Bereich von Edge werden Sie aufgefordert die Einstellungen zur Privatsphäre zu bestätigen. Klicken Sie auf *Zwecke anzeigen* ❶. Hier sehen Sie welche notwendigen Informationen weitergegeben werden müssen und welche anderen Sie zur Verfügung stellen könnten.

▶ Informationen, die übermittelt werden müssen, sind mit *Immer aktiv* ❷ gekennzeichnet. Für alle anderen Optionen entscheiden Sie, ob die Information weitergegeben werden darf: durch Anklicken des Schalters schalten Sie diesen im Wechsel ein ⬤ bzw. aus ⬤ . Klicken Sie zum Abschluss auf *Meine Auswahl bestätigen* ❸ .

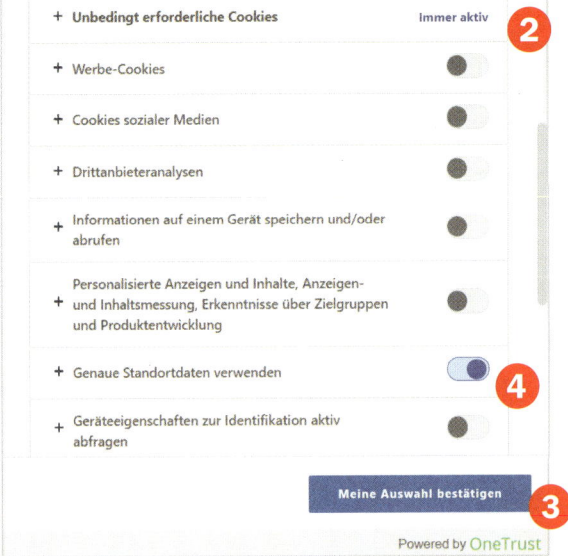

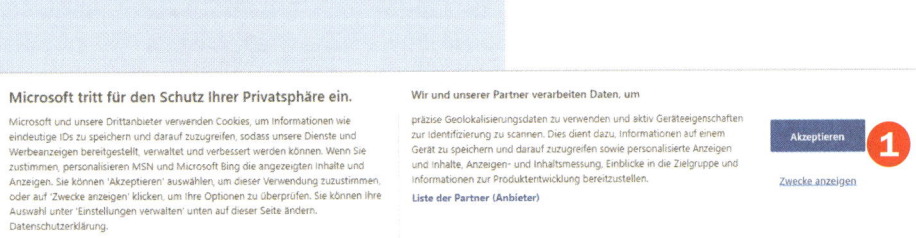

7.2 Microsoft Edge kurz vorgestellt

Nach dem Öffnen von Microsoft Edge wird die Startseite angezeigt, mit Nachrichten und weiteren Anzeigeoptionen. Das Hintergrundbild wechselt automatisch.

- **Suchfelder:** Ihre Suchanfrage tippen Sie entweder in die Adressleiste **❶** oder in das Suchfeld **❷** ein.

- **Navigationsschaltflächen:** Mittels der Pfeile **❸** bewegen Sie sich zwischen den aufgerufenen Webseiten hin und her.

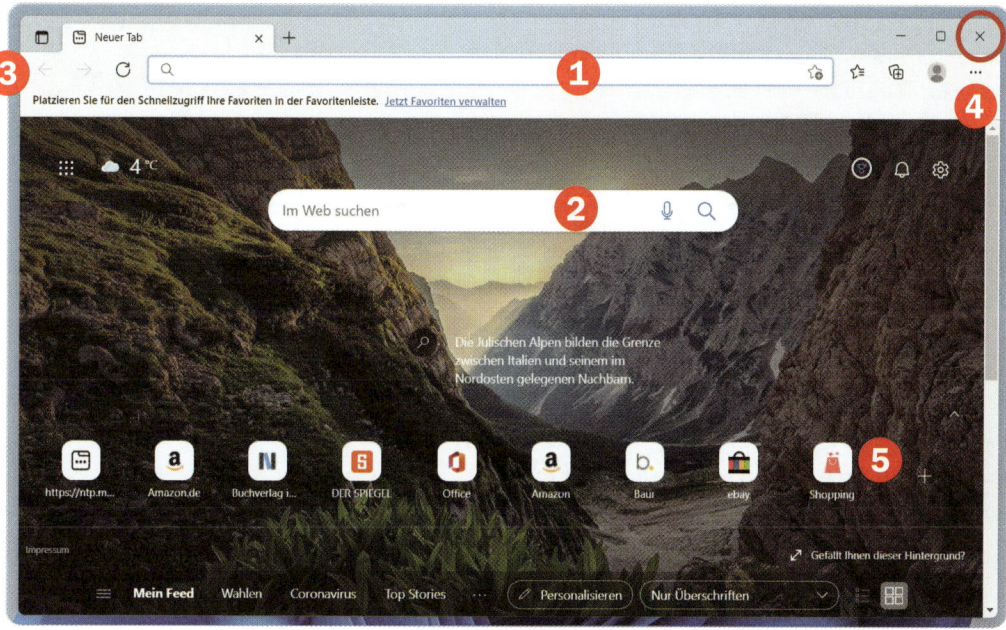

Was ist eine Webseite?
Der Begriff „web" stammt aus der Bezeichnung „world wide web" (www) für weltweit vernetzte Informationen.

Edge schließen: Wie alle anderen Apps wird auch Microsoft Edge über das x-Symbol am rechten oberen Rand des Fensters geschlossen.

Die Seite, die beim Öffnen des Browsers angezeigt wird, nennt Microsoft etwas sperrig **Seite „Neuer Tab"**. Wenn wir im Buch von dieser Seite sprechen, verwenden wir die etwas gebräuchlichere Bezeichnung **Startseite**.

- **Einstellungen:** Über das Menüsymbol ⋯ ❹ finden Sie Einstellungen, Erweiterungen, die Druckoptionen und vieles mehr.

- **Webseiten merken**: Webseiten, die Sie häufig aufrufen, werden automatisch in den Direktlinks ❺ (Grafik vorige Seite) abgespeichert. Weitere Speichermöglichkeiten wie z. B. Sammlungen besprechen wir im Laufe des Kapitels.

Wenn Sie mittels Bildlaufleiste oder durch Drehen am Mausrad nach unten scrollen, um weitere Inhalte anzuzeigen, wird der obere Suchbereich automatisch verkleinert.

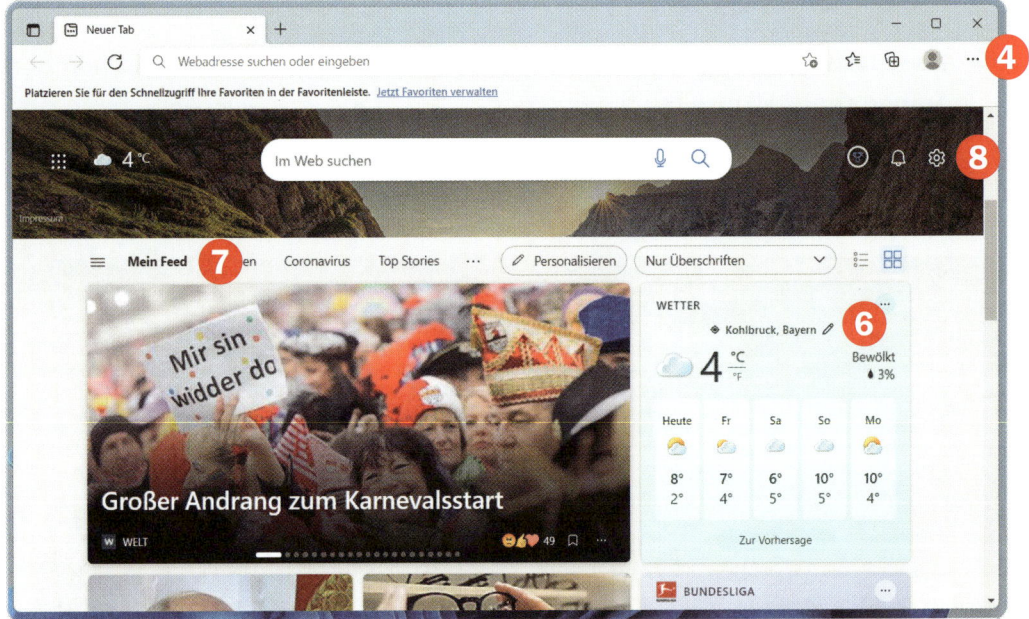

- **Wetteranzeige:** Aktuelles Wetter und Vorhersagen für die nächsten Tage am freigegebenen Standort. Wenn Sie wie wir den genauen Standort nicht freigegeben haben, kann hier auch eine andere Stadt ❻, als die in der Sie sich gerade befinden, angezeigt werden.

- **Nachrichten:** Hier sehen Sie die Inhalte von *Mein Feed* **7** . Dabei handelt es sich um eine Zusammenstellung von aktuellen Nachrichten, Klatsch, Rezepten wie auch Informationen zu Wetter und Sport.

Aussehen der Startseite festlegen

In den *Seiteneinstellungen* **8** (Abbildung vorherige Seite) legen Sie das Aussehen der Startseite fest. Klicken Sie auf ⚙. Das blau hinterlegte Seitenlayout, hier *Inspirierend*, wird gerade verwendet. Probieren Sie einfach durch, was Ihnen am besten gefällt: *Fokussiert* verzichtet auf das Hintergrundbild und zeigt den Nachrichtenbereich erst an, wenn Sie nach unten scrollen. Mit der Auswahl *Informativ* wird der Suchbereich etwas verkleinert und der Nachrichtenbereich sofort angezeigt.

Browser von allem befreien: Wer es lieber reduziert mag, kann durch Anklicken von *Benutzerdefiniert* einige Elemente ausblenden:

- Bei *Hintergrund* können Sie durch Auswahl von *Aus* **9** , die Anzeige eines Fotos ganz unterbinden.

- Wenn Sie auf die Anzeige des gesamten Feeds verzichten möchten, klicken Sie im Bereich *Inhalt* auf ⌄ und wählen *Inhalt aus*.

Nachdem Sie Ihre Einstellungen getroffen haben, klicken Sie mit der Maus auf x **10** , um das Seitenlayout wieder zu schließen.

Was ist ein **Feed**?
Zusammenstellung von Informationen in fortlaufenden Blöcken. Welche Inhalte angezeigt werden, kann der Nutzer auswählen.

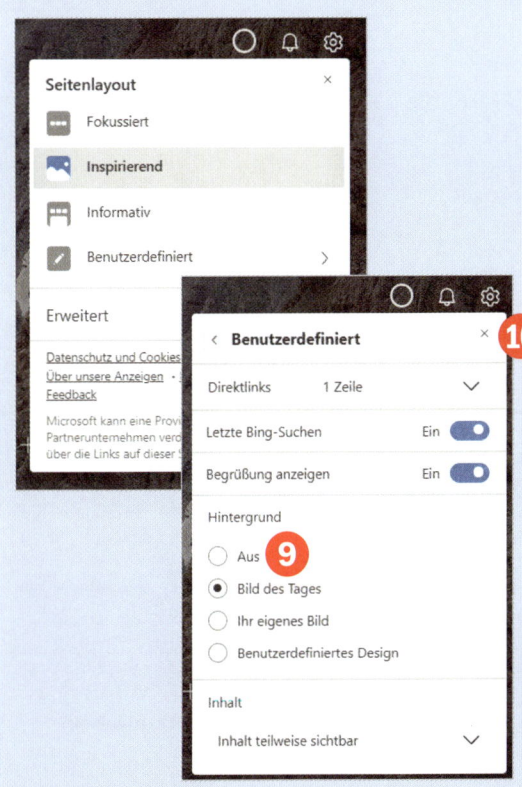

7.3   Webseite anzeigen

Um sich im Internet zwischen verschiedenen Seiten zu bewegen und gezielt an Informationen zu gelangen, können Sie entweder sogenannte Links benutzen, die Webseiten-Adresse direkt eingeben oder mittels einer Suchmaschine nach Informationen zu einem Begriff suchen.

Webadresse eingeben

Möchten Sie gezielt eine bestimmte Seite aufrufen, dann geben Sie deren Adresse in die Adressleiste ein. Vorher sollten Sie allerdings einige Dinge über die Schreibweise und den Aufbau einer Webadresse wissen:

Adressleiste

Der Name einer Internetseite wird auch als Domain und das Kürzel als Top-Level-Domain bezeichnet. Beispiele für häufige Kürzel sind:

.de	Deutschland
.at	Österreich
.it	Italien
.eu	Europäische Union
.com	länderübergreifend (comercial)
.org	länderübergreifend: Organisation

- Eine vollständige Adresse lautet zum Beispiel so: https://www.zdf.de. Bei der Eingabe müssen Sie davon nur den wichtigsten Teil der Adresse eingeben, nämlich den Namen zusammen mit einem Kürzel, an dem Sie erkennen, in welchem Land die Seite registriert ist. Daher gelangen Sie auch mit zdf.de auf die Seite des gleichnamigen Senders.

- Webadressen unterscheiden nicht zwischen Groß- und Kleinschreibung, geben Sie also die Adresse einfach in Kleinbuchstaben ein.

- Webadressen dürfen keine Leerzeichen enthalten! Der Name der Seite und das Länderkürzel werden durch einen Punkt getrennt.

Beispiele bekannter Webadressen	
ard.de	Seite des gleichnamigen Senders
bahn.de	Deutsche Bahn, z. B. um Fahrpläne einzusehen
telefonbuch.de	Suche nach Telefonnummern
spiegel.de	Nachrichtenmagazin
youtube.com	Videoportal
amazon.de	Onlinehändler
wikipedia.de	Enzyklopädie von freiwilligen Autoren erstellt
google.com	Suchmaschine
instagram.com	Soziales Netzwerk
ebay-kleinanzeigen.de	Online-Portal für Kleinanzeigen

So gehen Sie bei der Eingabe einer Adresse vor:

▶ Beim ersten Aufrufen des Browsers steht der Cursor in der Adressleiste. Hier können Sie eine Webadresse eintippen, z. B. lecker.de ❶ .

▶ Sie erhalten Vorschläge für die Adresseingabe. Falls die gesuchte Seite aufgeführt ist, klicken Sie die Adresse mit der Maus an. Sonst geben Sie die vollständige Adresse ein und drücken dann die Enter-Taste.

▶ Die Webseite wird angezeigt.

In die Adressleiste können Sie statt der Webadresse auch einen Suchbegriff eintippen. Dann wird eine Trefferliste angezeigt, aus der Sie die passende Seite auswählen.

Rezeptseiten
Es gibt zahlreiche Webseiten, die Rezepte zur Verfügung stellen. Einige der Bekanntesten sind:
lecker.de
chefkoch.de
küchengötter.de
Umlaute können in einer Webadresse verwendet werden; aber auch die Adresse kuechengoetter.de verweist auf dieselbe Seite.

Dieser Eintrag führt Sie zur Homepage von lecker.de Die **Homepage** ist die Startseite eines Internetauftritts.

Einträge mit 🔍 sind Vorschläge für Suchbegriffe. Eine Trefferliste mit Webseitenvorschlägen passend zum Suchbegriff wird angezeigt.

Vorschläge mit ⊕ zeigen die Webseite an. Befindet sich in der Adresse ein Schrägstrich, z. B. lecker.de/backen, wird nicht die Homepage sondern eine Unterseite angezeigt.

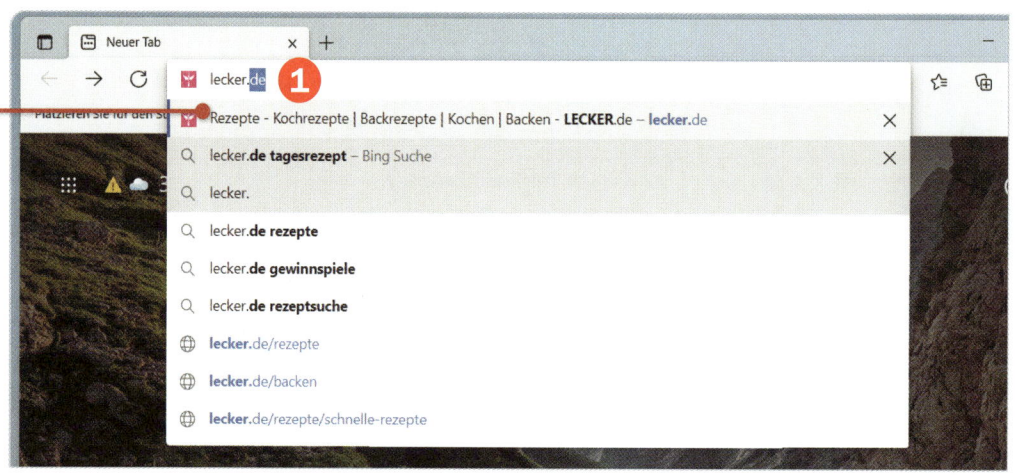

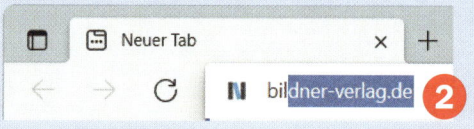

> 🟧 **Tipp:** Die Eingabe der Webadresse wird unter Umständen automatisch ergänzt ❷. Sind Sie mit der Ergänzung einverstanden, übernehmen Sie den blau hinterlegten Teil durch Drücken der Enter-Taste. Ansonsten schreiben Sie einfach weiter.

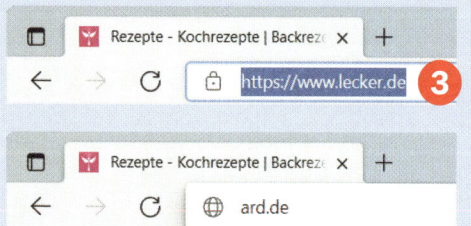

Die nächste, neue Seite aufrufen

▶ Klicken Sie oben in der Adressleiste auf die Adresse der aktuellen Seite. Diese wird blau markiert ❸ und kann nun mit einer neuen Webadresse oder einem Suchbegriff überschrieben werden. Tippen Sie die neue Adresse ein und bestätigen Sie die Eingabe mit der Enter-Taste.

Links verwenden

Hyperlinks, allgemein kurz als Links bezeichnet, sind Querverweise zwischen den Seiten des Internets. Sie brauchen nur den weiterführenden Link anklicken, um weitere Informationen zu einem Thema anzuzeigen. Jedoch können Sie sich nach einem versehentlichen Mausklick auch plötzlich auf der Seite einer Versicherung oder eines Autoherstellers wiederfinden.

- Links können sowohl im Text als auch in Bildern enthalten sein. Farbiger Text, Unterstreichungen, Pfeile etc. sind Hinweise, dass sich hier Links verbergen.

- Sobald Sie auf einen Link mit der Maus zeigen, verwandelt sich der Mauszeiger in eine Hand ❶. Klicken Sie mit der linken Maustaste, um dem Link zu folgen.

- Im Browser werden die Inhalte auf **Registerkarten** (auch Tabs genannt) angezeigt. Wenn Sie einem Link folgen, kann die Webseite entweder auf derselben oder auf einer neuen Registerkarte ❷ dargestellt werden.

Im Nachrichtenfeed auf der Startseite von Edge können Sie jede Meldung anklicken um den ganzen Artikel anzuzeigen.

Auf der Registerkarte „Neuer Tab" wird die Startseite von Microsoft Edge angezeigt. Die darauffolgende Registerkarte enthält die Inhalte des angeklickten Links.

- Viele Seiten bieten zur besseren Navigation oben oder an der Seite eine Art Inhaltsverzeichnis. Hier können Sie durch Anklicken ❸ zu den einzelnen Unterseiten gelangen. Teilweise klappt auch ein erweitertes Menü aus, wenn Sie mit der Maus auf einen Eintrag zeigen.

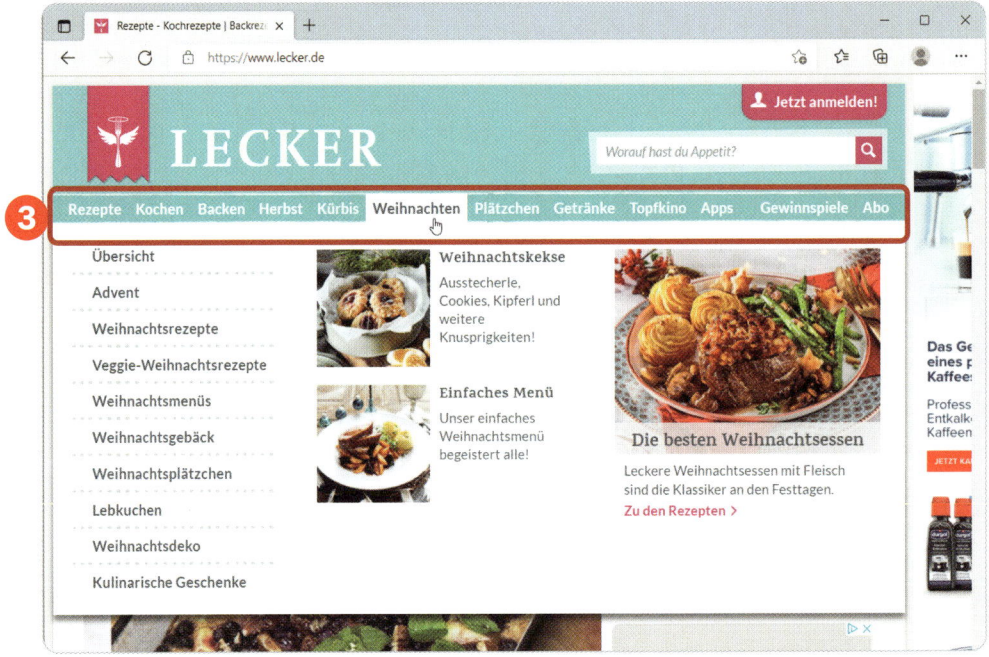

Über Links gelangen Sie schnell an die unterschiedlichsten Informationen und Seiten im Internet, daher auch der Begriff „Surfen".

Zur vorherigen Seite navigieren

Zwischen den Seiten, die Sie im Browser aufgerufen haben, wechseln Sie mit den Pfeilen links oben. Mit dem *Zurück*-Pfeil können Sie die vorher besuchte Seite anzeigen. *Vorwärts* zeigt eine Seite erneut an, die zuvor mit *Zurück* verlassen wurde. Davon gibt es Ausnahmen. Wenn Sie eine Seite über einen Link aufrufen, so wird diese oft auf derselben Registerkarte angezeigt. In diesem Fall können Sie mit den Pfeiltasten hin und her wechseln. Manche Links öffnen allerdings eine neue Registerkarte. Das kommt häufig vor, wenn Sie Werbung anklicken. Dann können Sie nicht mit den Pfeiltasten zur vorherigen Seite wechseln sondern müssen die vorherige Registerkarte anklicken.

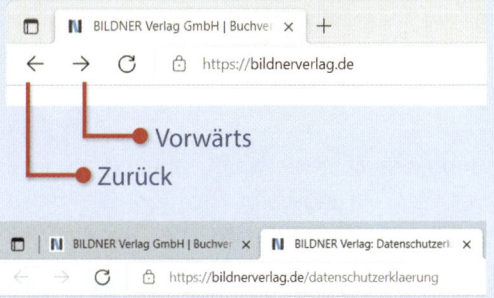

> ■ **Tipp:** Durch Anklicken von ↻ aktualisieren Sie die Webseite. Das macht Sinn bei Seiten deren Inhalte sich häufig ändern, z. B. Seiten mit aktuellen Nachrichten. Die Seite wird dann neu geladen und u. U. aktuellere Meldungen werden angezeigt.

Der Inhalt des Links wird auf einer zweiten Registerkarte angezeigt. Die Zurück-Schaltfläche ist nicht aktiv. Um zur vorherigen Seite zu gelangen, muss auf die erste Registerkarte geklickt werden.

Nach Informationen suchen

Oft ist man besser beraten, einfach einen Suchbegriff einzugeben. Diesen können Sie sowohl in die Adressleiste ❶ als auch in das Suchfeld ❷ (Grafik nächste Seite) eintippen. Der Ablauf gleicht der Eingabe der Webadresse. Auch hier erhalten Sie Suchvorschläge, die Sie durch Anklicken übernehmen können. Nach Bestätigung der Suchanfrage mit der Enter-Taste wird eine Trefferliste angezeigt. Zur Erzeugung der Trefferliste wird eine sogenannte Suchmaschine verwendet. Die wohl bekannteste **Suchmaschine** ist **Google** (google.de). Microsoft Edge verwendet standardmäßig die hauseigene Suchmaschine **Bing** (bing.de).

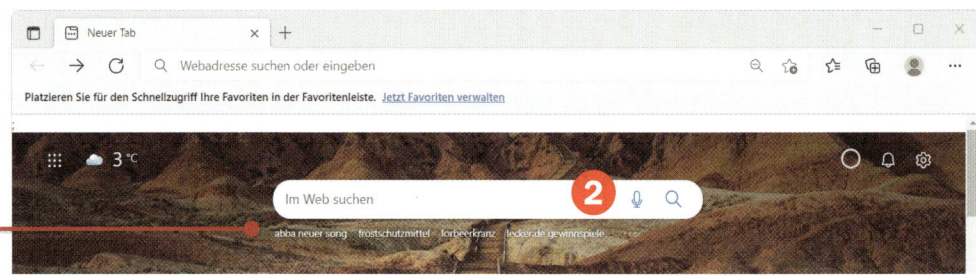

Unter dem Suchfeld werden die letzten Suchbegriffe angezeigt. Dies können durch Anklicken erneut übernommen werden.

Tipps zur Suche

- Die Kombination mehrerer Suchbegriffe erhöht die Chancen auf bessere Treffer. Der Begriff „konzert" liefert in der Trefferliste Veranstaltungen in allen Städten in einem beliebigen Zeitraum. Grenzen Sie daher Ort und Zeitraum ein, geben Sie zum Beispiel ein: konzert hamburg november.

- Liefert die Suche nicht die gewünschten Ergebnisse? Dann probieren Sie nacheinander unterschiedliche Suchbegriffe aus.

Die Trefferliste

Für dieses Beispiel haben wir nach Informationen über den Blautopf gesucht - einem Naturphänomen auf der Schwäbischen Alb in Baden-Württemberg. Microsoft Edge verwendet zur Suche standardmäßig den eigenen Suchdienst Bing ❸, daher wird dessen Seite mit einer Liste von Suchergebnissen angezeigt. Je nach Suchanfrage unterscheidet sich die Darstellung der Trefferliste. Bei der Suche nach Rezepten werden beispielsweise zuerst eine Reihe bebilderter Rezeptvorschläge angezeigt.

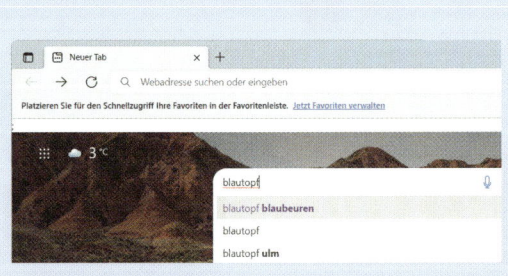

- Bei der Suche nach Sehenswürdigkeiten oder anderen Örtlichkeiten (z. B. Arzt, Hallenbad, Restaurant oder Baumarkt) erhalten Sie rechts eine kurze Beschreibung ❹ mit Adresse, Telefonnummer, Öffnungszeiten und Bewertungen.

- Ganz oben sehen Sie das Suchfeld ❺. Hier können Sie Ergänzungen oder Korrekturen vornehmen und dann die Suche erneut mit der Enter-Taste bestätigen.

- In der Regel erscheinen passend zum Suchbegriff Anzeigen, die zum Kauf animieren sollen. Sie erkennen ein werbliches Angebot am Wort *Anzeige* ❻. Die Urheber dieser Treffer bezahlen dafür, dass Sie ganz oben aufgelistet werden.

- Jedes Suchergebnis ❼ wird mit einem Titel angezeigt. Dieser ist gleichzeitig der Link zur Seite; zur Anzeige brauchen Sie nur auf den Link klicken. Unterhalb des Titels sehen Sie die Webseitenadresse und eine kurze Beschreibung.

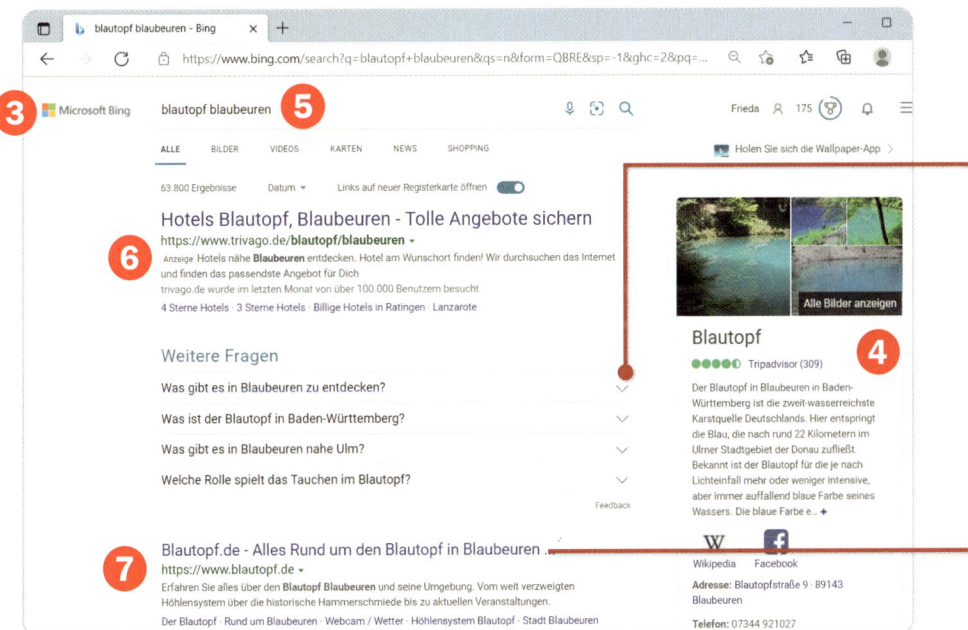

Oft werden zu einer Anfrage weitere typische Fragen aufgelistet. Die Antwort zeigen Sie durch Anklicken des Pfeilsymbols an.

Nach Anklicken des Titels wird die Seite auf einer neuen Registerkarte geöffnet. Die Anzeige von Suchergebnissen auf neuen Tabs ist eine Standardeinstellung von Bing, die geändert werden kann.

- Zunächst werden alle möglichen Treffer zu einer Suchanfrage angezeigt. Wenn Sie nur Bilder oder Videos zum Suchbegriff ansehen möchten, können Sie die Trefferliste durch Anklicken der gewünschten Kategorie eingrenzen.

- Zur besseren Übersicht werden die Suchergebnisse seitenweise angezeigt. Klicken Sie am Ende der Seite auf › oder auf die Seitenzahl, um die nächsten Treffer anzuzeigen.

Google für die Suche verwenden

Die am häufigsten genutzte Suchmaschine ist Google. Um diese zu verwenden, müssen Sie zunächst die Google-Webseite aufrufen. Dann erst können Sie die Suchbegriffe eingeben. Die Trefferlisten verschiedener Suchmaschinen sind nicht identisch. Sie unterscheiden sich im Aufbau, in der Reihenfolge der Links und im Aussehen.

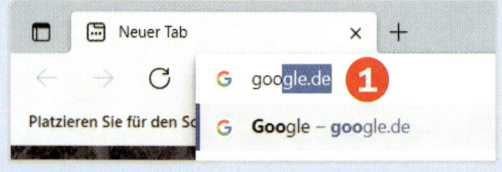

▶ Tippen Sie in die Adressleiste des Browsers *google.de* ❶ ein.

▶ Geben Sie in das Suchfeld ❷ von Google Ihre Suchanfrage ein und bestätigen Sie mit der Enter-Taste.

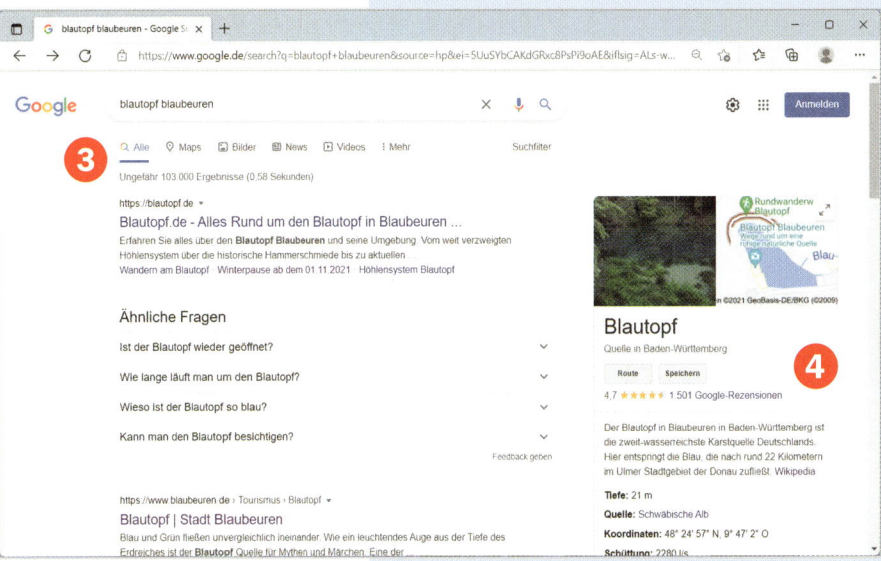

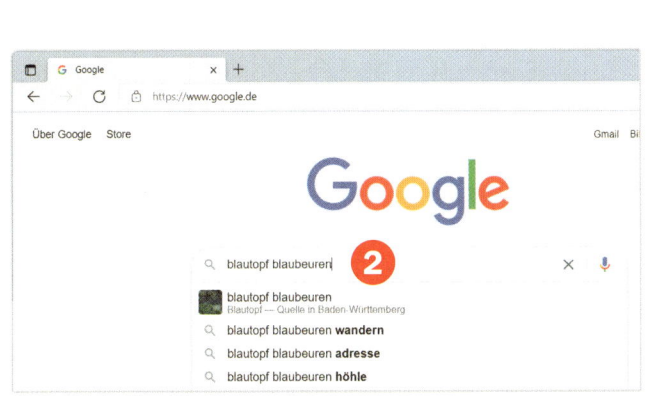

Auch Google bietet eine Kriterienleiste ❸, mit der Sie die Trefferliste eingrenzen können. Ähnlich zu Bing finden Sie rechts Kurzinformationen ❹ zum Gesuchten.

Cookies, Werbung und Datenschutz

Wenn Sie zum ersten Mal eine Seite besuchen, werden Sie aufgefordert, den Nutzungsbedingungen zuzustimmen. Dabei geht es vor allem um die Nutzung von Browserinformationen, der IP-Adresse, welche Daten an Dritte weitergegeben werden können und welche Informationen in Cookies gespeichert werden. Cookies sind Dateien, die beim Besuch einer Internetseite an Ihren Rechner gesendet und dort gespeichert werden. So können Sie von der Seite beim nächsten Besuch wiedererkannt werden. Die gesammelten Informationen dienen einerseits der

Wenn Sie lieber die Suchmaschine Google verwenden möchten, gibt es Möglichkeiten, wie Sie den Zugriff erleichtern können, dazu mehr auf Seite 247.

Analyse Ihres Surfverhaltens, z. B. um Werbung auf Ihre Vorlieben abzustimmen. Andererseits werden Sie von der Seite auch wiedererkannt: So bleiben beispielsweise beim Online-Einkauf ausgesuchte Waren im Einkaufswagen erhalten, auch wenn Sie den Browser schließen. Die Information wird im Cookie gespeichert und beim erneuten Aufrufen der Seite geladen.

Im Beispiel unten sehen Sie eine übersichtlich gestaltete Aufforderung zur Annahme der Nutzungsbedingungen. Tatsächlich müssen nur die notwendigen Cookies akzeptiert werden und nur diese sind im Beispiel unten ausgewählt. Mit Anklicken von *Ausgewählte Cookies akzeptieren* ❶ stimmen Sie dieser Auswahl zu. Wenn Sie *Alle Cookies akzeptieren* ❷ auswählen, räumen Sie dem Anbieter mehr Rechte zur Verarbeitung und Weitergabe von Daten ein. Das Beispiel links zeigt den typischen Aufbau eines Nachrichten-Online-Angebots. Hier entscheiden Sie sich zwischen der Annahme von Cookies zusammen mit der Anzeige von Werbung ❸ oder dem Abschluss eines kostenpflichtigen Abonnements ohne Werbung.

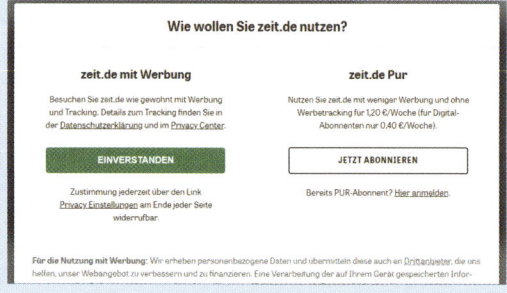

Durch Anklicken von Cookie-Erklärung, Datenschutzerklärung oder ähnlich hervorgehobener Texte erfahren Sie genauer, für was Ihre Zustimmung benötigt wird.

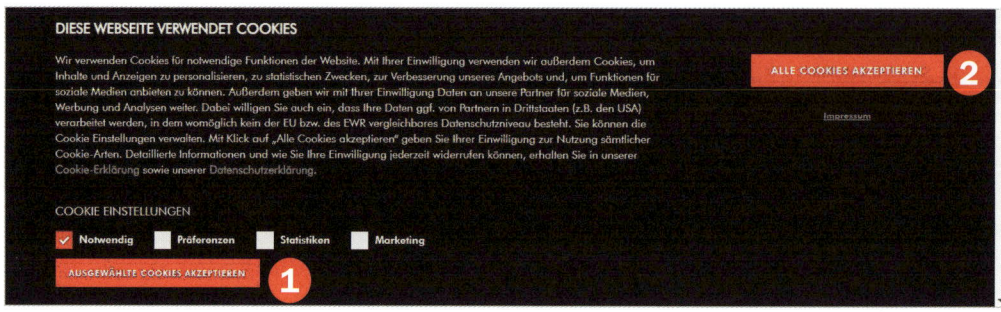

Tipp: Mediatheken verschiedener Fernsehsender nutzen

Viele Fernsehsender stellen einen Teil ihrer Sendungen in einer Mediathek kostenlos online zur Verfügung. So können Sie eine verpasste Serienfolge oder eine Reportage auch nachträglich betrachten.

▶ Geben Sie den Suchbegriff „Mediathek" zusammen mit dem gewünschten Fernsehsender ein, z. B. Mediathek zdf. Klicken Sie dann in der Trefferliste das entsprechende Angebot an.

▶ Auch auf der Homepage des ZDF müssen Sie den Nutzungsbedingungen durch Anklicken von *Fortfahren* ❶ zunächst zustimmen.

▶ Unter der Rubrik *Sendung verpasst* ❷ finden Sie alle zur Verfügung gestellten Videos nach Ausstrahlungstag ❸ geordnet.

Einige Fernsehsender stellen auch Apps im Microsoft Store zur Verfügung. Öffnen Sie den Store und geben Sie in das Suchfeld Begriffe wie Mediathek, Name der Sendung (z. B. Tagesschau) oder Name eines Senders (z. B. arte) ein, um entsprechende Apps zu finden.

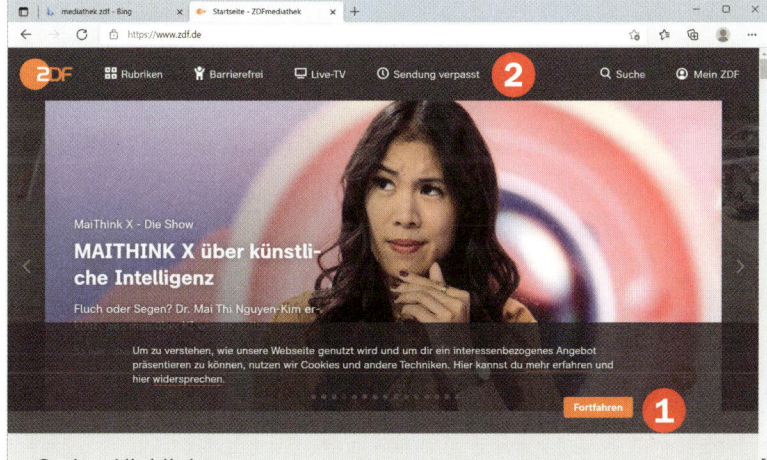

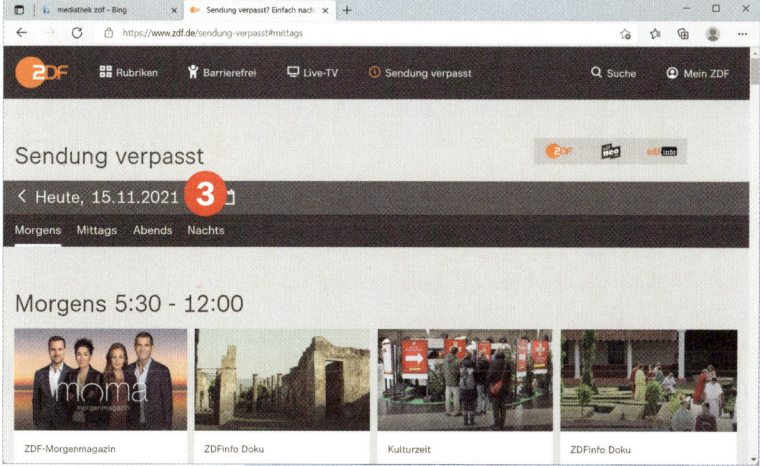

7.4   Clever surfen mit Tabs (Registerkarten)

Oft ist es praktischer, nicht mit dem Zurück- und Weiter-Pfeil zwischen Webseiten hin und her zu wechseln, sondern im Webbrowser mehrere Seiten gleichzeitig offen zu halten. Die Möglichkeit mehrere Register, sogenannte Tabs, im Browser hinterei-nander anzuzeigen, hilft beim Finden und Vergleichen der zahllosen Informationen.

Neuen Tab öffnen und schließen

▶ Zur Anzeige eines neuen Tabs klicken Sie auf das Plus-Symbol ❶, oder Sie verwenden die Tastenkombination *Strg + T*.

▶ Im neuen Tab wird die bekannte Startseite von Edge angezeigt. Verwenden Sie wie gewohnt das Adressleiste bzw. das Suchfeld zur Eingabe der Webad-resse oder eines Suchbegriffs.

▶ Sie wechseln zwischen den geöffneten Tabs, indem Sie einfach auf den Regis-terkartenreiter der gewünschten Seite klicken.

▶ Zum Schließen nicht mehr benötigter Tabs klicken Sie auf das x-Symbol ❷ auf dem Registerkartenreiter.

In diesem Beispiel sind in Microsoft Edge drei Tabs geöffnet. Der zweite Tab (bildnerverlag.de) wird gerade angezeigt.

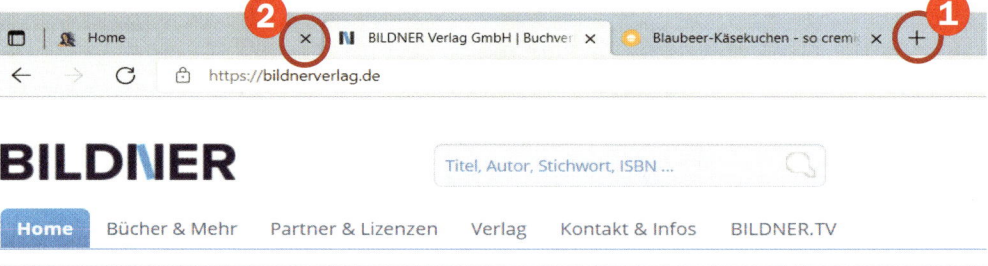

Versehentlich geschlossenen Tab wiederherstellen

▶ Sie möchten den zuletzt geschlossenen Tab wieder anzeigen: Klicken Sie auf den Reiter eines verbliebenen Tabs mit der rechten Maustaste und wählen Sie im Kontextmenü *Geschlossenen Tab erneut öffnen* ❸.

▶ Einer der in letzter Zeit geschlossenen Tabs soll erneut angezeigt werden. Klicken Sie auf das *Registerkartenaktionen-Menü* ❹ und wählen Sie *Zuletzt geschlossene Registerkarten* aus. Auf der rechten Seite wird der *Verlauf* angezeigt. Hier können Sie eine Seite ❺ durch Anklicken auswählen. Beachten Sie auch die Bildlaufleiste, mit der Sie nach unten scrollen können. Die ausgewählte Seite wird in einem neuen Tab angezeigt und die Verlaufsanzeige blendet automatisch ab.

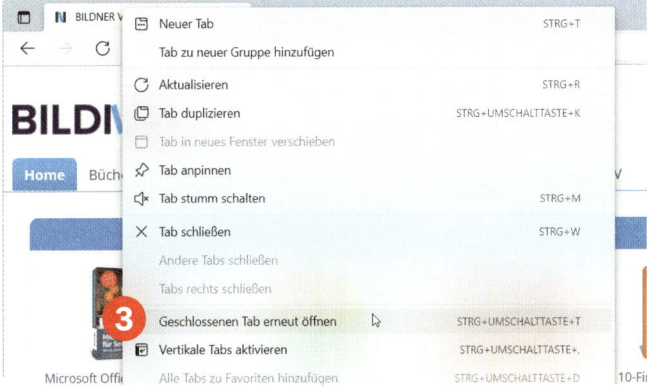

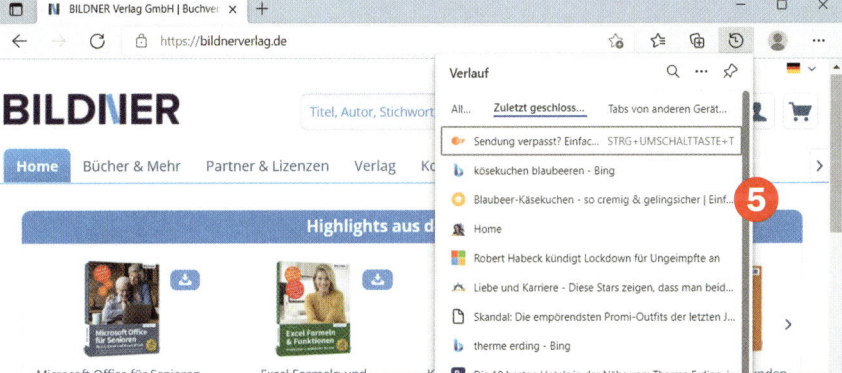

Wenn Sie die Suchmaschine Bing nutzen wird standardmäßig jeder Treffer, den Sie anklicken auf einer neuen Registerkarte angezeigt.

Nützlich ist die Handhabung beispielsweise wenn Sie bei Amazon nach einen Produkt suchen und alle in Frage kommenden Artikel auf einzelne Registerkarten verteilen:

❶ amazon.de aufrufen

❶ Suchbegriff eingeben

❶ Passendes Produkt mit der rechten Maustaste anklicken und *Link in neuem Tab öffnen* auswählen

In der Trefferliste nächstes Produkt auf die gleiche Art auswählen.

Was ist **Amazon** (amazon.de)? Der größte Onlineversandhändler begann mit dem Verkauf von Büchern und hat jetzt alles von der Waschmaschine bis zum Wachsmalstift im Sortiment.

Suchergebnisse auf mehreren Tabs anzeigen

Praktisch ist das Arbeiten mit mehreren Registern, wenn Sie die interessanten Treffer einer Suchanfrage nicht im selben Tab sondern auf neuen Registern öffnen. Das bietet den Vorteil, dass Sie auf einem Register immer die Trefferliste und auf den anderen die einzelnen Internetseiten zu Ihrer Suchanfrage haben. So können Sie uninteressante Seiten schnell wieder schließen. Das Prinzip gilt für alle Suchanfragen, sei es bei Google, auf einer Rezeptseite oder einem Online-Versandhändler.

▶ Geben Sie Ihre Suchanfrage ein. Klicken Sie mit der rechten Maustaste auf den Link, den Sie auf einem neuen Tab anzeigen möchten. Wählen Sie dann im Kontextmenü *Link in neuem Tab öffnen* aus.

▶ Alternativ halten Sie die Strg-Taste gedrückt und klicken auf einen Link, den Sie auf einem neuen Register anzeigen möchten.

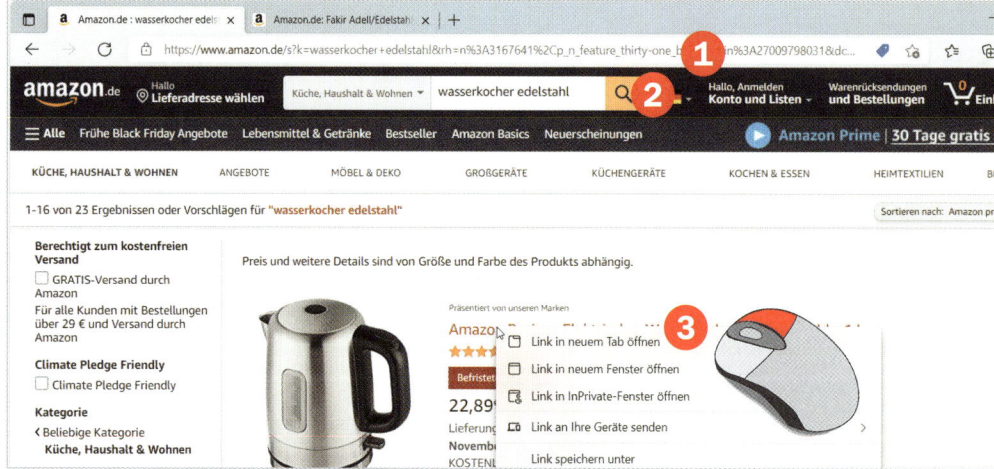

7.5   Wichtige Seiten speichern und schnell anzeigen

Die Online-Zeitung, die Webseite eines Arzneimittelversands, ein interessanter Reiseblog oder einfach die Google-Webseite - all diese Adressen lassen sich in Microsoft Edge speichern. So ersparen Sie sich das lästige Eintippen. Adressen von Webseiten, die Sie selten aufrufen, sind so sicher hinterlegt und die Seite wird leicht wiedergefunden.

Was ist ein Blog?
Tagebuchartige Einträge einer oder mehrerer Person(en) zu einem Thema. Der Blog wird auf einer Webseite erstellt. Häufige Themen sind Reisen und Rezepte. Besonders bei Food-Blogs wird der Unterschied zu gängigen Rezeptseiten deutlich. Der Blog enthält nicht nur das Rezept, dieses ist in eine Geschichte eingebettet.

Direktlinks verwenden

Webadressen, die Sie oft benötigen, können Sie als Direktlink der Startseite von Edge hinzufügen. Durch Anklicken des Direktlinks wird diese Seite dann im Browser aufgerufen. Falls die Direktlinks nicht angezeigt werden, klicken Sie auf ⌄. Bedenken Sie auch, dass nicht in jedem Seitenlayout die Direktlinks verwendet werden.

▶ Der Bereich Direktlinks wird automatisch mit Webseiten hinterlegt, die Sie besucht haben. Wenn Sie jeden Tag eine bestimmte Seite aufrufen, wird diese sehr schnell in den Direktlinks erscheinen und kann dann hier ausgewählt werden.

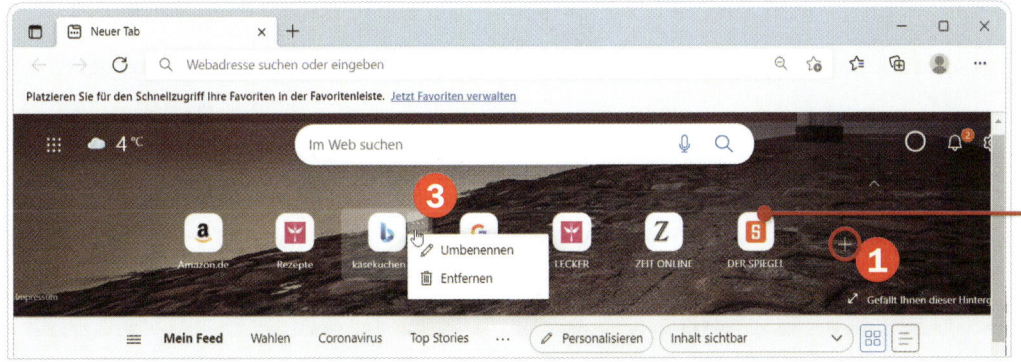

Direktlink anklicken, um Webseite anzuzeigen

▶ **Direktlinks hinzufügen:** Klicken Sie auf das Plussymbol ❶ (Grafik vorige Seite). Geben Sie einen Namen ❷ für den Link ein. Dieser wird später beim Direktlink angezeigt. Tippen Sie dann die Webadresse ein und bestätigen Sie mit *Hinzufügen*. In nebenstehendem Beispiel wird ein Direktlink zu YouTube (Videoportal) unter der Bezeichnung *Video* hinzugefügt.

▶ **Direktlink löschen:** Zeigen Sie mit der Maus in die rechte obere Ecke des Direktlinks ❸ (Grafik vorige Seite), den Sie entfernen möchten. Das Dreipunkte-Symbol wird angezeigt. Klicken Sie dieses an und wählen Sie dann *Entfernen* aus.

Favoritenleiste füllen

Die Favoritenleiste dient, ähnlich wie die Direktlinks, der Speicherung wichtiger Webseitenadressen. Während die Direktlinks nur auf der Startseite jedes neuen Tabs angezeigt werden, kann die Favoritenleiste als fester Bestandteil des Browsers integriert werden. Vielleicht wird die Favoritenleiste bei Ihnen schon, wie im Bild unten, angezeigt. Dann können Sie gleich mit dem Hinzufügen von Favoriten beginnen, falls nicht, blenden Sie zunächste die Leiste ein.

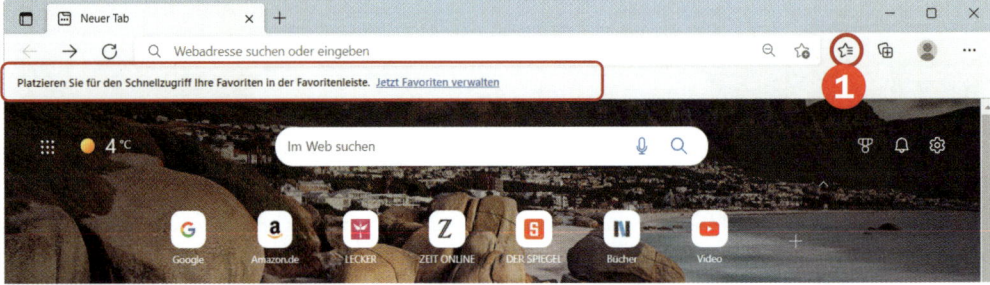

Favoritenleiste einblenden

1 Klicken Sie rechts oben auf das Symbol *Favoriten* ⭐ ❶ (Grafik vorige Seite).

2 Wählen Sie dann das Dreipunkte-Symbol *Weitere Optionen* ❷ aus.

3 Im Menü klicken Sie auf *Favoritenleiste anzeigen* und wählen hier *Immer* ❸ aus.

Dadurch wird die Favoritenleiste immer oben angezeigt und Sie können jederzeit eine der hier hinterlegten Seiten aufrufen.

Hinweis: Auch wenn die Favoritenleiste bereits bei Ihnen vorhanden ist, überprüfen Sie dennoch die Einstellung. Ansonsten kann es sein, dass die Leiste nur auf jedem neuen Tab angezeigt wird.

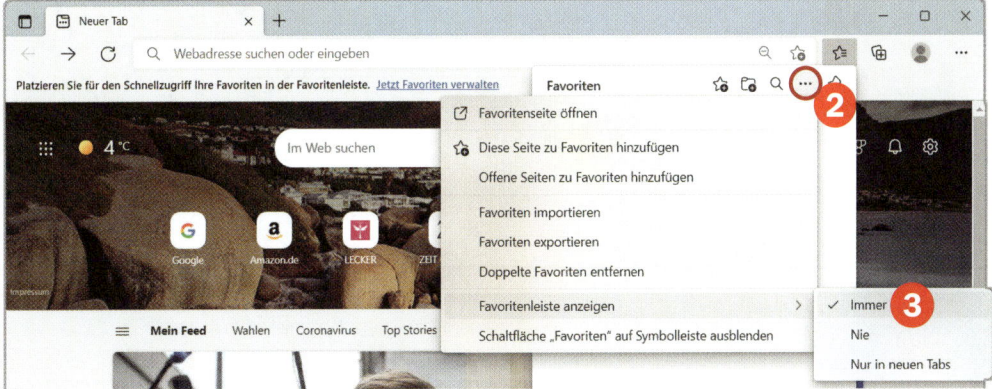

Favoriten hinzufügen

Jetzt können Sie die einzelnen Webseiten zur Favoritenleiste hinzufügen. Hier kommt es ganz auf Ihre Vorlieben und Interessen an. Beachten Sie auch, dass Sie den Favoriten wieder löschen können, wenn Sie die Adresse nicht mehr benötigen.

1 Geben Sie die Seitenadresse in die Adressleiste ❶ ein oder suchen Sie die gewünschte Seite und zeigen Sie diese an.

2 Klicken Sie dann auf die Schaltfläche *Diese Seite zu Favoriten hinzufügen* ☆ ❷.

3 Wer mag, kann den Namen ändern. Achten Sie darauf, dass bei *Ordner* ❸ die Option *Favoritenleiste* ausgewählt ist und klicken Sie dann auf *Fertig*.

4 Der erste Favorit ❹ wird auf der Leiste angezeigt.

Google: google.de
Suchmaschine
Google Maps: google.de/maps
Landkarten, zur Anzeige von Orten bzw. zur Navigation, wird oft am Smartphone für die Navigation im Auto verwendet
Outlook: outlook.de
Anmeldung zum Gratis-E-Mail-Angebot von Microsoft
Amazon: amazon.de
Onlinehändler
Video Tagesschau: tagesschau.de/100sekunden
Nachrichtenüberblick Tagesschau in 100 Sek.

Wir haben hier verschiedene Webseitenadressen der Favoritenleiste hinzugefügt.

▶ Durch Anklicken wird die entsprechende Seite im Browser angezeigt.

Favoriten löschen

▶ Wenn Sie einen Favoriten nicht mehr benötigen klicken Sie in der Favoritenleiste mit der rechten Maustaste auf den Favoriten und wählen im Kontextmenü *Löschen* aus.

7.6 Webseiten in Sammlungen speichern

Mit der Suche nach einem tollen Hotel oder den besten Rezepten für eine Feier kann man viele Stunden im Internet verbringen. Registerkarte um Registerkarte füllt sich mit Suchergebnissen. Wie kann man das Ergebnis dieser Mühen nun behalten? Hier kommt die Sammlung ins Spiel. Diese kann auf Dauer angelegt sein, z. B. Sehnsuchtsziele in Europa, meine Lieblingsrezepte, oder vorübergehend alle Angebotsseiten für einen neuen Rasenmäher beherbergen. Nach dem Kauf des Rasenmähers löschen Sie die Sammlung einfach wieder.

▶ **Schnell alle geöffneten Register speichern:** Um alle angezeigten Adressen zu speichern, tippen Sie im *Registerkartenaktionen-Menü* 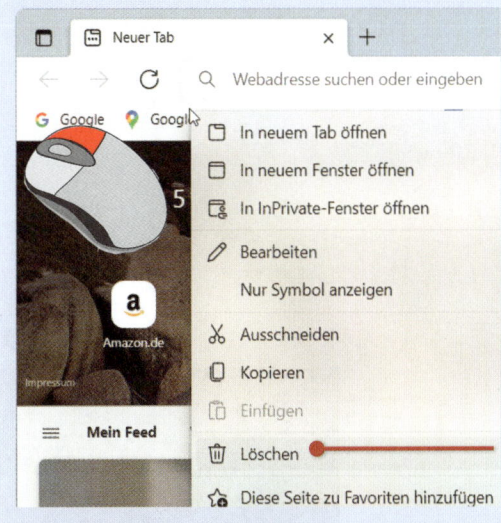 auf die Option *Alle Registerkarten zu Sammlung hinzufügen*. Jetzt kann der Browser geschlossen werden. Die Sammlung wird unter Angabe des aktuellen Datums abgespeichert.

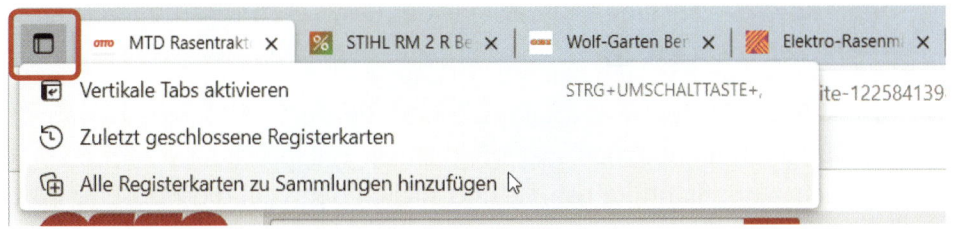

Die Sammlung beschreiben wir auch in einem Video. Sie können dieses abspielen, wenn Sie im Browser folgende Webseite aufrufen:

https://bildnerverlag.de/005255

▶ **Sammlung erstellen und befüllen:** Klicken Sie auf die Schaltfläche *Sammlungen* ⊞ ❶ rechts oben und wählen Sie dann *Neue Sammlung starten* ❷ aus. Geben Sie der Sammlung einen Namen ❸. Über *Aktuelle Seite hinzufügen* ❹, können Sie die Adresse der Seite, die gerade im Browser angezeigt wird, zur Sammlung hinzufügen.

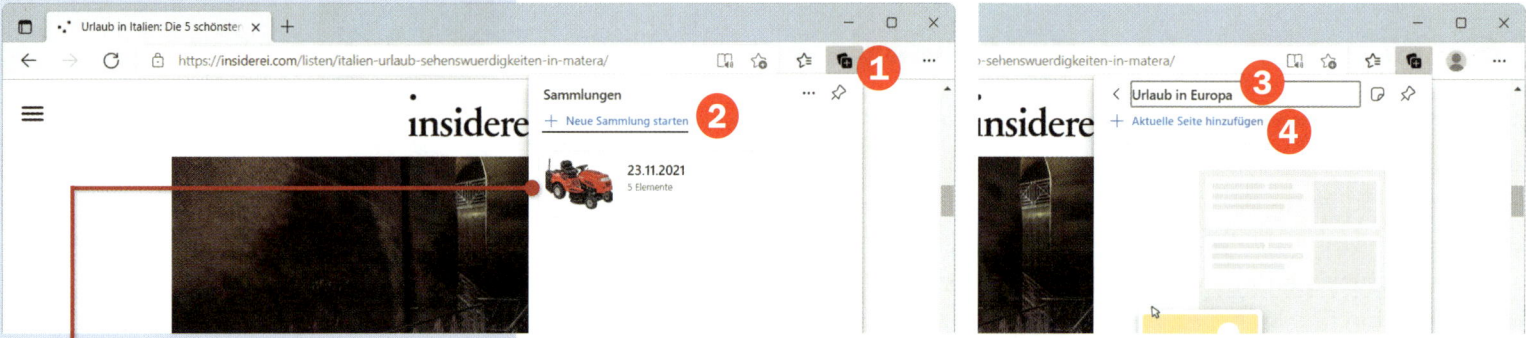

Sammlung von Seiten zu Rasenmäherkauf, die im Beispiel auf der vorigen Seite angelegt wurde.

▶ **Navigation in der Sammlung:** Zur Anzeige der Sammlungen tippen Sie auf die Schaltfläche *Sammlungen* ⊞. Hier sehen Sie die Übersicht aller Sammlungen. Durch Anklicken einer Sammlung ❺ wird deren Inhalt angezeigt. Sie verlassen den Bereich wieder und kehren zur Übersicht zurück durch Anklicken des Zurück-Pfeils ❻. Wenn Sie die Sammlungsanzeige schließen möchten, klicken Sie auf eine andere Stelle des Browsers oder erneut auf die Schaltfläche *Sammlungen* ⊞.

▶ **Gespeicherte Webseite erneut anzeigen:** Zeigen Sie zunächst durch Auswahl von ⊞ den Bereich *Sammlungen* an. Öffnen Sie die entsprechende Sammlung durch Anklicken des Sammlungstitels und klicken dann auf die Webseite ❼.

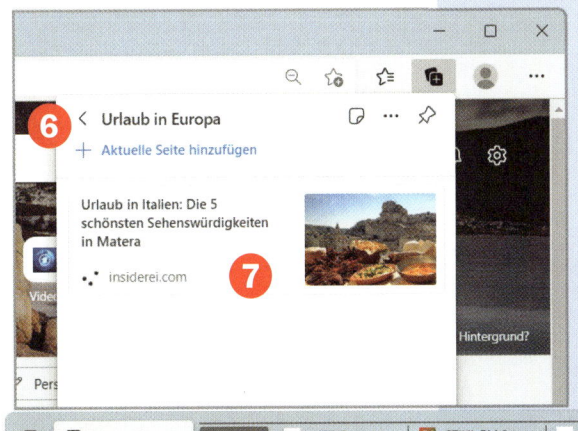

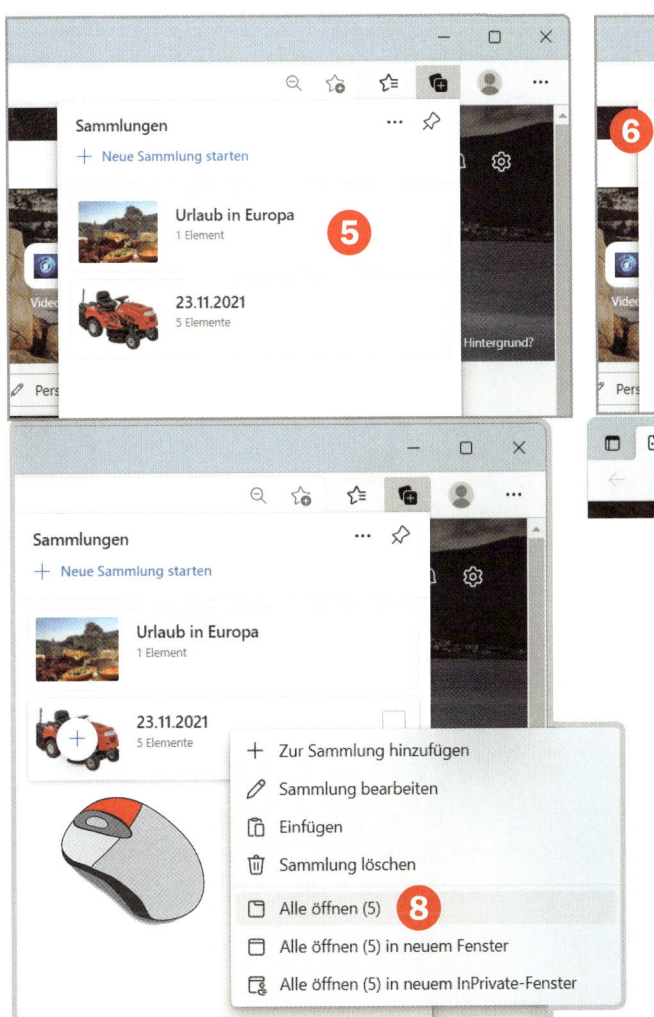

Tipp: Wenn Sie schnell alle Webseiten einer Sammlung anzeigen möchten, klicken Sie in der Übersicht die gewünschte Sammlung mit der rechten Maustaste an und wählen *Alle öffnen* **8** .

Die Seiten werden dann nacheinander auf einzelnen Registern angezeigt. Am Anfang sehen Sie den Namen der Sammlung **9** . Wenn Sie diesen anklicken, reduzieren Sie die Tabs. Nochmaliges Anklicken erweitert die Darstellung wieder.

Sammlungen erweitern: Zeigen Sie die Webseite im Browser an, die Sie einer Sammlung hinzufügen möchten. Rufen Sie die Sammlungsübersicht auf und zeigen Sie mit der Maus auf die gewünschte Sammlung. Ein Plussymbol **❿** erscheint, tippen Sie dieses an. Damit haben Sie die Seite in die Sammlung aufgenommen.

Sammlung löschen: Zeigen Sie in der Übersicht mit der Maus auf die Sammlung, die Sie löschen möchten und klicken Sie in der Sammlung rechts auf das kleine Quadrat. Damit ist die Sammlung markiert. Durch Anklicken des Papierkorbsymbols **⓫** wird die Sammlung gelöscht.

Um eine Webseitenadresse innerhalb einer Sammlung zu löschen, öffnen Sie die Sammlung. Zeigen Sie mit der Maus auf den zu löschenden Eintrag und klicken Sie in das quadratische Kästchen. Damit ist die Seite ausgewählt und kann durch Anklicken des Papierkorbsymbols aus der Sammlung entfernt werden.

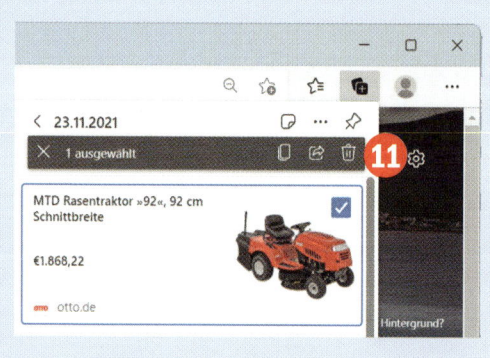

7.7 Webseiten leichter lesen

Störende Elemente ausblenden

Eine Internetseite enthält neben Werbung auch eine Vielzahl anderer Elemente, die vom Text, den Sie gerne lesen möchten, ablenken. Hier hilft der sogenannte Plastische Reader eine Leseansicht, die für mehr Übersichtlichkeit sorgt.

▶ Klicken Sie in der Adressleiste auf die Schaltfläche *Plastischen Reader aktivieren* . Nochmaliges Anklicken schaltet den Reader wieder aus. Der Reader ists nicht für jede Webseite verfügbar. Wenn das Symbol in der Adressleiste fehlt,steht er nicht zur Verfügung.

Im Bild links sehen Sie die Original-Webseite mit Werbung, während das Bild rechts dieselbe Webseite in der Leseansicht darstellt.

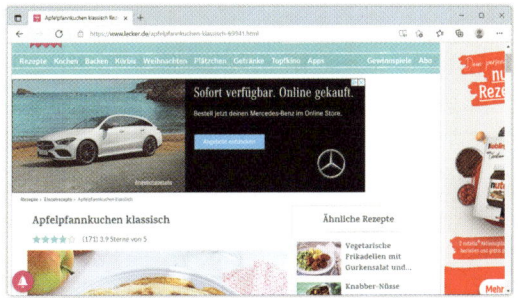

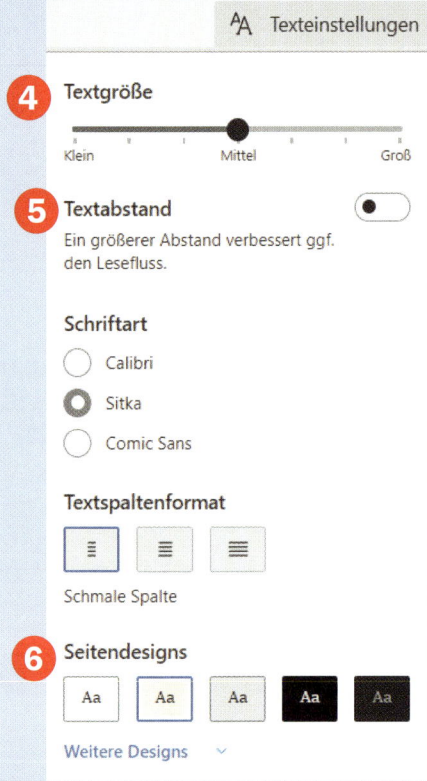

▶ Unter der Adressleiste finden Sie eine Symbolleiste zur Steuerung des Readers. Diese wird standardmäßig als fester Bestandteil angezeigt; zu erkennen am schwarzen Pin 📌 ❷ (Grafik vorige Seite). Falls diese nicht angezeigt wird, klicken Sie mit der linken Maustaste auf einen leeren Bereich oder bewegen den Mauszeiger großzügig über die Adressleiste. Klicken Sie die Schaltfläche 📌 an, um die Symbolleiste anzuheften.

▶ Schriftgröße und Hintergrundfarbe anpassen: Über die Schaltfläche *Texteinstellungen* ❸ (Grafik vorherige Seite) passen Sie Hintergrundfarbe und Schriftgröße an Ihre Wünsche an.

- Ziehen Sie bei *Textgröße* ❹ den Regler nach rechts, um die Buchstaben zu vergrößern.

- Wenn Sie einen größeren Zeilenabstand wünschen, klicken Sie auf den Schalter bei *Textabstand* ❺. Dieser wird blau 🔵, ist damit eingeschaltet und der Zeilenabstand damit erhöht. Nochmaliges Anklicken setzt den Schalter wieder auf die Position Aus.

- Bei *Seitendesigns* ❻ wählen Sie durch Anklicken eine andere Hintergrundfarbe mit angepasster Schriftfarbe.

Webseiten vorlesen lassen

Nicht selbst lesen, sondern Webseiten vorlesen lassen - so geht's:

▶ Der Reader bietet auch die Möglichkeit, dass Sie sich den Artikel vorlesen lassen. Klicken Sie dazu einfach auf *Laut vorlesen* ❼ (Grafik vorherige Seite).

▶ Aber auch ohne Verwendung des Plastischen Readers müssen Sie auf die Vorlesefunktion nicht verzichten: Klicken Sie mit der rechten Maustaste in die Zeile, ab der der Text vorgelesen werden soll und wählen Sie im Kontextmenü *Laut vorlesen* aus.

▶ Alternativ klicken Sie auf das Symbol in der Adressleiste.

▶ Sie können so jede Seite vorlesen lassen. Allerdings kann es vorkommen, dass bei dieser Handhabung auch mal Werbung vorgelesen wird.

Egal, wie Sie die Vorlesefunktion starten. In allen Fällen wird eine Bearbeitungsleiste zur Steuerung der Wiedergabe eingeblendet.

- In der Bearbeitungsleiste pausieren Sie das Vorlesen mit **8**.

- Durch *Anklicken von Optionen für „Laut vorlesen"* **9** erhalten Sie die Möglichkeit die Stimme des Vorlesers bzw. dessen Geschwindigkeit zu verändern.

- Über das Schließen-Symbol *X* **10** blenden Sie die Bearbeitungsleiste wieder aus.

7.8   Häufige Fragen und Tipps

Besuchte Webseite wiederfinden

Wer kennt das nicht, Sie haben vor Tagen eine Seite im Browser aufgerufen und möchten diese erneut anzeigen, wissen aber leider die Adresse nicht. Hier hilft der Browserverlauf. Standardmäßig „merkt" sich Edge die Adressen aller besuchten Webseiten und speichert diese im Verlauf. Der Verlauf ist nach Datum gegliedert und enthält nicht nur Adressen besuchter Webseiten, sondern auch Suchanfragen, die sich mit einem Klick wieder aufrufen lassen.

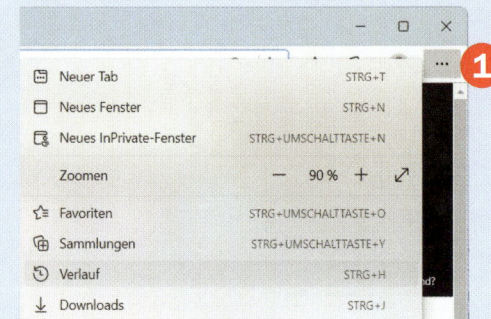

Den Verlauf können Sie auch mit der Tastenkombination **STRG + H** anzeigen lassen.

▶ Zum Anzeigen des Verlaufs klicken Sie auf das Dreipunkte-Symbol *Einstellungen und mehr* ❶ rechts oben und dann auf *Verlauf*.

▶ Falls nicht schon ausgewählt, klicken Sie *Alles* ❷ (Grafik nächste Seite) an. Hier sehen Sie die besuchten Webseiten sortiert nach Datum. (Zuletzt geschlossen haben Sie bereits auf Seite 243 kennengelernt). Klicken Sie die gesuchte Seite an, um diese erneut im Browser anzuzeigen.

▶ **Verlaufseite anzeigen:** Etwas mehr Übersicht bietet die Verlaufsseite. Diese erhalten Sie, wenn Sie im Bereich *Verlauf* auf das Dreipunkte-Symbol *weitere Optionen* ❸ klicken und *Verlaufsseite öffnen* auswählen. Der Verlauf wird auf einer separaten Registerkarte angezeigt.

• Hier wählen Sie links den Zeitraum aus ❹, zu dem Sie die Webseite besucht haben. Sie erhalten dann rechts eine Liste der besuchten Seiten. Falls Sie den Zeitraum nicht eingrenzen können, stehen Ihnen durch Anklicken von *Alles* sämtliche Einträge zur Durchsicht zur Verfügung.

- Unter Umständen hilft das Suchfeld **5** weiter.

- Wenn Sie fündig geworden sind, klicken Sie zur nochmaligen Anzeige der Seite diese einfach an.

Tipp: Einzelne Einträge können Sie mit Klick auf das x rechts **6** löschen. Mit Auswahl von *Browserdaten löschen* **7** entfernen Sie alle Einträge.

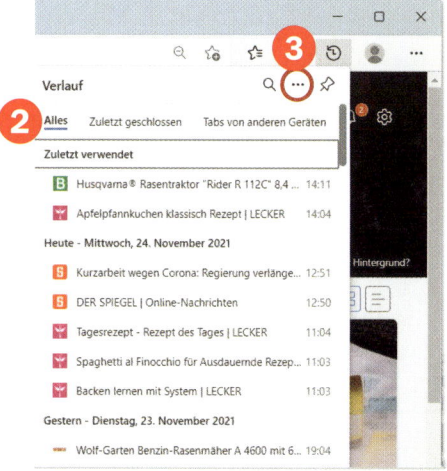

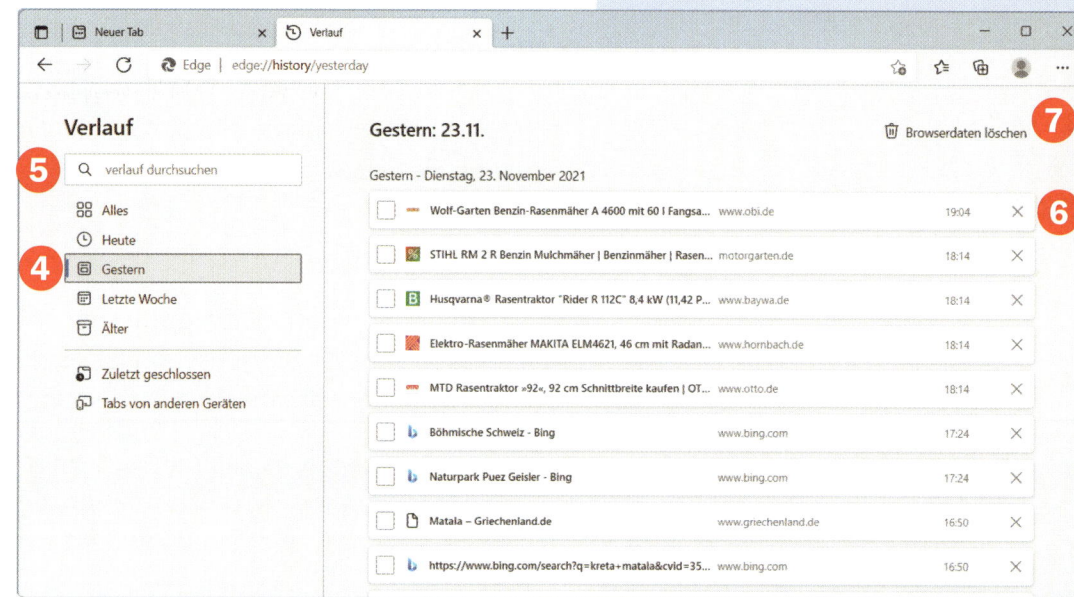

Die Webseite wurde nicht gefunden?

Falls die auf der nächsten Seite abgebildete oder eine ähnliche Meldung erscheint, kann dies unterschiedliche Ursachen haben.

- Oftmals besteht momentan keine Verbindung zu Ihrem Modem bzw. Router. Geben Sie zum Test die Adresse einer anderen Seite ein. Sollten überhaupt keine Seiten angezeigt werden, dann kontrollieren Sie die Internet- bzw. WLAN-Verbindung.

- Vielleicht haben Sie auch auf einen nicht mehr aktuellen Link geklickt. Manchmal verweisen Links auf Seiten, die nicht mehr existieren.

- Möglicherweise haben Sie sich bei der Eingabe der Adresse vertippt. Kontrollieren Sie diese.

Anzeige vergrößern

Die Inhalte im Browser sollten gut lesbar sein. Allerdings darf die Anzeige auch nicht zu groß sein, da Sie sonst zu viel scrollen müssen, um die ganze Seite betrachten zu können. Das macht auch keinen Spaß.

▶ Durch Anklicken des Dreipunkte-Symbols rechts oben wird Zoomen angezeigt. Hier können Sie durch (mehrmaliges) Anklicken des Plus-Symbols ❶ die Anzeige vergrößern und mit dem Minus-Symbol wieder verkleinern.

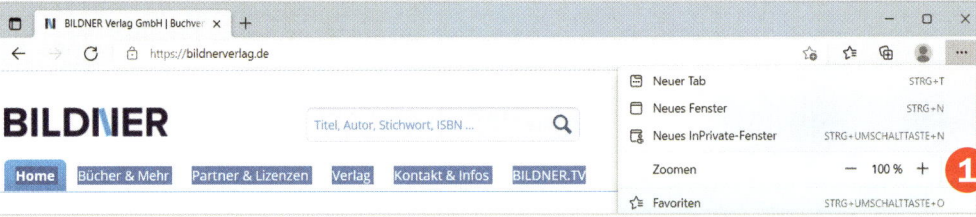

8 Daten speichern und verwalten

Sie lernen ...

- Dateien speichern und wieder öffnen
- im Datei-Explorer von Windows arbeiten
- Speicherorte auswählen und Zugriff auf externe Speicher
- Dateien verschieben, kopieren und entfernen
- Daten auf OneDrive mit anderen Personen teilen

Was Sie bereits wissen sollten ...

- Desktop, Taskleiste und Startmenü
- Umgang mit Fenstern

8.1   Grundbegriffe

Dateien

Auch Apps sind in Form von Dateien gespeichert.

Inhaltlich zusammengehörende, dauerhaft gespeicherte Daten bezeichnet man in der EDV als Datei.

Jede Datei benötigt einen eindeutigen Namen. Ein, beim Speichern automatisch hinzugefügter und meist nicht sichtbarer, Zusatz (Dateinamenerweiterung) kennzeichnet außerdem den Dateityp, also ob es sich beispielsweise um Text, ein Bild, ein Musikstück oder ein Video handelt. Der Dateityp ist auch am Symbol erkennbar, meist das Symbol derjenigen App, mit der die Datei erstellt wurde. Eine Ausnahme bilden Fotos: Hier erscheint, abhängig von der Symbolgröße, entweder eine Vorschau auf das Bild oder ein einheitliches Bildsymbol.

Symbolgröße, Beschriftung und Anordnung sind abhängig von der Anzeige und können auf Ihrem Computer etwas anders aussehen.

Ordner

Um das Auffinden von Dateien zu erleichtern, werden diese in Ordnern abgelegt. Zum Speichern Ihrer persönlichen Daten sind die sogenannten persönlichen Ordner vorgesehen, darunter der Ordner *Dokumente* zum Speichern von Texten und der Ordner *Bilder* für Ihre Fotos. Diese Ordner gehören zu Ihrem Benutzerkonto und wurden bei Ihrer ersten Anmeldung am PC von Windows automatisch angelegt. Besonders umfangreiche Ordner lassen sich durch Anlegen weiterer Ordner aufteilen. Auch jeder Ordner benötigt einen eindeutigen Namen.

Je nach Anzeigegröße können Sie am Ordnersymbol auch erkennen, ob ein Ordner Dateien enthält oder leer ist.

Daneben existieren auf Ihrem PC noch zahlreiche andere Ordner, in denen Windows selbst, sowie alle installierten Apps gespeichert sind. Mit diesen Ordnern brauchen Sie sich allerdings nicht befassen, da diese von Windows verwaltet werden.

Laufwerke

Sämtliche Speichermedien wie Festplatte, CD/DVD und USB-Stick bezeichnet man als Laufwerke. Diese werden im Gegensatz zu Ordnern und Dateien nicht über ihren Namen, sondern über einen Buchstaben angesprochen. In der Regel erhält die Festplatte (Lokaler Datenträger) den Buchstaben C, dann folgen die restlichen Laufwerke wie DVD oder USB-Stick. Die Buchstabenfolge entspricht der Reihenfolge, in der sie angeschlossen wurden, und ist daher nicht immer identisch.

Mit A: und B: wurden ursprünglich Laufwerke für die heute längst nicht mehr verwendeten Disketten bezeichnet.

Der Cloudspeicher OneDrive

Zusätzlich zu den, im Gerät befindlichen, Laufwerken erfreuen sich sogenannte Cloudspeicher immer größerer Beliebtheit. Solche Speicher befinden sich auf einem entfernten Rechner, z. B. der Firma Microsoft, und der Zugriff erfolgt über das Internet. Wenn Sie mit einem Microsoft-Konto am PC angemeldet sind, dann verfügen Sie unter der Bezeichnung *OneDrive* ☁ zusätzlich über Ihren persönlichen Speicher in der Cloud.

Der Vorteil eines Cloudspeichers: Sie haben unabhängig vom Gerät, auch von jedem anderen PC aus, Zugriff auf Ihre hier gespeicherten Daten.

In der Verwendung unterscheidet sich OneDrive nicht von anderen Laufwerken, z. B. der Festplatte. Sie können hier Ihre Daten speichern und wieder entfernen, sowie in Ordnern organisieren.

> Windows unterscheidet bei der Auswahl, Anzeige und Verwendung von Speicherorten nicht zwischen Ordnern, fest eingebauten und externen Speichern und OneDrive. Der Umgang ist immer gleich.

Cloud, zu deutsch „Wolke", daher auch das Symbol einer Wolke für OneDrive. Dieser Begriff stammt daher, dass für die Nutzer der genaue Ursprung und Speicherort nicht nachvollziehbar, also „im Nebel" ist.

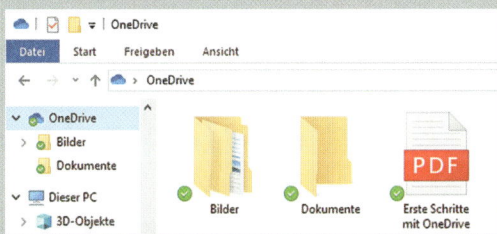

8.2   Eine Datei speichern

Mit vielen Apps können Sie Daten eingeben, zum Beispiel mit WordPad Text schreiben. Damit dieser dauerhaft erhalten bleibt, müssen Sie Ihre Eingaben speichern.

Eigentlich rechnet Windows zum Dateinamen den Speicherort (Laufwerksbuchstabe und Ordnernamen) hinzu, sodass deutlich weniger Zeichen für den eigentlichen Namen der Datei zur Verfügung stehen.

Es spielt keine Rolle, mit welcher App Sie speichern, der Ablauf beim Speichern ist immer gleich: Sie müssen einen Namen für die Datei angeben und einen Speicherort wählen.

Für Dateinamen gelten folgende Regeln:
- Der Dateiname muss eindeutig sein und darf am selben Speicherort nicht bereits anderweitig vergeben sein.

- Ein Dateiname darf bis zu 255 Zeichen lang sein. In der Praxis sollten Sie sich jedoch auf kürzere, aussagefähige Namen beschränken.

- Dateinamen dürfen Groß- und Kleinbuchstaben, Ziffern und die meisten Sonderzeichen enthalten. Nur die folgenden Zeichen sind für interne Zwecke reserviert und dürfen nicht verwendet werden: / \ : ? * < > |

Speicherort
- Als Speicherort wählen Sie in der Regel einen Ordner. Dieser kann sich auf der Festplatte, einem Wechseldatenträger (USB-Speicherstift) oder auf *OneDrive* befinden.

- Viele Apps schlagen beim Speichern automatisch einen passenden Ordner vor, z. B. den Ordner *Dokumente* beim Speichern von Text.

Im Standardordner speichern

Nehmen wir als Beispiel an, Sie möchten mit der App WordPad einen Text schreiben und anschließend dauerhaft speichern.

▶ Starten Sie dazu die App *WordPad*. Tippen Sie dann einen beliebigen kurzen Text ein, zum Beispiel Ihr Lieblingsgedicht oder einem Liedtext.

Im nächsten Schritt speichern wir den Text, so gehen Sie dabei vor:

1 Klicken Sie in der linken oberen Ecke des WordPad-Fensters auf das Symbol *Speichern* 💾.

Sie finden die App WordPad am schnellsten, wenn Sie „WordPad" in das Suchfeld der Taskleiste am unteren Bildschirmrand eintippen und anschließend auf WordPad klicken.

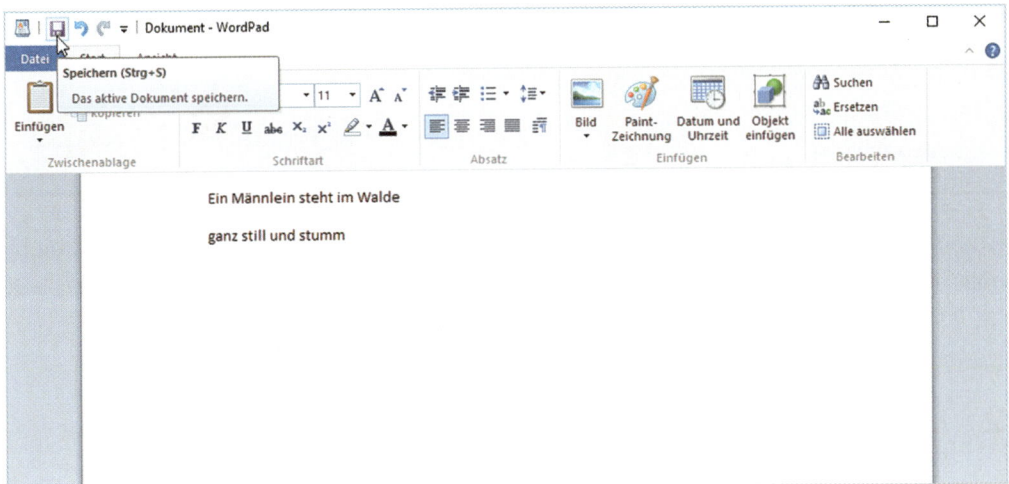

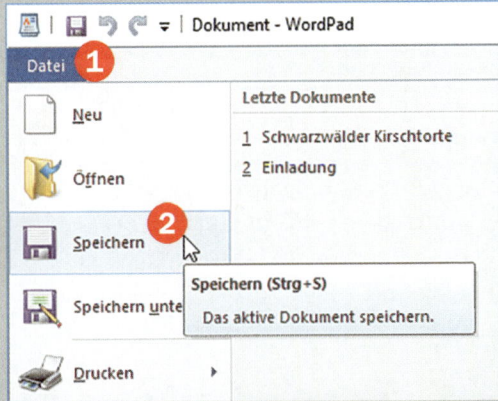

Alternativ klicken Sie auf *Datei* ❶ und auf *Speichern* ❷. Eine weitere Möglichkeit: Drücken Sie zum Speichern die Tastenkombination Strg+S.

Der Ordnerinhalt unterscheidet sich natürlich auf Ihrem Gerät von der Abbildung. Die Elemente des Speichern-Fensters sind dagegen immer gleich.

Da wir mit einem Schreibprogramm Text speichern möchten, wird als passender Ordner meist der Ordner Dokumente automatisch vorgeschlagen.

Der Ordner Dokumente ist bereits auf Ihrem PC vorhanden, er wurde von Windows zusammen mit Ihrem Konto bei der ersten Anmeldung erstellt.

Das Fenster *Speichern unter* ❶ erscheint auf dem Bildschirm.

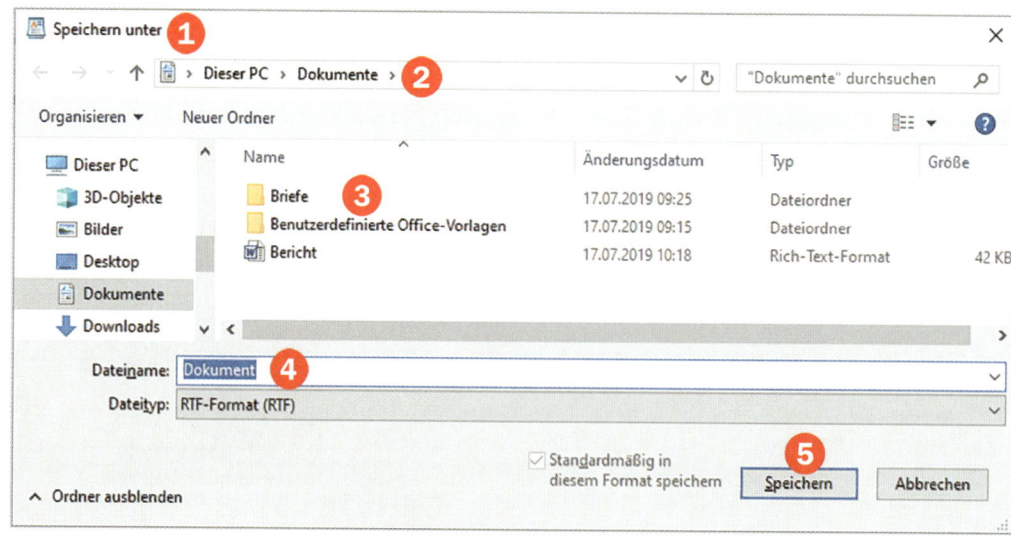

Im Feld unmittelbar unterhalb des Fenstertitels sehen Sie den aktuellen Speicherort ❷. Dieses Feld wird als Adressfeld bezeichnet. *Dieser PC* > *Dokumente* wie im Bild oben bedeutet, Sie haben den Inhalt des Ordners *Dokumente* vor sich und dieser befindet sich auf der Festplatte Ihres Computers (*Dieser PC*).

2 In unserem Beispiel wollen wir den Ordner *Dokumente* als Speicherort beibehalten. Sie brauchen also keinen anderen Ordner auswählen.

Den größten Teil des Speichern-Fensters nimmt der Inhaltsbereich ❸ ein. Hier sehen Sie alle, am ausgewählten Speicherort bereits vorhandenen Dateien und eventuell auch Ordner (im Bild oben den Ordner Briefe).

3   Im Feld *Dateiname* ❹ geben Sie den Namen ein, unter dem die Datei gespeichert werden soll. Manche Apps schlagen bereits einen Dateinamen vor, dann steht hier z. B. *Dokument* oder die ersten Wörter Ihres Textes.

Wenn der Inhalt des Feldes bereits markiert (blau hinterlegt) ist, dann tippen Sie einfach den gewünschten Dateinamen über die Tastatur ein. Der vorhandene Inhalt wird dadurch überschrieben.

Sollte der Feldinhalt nicht markiert sein, so klicken Sie einmal in das Feld. Dadurch wird der hier befindliche Text markiert und kann anschließend durch Tastatureingabe überschrieben werden.

4   Damit sind alle erforderlichen Angaben festgelegt. Klicken Sie zum Abschluss auf *Speichern* ❺.

Das Fenster *Speichern unter* wird automatisch geschlossen und es erscheint keine weitere Meldung. Dass der Text gespeichert wurde, erkennen Sie am Titel des WordPad-Fensters. Hier steht nun der zuvor eingegebene Dateiname.

Hinweis: Möglicherweise ist im Fenster *Speichern unter* der Ordnerinhalt ausgeblendet. Damit der Inhalt angezeigt wird, klicken Sie auf *Ordner durchsuchen* ❻.

Der Dateityp im Feld darunter ist bereits vorgegeben, hier sind keine Änderungen erforderlich.

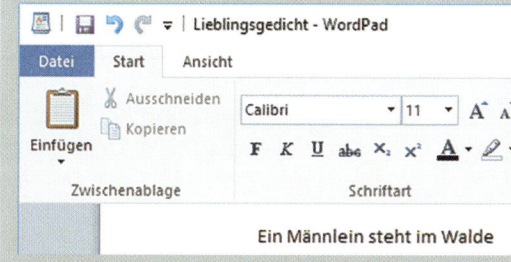

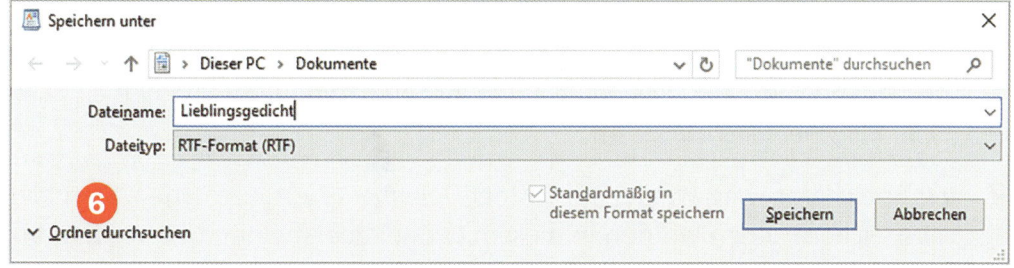

Achtung!

Speichern Sie regelmäßig!

Nach dem Speichern können Sie mit der Eingabe fortfahren. Wenn Sie zwischendrin den aktuellen Stand speichern möchten, dann klicken Sie einfach wieder auf das Symbol *Speichern* 🔖, am besten in regelmäßigen Abständen.

> Beim ersten Speichern hat die Datei einen Namen erhalten und Sie haben einen Speicherort festgelegt. Diese Angaben werden also beim späteren Speichern der Datei nicht mehr benötigt, daher erscheint das Fenster *Speichern unter* dann nicht mehr. Ihre Änderungen werden aber trotzdem gespeichert.

Beim Speichern einen Ordner anlegen

Wenn Sie häufig Texte schreiben und im Ordner *Dokumente* speichern, dann dürfte dieser mit der Zeit sehr voll und unübersichtlich werden. In diesem Fall sollten Sie Ordner anlegen und beim Speichern dort die Dateien entsprechend ablegen. Nehmen wir an, Sie haben den Schriftverkehr Ihres Vereins übernommen. Dann ist es sinnvoll, alle Texte in Zusammenhang mit dem Verein in einem gesonderten Ordner zu speichern. Ein Beispiel: Sie haben eine Einladung zur Weihnachtsfeier geschrieben und möchten diese nun speichern. So gehen Sie vor:

1 Klicken Sie in WordPad auf das Symbol *Speichern* 🔖 und geben Sie, wie oben beschrieben, im Feld *Dateiname* einen aussagefähigen Dateinamen ein, z. B. *Einladung Weihnachtsfeier* ❶.

2 Als Speicherort wird wieder der Ordner *Dokumente* vorgeschlagen. Statt hier zu speichern, legen wir nun in diesem Ordner zuerst einen Unterordner an. Klicken Sie auf *Neuer Ordner* ❷.

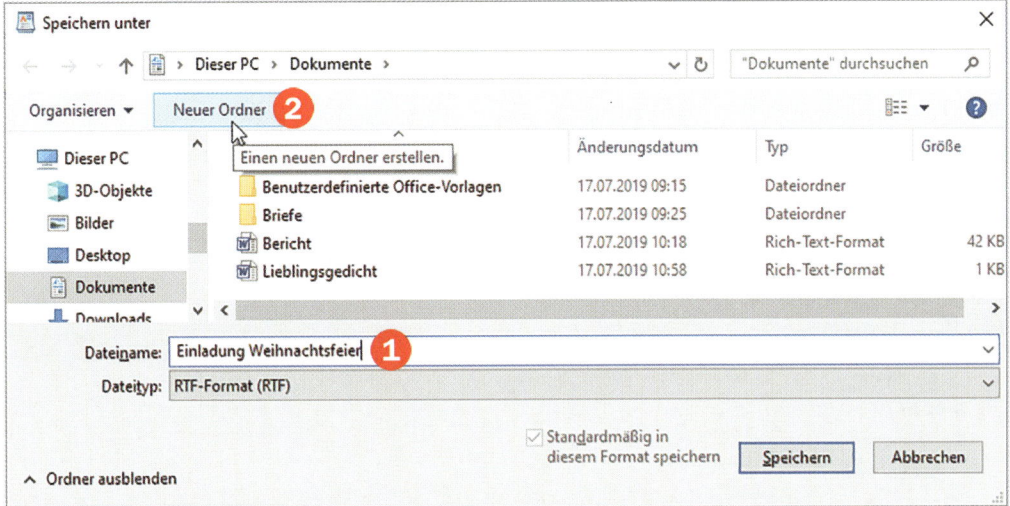

Der neue Ordner wird sofort im Inhaltsbereich des Fensters angezeigt, sein Name *Neuer Ordner* erscheint in einem kleinen Eingabefeld und ist markiert ❸.

3 Tippen Sie den Namen des Ordners über die Tastatur ein. Der vorhandene Name wird dadurch überschrieben ❹.

4 Schließen Sie die Eingabe mit Drücken der Eingabetaste ab oder klicken Sie an eine beliebige freie Stelle des Speichern-Fensters.

Der Ordner ist nun angelegt. Damit Sie in diesem Ordner speichern können, müssen Sie ihn im nächsten Schritt öffnen:

Tipp: Schneller geht das Öffnen mit Doppelklick auf das Ordnersymbol.

5   Klicken Sie auf das Symbol des soeben angelegten Ordners *Verein* **5** und klicken Sie auf die Schaltfläche *Öffnen* **6**.

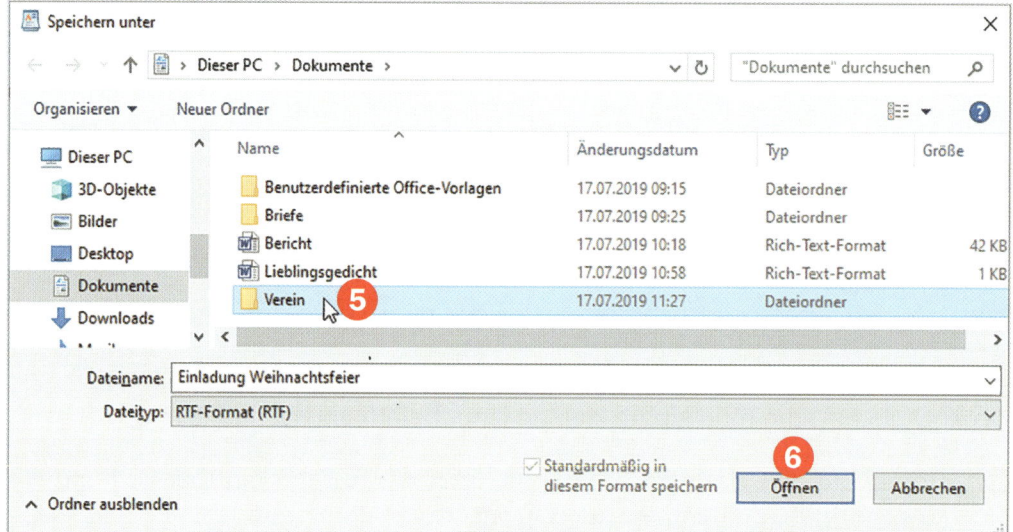

6   Da der Ordner erst angelegt wurde, ist der Inhaltsbereich noch leer **7**. Klicken Sie auf Speichern **9**.

> Ob es sich um den richtigen Ordner handelt, erkennen Sie bei einem Blick in das Adressfeld **8** unterhalb des Fenstertitels. *Dieser PC > Dokumente > Verein* bedeutet, Sie haben den Inhalt des Ordners *Verein* vor sich. Dieser befindet sich im Ordner *Dokumente* auf der Festplatte Ihres PCs.

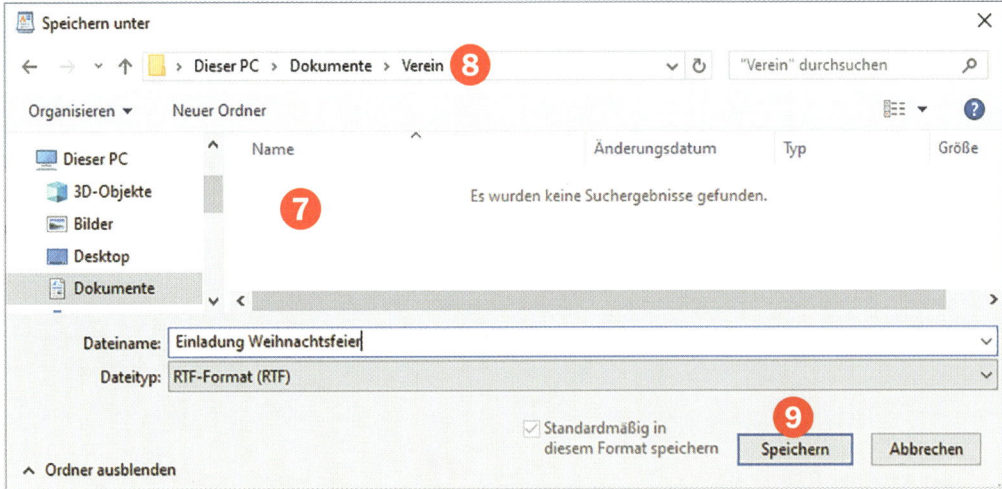

Falls Sie versehentlich den falschen Ordner geöffnet haben, dann gelangen Sie auf folgenden Wegen schnell wieder zurück zum Ausgangsordner, in diesem Fall *Dokumente*:

- Klicken Sie im Adressfeld auf den Namen des übergeordneten Ordners, in unserem Beispiel *Dokumente*.

- Oder klicken Sie links vom Adressfeld auf den nach oben weisenden Pfeil.

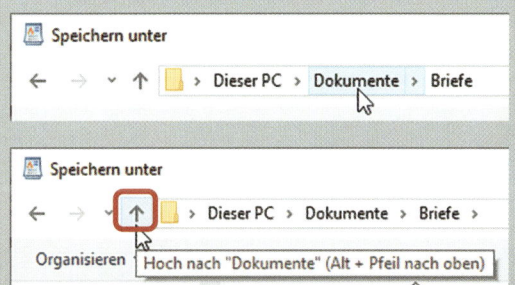

Speicherort über die Navigationsleiste auswählen

Nicht bei jedem Speichern benötigen Sie auch einen neuen Ordner. Sie können außer dem vorgeschlagenen Ordner, hier *Dokumente*, auch jeden anderen Ordner als Speicherort wählen. Dann erfolgt die Auswahl am einfachsten über die Naviga-

Meist sind nicht alle Elemente auf einem Blick sichtbar, auch zu erkennen an der Bildlaufleiste ❷. Dann müssen Sie den sichtbaren Ausschnitt verschieben:

Zeigen Sie mit der Maus in die Navigationsleiste und drehen Sie das Mausrädchen.

Beachten Sie außerdem, dass die Navigationsleiste nur Laufwerke und Ordner, aber keine Dateien anzeigt.

tionsleiste ❶ des Speichern-Fensters. Hier haben Sie Zugriff auf alle verfügbaren Speicherorte, einschließlich OneDrive.

Die Navigationsleiste gliedert sich in verschiedene Abschnitte. Die zum jeweiligen Abschnitt gehörenden Ordner befinden sich etwas eingerückt unmittelbar unterhalb, beispielsweise die zu OneDrive gehörenden Ordner *Bilder* und *Dokumente* ❸ im Bild unten.

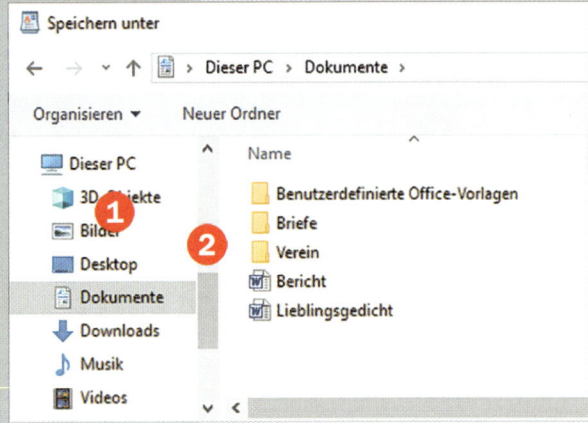 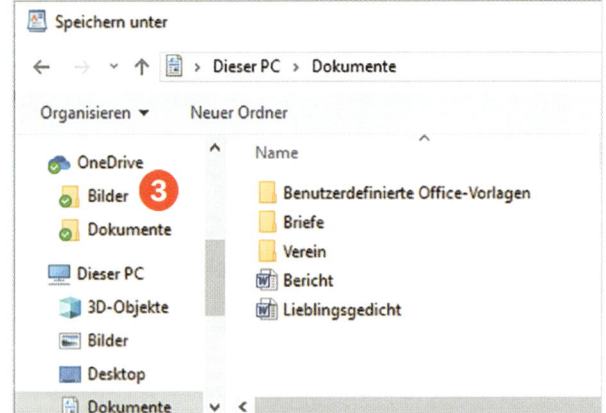

Die Navigationsleiste umfasst die folgenden Abschnitte:

- Der *Schnellzugriff* fasst häufig verwendete Speicherorte zusammen. Standardmäßig sind dies die Ordner *Dokumente*, *Bilder* und *Downloads*. Weitere Speicherorte können individuell hinzugefügt werden.

- Unter *OneDrive* erhalten Sie Zugriff auf Ihre Daten in der Cloud (Internet), allerdings nur, wenn Sie mit einem Microsoft-Konto angemeldet sind.

- Der wichtigste Abschnitt, *Dieser PC*, fasst alle persönlichen Ordner des Benutzers und alle Laufwerke zusammen, die sich im Gerät befinden oder daran angeschlossen sind, beispielsweise USB-Speicherstifte. Die Festplatte erkennen Sie am Laufwerksbuchstaben und am Namen *Lokaler Datenträger*. Ebenfalls am Buchstaben erkennen Sie weitere angeschlossene Laufwerke, z. B. USB-Speicherstift im Bild rechts.

- Über *Netzwerk* haben Sie eventuell Zugriff auf zentrale freigegebene Laufwerke und Ordner innerhalb einer Firma.

Wenn Sie mit der Maus in die Navigationsleiste zeigen, dann erscheinen links von einigen Symbolen kleine Pfeile. Ein solcher Pfeil bedeutet, der Abschnitt, das Laufwerk oder der Ordner enthält weitere Elemente. Es gilt:

- Ein nach rechts weisender Pfeil signalisiert, alle dazugehörigen Elemente sind ausgeblendet. Ein Klick auf den Pfeil blendet diese ein.

- Ein nach unten weisender Pfeil bedeutet, die dazugehörigen Elemente sind unterhalb und etwas eingerückt sichtbar und können per Mausklick auf den Pfeil wieder ausgeblendet werden.

Übersicht: Sie möchten ...

- Unterordner anzeigen: Klicken Sie auf den nach rechts weisenden Pfeil.

- Unterordner ausblenden: Klicken Sie auf den nach unten weisenden Pfeil.

- Inhalt (Dateien) im Inhaltsbereich anzeigen: Klicken Sie auf den Namen oder das Symbol des Ordners oder Laufwerks.

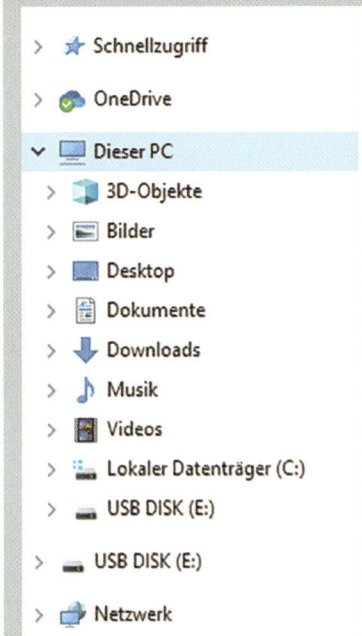

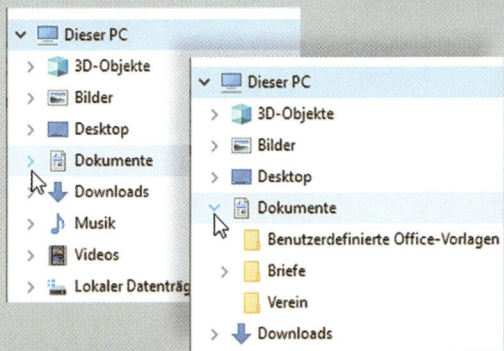

Beispiel: Den Ordner Verein über die Navigationsleiste auswählen

Klicken Sie in WordPad auf das Symbol *Speichern* 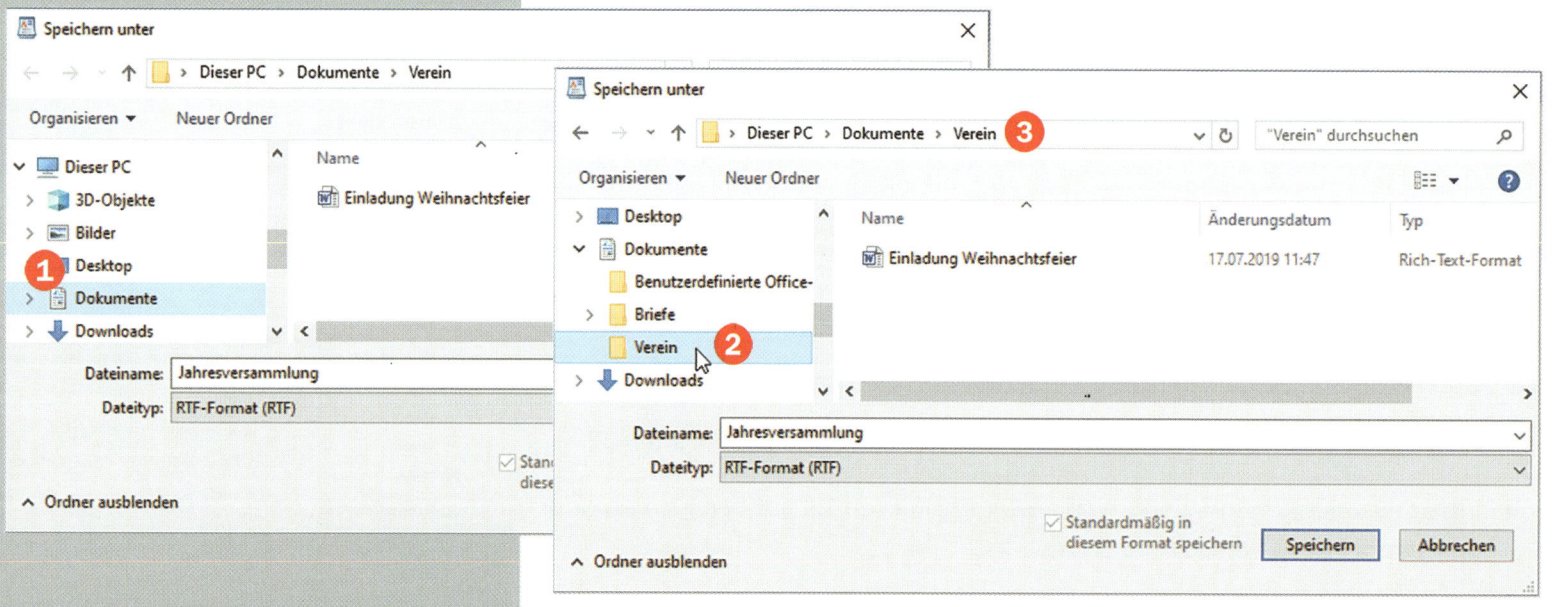 und geben Sie einen Datei-namen ein.

1   Scrollen Sie in der Navigationsleiste, bis *Dieser PC* mit dem Ordner *Dokumente* sichtbar wird. Klicken Sie dann links vom Ordner *Dokumente* auf den nach rechts weisenden Pfeil ❶. Unterhalb und eingerückt werden jetzt die hier befindlichen Ordner angezeigt ❷.

Sollten die Elemente von *Dieser PC* ausgeblen-det sein, so klicken Sie zuerst links von *Dieser PC* auf den Pfeil.

2   Klicken Sie auf den Ordner *Verein*. Damit wird im Inhaltsbereich der Inhalt die-ses Ordners sichtbar. Gleichzeitig sehen Sie im Adressfeld ❸ den Namen des Ordners. Wenn dies der gewünschte Ordner ist, so klicken Sie auf *Speichern*.

Beim Beenden speichern

Wenn Sie eine App, z. B. Word oder WordPad, beenden und Ihre letzten Änderungen noch nicht gespeichert wurden, dann erscheint vor dem eigentlichen Beenden die Rückfrage, ob Sie Änderungen speichern möchten.

▶ Damit die App beendet werden kann, müssen Sie entweder auf *Speichern* oder *Nicht speichern* klicken.

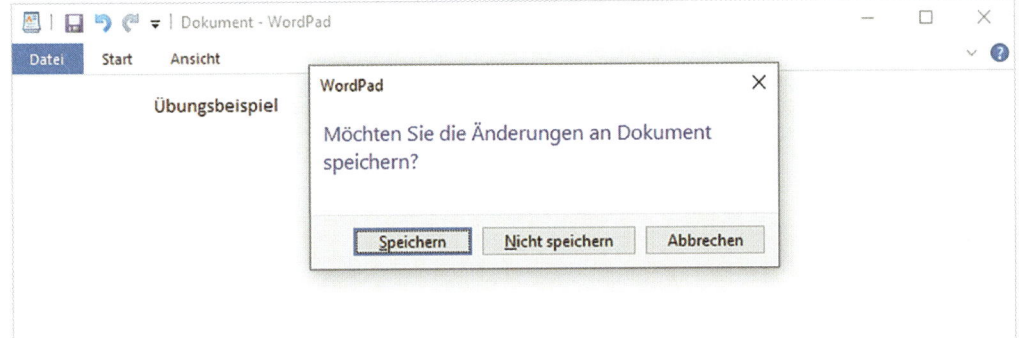

Abbrechen bedeutet hier, Sie brechen das Beenden der App ab. In diesem Fall passiert also überhaupt nichts. Die App wird nicht beendet und es wird auch nicht gespeichert.

Diese Meldung erscheint auch, wenn ein neues Dokument überhaupt noch nicht gespeichert wurde. Klicken Sie in diesem Fall auf *Speichern*, so erscheint das Fenster *Speichern unter* und Sie können die Datei, wie oben beschrieben, speichern.

> Wenn dagegen beim Beenden keine Aufforderung zum Speichern erscheint, dann bedeutet dies, dass alle Änderungen bereits gespeichert sind oder dass das Dokument leer ist bzw. keine Änderungen erfolgt sind.

Manchmal erscheint allerdings auch bei einem leeren Dokument die Frage, ob Sie speichern möchten. Dann können Sie beruhigt auf *Nicht speichern* klicken.

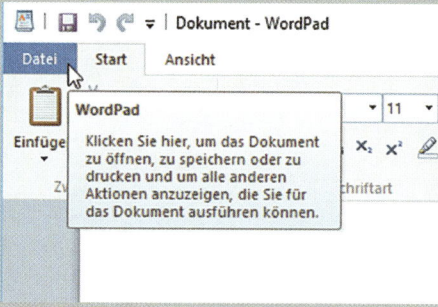

8.3   Dateien öffnen

Sie möchten mit WordPad eine gespeicherte Datei wieder auf den Bildschirm holen und weiter bearbeiten? Die Vorgehensweise beim Öffnen unterscheidet sich nur wenig vom Speichern.

1   Starten Sie WordPad und klicken Sie links oben auf *Datei* ❶.

2   Befindet sich der gesuchte Text in der Liste *Letzte Dokumente* ❷, so genügt zum Öffnen ein Mausklick auf den Dateinamen.

3   Wenn die letzte Bearbeitung länger zurückliegt, dürfte die Datei hier nicht mehr aufgeführt sein. Dann klicken Sie stattdessen auf *Öffnen* ❸.

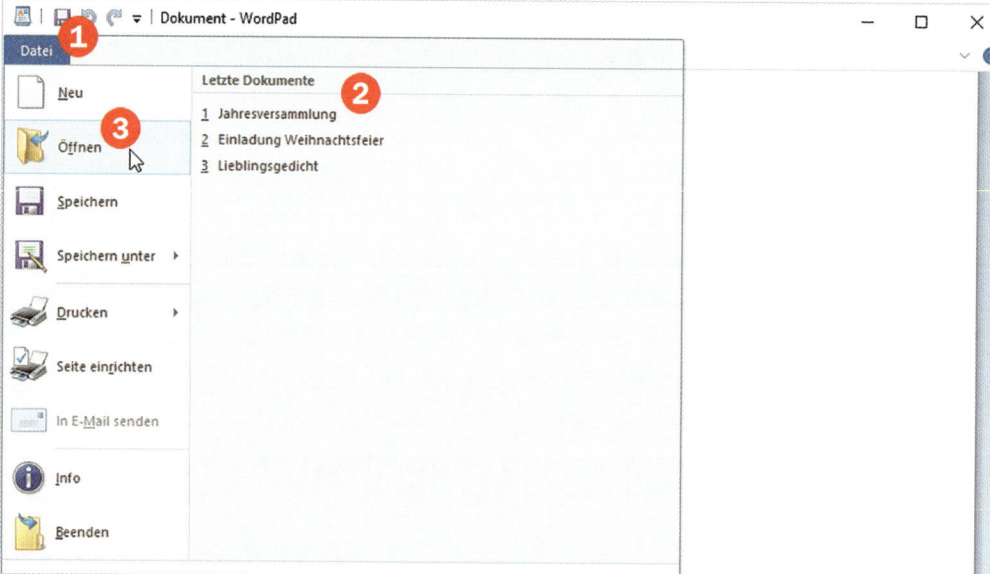

4 Das Fenster *Öffnen* ❹ erscheint. Wie beim Speichern ist meist der passende persönliche Ordner bereits ausgewählt und dessen Inhalt sichtbar, beim Beispiel WordPad ist dies der Ordner *Dokumente*.

5 Wenn sich die gesuchte Datei hier befindet, dann klicken Sie im Inhaltsbereich auf den Dateinamen ❺. Dieser erscheint nun im Feld *Dateiname* und braucht im Gegensatz zum Speichern nicht eingegeben werden.

6 Klicken Sie dann auf *Öffnen* ❻.

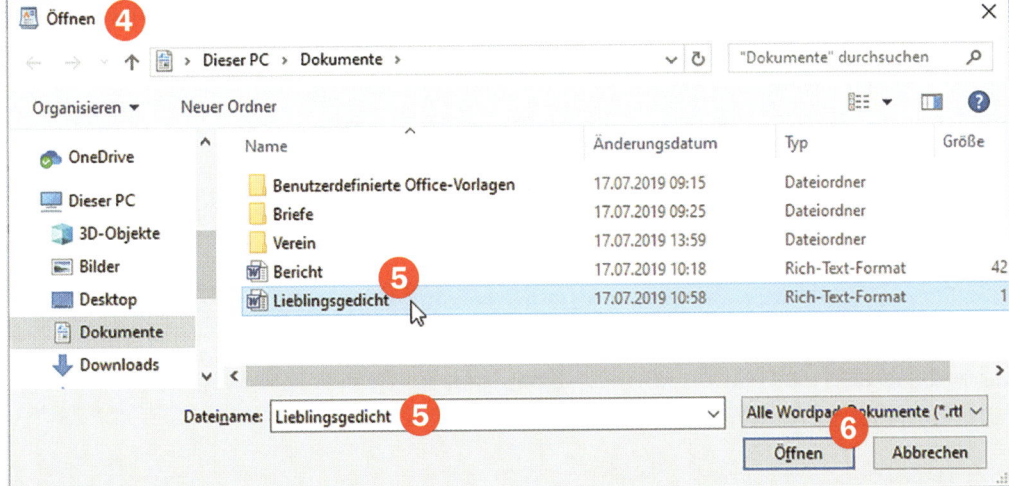

Tipp: Auch hier können Sie die Datei mit Doppelklick auf das Dateisymbol schneller öffnen.

Achtung: Bis auf den Titel ❹ unterscheidet sich das Fenster *Öffnen* nur wenig vom Fenster *Speichern unter*. Sie dürfen also die beiden Fenster nicht verwechseln!

Falls sich die gesuchte Datei in einem Unterordner des Ordners *Dokumente* befindet, dann müssen Sie zuvor diesen Ordner öffnen: entweder im Inhaltsbereich mit Doppelklick auf das Ordnersymbol oder über die Navigationsleiste. Hier genügt ein einfacher Mausklick auf das Symbol.

Falls sich der gesuchte Ordner an einem völlig anderen Ort befindet, dann benutzen Sie zur Auswahl wieder die Navigationsleiste. Die genaue Vorgehensweise wurde bereits auf Seite 269 in Zusammenhang mit dem Speichern beschrieben.

> Es gibt noch eine weitere Methode, wie Sie eine Datei öffnen können, nämlich aus dem Datei-Explorer heraus. Näheres hierzu erfahren Sie ab Seite 287.

8.4   Im Datei-Explorer arbeiten

Das Symbol des Datei-Explorers.

Sollte sich das Symbol Explorer nicht in der Taskleiste befinden, können Sie ihn auch über das Suchfeld suchen.

Der *Datei-Explorer* von Windows, kurz auch *Explorer* genannt, ist eine App, in der Sie nicht nur einen Überblick über Laufwerke, Dateien und Ordner erhalten, sondern diese auch verwalten können. Dazu gehört zum Beispiel das Kopieren, Verschieben oder Löschen von Dateien.

Den Explorer starten

▶ Klicken Sie in der Taskleiste am unteren Bildschirmrand auf das Explorer-Symbol  (standardmäßig hier enthalten).

▶ Oder drücken Sie die Tastenkombination Windows+E.

Die Elemente des Explorer-Fensters

Betrachten wir zunächst das Umfeld des Explorers genauer. Einige Elemente dürften Sie bereits vom Speichern und Öffnen von Dateien her kennen.

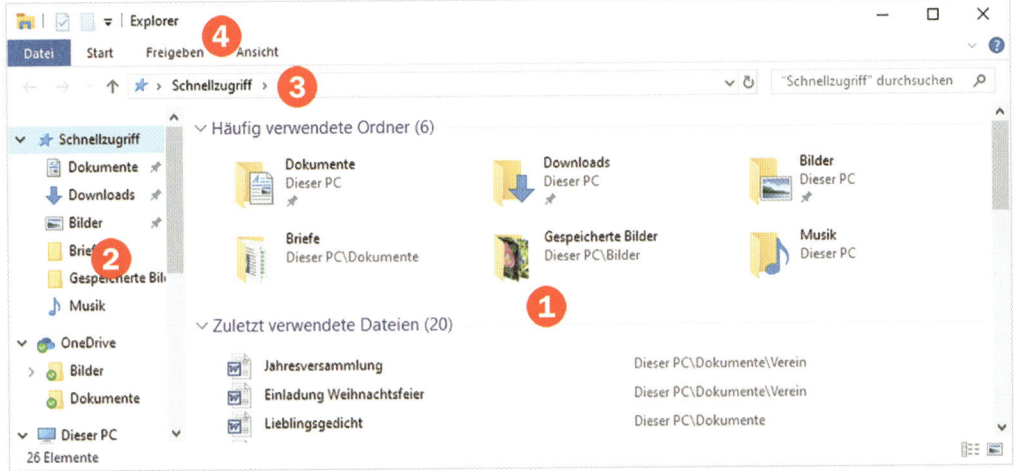

- Den größten Teil des Explorer-Fensters nimmt der Inhaltsbereich ❶ ein. Hier werden alle Elemente des ausgewählten Speicherortes angezeigt, nach dem Start des Explorers ist dies standardmäßig der Schnellzugriff mit allen zuletzt verwendeten Dateien und Ordnern. Der Name des aktuellen Speicherortes ist in der Adressleiste bzw. im Adressfeld sichtbar ❸.

- Die linke Spalte des Explorers ❷, die Navigationsleiste, dient zur Navigation zwischen den verschiedenen Speicherorten.

- Die Befehle des Explorers finden Sie im Menüband ❹. Allerdings sind hier meist nur die Namen der Registerkarten sichtbar.

Die verfügbaren Register sind davon abhängig, welcher Speicherort gerade ausgewählt ist. So erscheint zum Beispiel das zusätzliche Register *Bildtools - Verwalten* nur dann, wenn der Inhalt eines Bilderordners angezeigt wird.

Tipp: Auch ein Doppelklick auf einen Reiter blendet das Menüband dauerhaft und wesentlich schneller aus und wieder ein!

Das Menüband des Explorers im Griff

Das Menüband enthält alle Befehle des Explorers. Zusammengehörige Befehle sind in Registern, z. B. *Ansicht*, zusammengefasst.

Meist sind vom Menüband nur die Reiter mit den Registernamen sichtbar, wie im Bild auf Seite 277. Die dazugehörigen Symbole erscheinen erst, wenn Sie auf einen Reiter klicken ❶, z. B. *Start*, und verschwinden sofort wieder, nachdem Sie auf eine Schaltfläche oder eine beliebige andere Stelle geklickt haben.

▶ Soll das Menüband dauerhaft vollständig sichtbar sein, so klicken Sie mit der Maus auf das kleine Symbol am rechten Rand ❷, je nach Anzeige kann dies ein Pin-Symbol oder ein Pfeil sein. Ein weiterer Mausklick an dieser Stelle reduziert die Anzeige wieder.

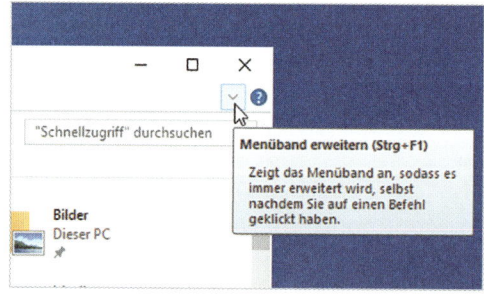
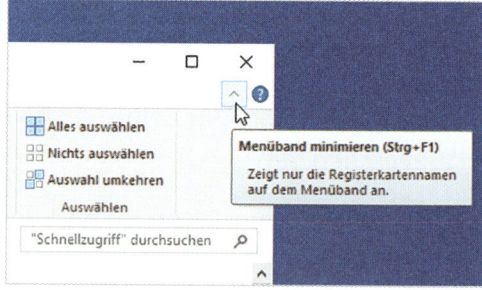

Symboldarstellung im Inhaltsbereich

Der Explorer verfügt über mehrere Ansichten, mit denen Sie Größe und Anordnung der Symbole im Inhaltsbereich ändern können. Diese Ansichten finden Sie im Menüband, Register *Ansicht* im Feld *Layout* ❶. Sollten hier nicht alle verfügbaren Ansichten Platz finden, so klicken Sie auf den kleinen Pfeil ❷, um das gesamte Feld auf einen Blick zu öffnen. Am besten testen Sie die Ansichten selbst der Reihe nach und verwenden dann diejenige Ansicht, mit der Sie am besten zurechtkommen. Als Beispiel in den Abbildungen unten sehen Sie den Ordner *Bilder* mit den Ansichten *Große Symbole* (links) und *Details* ❸ (rechts).

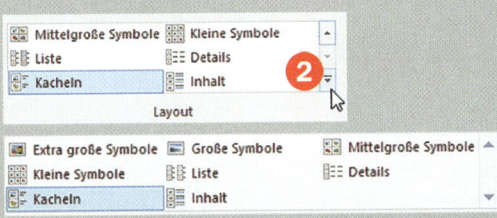

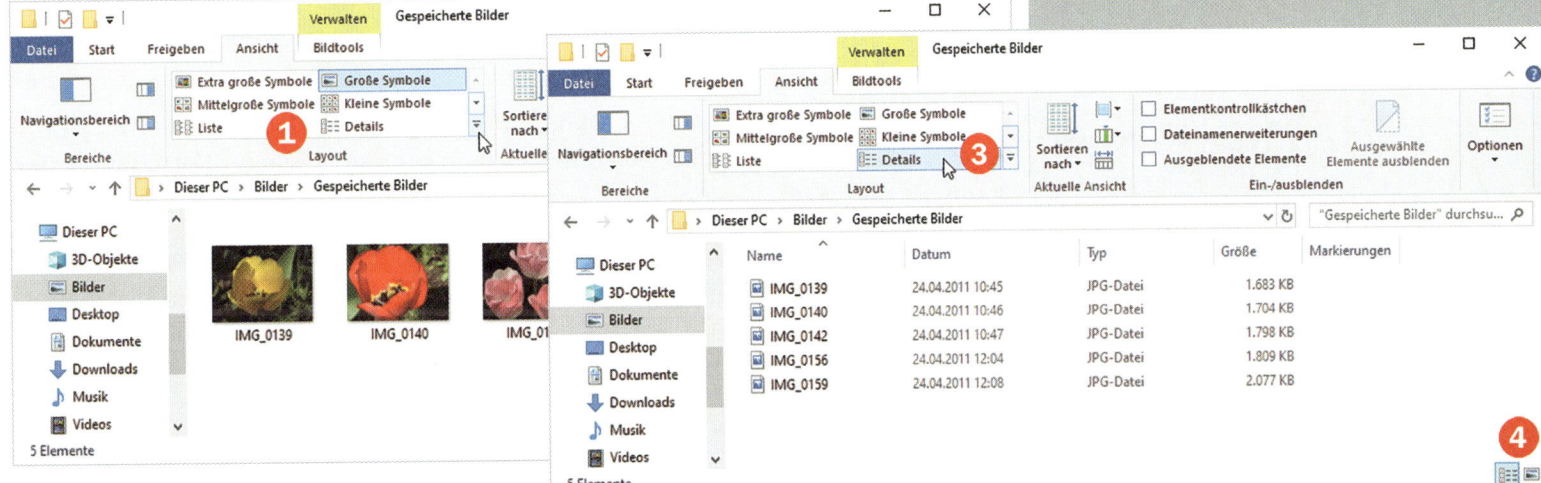

Tipp: Die Symbole der zwei wichtigsten Ansichten, nämlich *Details* und *Große Symbole*, finden Sie zusätzlich in der rechten unteren Ecke des Explorer-Fensters ❹.

Wenn Sie mit der Maus auf eine Ansicht zeigen, so erhalten Sie im Inhaltsbereich eine Vorschau. Erst mit einem Klick wird die Ansicht übernommen.

Die gewählte Ansicht gilt, falls keine anderen Einstellungen festgelegt wurden, standardmäßig immer nur für den aktuellen Ordner bzw. Speicherort. Windows „merkt" sich für jeden Ordner die zuletzt verwendete Ansicht, so dass Sie, z. B. in einem Ordner mit Urlaubsfotos, beim Anzeigen immer dieselbe Ansicht vorfinden. Nicht jede Ansicht eignet sich für jeden Ordnerinhalt. Sie können also jedem Ordner seine Ansicht zuweisen und so die Vorteile jeder Ansicht nutzen.

- Mit derselben Schaltfläche schalten Sie das Vorschaufenster wieder aus, wenn es nicht mehr benötigt wird.

- Das Vorschaufenster ist eigentlich nur eine weitere Spalte des Datei-Explorers. Die Trennlinien können Sie mit der Maus beliebig verschieben und so die Breite ändern.

- Eine Bearbeitung des Inhalts ist im Vorschaufenster natürlich nicht möglich, dazu müssen Sie die Datei öffnen.

Vorschau auf den Dateiinhalt anzeigen

Mit den Ansichten *Extra große*, *Große* und *Mittelgroße Symbole* erhalten Sie nur bei Bildern eine Vorschau auf den Inhalt. Enthält eine Datei dagegen beispielsweise Text, so wird nur das Symbol vergrößert. Dann benutzen Sie das Vorschaufenster, wenn Sie ohne Öffnen einen Blick auf den Inhalt werfen möchten.

▶ Klicken Sie im Menüband auf das Register *Ansicht* und hier auf *Vorschaufenster* ❶. Klicken Sie dann auf eine Datei ❷, um rechts eine Vorschau zu erhalten.

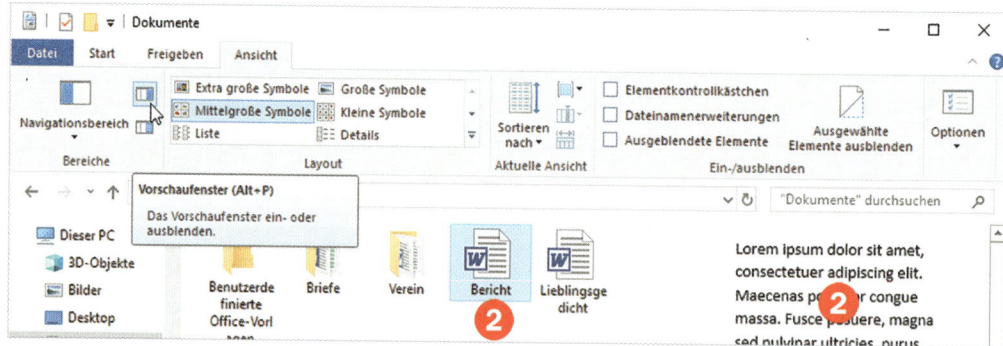

Ordnerinhalte sortieren

Standardmäßig werden im Inhaltsbereich die Inhalte nach Namen aufsteigend sortiert angezeigt. Dateien und Ordner bilden je eine getrennte Gruppe. Zur Orientierung und zum schnellen Auffinden einer bestimmten Datei kann es sinnvoll sein, eine andere Sortierung, zum Beispiel nach Änderungsdatum, zu verwenden.

1 Klicken Sie im Menüband auf das Register *Ansicht* und auf die Schaltfläche *Sortieren nach* ❶.

2 Es öffnet sich eine Liste weiterer Dateimerkmale ❷. Klicken Sie auf das gewünschte Sortierkriterium, z. B. *Änderungsdatum*.

Tipp: In der Ansicht *Details* brauchen Sie zum Sortieren nur auf die Überschrift der betreffenden Spalte klicken. Die aktuelle Sortierung und Sortierrichtung erkennen Sie am Pfeil oberhalb der Spaltenüberschrift.

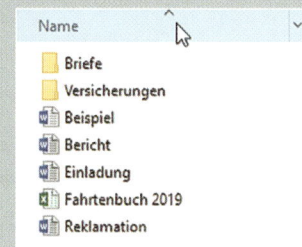

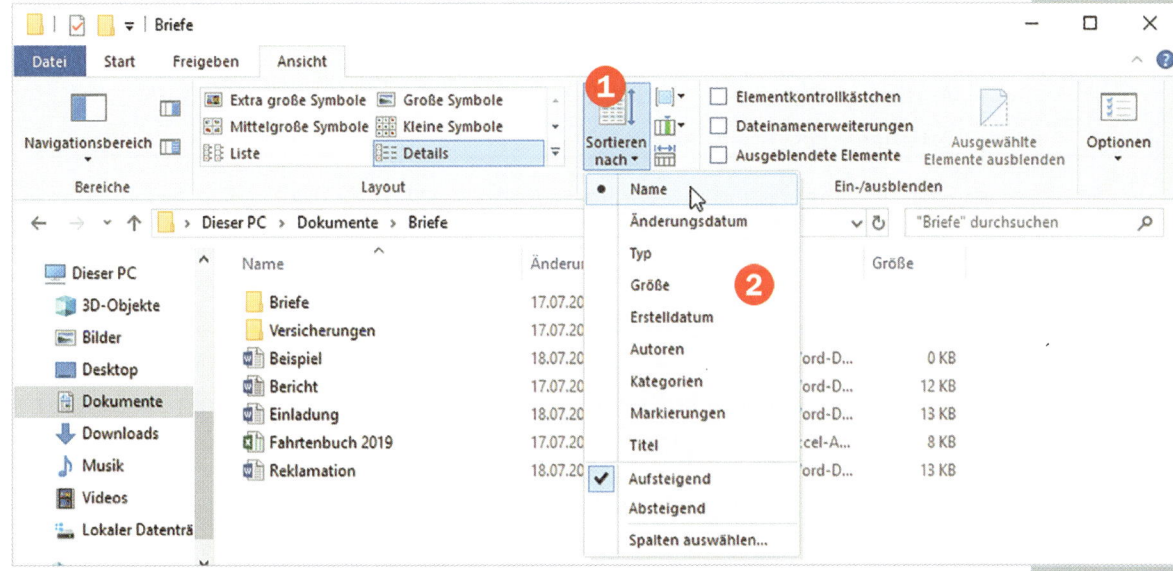

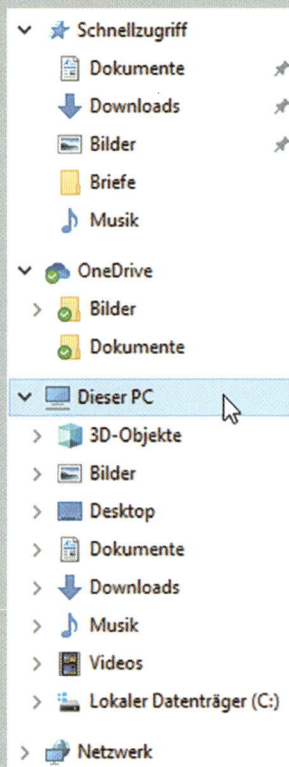

8.5   Inhalte von Ordnern und Laufwerken anzeigen

Über die Navigationsleiste des Explorers haben Sie Zugriff auf alle Speicherorte Ihres PCs, also auch auf *OneDrive*, wenn Sie mit einem Microsoft-Konto angemeldet sind. Dabei gilt:

- Ein nach rechts weisender Pfeil links vom Symbol bedeutet, dieses Element enthält weitere Elemente, zum Beispiel Unterordner.

- Ein nach unten weisender Pfeil signalisiert, dass die untergeordneten Elemente unterhalb und etwas eingerückt sichtbar sind.

- Jeweils ein Mausklick auf den Pfeil blendet untergeordnete Elemente ein bzw. aus.

- **Achtung:** Die Pfeile werden erst sichtbar, wenn sich der Mauszeiger in der Navigationsleiste befindet.

- Ein Klick direkt auf das jeweilige Symbol zeigt den Inhalt des Speicherortes im Inhaltsbereich an.

> **Beachten Sie noch Folgendes:**
> Die Navigationsleiste enthält keine Dateien, sondern ausschließlich Laufwerke und Ordner. Diese sind automatisch nach Namen sortiert und die Sortierung kann hier nicht geändert werden.
>
> Die persönlichen Ordner *Dokumente*, *Bilder*, *Musik*, *Downloads* und *Videos* werden hier mit etwas anderen Symbolen anstatt der üblichen gelben Ordnersymbole dargestellt.

Navigation über die Adressleiste

Die Adressleiste des Explorers zeigt nicht nur den aktuellen Speicherort an, sie weist ganz links auch einige Symbole zur Navigation auf.

- Mit dem Pfeil *Zurück* **1** gelangen Sie zurück an den zuletzt angezeigten Speicherort. Sie können hier auch mehrmals klicken.

- Der Pfeil *Vorwärts* **2** bringt Sie wieder zu dem Speicherort, den Sie zuvor mit *Zurück* verlassen haben.

- Ein Klick auf den nach unten weisenden Pfeil **3** öffnet eine Liste aller, seit dem Öffnen des Explorers besuchten Speicherorte.

- Mit dem nach oben weisenden Pfeil **4** gelangen Sie zum übergeordneten Speicherort, im Bild oben ist dies der Ordner *Dokumente*.

Auch das Adressfeld kann zur Navigation benutzt werden:

▶ Klicken Sie rechts von einem übergeordneten Ordner auf den kleinen Pfeil, beispielsweise neben *Dokumente*, so erscheinen alle dazugehörigen Elemente. Klicken Sie dann auf den gewünschten Speicherort.

Sie sehen den aktuellen Speicher auch in der Adressleiste **3** und der Titelleiste **4** des Explorer-Fensters.

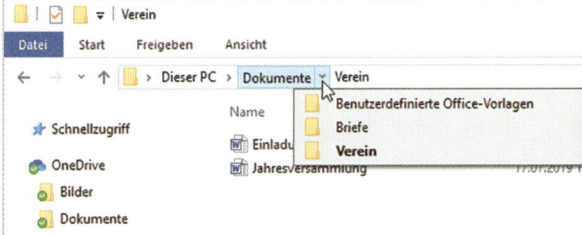

Der rückwärts gewandte Schrägstrich wird als „Backslash" bezeichnet. Zur Eingabe benutzen Sie auf der Tastatur die Tasten Alt Gr + ß.

> **Was ist ein Dateipfad?**
> Als Datei- oder Suchpfad bezeichnet man die genaue Beschreibung, wo eine Datei zu finden ist. Laufwerksbuchstabe, Ordner- und Dateiname werden mit einem rückwärts gewandten Schrägstrich getrennt. Befindet sich zum Beispiel die Datei „Tagebuch" auf dem USB-Stick mit dem Buchstaben E: im Ordner Sonstiges, dann lautet der Pfad: E:\Sonstiges\Tagebuch.

Externe Speicher sind z. B. CD/DVD, USB-Speicherstift, eine zusätzliche externe Festplatte oder die Speicherkarte Ihrer Kamera bzw. die Kamera selbst.

Inhalte von externen Speichermedien anzeigen

Sobald ein weiterer Speicher am PC angeschlossen wird, erscheint dieser im Explorer als Laufwerk und Sie können über die Navigationsleiste auf dessen Inhalt zugreifen. Der Umgang mit Ordnern und Dateien ist immer gleich, egal ob sich diese auf der eingebauten Festplatte oder auf einem externen Speicher befinden.

Wurde ein eingelegter oder angeschlossener Speicher erkannt, so erscheint er in der Navigationsleiste unter *Dieser PC* mit seiner Bezeichnung und einem automatisch zugewiesenen Laufwerksbuchstaben, gefolgt von einem Doppelpunkt :. Im Bild unten hat beispielsweise eine CD den Buchstaben D: und ein USB-Speicherstift den Buchstaben E: erhalten.

▶ Klicken Sie in der Navigationsleiste auf das Laufwerksymbol ❶, hier *USB-Disk(E:)*, um dessen Inhalt im Inhaltsbereich anzuzeigen ❷.

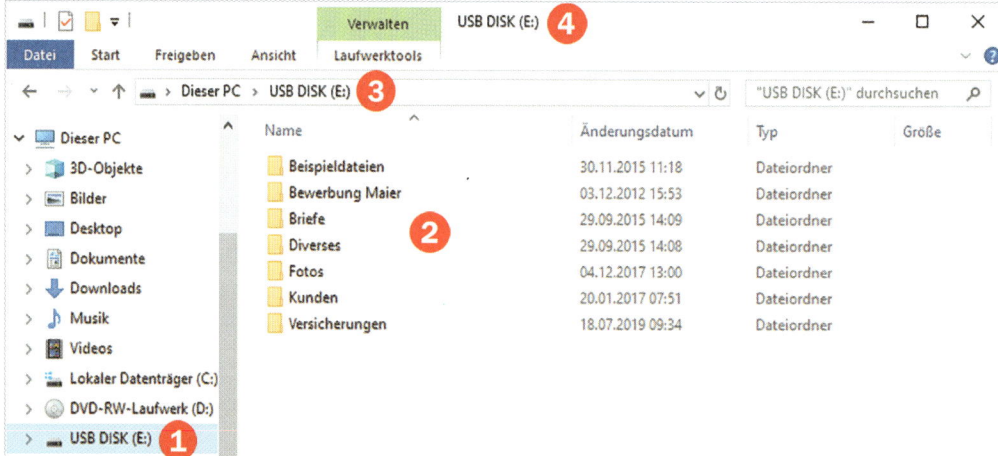

Datenträger abmelden

Externe Speicher wie USB-Speicherstift und externe Festplatte dürfen nicht während eines Schreib- oder Lesevorgangs entnommen werden, da sonst in vielen Fällen der Datenträger anschließend nicht mehr gelesen werden kann. Datenverlust ist die Folge. Um dies zu vermeiden, sollten Sie vor der Entnahme jeden Datenträger abmelden. So gehen Sie vor:

1 Bei angeschlossenen USB-Speichermedien erscheint im Infobereich der Taskleiste das Symbol *Hardware sicher entfernen und Medium auswerfen* 🔌 ❶. Eventuell müssen Sie auch zum Anzeigen dieses Symbols auf den nach oben weisenden Pfeil ❷ klicken.

2 Klicken Sie auf das Symbol 🔌.

3 Klicken Sie auf das abzumeldende Laufwerk ❸. Sind mehrere externe Speicher angeschlossen, so erscheinen diese hier ebenfalls.

Abschließend erscheint die Meldung, dass der Speicher jetzt entfernt werden kann. Falls der Speicher noch verwendet wird, erhalten Sie ebenfalls eine entsprechende Meldung. In diesem Fall müssen Sie zuerst die App beenden, mit der eine Datei auf dem Speicher noch geöffnet ist.

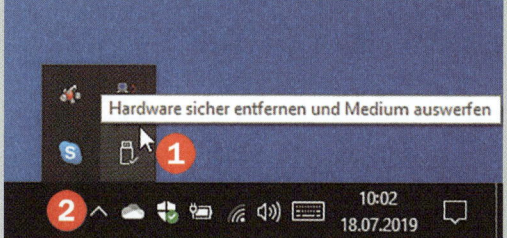

CD und DVD müssen nicht abgemeldet werden und erscheinen daher hier nicht.

Nach dem Abmelden verschwindet das Symbol *Hardware sicher entfernen* aus der Taskleiste.

Beim ersten Mal müssen externe Festplatte und USB-Speicherstift erst mal installiert werden. Dies dauert einige Sekunden, dann ist der Speicher einsatzbereit.

Speicherinhalt beim Anschließen anzeigen

Wenn Sie einen externen Speicher das erste Mal an Ihren Computer anschließen, erscheint in der Regel in der rechten unteren Ecke des Bildschirms eine kurze Meldung ❶, die Sie zur Auswahl einer Aktion für Wechseldatenträger auffordert.

▶ Klicken Sie auf die Meldung.

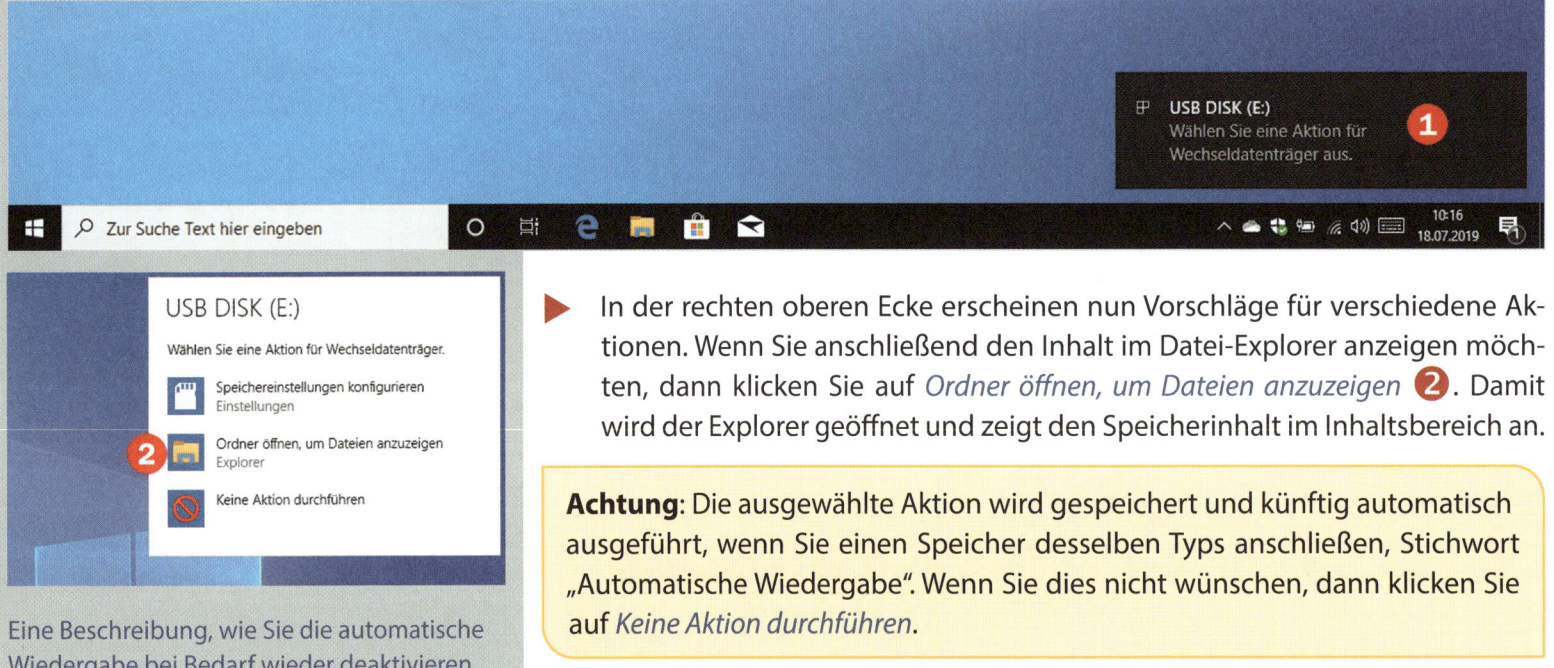

▶ In der rechten oberen Ecke erscheinen nun Vorschläge für verschiedene Aktionen. Wenn Sie anschließend den Inhalt im Datei-Explorer anzeigen möchten, dann klicken Sie auf *Ordner öffnen, um Dateien anzuzeigen* ❷. Damit wird der Explorer geöffnet und zeigt den Speicherinhalt im Inhaltsbereich an.

> **Achtung**: Die ausgewählte Aktion wird gespeichert und künftig automatisch ausgeführt, wenn Sie einen Speicher desselben Typs anschließen, Stichwort „Automatische Wiedergabe". Wenn Sie dies nicht wünschen, dann klicken Sie auf *Keine Aktion durchführen*.

Eine Beschreibung, wie Sie die automatische Wiedergabe bei Bedarf wieder deaktivieren, finden Sie am Ende dieses Kapitels auf Seite 332.

Wenn Sie keine Aktion auswählen bzw. speichern möchten, dann können Sie die Meldung auch einfach ignorieren. Sie verschwindet nach einigen Sekunden automatisch und erscheint dann beim nächsten Anschließen des Speichers erneut.

8.6 Dateien im Explorer öffnen

Nicht nur aus der jeweiligen App heraus, sondern auch im Explorer können Sie Dateien öffnen. Jede Datei wird automatisch mit der dazugehörigen App geöffnet. Die Vorgehensweise ist einfach:

▶ Klicken Sie im Inhaltsbereich des Datei-Explorers zweimal kurz hintereinander (Doppelklick mit der linken Maustaste) auf das Symbol der Datei ❶, die Sie öffnen möchten.

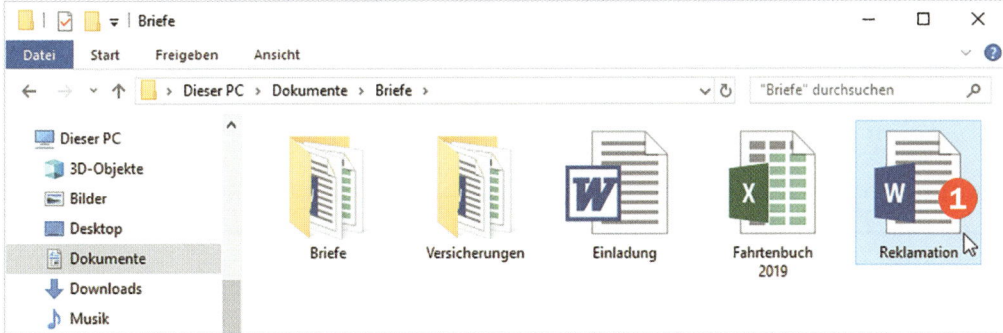

Beispiel: Einen gespeicherten Text öffnen

Sie haben mit WordPad eine Einladung geschrieben und gespeichert und möchten diese nun erneut öffnen, um Korrekturen vorzunehmen.

1 Öffnen Sie den Explorer und navigieren Sie zu dem Ordner, in dem die Einladung gespeichert ist, zum Beispiel im Ordner *Dokumente*.

2 Doppelklicken Sie auf das Symbol der Datei Einladung.

Einladung

- Wenn WordPad als einziges Schreibprogramm auf Ihrem PC vorhanden ist, dann wird die Datei Einladung zusammen mit WordPad geöffnet und Sie können nun mit der Texteingabe fortfahren.

- Ist allerdings auch noch Microsoft Word installiert, dann wird die Datei meist mit Word geöffnet. Der Grund: Windows speichert für jeden Dateityp, z. B. Text oder Bild, eine Standard-App und diese wird automatisch zum Öffnen der Datei verwendet. Wenn beispielsweise WordPad und Word gleichzeitig auf einem PC vorhanden sind, dann ist Word meist die Standard-App zum Öffnen von Texten. Das bedeutet, dass auch Texte, die ursprünglich mit Word-Pad erstellt und gespeichert wurden, mit Word geöffnet werden.

So wählen Sie eine App zum Öffnen aus

Nicht nur für Text, sondern auch für Bilder und Fotos kommen häufig mehrere Apps zum Öffnen in Frage. Wenn Sie die App zum Öffnen der Datei auswählen möchten, dann gehen Sie so vor:

Tipp: Alternativ können Sie eine App zum Öffnen auch auswählen, wenn Sie mit der rechten Maustaste auf die betreffende Datei und dann auf *Öffnen mit...* klicken.

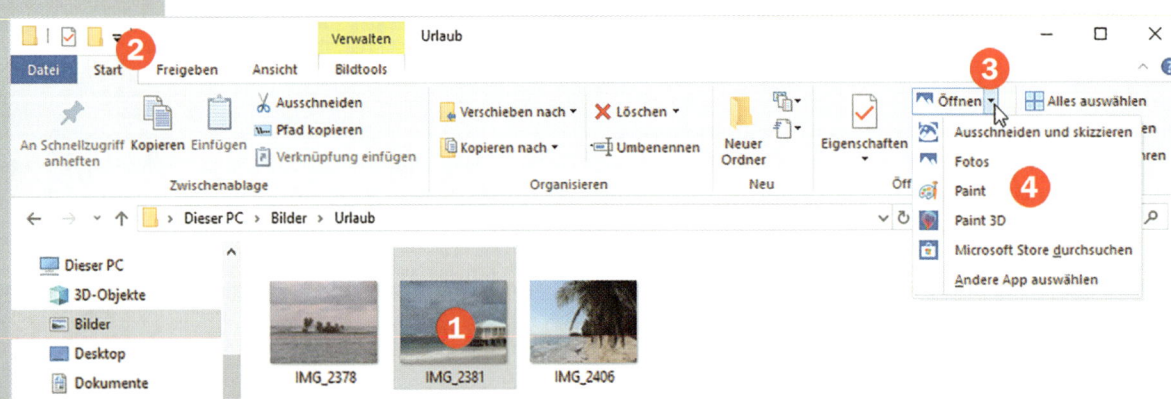

1 Markieren Sie mit einem Mausklick die betreffende Datei ❶ und klicken Sie im Register *Start* ❷, Gruppe *Öffnen*, auf den Pfeil der Schaltfläche *Öffnen* ❸.

2 Es erscheint eine Liste mit installierten Apps, die diesen Dateityp öffnen können, außerdem erhalten Sie die Möglichkeit, den Microsoft Store nach einer geeigneten App zu durchsuchen. Klicken Sie auf die gewünschte App ❹.

Näheres zum Microsoft Store lesen Sie in Kapitel 10 dieses Buches.

Wenn die gesuchte App nicht in der Liste enthalten ist …

1 Manchmal ist die gewünschte App nicht in der Liste aufgeführt, obwohl sie auf dem PC vorhanden ist, z. B. WordPad. In diesem Fall klicken Sie auf *Andere App auswählen* ❶.

2 Es öffnet sich ein Fenster mit der Frage *Wie soll diese Datei weiterhin geöffnet werden?* und einer Liste verfügbarer, bzw. installierter Apps. Die Standard-App ist blau hervorgehoben ❷ (*Diese App weiterhin verwenden*). Sollte die gewünschte App nicht aufgeführt sein, so klicken Sie auf *Weitere Apps* ❸, um die Liste zu erweitern.

3 Klicken Sie dann auf die gewünschte App ❹, im Bild WordPad, und auf *OK*.

Wichtig: Bevor Sie auf *OK* klicken, achten Sie auf das Kästchen *Immer diese App zum Öffnen von xxx-Dateien verwenden* ❺!

- Ist hier ein Häkchen gesetzt, so bewirkt dies, dass der betreffende Dateityp von jetzt an immer mit der ausgewählten App geöffnet wird.

- Wenn Sie nicht sicher sind, ob Sie künftig immer Dateien dieses Typs mit der gewählten App öffnen möchten, dann sollten Sie das Häkchen mit einem Klick entfernen.

8.7   Dateien und Ordner im Explorer verwalten

Einen neuen Ordner anlegen

Tipps und Hinweise zum Anlegen von Ordnern

- Ordner können an jedem verfügbaren Speicherort, also auch auf *One-Drive* oder einem USB-Speicherstift, erstellt werden.

- Für Ordnernamen gelten dieselben Regeln wie für Dateinamen. Mit Ausnahme der Sonderzeichen / \ : ? * < > | können Groß- und Kleinbuchstaben, Ziffern und sonstige Zeichen verwendet werden.

- Ein Ordnername muss eindeutig sein, darf also am selben Speicherort nicht bereits vorhanden sein.

- Legen Sie auf der lokalen Festplatte weitere Ordner in einem Ihrer persönlichen Ordner (*Dokumente*, *Bilder*, *Musik* usw.) an, beispielsweise im Ordner *Dokumente* einen Ordner für Briefe. Der Grund: Dateien, die sich hier oder in einem dazugehörigen Unterordner befinden, werden bei der Suche schneller gefunden.

- Legen Sie dagegen keine Ordner unmittelbar auf der Festplatte *Lokaler Datenträger (C:)* an. Dieser Ort sollte ausschließlich Windows und den installierten Apps vorbehalten bleiben, da ein versehentliches Löschen wichtiger Ordner dazu führen kann, dass Apps oder Windows selbst nicht mehr korrekt funktionieren.

Ihre persönlichen Ordner befinden sich selbstverständlich auch auf der Festplatte, aber ihr tatsächlicher Speicherort ist aus mehreren Sicherheitsgründen nicht leicht zu finden.

Beispiel: Einen Ordner für Briefe anlegen

1 Im ersten Schritt müssen Sie unbedingt dafür sorgen, dass der Inhalt des Ordners, in dem Sie den neuen Ordner erstellen möchten, im Inhaltsbereich des Explorers sichtbar ist, in unserem Beispiel der Ordner *Dokumente* ❶.

2 Klicken Sie im Menüband auf das Register *Start* ❷ und auf *Neuer Ordner* ❸.

3 Der neue Ordner erscheint sofort im Inhaltsbereich. Sein Name *Neuer Ordner* ist in einem kleinen Eingabefeld (Rahmen) sichtbar und ist markiert ❹.

4 Tippen Sie den neuen Namen des Ordners über die Tastatur ein, im Beispiel rechts Briefe, dadurch wird der bisherige Name überschrieben ❺.

5 Betätigen Sie zum Abschluss die Eingabetaste oder tippen Sie an eine freie Stelle des Inhaltsbereichs.

6 Der Rahmen verschwindet, der Ordnername wird übernommen ❻ und der Ordner bleibt markiert.

Den neuen Ordner umbenennen.

Ausnahme: Die Namen der persönlichen Ordner (Dokumente, Bilder, Musik usw.) können nicht geändert werden.

Häufig wechselt der Ordnername auch in den Textmodus, wenn beim Öffnen per Doppelklick versehentlich auf den Namen geklickt wurde. In solchen Fällen beenden Sie durch Drücken der ESC-Taste den Textmodus, ohne dass der Name des Ordners oder der Datei geändert wird.

Umbenennen mit der oben genannten Methode ist nur im Anzeigebereich des Explorers möglich.

Die zweite Möglichkeit funktioniert dagegen auch im Navigationsbereich.

Ordner und Dateien umbenennen

Ordner umbenennen

Wenn Sie sich bei der Eingabe des Ordnernamens vertippt haben oder falls das Benennen eines neuen Ordners nicht auf Anhieb geklappt hat, dann ändern Sie einfach den Namen des Ordners nachträglich. So geht's:

1   Klicken oder tippen Sie einmal auf das Symbol des betreffenden Ordners. Der Ordner ist nun markiert ❶.

2   Klicken Sie einmal (kein Doppelklick!) auf den Namen des markierten Ordners ❷. Nach kurzer Verzögerung erscheint der Name in einem kleinen umrandeten Eingabefeld ❸ und kann geändert bzw. überschrieben werden ❹.

3   Schließen Sie das Umbenennen mit der Eingabetaste ❺ ab.

Als Alternative benutzen Sie das Menüband oder das Kontextmenü:

▶   Markieren Sie den Ordner und klicken Sie auf das Register *Start*.

▶   Klicken Sie dann auf die Schaltfläche *Umbenennen* (Gruppe *Organisieren*).

Der Befehl *Umbenennen* erscheint auch im Kontextmenü, wenn Sie mit der rechten Maustaste auf die betreffende Datei klicken.

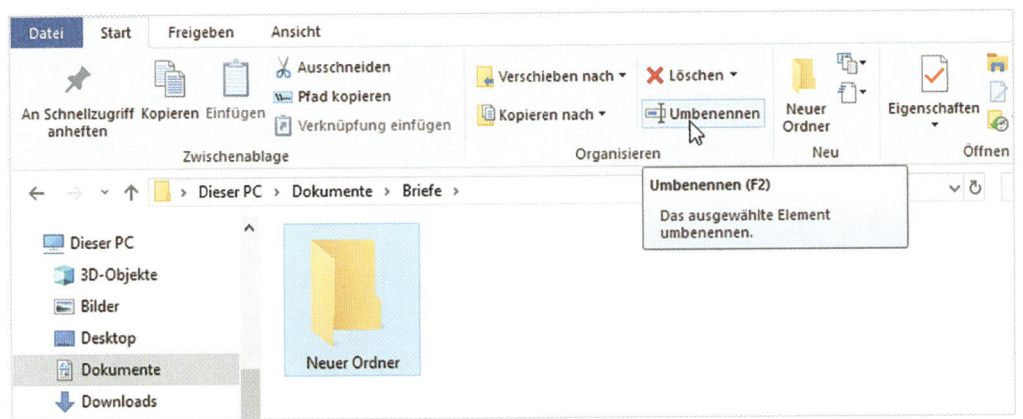

Eine weitere Möglichkeit zum Umbenennen:

Markieren Sie den Ordner mit einem Mausklick und drücken Sie dann auf der Tastatur die Taste F2.

Dateinamen ändern

Auf dieselbe Weise können Sie auch die Namen von Dateien ändern. Allerdings müssen Sie dabei die folgenden Punkte beachten:

- Eine Datei kann nicht umbenannt werden, während sie gleichzeitig geöffnet ist. Auch ein Ordnername kann nicht geändert werden, wenn eine Datei aus diesem Ordner geöffnet ist.

- Die Dateinamenerweiterung kennzeichnet den Dateityp und damit die zum Öffnen verwendete App (siehe Seite 287). Sie ist normalerweise nicht sichtbar und kann in diesem Fall auch nicht versehentlich geändert werden. Sollte die Dateinamenerweiterung dennoch angezeigt werden, zum Beispiel .jpg für Fotos oder .rtf für WordPad-Dateien, dann darf diese auf keinen Fall geändert werden! Die Datei kann sonst nicht mehr geöffnet werden.

Wie Sie die Dateinamenerweiterung aus- oder einblenden, lesen Sie auf der nächsten Seite.

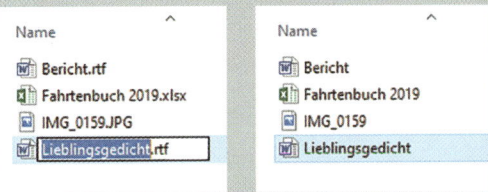

Dateinamenerweiterung aus- und einblenden

Die Dateinamenerweiterung legt den Dateityp fest und spielt daher eine wichtige Rolle. Eine Datei ohne oder mit der falschen Erweiterung kann nicht mehr geöffnet werden. Damit die Dateinamenerweiterung nicht versehentlich beim Umbenennen geändert wird, ist sie in der Standardeinstellung ausgeblendet. Wir empfehlen Ihnen, diese Einstellung, zumindest als Einsteiger, beizubehalten.

Wenn Sie die Dateinamenerweiterung aus- oder einblenden möchten, dann gehen Sie so vor:

Wenn die Dateinamenerweiterung sichtbar ist, wird sie auch beim Speichern von Dateien im Fenster *Speichern unter* angezeigt.

Fortgeschrittene Benutzer blenden die Dateinamenerweiterung aus Sicherheitsgründen ein. Auf diese Weise kann ein E-Mail-Anhang mit Schadsoftware an der Endung .exe schnell erkannt werden.

1   Klicken Sie im Menüband auf das Register *Ansicht* ❶.

2   Hier finden Sie das Kontrollkästchen *Dateinamenerweiterungen*. Ein Häkchen ❷ bedeutet, die Dateinamen sind sichtbar ❸. Mit einem Klick in das Kästchen entfernen oder setzen Sie das Häkchen.

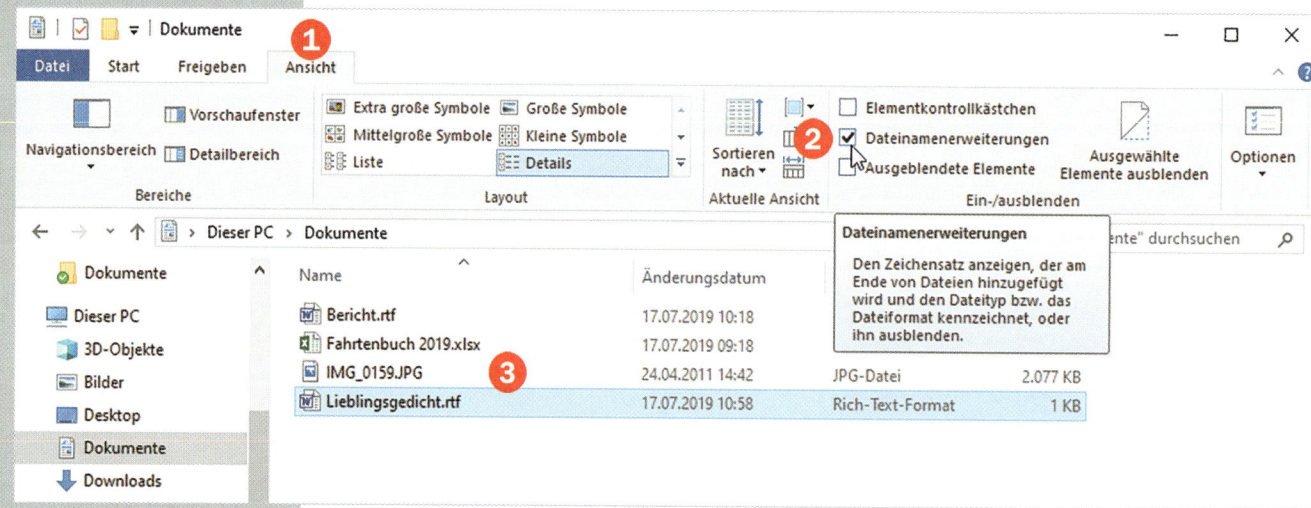

8.8 Dateien und Ordner verschieben oder kopieren

Elemente markieren

Bevor Sie eine Datei oder einen Ordner verschieben, kopieren oder löschen können, müssen Sie das betreffende Element markieren. Markierte Elemente sind farblich hervorgehoben ❶ und dadurch leicht zu erkennen.

▶ Ein einzelnes Element markieren Sie durch Anklicken (kein Doppelklick!).

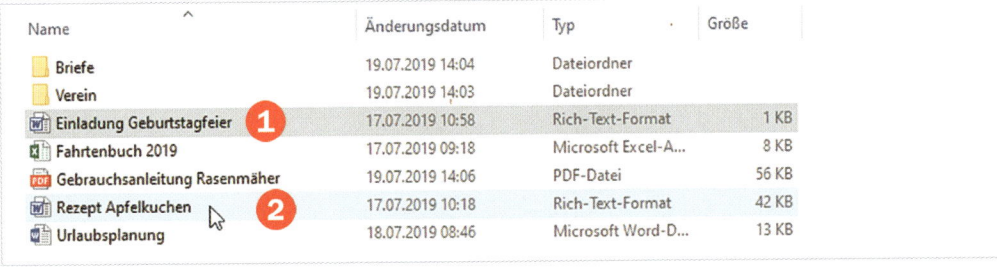

❷ **Achtung**: Wenn Sie mit der Maus auf eine Datei oder einen Ordner zeigen, wird das Element ebenfalls farbig hervorgehoben. Allerdings nur vorübergehend und solange sich der Mauszeiger über dem Element befindet.

Ein markiertes Element hingegen bleibt solange markiert, bis Sie an eine andere Stelle klicken.

Tipp: Die Tastenkombination Strg+A(lles) markiert den gesamten Ordnerinhalt.

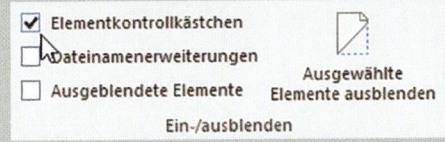

Mehrere Elemente gleichzeitig markieren

In vielen Fällen sparen Sie Arbeitsschritte, wenn Sie zuvor mehrere Dateien gleichzeitig markieren. Hierzu gibt es verschiedene Möglichkeiten. Die einfachste Lösung ist das Markieren mittels Kontrollkästchen.

1 Klicken Sie auf das Register *Ansicht* ❶. Aktivieren Sie in der Gruppe *Ein-/ausblenden* den Befehl *Elementkontrollkästchen* (Häkchen) ❷.

2 Links von jedem Datei- und Ordnersymbol werden nun kleine Kästchen ❸ sichtbar, wenn Sie mit der Maus darauf zeigen.

3 Setzen Sie durch Anklicken der Kästchen der Reihe nach Häkchen ❹, diese Dateien sind damit markiert. Bei versehentlich angeklickten Elementen können Sie mit einem weiteren Mausklick das Häkchen bzw. die Markierung wieder entfernen.

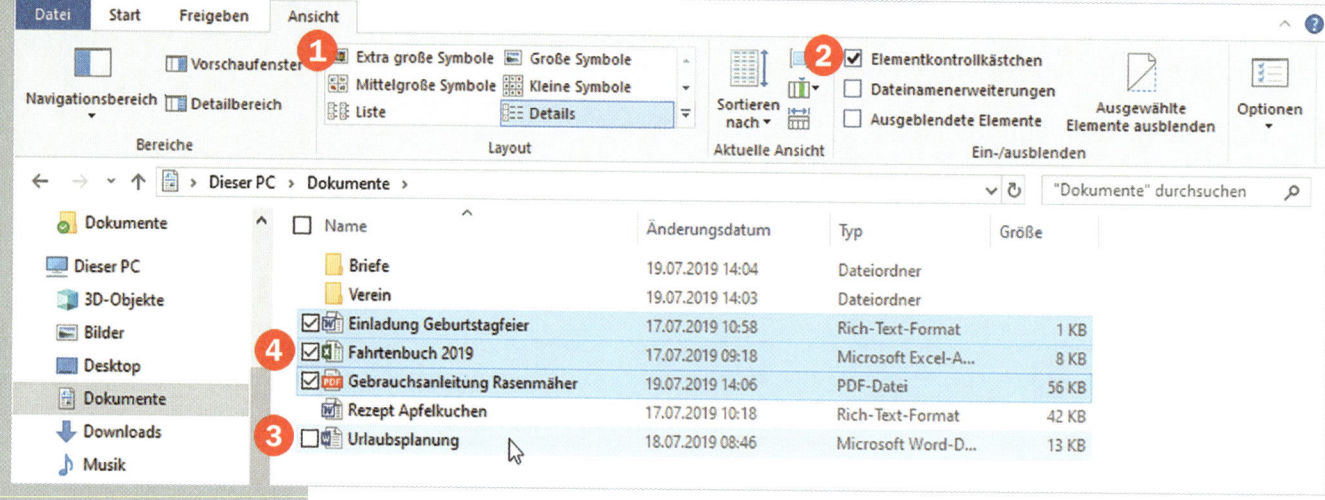

Dateien in einen anderen Ordner verschieben

Möchten Sie nachträglich Ordnung unter Ihren Daten schaffen und haben zu diesem Zweck Ordner angelegt? Oder haben Sie versehentlich Daten im falschen Ordner gespeichert? Kein Problem, dann verschieben Sie die Datei/en einfach in einen anderen Ordner. Am einfachsten geht dies mit gedrückter linker Maustaste.

Im ersten Beispiel befindet sich der Zielordner im selben Ordner wie die zu verschiebende Datei, siehe Bild auf der nächsten Seite. Dann gehen Sie so vor:

Statt der Maus können Sie zum Verschieben auch die Zwischenablage benutzen. Wie das geht lesen Sie auf Seite 301.

1   Sorgen Sie dafür, dass die Datei, die Sie verschieben möchten, im Inhaltsbereich des Explorers sichtbar ist und markieren Sie die Datei.

2   Positionieren Sie den Mauszeiger auf dem Dateisymbol ❶. Drücken Sie dann die linke Maustaste und halten Sie die Taste gedrückt.

3   Bewegen Sie die Maus mit gleichzeitig gedrückter Maustaste in Richtung des Zielordners ❷, das Dateisymbol wandert mit. Lassen Sie die Maustaste erst los, wenn am Mauszeiger ein entsprechender Hinweistext ❸ erscheint.

Die Datei verschwindet vom ursprünglichen Speicherort und befindet sich nun im Zielordner.

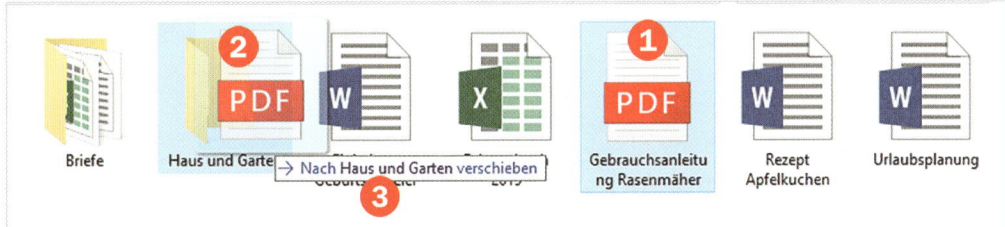

Zielordner in der Navigationsleiste auswählen

Verschieben mit der Maus funktioniert auch, wenn sich der Zielordner nicht im selben Ordner befindet, sondern in der Navigationsleiste ausgewählt werden muss. Als Beispiel soll die Datei „Einladung Vereinsausflug" in den Ordner *Verein* verschoben werden, so geht's:

1   Ziehen Sie mit gedrückter Maustaste die zu verschiebende Datei ❶ aus dem Inhaltsbereich in den Navigationsbereich und hier auf den sichtbaren übergeordneten Ordner, hier *Dokumente* ❷. Lassen Sie die Maustaste nicht los!

Der Unterschied zwischen Verschieben und Kopieren:

● Wenn Sie einen Ordner oder eine Datei vom ursprünglichen Speicherort an einen anderen Ort verschieben, dann existiert das Element nach wie vor nur ein einziges Mal.

● Beim Kopieren dagegen verbleibt das Element am ursprünglichen Ort und am Zielort wird eine Kopie erstellt. Zielorte können andere Ordner und Laufwerke, z. B. CD/DVD-Laufwerk, USB-Speicherstick oder OneDrive, sein.

In der Navigationsleiste werden beim Ziehen mit der Maus untergeordnete Ordner automatisch eingeblendet.

2   Die Unterordner dieses Ordners werden nach kurzer Verzögerung unterhalb
         sichtbar ❸.

3   Ziehen Sie nun die Datei auf den gewünschten Ordner, hier *Verein*, ❹ und
         lassen Sie die Maustaste erst los, wenn ein entsprechender Hinweistext ❺
         erscheint.

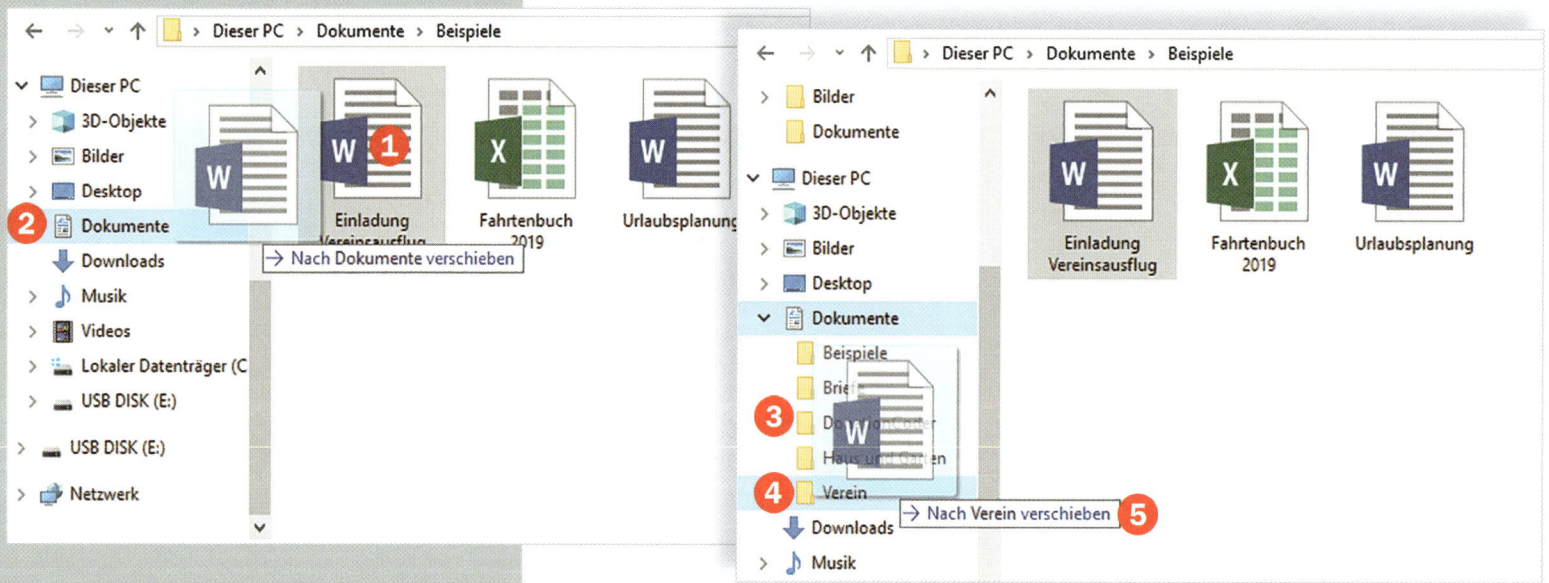

Mit derselben Methode verschieben Sie nicht nur Dateien sondern auch Ordner samt Inhalt.

Dateien und Ordner kopieren

Im Unterschied zum Verschieben ist beim Kopieren anschließend die Datei oder der Ordner doppelt vorhanden. Diese Möglichkeit benutzt man meist zum Sichern von Daten, zum Beispiel auf einen externen Speicher.

Achten Sie beim Ziehen mit der Maus auf die folgenden Standardeinstellungen

- Ziehen Sie ein Element auf ein anderes Laufwerk, dann wird dort automatisch eine Kopie erstellt.

- Ziehen Sie innerhalb eines Laufwerks, z. B. Festplatte, von einem Ordner in einen anderen, so wird das Element an den Zielort verschoben.

- Ausnahme *OneDrive*: Beim Ziehen von der Festplatte in einen *OneDrive*-Ordner wird ebenfalls verschoben.

Auf einen externen Speicher kopieren

1   Sorgen Sie dafür, dass die Datei, die Sie kopieren möchten (oder der Ordner) im Inhaltsbereich des Explorers sichtbar ist und markieren Sie diese. Sie können natürlich auch gleich mehrere Elemente markieren.

2   Ziehen Sie dann die Datei mit gedrückter Maustaste auf das externe Laufwerk, z. B. von der Festplatte auf einen USB-Speicherstift. Am Dateisymbol erscheint das + Zeichen und der Hinweistext *Nach ... kopieren*. Die Datei bleibt am ursprünglichen Ort und am Zielort wird automatisch eine Kopie erstellt.

Haben Sie mehrere Dateien markiert, dann genügt es, wenn Sie die erste markierte Datei ziehen. Die übrigen wandern automatisch mit und während des Ziehens wird die Anzahl der markierten Dateien sichtbar.

Der Kopiervorgang ist leicht am + Zeichen zu erkennen, das beim Ziehen am Mauszeiger erscheint.

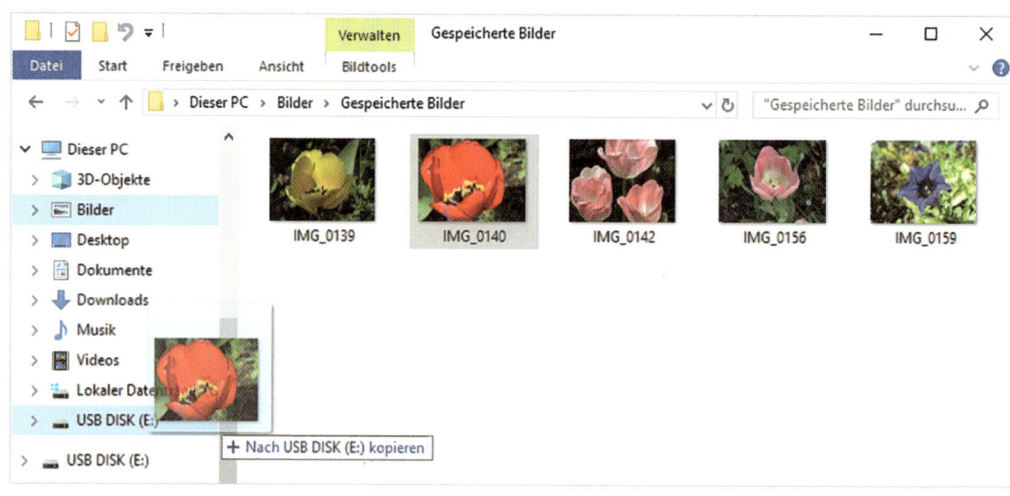

Nach dem Ziehen mit gedrückter rechter Maustaste erscheint ein kleines Menü und Sie haben die Wahl.

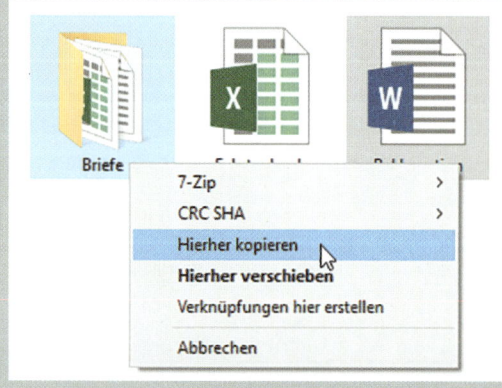

Kopie am selben Speicherort erstellen

Falls Sie die Kopie einer Datei oder eines Ordners in einem anderen Ordner des selben Laufwerks (z. B. Festplatte) oder im selben Ordner einfügen möchten, dann benutzen Sie dazu am einfachsten die Zwischenablage. Wie Sie dabei vorgehen, lesen Sie auf der nächsten Seite.

Trotzdem hier zwei Möglichkeiten, wie Sie auch mit der Maus kopieren können:

- Ziehen Sie die Datei mit gedrückter **rechter** Maustaste an den Zielort. Nach dem Loslassen der Maustaste erscheint ein kleines Menü und Sie können zwischen Verschieben und Kopieren wählen oder den Vorgang ganz abbrechen.

- Oder drücken Sie zuerst die Strg-Taste der Tastatur und halten Sie diese Taste gedrückt, während Sie die Datei mit gedrückter linker Maustaste an den Zielort ziehen. Dann lassen Sie Maustaste und die Strg-Taste wieder los.

Verschieben und Kopieren über die Zwischenablage

Als Alternative zum Ziehen mit der Maus können Sie Elemente über die Zwischenablage verschieben oder kopieren. Als Beispiel soll die Datei Reklamation in den
Ordner *Briefe* kopiert werden. Egal ob Kopieren oder Verschieben, die Schritte sind
immer gleich:

1 Markieren Sie die Datei oder den Ordner ❶.

2 Klicken Sie im Menüband auf das Register *Start* und in der Gruppe *Zwischenablage* auf *Kopieren* ❷. Soll das Element dagegen verschoben werden, so
klicken Sie auf *Ausschneiden* (Symbol Schere).

3 Navigieren Sie zum Zielort, bzw. sorgen Sie dafür, dass der Inhalt dieses Ordners im Inhaltsbereich sichtbar ist, hier der Ordner *Briefe* ❸, und klicken Sie
im Register *Start*, Gruppe *Zwischenablage* auf *Einfügen* ❹.

Tipp: Die Befehle *Kopieren* und *Ausschneiden*
erhalten Sie auch, wenn Sie das betreffende
Element mit der rechten Maustaste anklicken.

Zum Einfügen klicken Sie dann mit der rechten Maustaste auf den Zielordner oder einen
freien Bereich innerhalb des Zielordners und
auf *Einfügen*.

> Statt der Schaltflächen können Sie auch Tastenkombinationen verwenden:
> - Strg+C   Kopieren
> - Strg+X   Ausschneiden
> - Strg+V   Zuvor ausgeschnittene oder kopierte Elemente einfügen

Mögliche Konflikte und Fehler beim Kopieren und Verschieben

Möglicherweise erhalten Sie beim Verschieben oder Kopieren, egal auf welchem Weg, eine der folgenden Fehlermeldungen. Hier einige Tipps zur Abhilfe:

Datei bereits vorhanden

Manchmal befindet sich am Zielort bereits eine Datei oder ein Ordner mit gleichem Namen. Dann erhalten Sie eine Meldung mit folgenden Möglichkeiten:

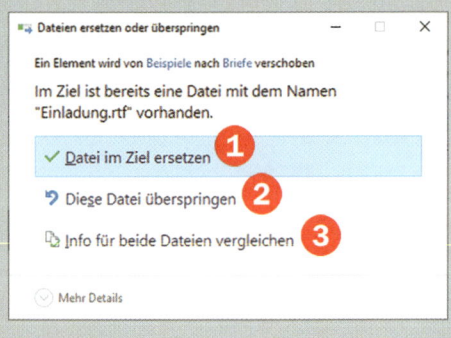

- *Datei im Ziel ersetzen* ❶ bedeutet, die vorhandene Datei wird überschrieben. Handelt es sich um denselben Inhalt und die zu kopierende Datei stellt die aktuellere Version dar, dann sollten Sie diese Option wählen.

- Ist der Inhalt beider Dateien identisch oder möchten Sie die Datei lieber nicht kopieren bzw. verschieben, dann klicken Sie auf *Diese Datei überspringen* ❷.

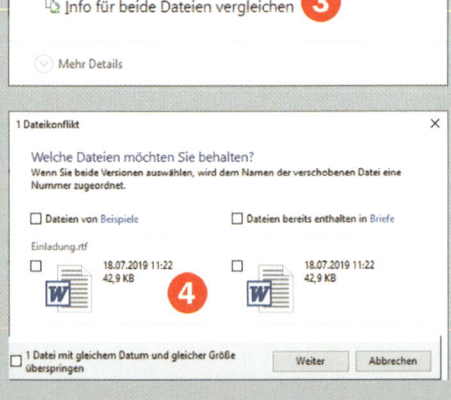

- *Info für beide Dateien vergleichen* ❸ öffnet ein weiteres Fenster ❹ und Sie können entscheiden, welche Dateien Sie beibehalten möchten. Klicken Sie dazu in die kleinen Kästchen: Ein Häkchen bedeutet, die Datei wird beibehalten. Wenn Sie beide beibehalten, so erhält der Name der zweiten Datei eine zusätzliche Nummer.

Der Quell- und Zieldateiname sind identisch

Dies ist eine gar nicht seltene Fehlermeldung beim Verschieben und bedeutet einfach nur, Sie haben versucht ein Element dorthin zu verschieben, wo es sich bereits befindet. Klicken Sie auf *Abbrechen*.

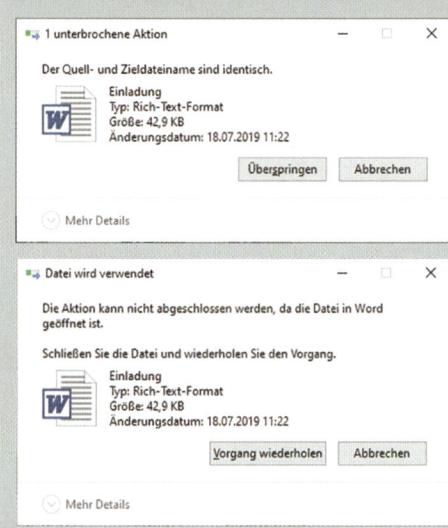

Datei wird verwendet

Diese Fehlermeldung bedeutet, die betreffende Datei ist im Hintergrund geöffnet und geöffnete Dateien können nicht verschoben werden. Dies gilt auch für das Verschieben von Ordnern, wenn gleichzeitig noch eine Datei aus diesem Ordner geöffnet ist. Brechen Sie den Vorgang ab und schließen Sie die Datei.

Nicht mehr benötigte Dateien entfernen

Nicht mehr benötigte Dateien können im Explorer auch von der Festplatte entfernt (gelöscht) werden. Sie werden allerdings noch nicht endgültig entfernt, sondern zunächst in den Papierkorb verschoben. So gehen Sie beim Löschen vor:

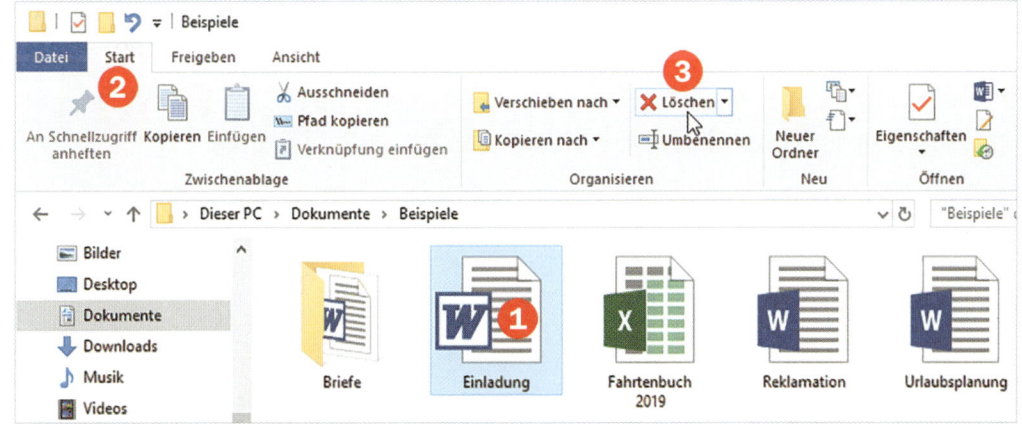

Wenn Windows vor dem Löschen eine zusätzliche Löschbestätigung anfordern soll, dann klicken Sie auf den Pfeil der Schaltfläche *Löschen* und auf *Recycelbestätigung anzeigen*.

1. Sorgen Sie dafür, dass die Datei im Inhaltsbereich des Explorers sichtbar ist und markieren Sie diese mit einem Klick ❶ .

2. Klicken Sie im Menüband auf das Register *Start* und hier auf *Löschen* ❷ . Oder drücken Sie auf der Tastatur die Entf-Taste (Del).

Die Datei verschwindet aus dem Inhaltsbereich und befindet sich nun im Papierkorb. Auf dieselbe Weise können Sie auch ganze Ordner löschen. Beachten Sie aber, dass mit dem Ordner auch sein gesamter Inhalt gelöscht wird!

> **Tipp:** Falls der Papierkorb auf dem Desktop sichtbar ist, können Sie zum Löschen die Datei mit gedrückter linker Maustaste einfach aus dem Explorer heraus auf das Papierkorbsymbol ziehen.

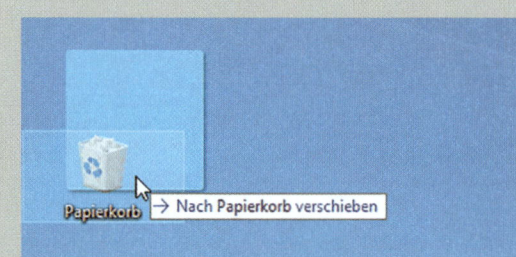

Dateien aus dem Papierkorb wiederherstellen

Solange sich ein Element noch im Papierkorb befindet, kann es daraus wieder zurückgeholt und am ursprünglichen Speicherort wiederhergestellt werden.

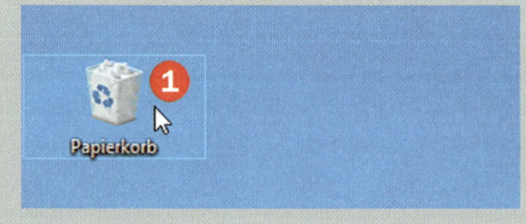

1. Wechseln Sie zum Desktop und öffnen Sie den Papierkorb ❶ mit Doppelklick. Der Explorer öffnet sich mit dem Inhalt des Papierkorbs.

2. Markieren Sie das Element, das Sie wiederherstellen möchten ❷ .

3. Klicken Sie im Menüband auf das Register *Papierkorbtools* und auf *Ausgewählte Elemente wiederherstellen* ❸ .

Im selben Register finden Sie auch den Befehl zum Leeren des Papierkorbs ❹ . Vorsicht dagegen mit der Schaltfläche *Alle Elemente wiederherstellen*! Damit wird der gesamte Papierkorbinhalt wiederhergestellt, vorherige zeitraubende „Aufräum-aktionen" können so mit einem Mausklick zunichte gemacht werden.

Das markierte Element aus dem Papierkorb wiederherstellen.

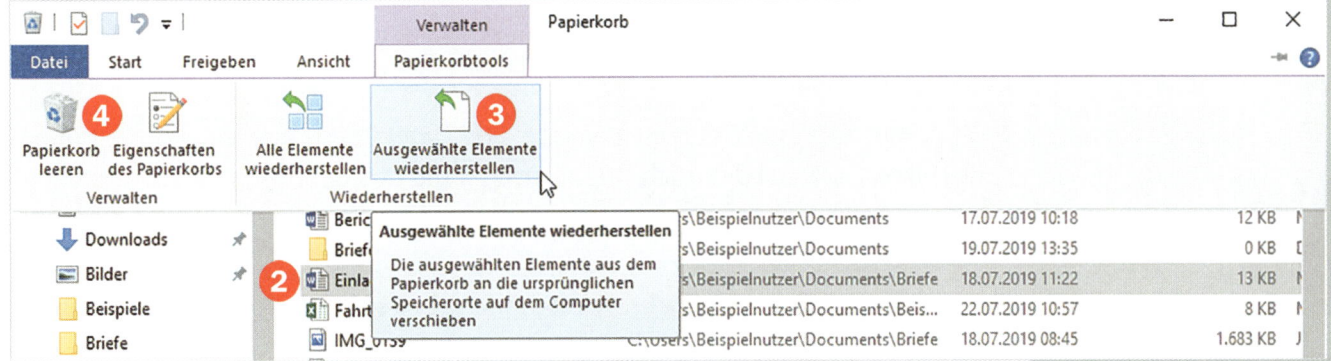

Eine Aktion rückgängig machen

Manchmal werden Dateien oder Ordner versehentlich verschoben oder gelöscht. Dies lässt sich unmittelbar danach mit Klick auf das Symbol *Rückgängig* ↻ wie-der rückgängig machen. Dieses Symbol finden Sie in der linken oberen Ecke des Explorer-Fensters.

> **Achtung:** Damit wird immer die jeweils letzte Aktion rückgängig gemacht. Sie sollten also eine Aktion unmittelbar nach der Ausführung rückgängig machen, später müssen Sie auch alle übrigen, zwischenzeitliche erfolgten Aktionen rückgängig machen.
>
> Falls beim Kopieren oder Verschieben eine Datei überschrieben wurde, siehe Konflikte, lässt sich dies nicht mehr rückgängig machen!

Das Symbol Rückgängig befindet sich nicht in der Leiste?

▶ Dann klicken Sie zum Hinzufügen in der linken oberen Ecke des Fensters auf den kleinen Pfeil ❶. Es erscheint eine Liste verfügbarer Befehle, klicken Sie auf *Rückgängig* ❷.

Am Häkchen erkennen Sie, ob der Befehl bereits in der Leiste enthalten ist. **Achtung**: In diesem Fall blendet ein weiterer Mausklick das Symbol wieder aus!

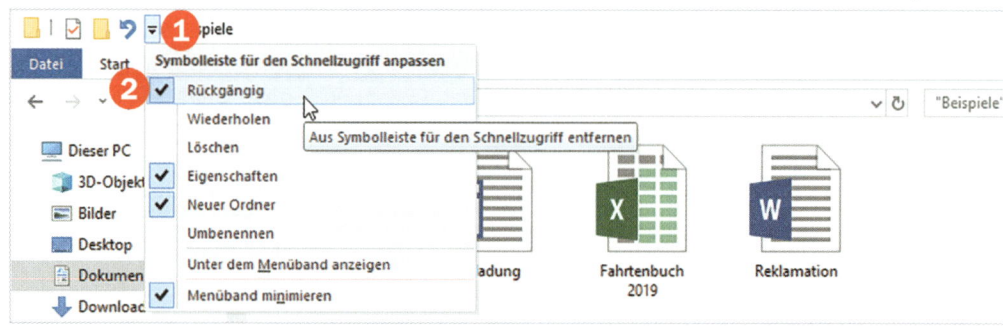

8.9   So nutzen Sie den Schnellzugriff

In der Navigationsleiste finden Sie unter *Schnellzugriff* die wichtigsten persönlichen Ordner, z. B. *Dokumente*, sowie häufig verwendete Ordner. Einige werden von Windows automatisch hinzugefügt, andere können von Ihnen dauerhaft hier angeheftet werden. Ein einfacher Mausklick genügt zum Anzeigen des Ordnerinhalts, ohne dass Sie den genauen Ort des Ordners kennen müssen.

> **Was sind Verknüpfungen?**
> Eigentlich handelt es sich bei den Ordnern im Schnellzugriff um Verknüpfungen zu diesen Ordnern. Verknüpfungen werden manchmal auch als Links bezeichnet und ermöglichen einen schnellen Zugriff auf Ordner, ohne dass der genaue Speicherort bekannt sein muss.

Die Bedeutung des Pin-Symbols
Einige Ordner im Schnellzugriff sind mit einem Pin-Symbol ❶ versehen, z. B. der Ordner *Dokumente* im Bild rechts. Das bedeutet, dieser Ordner ist hier fest angeheftet. Sie können noch weitere, häufig benötigte Ordner hier anheften.

Als Beispiel soll der Ordner *Briefe* angeheftet werden. So gehen Sie vor:

▶ Markieren Sie den Ordner ❷, den Sie anheften möchten, hier *Briefe*.

▶ Klicken Sie im Menüband auf das Register *Start* und auf *An Schnellzugriff anheften* ❸. Der Ordner *Briefe* erscheint nun im Schnellzugriff mit dem Pin-Symbol ❹.

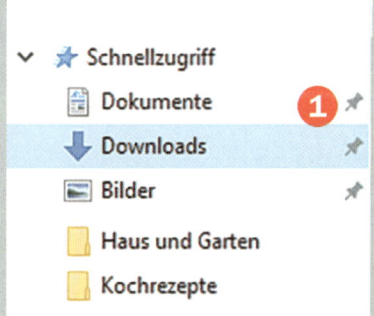

Achtung: Im Schnellzugriff können Sie ausschließlich Verknüpfungen zu Ordnern und Laufwerken erstellen, nicht aber zu Dateien!

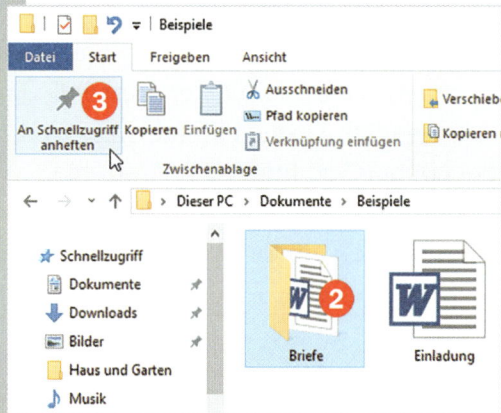

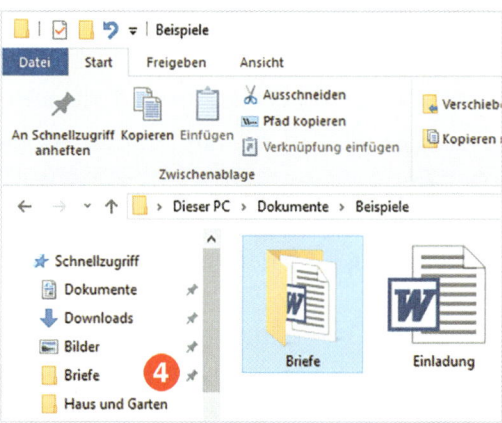

Mit derselben Methode können Sie auch nicht fest angeheftete Ordner aus dem Schnellzugriff entfernen. Dann finden Sie hier stattdessen den Befehl *Aus Schnellzugriff entfernen*.

Ordner aus dem Schnellzugriff entfernen

So lösen Sie einen Ordner aus dem Schnellzugriff:

1   Klicken Sie im Schnellzugriff mit der rechten Maustaste auf den Ordner.

2   Es erscheint eine Liste von Befehlen. Klicken Sie auf *Von Schnellzugriff lösen*.

8.10   Nach Dateien und Ordnern suchen

Suchen Sie eine bestimmte Datei, z. B. einen Brief, an dessen Dateiname Sie sich nicht mehr erinnern können und auch der Speicherort ist Ihnen nicht mehr bekannt? Dann bietet Ihnen Windows zwei komfortable Möglichkeiten zur Suche an.

Über das Suchfeld der Taskleiste suchen

1   Im einfachsten Fall benutzen Sie das Suchfeld der Taskleiste: Klicken Sie hier und tippen Sie den Begriff ein, den die gesuchte Datei entweder im Namen oder im Text enthält, z. B. im Bild unten „Einladung" ❶.

2   Sie erhalten zunächst nur Treffer, die den Suchbegriff im Namen enthalten, sowie neben Dokumenten auch Apps, Einstellungen (Systemsteuerung) und Vorschläge für die Suche im Web.

Zum Finden von Dateien haben wir ein Video für Sie. Dieses rufen Sie auf durch Eingabe der folgenden Adresse in den Browser:

https://bildnerverlag.de/004035

Noch während Sie den Begriff eintippen, erhalten Sie bereits erste Ergebnisse. Allerdings nicht immer das gesuchte, da Windows zunächst nur häufig oder zuletzt verwendete Elemente anzeigt.

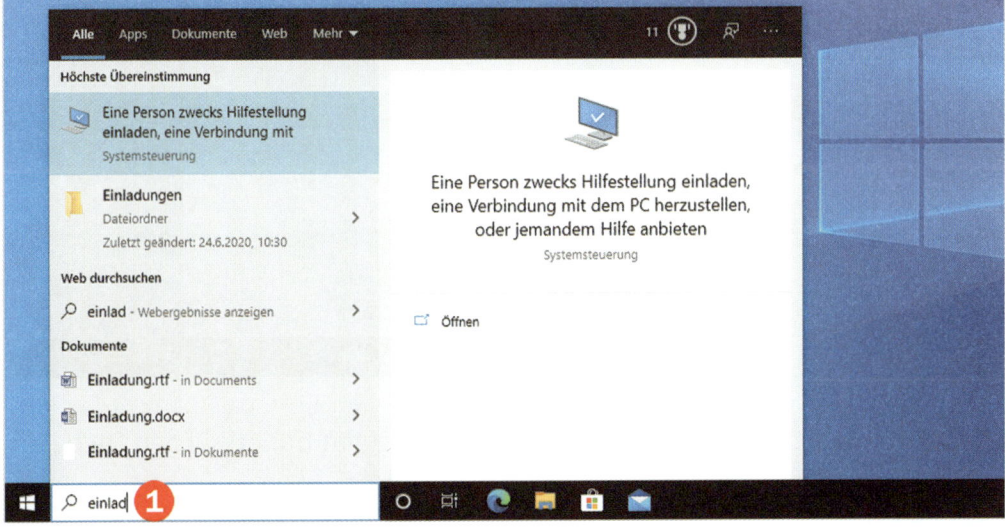

Tipp: Mit Klick auf *Mehr* können Sie die Suche auch auf Einstellungen, Fotos, Musik oder Ordner beschränken.

3   Damit die Suche auf Dokumente beschränkt und auch ihr Inhalt durchsucht wird, klicken Sie auf *Dokumente* ➋.

4   Windows listet nun alle gefundenen Dateien auf. Falls der Suchbegriff im Dateiinhalt gefunden wurde, sehen Sie diesen unterhalb ➌. Noch mehr Informationen sehen Sie beim Zeigen auf die Datei oder weitere klicken Sie auf den nach rechts weisenden Pfeil ➍.

5   Um die gesuchte Datei zu öffnen, genügt ein Klick auf den Dateinamen, egal ob in der Liste oder rechts daneben.

Sollte die Suche nicht das gewünschte Resultat bringen, dann klicken Sie auf *Im Datei-Explorer suchen* ➎.

Achtung: Diese Suche kann ziemlich lange dauern da alle Speicherorte durchsucht werden. Wie Sie bei der Suche im Datei-Explorer am effektivsten vorgehen, lesen Sie im nächsten Punkt.

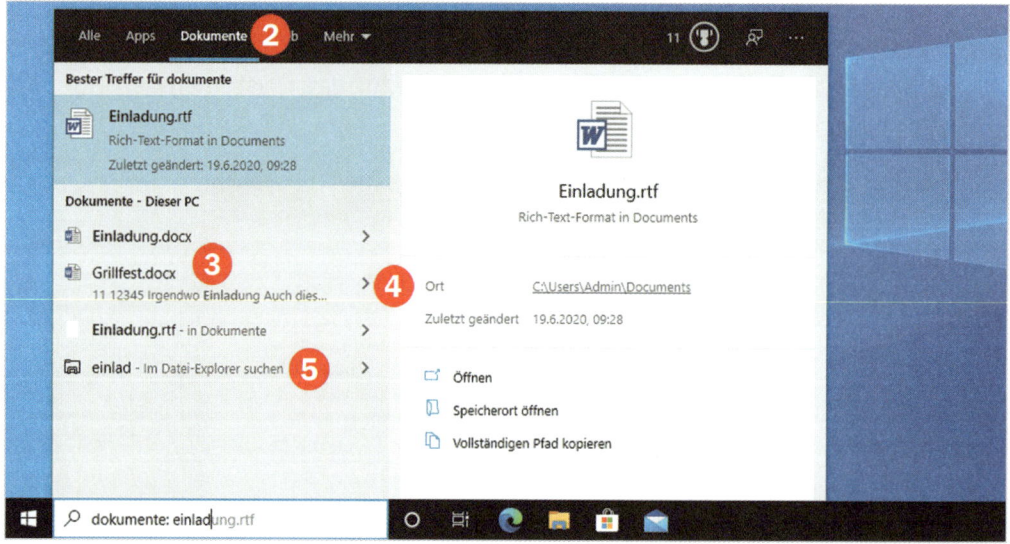

Hinweis: Falls Sie Suche nicht das gewünschte Resultat bringt, suchen Sie besser im Datei-Explorer, Details lesen Sie im nächsten Punkt.

Im Datei-Explorer suchen

Wenn Sie lieber im Datei-Explorer nach einer Datei oder einem Ordner suchen möchten, dann benutzen Sie dazu das Suchfeld in der oberen rechten Ecke, zu erkennen an der Lupe. Als Beispiel suchen wir nach einer Datei, die den Namen „Müller" enthält.

Da Windows bei der Suche automatisch auch alle Unterordner durchsucht, beginnen Sie mit der Suche in dem Ordner, der die gesuchte Datei mit der größten Wahrscheinlichkeit enthält, z. B. *Dokumente*, wenn es sich um Text handelt.

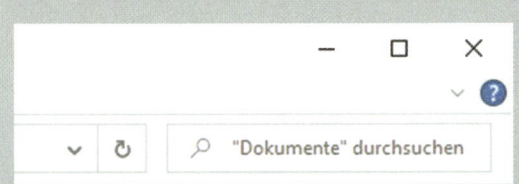

1 Öffnen Sie den Explorer und sorgen Sie dafür, dass der Inhalt des zu durchsuchenden Ordners *Dokumente* im Inhaltsbereich des Explorers sichtbar ist ❶.

2 Klicken Sie in das Suchfeld und tippen Sie den gesuchten Begriff ein ❷. Bereits während der Eingabe erscheinen erste Suchergebnisse als Dropdown-Liste ❸. Ein einfacher Klick auf ein Element der Liste öffnet dieses.

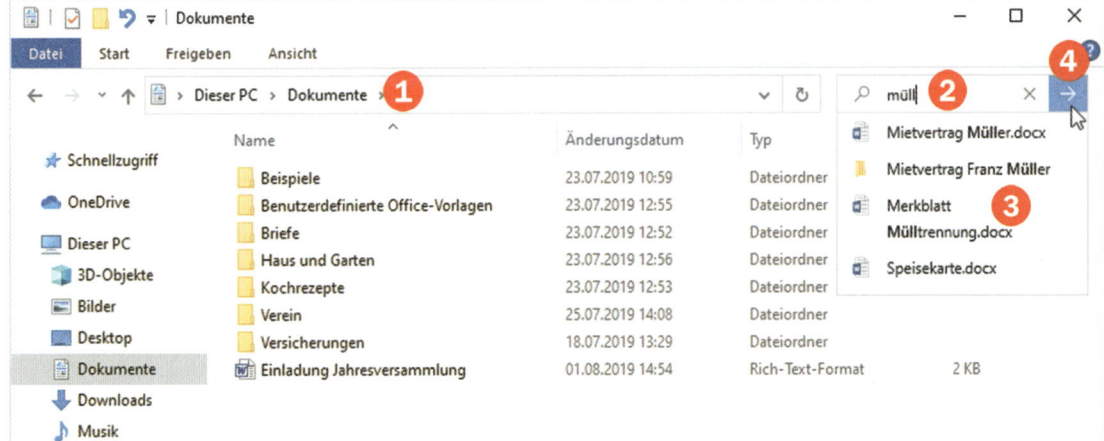

Tipp: Zeigen Sie auf eine Datei der Liste, so werden weitere Informationen zu Speicherort und Änderungsdatum eingeblendet.

Befindet der Suchbegriff im Dateiinhalt, so wird auch ein Auszug der Inhalts beim Zeigen eingeblendet.

3 Wenn Sie eine ausführliche Liste mit allen Suchergebnissen erhalten wollen, klicken Sie auf den Pfeil neben dem Suchfeld **4**. Die Suchergebnisse werden nun zusammen mit weiteren Informationen im Inhaltsbereich des Explorer angezeigt. Hier öffnet ein Doppelklick ein Element.

4 Mit dem Pfeil **6** oder Klick auf *Suche schließen* **5** (Menüband: Register *Suchen*) gelangen Sie wieder zum ursprünglichen Ordner zurück.

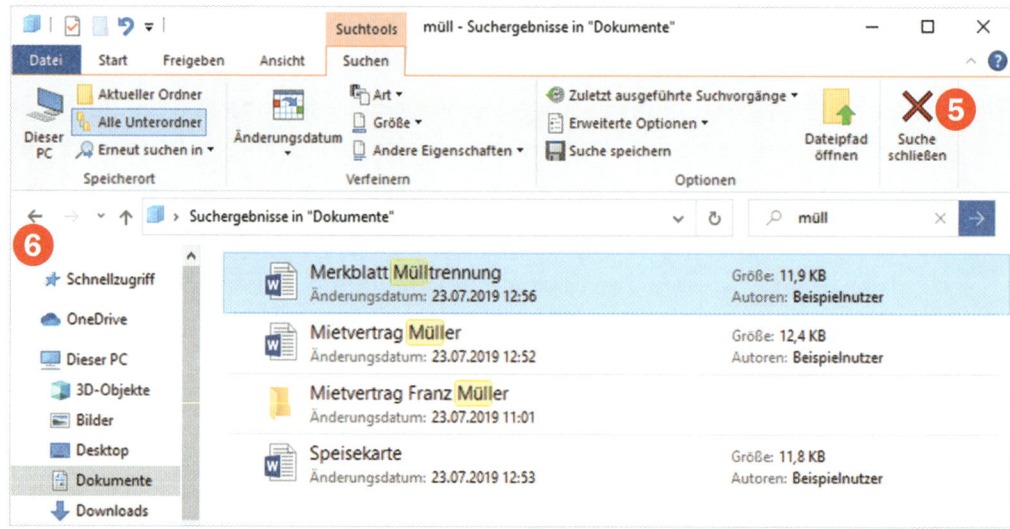

Beachten Sie bei der Suche im Datei-Explorer

Die Suche bezieht automatisch Dateiname und Dateiinhalt ein, wie z. B. die Datei *Speisekarte* im Bild oben, und unterscheidet nicht zwischen Groß- und Kleinschreibung.

8.11   Der Cloudspeicher OneDrive

OneDrive als zusätzliches Laufwerk zum Speichern von Daten haben Sie im Lauf dieses Kapitels bereits kennengelernt. Darüber hinaus weist OneDrive folgende Besonderheiten auf:

- Dieser Speicher ist vollständig in den Datei-Explorer integriert, befindet sich jedoch nicht auf Ihrem PC, sondern ist über das Internet zugänglich. Daher können Sie auch unabhängig vom Gerät auf Ihre hier befindlichen Daten zugreifen.

- Ihre Daten auf OneDrive sind nur über Ihr Microsoft-Konto zugänglich, Sie können aber einzelne Dateien oder Ordner für andere Personen freigeben.

- Damit Sie auch ohne Internetverbindung auf Daten zugreifen können, die Sie auf OneDrive gespeichert haben, werden automatisch Kopien der hier befindlichen Daten auf der Festplatte Ihres PCs gespeichert (synchronisiert). Dies passiert automatisch und im Hintergrund, allerdings belegen diese Dateien natürlich auch Speicherplatz auf der Festplatte.

Ob OneDrive verfügbar ist, erkennen Sie am Vorhandensein des Symbols ☁ im rechten Bereich der Taskleiste ❶. Beachten Sie, dass es nach dem Einrichten eines neuen Microsoft-Kontos einige Minuten dauern kann, bis auch Ihr persönlicher OneDrive-Speicher eingerichtet ist.

Sollte dieses Symbol nicht sichtbar oder durchgestrichen sein, so bedeutet dies, dass OneDrive nicht verfügbar ist. Warten Sie einige Sekunden, bis die automatische Anmeldung erfolgt ist oder klicken Sie in das Suchfeld der Taskleiste, tippen Sie OneDrive ein und starten dann die App OneDrive durch Anklicken.

Neben OneDrive gibt es noch eine ganze Reihe weiterer Speicher im Internet (Onlinespeicher). Darunter sind einige ebenfalls kostenlos, andere dagegen kostenpflichtig.

Beispiele sind Dropbox, Google Drive und iCloud (Apple).

Wie in diesem Kapitel bereits mehrfach erwähnt, können Sie auf OneDrive Ordner anlegen, Dateien zwischen Ordnern kopieren und/oder verschieben, öffnen oder löschen, genau wie auf der Festplatte.

Dazu gehört auch, dass Sie jederzeit Dateien und Ordner von der Festplatte nach OneDrive kopieren oder verschieben können.

Ist das Symbol für OneDrive mit einem kreisförmigen Symbol versehen, so werden die Daten gerade synchronisiert.

Inhalte von OneDrive anzeigen

▶ Um zu sehen, welche Daten auf OneDrive gespeichert sind, starten Sie den Datei-Explorer und klicken in der Navigationsleiste auf *OneDrive*.

Die Bedeutung der zusätzlichen Symbole

Auf OneDrive sind alle Dateien und Ordner mit einem zusätzlichen Symbol versehen, das Ihnen anzeigt, ob die betreffende Datei auch ohne Internetverbindung geöffnet werden kann.

Je nach Ansicht werden die Symbole unterhalb oder rechts von den Ordnernamen bzw. Dateinamen angezeigt.

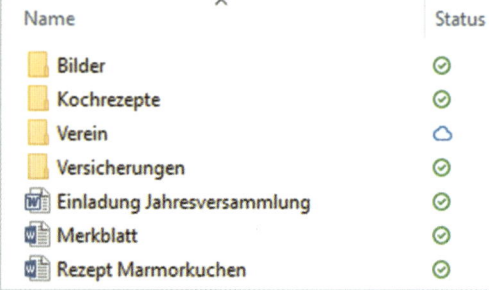

- In der Standardeinstellung werden Dateien und Ordner, auf die Sie auf OneDrive gespeichert haben, automatisch auch auf der Festplatte Ihres Geräts gespeichert (synchronisiert). Diese Dateien und Ordner erkennen Sie am grünen Häkchen ⊘ .

- Das Symbol Wolke ☁ bedeutet dagegen, die Datei ist ausschließlich online gespeichert, belegt also keinen Speicherplatz auf Ihrer Festplatte. Wenn Sie eine solche Datei öffnen, wird diese heruntergeladen, sie ist ab sofort auch lokal verfügbar und erhält ein grünes Häkchen, siehe oben.

- Dieses Symbol ⟳ signalisiert, dass das Element gerade aktualisiert wird.

Automatisches Synchronisieren aktivieren/deaktivieren

Möglicherweise sind auf Ihrem PC auf OneDrive alle Ordner und Dateien mit diesem Symbol versehen ⊘ . Dies bedeutet, alle OneDrive Dateien und Ordner werden automatisch auf Ihren PC heruntergeladen und somit synchronisiert.

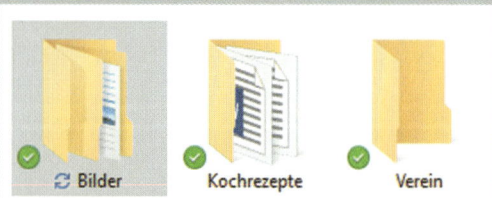

▶ Falls Sie diese Einstellung ändern möchten, klicken Sie im Datei-Explorer mit der rechten Maustaste auf OneDrive ❶ und auf *Einstellungen* ❷.

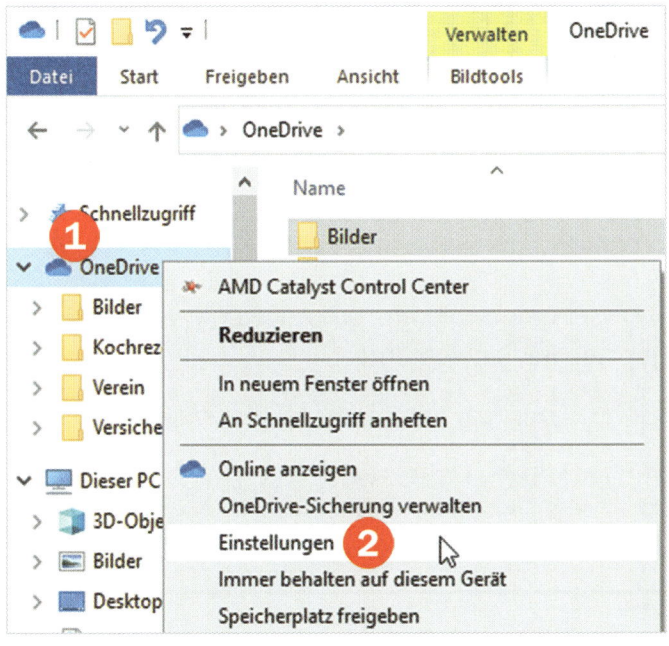

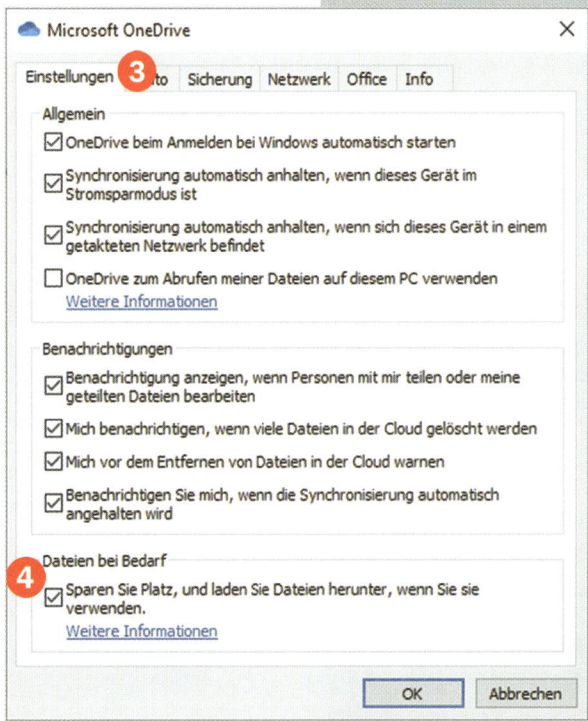

▶ Klicken Sie im nachfolgenden Fenster auf das Register *Einstellungen* ❸. Sollen alle Dateien und Ordner automatisch synchronisiert werden, so deaktivieren Sie das Kontrollkästchen unter *Dateien bei Bedarf* ❹. Umgekehrt können Sie durch Aktivieren dieses Kontrollkästchens Speicherplatz auf Ihrer Festplatte sparen, da dann einzelne Dateien nur bei Bedarf synchronisiert werden.

▶ Schließen Sie das Fenster mit Klick auf die Schaltfläche *OK*.

Achtung: Die übrigen Einstellungen bzw. Kontrollkästchen behalten Sie am besten bei.

Browser ist die gängige Bezeichnung für Apps, mit denen Sie im Internet surfen.

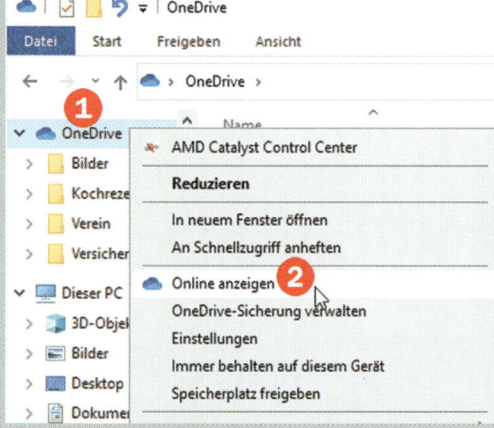

Was unter dem persönlichen Tresor zu verstehen ist und wie Sie diesen einrichten, lesen Sie weiter unten.

Ganz rechts oben sehen Sie Ihr Profilbild ⑥, mit Klick darauf können Sie sich wieder abmelden oder Ihre Kontoeinstellungen bearbeiten.

OneDrive Inhalte im Browser anzeigen

Da es sich bei OneDrive um einen Online-Speicher handelt, benötigen Sie nicht unbedingt den Datei-Explorer, sondern können auch im Browser, z. B. Microsoft Edge, auf Ihre Daten zugreifen.

▶ Dazu klicken Sie im Navigationsbereich mit der rechten Maustaste auf *One-Drive* ① oder einen hier befindlichen Ordner und auf *Online anzeigen* ②.

Anzeige und Navigation im Browser unterscheiden sich nur wenig vom Datei-Explorer, im Bild unten die wichtigsten Bedienelemente:

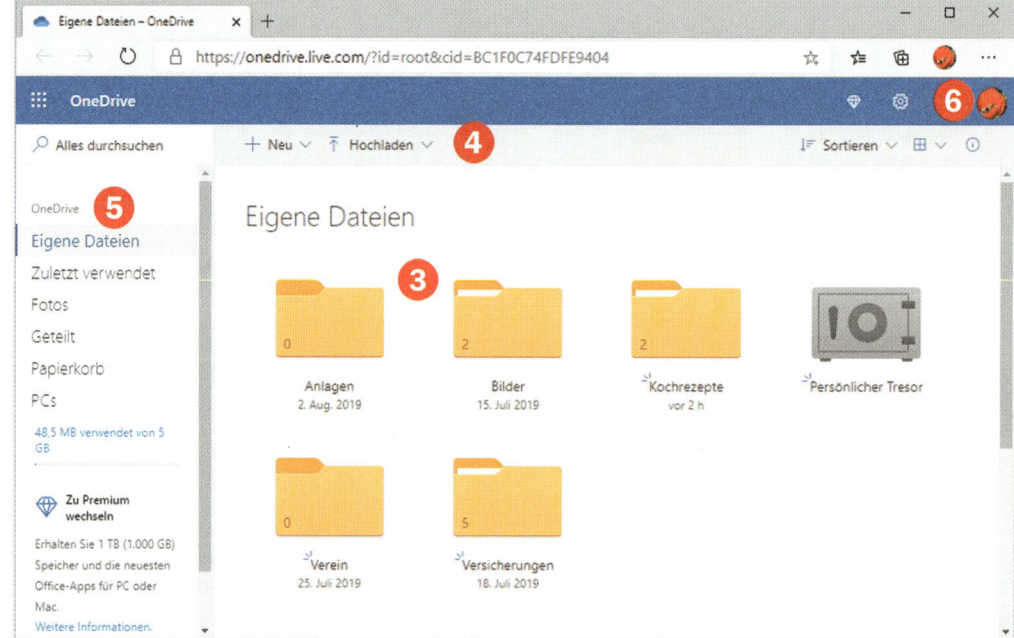

- Die Dateien und Ordner ❸ sind dieselben wie im Explorer, der einzige Unterschied: Im Browser öffnen Sie diese mit einem einfachen Mausklick.

- Befehle finden Sie in der Befehlsleiste ❹ oberhalb. Klicken Sie auf z. B. auf *Neu*, wenn Sie einen neuen Ordner anlegen möchten.

- Die linke Spalte ❺ dient zur schnellen Navigation zwischen den wichtigsten Bereichen, z. B. zuletzt verwendete Elemente oder Fotos. Mit Klick auf *Eigene Dateien* erhalten Sie einen Überblick über alle vorhandenen Ordner.

Anzeige und Navigation

▶ Zur Anzeige von Elementen können Sie, wie im Explorer, zwischen verschiedenen Ansichten, z. B. *Liste* oder *Kacheln*, wählen. Dazu klicken Sie auf das Symbol *Ansichtsoptionen* ❶ .

▶ Ordner öffnen Sie mit einem einfachen Mausklick. Die Adressleiste ❷ zeigt den aktuellen Dateipfad an, im Bild unten *Eigene Dateien > Kochrezepte*. Zurück gelangen Sie mit Klick auf einen übergeordneten Ordner.

Hinweis: In der linken unteren Ecke bietet Ihnen Microsoft den Wechsel zur Premium-Version von OneDrive mit wesentlich mehr Speicherplatz an. Allerdings ist diese kostenpflichtig und kein Muss.

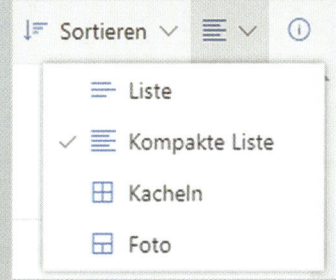

Oder klicken Sie in der Leiste links auf *Eigene Dateien*, wenn Sie wieder zur Ausgangsanzeige wechseln möchten.

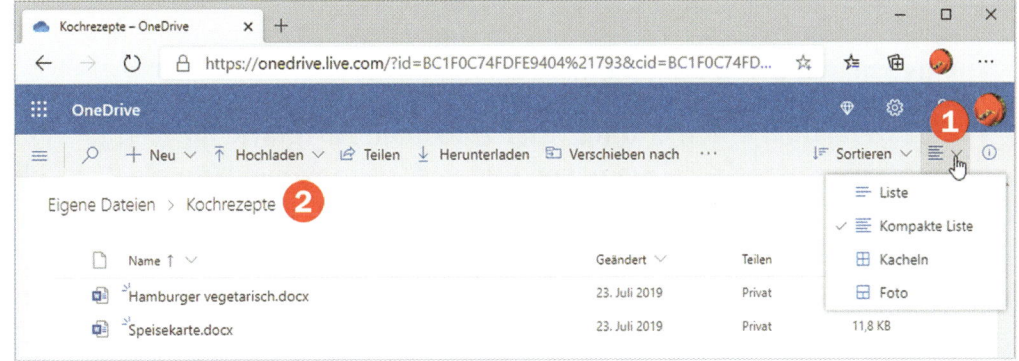

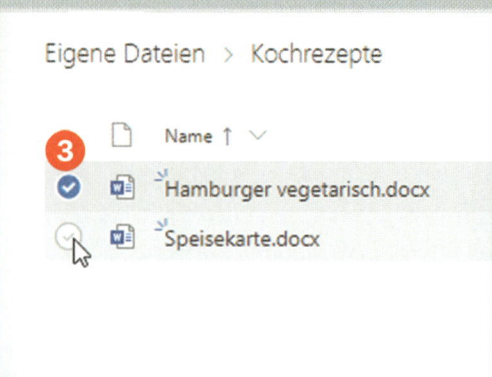

Beachten Sie, dass die Verfügbarkeit mancher Befehle davon abhängt, ob ein Objekt markiert ist.

Markieren

Zum Markieren von Dateien und Ordnern benutzen Sie ein gesondertes Symbol, ähnlich einem Kontrollkästchen. Dieses erscheint, wenn Sie auf das betreffende Element zeigen, je nach Ansicht in der rechten oberen Ecke (Ansichten *Kacheln* und *Foto*) oder links vom Namen **3**.

Dateien und Ordner organisieren

Die Befehle zur Verwaltung von Dateien und Ordnern finden Sie in der Befehlsleiste. Sollten nicht alle Befehle angezeigt werden, so klicken Sie auf das Symbol mit den drei Punkten ... am Ende der Leiste.

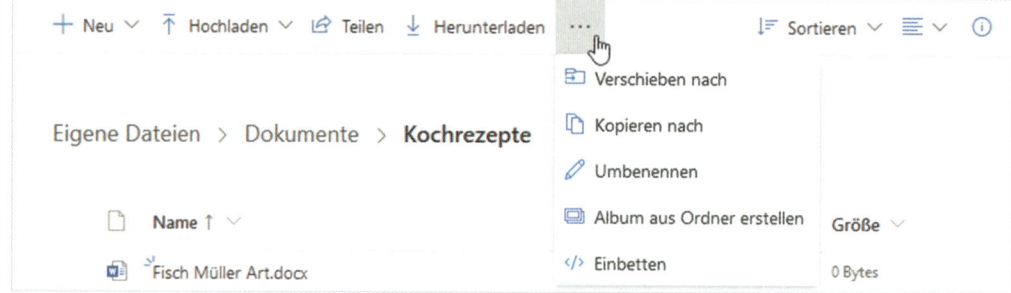

- **Einen neuen Ordner anlegen:** Klicken Sie auf *Neu*.

- **Eine Datei oder einen Ordner von der lokalen Festplatte hinzufügen:** Klicken Sie auf *Hochladen*. Sie haben nun in der Dropdown-Liste die Wahl, ob Sie *Dateien* oder *Ordner* hochladen möchten. Je nachdem, wofür Sie sich entscheiden, öffnet sich entweder das Dialogfenster *Datei hochladen* oder das Dialogfenster *Ordner zum Hochladen wählen* und Sie können Dateien oder Ordner auswählen.

- **Markierte Dateien und/oder Ordner auf der lokalen Festplatte speichern:** Klicken Sie auf *Herunterladen*. Anschließend erscheint ein Dialogfenster, in dem Sie wählen können, was mit dem Element passieren soll.

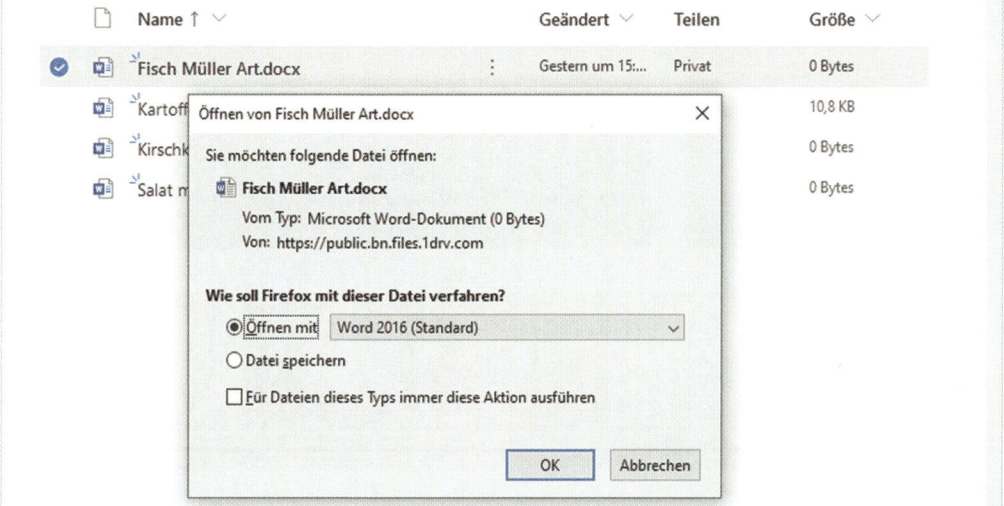

Wählen Sie, ob Sie …

- die Datei öffnen möchten (die App, mit der die Datei geöffnet werden soll, legen Sie über die Dropdown-Liste fest) oder

- die Datei speichern möchten. Die Elemente werden automatisch im Ordner *Downloads* gespeichert.

- Die Vorgehensweise bei den Befehlen *Löschen*, *Verschieben nach* und *Kopieren nach* unterscheidet sich nicht vom Datei-Explorer. Bei *Umbenennen* erscheint ein Dialogfenster, in das Sie den neuen Datei- oder Ordnernamen eingeben können. Bestätigen Sie mit *Speichern* oder brechen Sie die Aktion mit x ab.

Anzeige und Umgang unterscheiden sich kaum von der App Fotos.

Fotos anzeigen

Um Ihre Bilder anzuzeigen, klicken Sie links auf *Fotos*. Zur Anzeige der Fotos wählen Sie zwischen den Ansichten *Kacheln* und *Foto*. Mit *Kacheln* erhalten Sie eine Vorschau auf mehrere Bilder gleichzeitig, während Sie mit der Auswahl *Foto* jeweils ein Foto betrachten können. In beiden Ansichten sind die Fotos nach dem Aufnahmedatum sortiert. Zudem können Sie wählen, ob alle Fotos auf OneDrive (*Alle Ordner*) oder nur Fotos aus dem *Ordner Bilder* angezeigt werden sollen ❶.

Achtung: In dieser Ansicht ist die linke Leiste ausgeblendet. Wenn Sie wieder alle Ordner und Dateien anzeigen möchten, klicken Sie auf das Symbol *App-Menü* ❷ und dann auf *Eigene Dateien* ❹.

So erhalten Sie auf einem fremden PC Zugriff auf Ihren OneDrive-Speicher
Grundsätzlich können Sie von jedem PC auf Ihren OneDrive-Speicher zugreifen. Sie sollten aber einige Sicherheitsmaßnahmen beachten.

- Auf einem fremden PC kann sich Schadsoftware befinden und dadurch können Benutzername und Kennwort in die Hände von Kriminellen gelangen. Greifen Sie also nur von vertrauenswürdigen PCs aus auf OneDrive zu.

- Klicken Sie auf *Nein* bzw. *Nie* (je nach Browser), falls das Speichern von Benutzername und Kennwort für Ihr Microsoft-Konto angeboten wird.

So gehen Sie vor:

1 Starten Sie Ihren Internet-Browser, z. B. Microsoft Edge oder Firefox, und geben Sie die folgende Adresse ein: **onedrive.live.com**

2 Klicken Sie rechts oben auf *Anmelden* und geben Sie auf der Anmeldeseite E-Mail-Adresse und dann Kennwort Ihres Microsoft-Kontos ein und klicken Sie auf *Anmelden*.

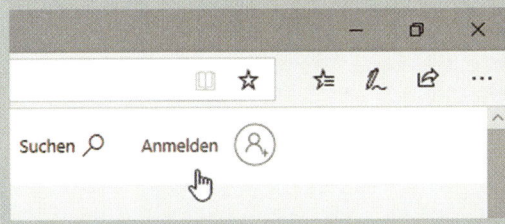

Daten mit anderen Personen teilen

Sie können Daten auf OneDrive, z. B. Ihre Urlaubsfotos, mit anderen Personen teilen, indem Sie einen Link per E-Mail senden. So gehen Sie vor:

1 Klicken Sie im Datei-Explorer mit der **rechten Maustaste** auf den betreffenden OneDrive-Ordner oder die Datei. Im Bild unten der Ordner *Bilder Urlaub* ❶ und klicken Sie auf *Teilen* ❷.

Jeder mit dem Link kann bearbeiten ❻ bedeutet, der/die Empfänger/in kann die Dateien auch verändern. Falls Sie dies nicht zulassen möchten, so klicken Sie in das Feld und entfernen mit einem Mausklick das Häkchen vor *Bearbeitung zulassen*. Klicken Sie dann auf *Übernehmen*.

Hinweis: Die beiden weiteren Möglichkeiten, *Ablaufdatum festlegen* und *Kennwort festlegen* sind nur in Verbindung mit der kostenpflichtigen Premium-Version von OneDrive verfügbar.

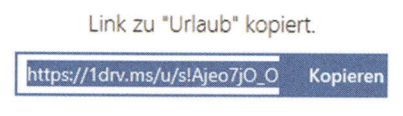

2   Das Fenster *Link senden* öffnet sich ❸. Geben Sie die E-Mail-Adresse der betreffenden Person/en ein ❹ und ❺ und klicken Sie auf *Senden* ❼.

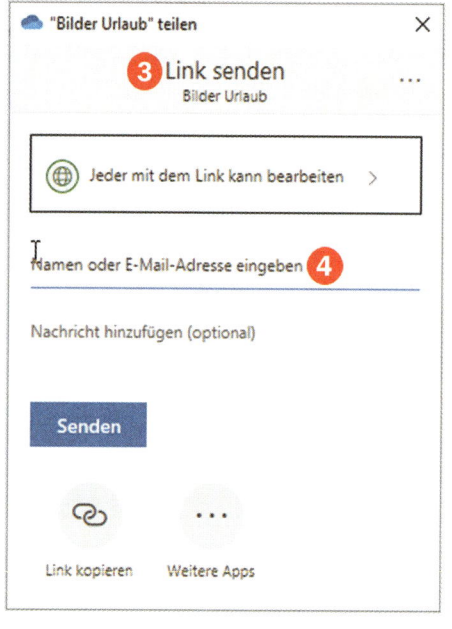
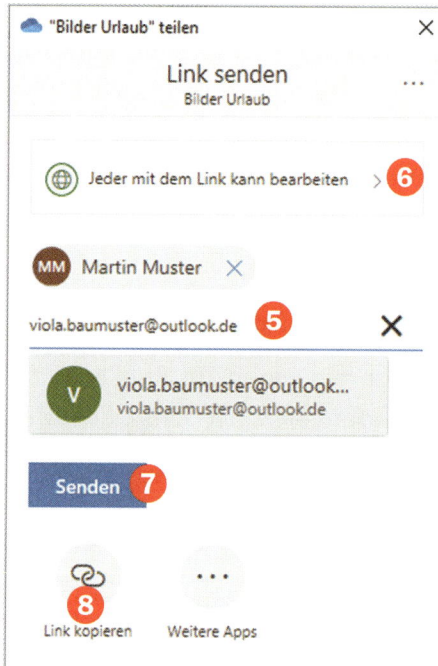

Tipp: Falls Sie lieber selbst den Link zu diesem Ordner erstellen und in eine E-Mail einfügen möchten, so klicken Sie stattdessen auf *Link kopieren* ❽. Der erzeugte Link erscheint in einem gesonderten Fenster. Klicken Sie auf *Kopieren*, um ihn in die Zwischenablage zu kopieren. Anschließend können Sie den Link mit Strg+V an beliebiger Stelle einfügen.

Teilen wieder aufheben

Geteilte Ordner und Dateien erkennen Sie am Symbol, siehe Abbildung rechts. Wenn Sie einen Ordner nicht mehr teilen möchten, dann gehen Sie so vor:

Bilder
Urlaub

1   Klicken Sie wieder mit der **rechten Maustaste** auf den betreffenden Ordner und auf *Teilen*, siehe oben.

2   Klicken Sie auf die drei Punkte ❶ (Weitere Optionen) und anschließend auf *Zugriff verwalten* ❷.

3   Im Fenster *Zugriff verwalten* ❸ sehen Sie, mit wem Sie den Ordner geteilt haben und darunter die Berechtigung, hier *Kann bearbeiten* ❹.

4   Klicken Sie auf die Berechtigung der Person und auf *Nicht mehr teilen* ❺. Anschließend können Sie das Fenster mit Klick auf das Symbol ❻ schließen.

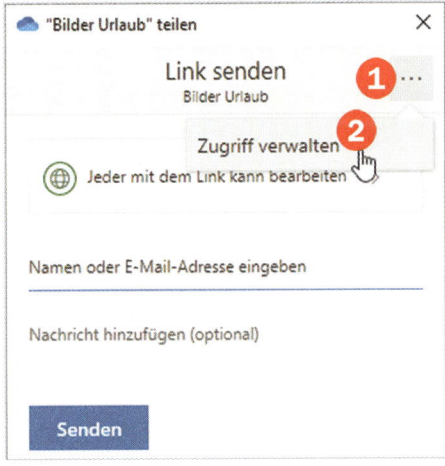

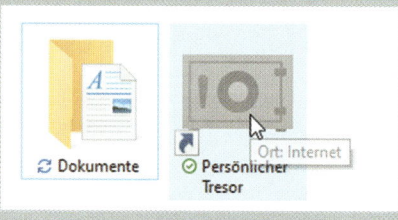

Der persönliche Tresor

Seit dem Frühjahr 2020 steht Ihnen auf OneDrive auch der persönliche Tresor zur Verfügung, ein speziell abgesicherter Ort zum Speichern wichtiger und/oder vertraulicher Daten. Allerdings können dies in der kostenlosen Version maximal drei Dateien sein. Vor jedem Zugriff auf den persönlichen Tresor müssen Sie sich identifizieren, dies passiert in der Regel durch Eingabe eines Codes, der zuvor entweder per SMS oder E-Mail an Sie gesendet wird.

Persönlichen Tresor einrichten und nutzen

Falls Sie den persönlichen Tresor nutzen möchten, müssen Sie diesen zuerst einrichten, hier eine Kurzanleitung:

▶ Vor der ersten Nutzung müssen Sie Ihren persönlichen Tresor einrichten. Dazu doppelklicken Sie im Datei-Explorer auf *Persönlicher Tresor*.

▶ Zunächst erhalten Sie einige Informationen, klicken Sie auf *Weiter*. Aus Datenschutzgründen wird im nächsten Schritt Ihr Einverständnis benötigt, klicken Sie auf *Zulassen*. Außerdem müssen Sie bestätigen, dass die App Änderungen an Ihrem Computer vornehmen darf, klicken Sie auf *Ja*. Anschließend wird OneDrive eingerichtet, dieser Vorgang kann einige Minuten dauern.

▶ Im nächsten Schritt *Identität überprüfen* ❶ wählen Sie eine Methode zur Identifizierung aus, in der Regel E-Mail. Falls Sie in den Sicherheitsinformationen Ihres Microsoft-Kontos auch eine Mobilnummer hinterlegt haben, können Sie zwischen E-Mail und SMS wählen .

Hier wurde als Beispiel die Authentifizierung per E-Mail gewählt. Die im Microsoft-Konto hinterlegte E-Mail Adresse wird aus Sicherheitsgründen nicht vollständig angezeigt. Klicken Sie auf die E-Mail Adresse ❷, geben Sie im nachfolgenden Fenster zur Bestätigung die vollständige E-Mail Adresse Ihres Kontos ein und klicken Sie auf *Code senden*.

▶ Kontrollieren Sie Ihren E-Mail Posteingang und geben Sie anschließend den soeben erhaltenen Sicherheitscode ein ❸. Klicken Sie auf *Bestätigen*.

Anschließend wird Ihr persönlicher Tresor entsperrt und nach Fertigstellung erscheint in der rechten unteren Ecke bzw. im Info-Center eine Benachrichtigung.

Anschließend können Sie den persönlichen Tresor wie einen Ordner nutzen und z. B. eine Datei hierhin verschieben. Beachten Sie, dass der persönliche Tresor nach 20 Minuten Inaktivität automatisch gesperrt wird. Sie müssen also in der Regel vor jedem erneuten Zugriff Ihre Identität bestätigen. Dazu klicken Sie mit der **rechten**

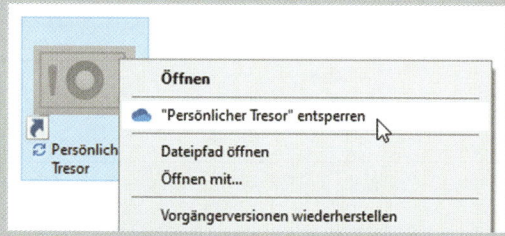

Maustaste auf OneDrive auf den persönlichen Tresor und auf *Persönlichen Tresor entsperren*. Anschließend bestätigen Sie Ihre E-Mail Adresse durch erneute Eingabe und klicken auf *Code senden*. Kontrollieren Sie Ihren E-Mail Posteingang und geben Sie den soeben erhaltenen Code im nachfolgenden Fenster ein. Der persönliche Tresor wird entsperrt und kann nun wie jeder Ordner genutzt werden.

Eine Datensicherung ist nur sinnvoll, wenn sie auf einem zweiten, externen Speicher erfolgt und nicht auf der lokalen Festplatte Ihres Computers!

8.12   Sichern Sie wichtige Daten!

Vielleicht haben Sie schon von Verschlüsselungstrojanern gehört oder gelesen. Hierbei handelt es sich um Schadsoftware, die per E-Mail oder beim Besuch infizierter Webseiten auf Ihren PC gelangt und Ihre persönlichen Ordner samt Dateien so verschlüsselt, dass sie sich nicht mehr öffnen lassen. Auch die Lebensdauer einer Festplatte oder eines Computers ist nicht unbegrenzt.

Um den Verlust wichtiger Daten zu verhindern, sollten Sie regelmäßig Ihre Daten sichern!

Datensicherung bedeutet, mindestens eine Kopie Ihrer Daten befindet sich auf einem zweiten, externen Speicher, noch besser natürlich zwei Kopien auf zwei verschiedenen Speichern. Als Speicher bieten sich an:

- OneDrive oder ein anderer Online-Speicher.

- Ein USB-Speicherstift oder eine zweite, externe Festplatte. Beide sollten Sie nach dem Sichern wieder vom PC trennen, da sie sonst beispielsweise durch Überspannung bei Blitzeinschlag beschädigt werden können und Verschlüsselungstrojaner auch nach angeschlossenen Laufwerken suchen. Bewahren Sie die Datenträger sorgfältig auf.

Externe Festplatten erhalten Sie im Elektronik-Fachhandel, je nach Speicherkapazität ab 40 € aufwärts.

Eine externe Festplatte wird wie ein USB-Speicherstift am USB-Anschluss Ihres Geräts per mitgeliefertem Kabel angeschlossen.

Beachten Sie, dass auch die Lebensdauer von USB-Speicherstift und externer Festplatte nur einige Jahre beträgt. Sie sollten daher wichtige Sicherungsdaten nach einiger Zeit auf einen neuen Datenträger kopieren.

Am einfachsten sichern Sie gleich die gesamten persönlichen Ordner, z. B. *Bilder* und *Dokumente*. Allerdings ist beim Kopieren der persönlichen Ordner eine etwas andere Vorgehensweise als beim einfachen Kopieren erforderlich. Beim einfachen Ziehen mit der Maus erstellt Windows nämlich am Zielort automatisch nur eine Verknüpfung zu diesem Ordner, aber keine Kopie.

Sichern auf eine externe Festplatte

Wichtiger Hinweis bevor Sie beginnen: Eine umfassende Datensicherung dauert, je nach Umfang der zu sichernden Daten, etwas länger. Führen Sie also die

Das Thema Sicherung von Daten auf einer externen Festplatte haben wir auch in einem Video beschrieben. Geben Sie folgende Adresse in den Browser ein, um es zu betrachten:

https://bildnerverlag.de/004036

Datensicherung nicht gerade dann durch, wenn Sie anschließend noch Wichtiges am PC zu erledigen haben.

1 Schließen Sie zunächst alle noch geöffneten Dateien.

2 Schließen Sie die externe Festplatte per Kabel an Ihrem PC an. Sollte anschließend eine Meldung erscheinen, die Sie zur Auswahl einer Aktion auffordert, so ignorieren Sie diese.

3 Starten Sie den Datei-Explorer. Im Navigationsbereich müsste nun die externe Festplatte unter *Dieser PC* mit ihrer Bezeichnung und einem Laufwerksbuchstaben erscheinen. Im Bild unten ist dies der Buchstabe E: **❶**.

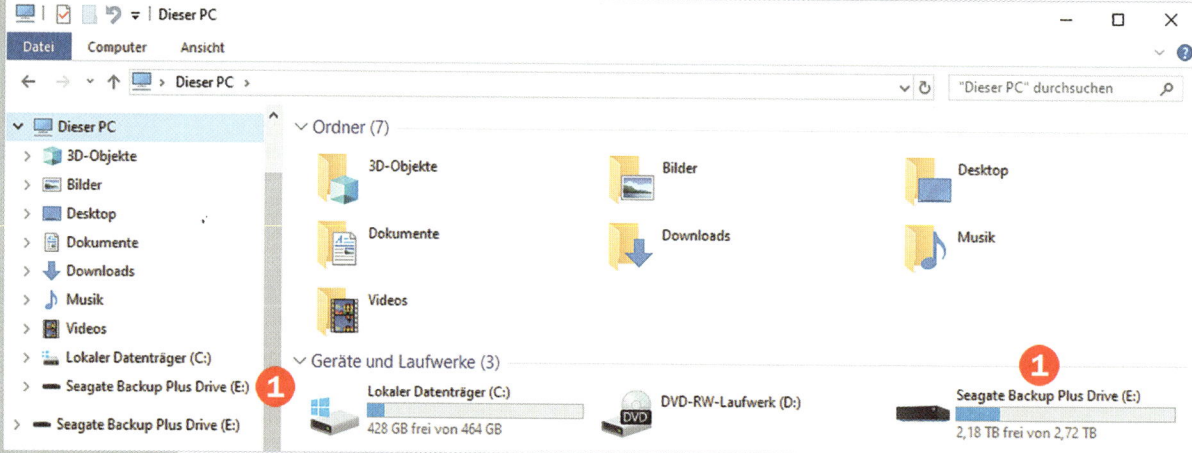

Sie können Datumsangaben in Ordnernamen mit Leerzeichen, Punkt, Bindestrich oder Unterstrich_ trennen, niemals aber mit Schrägstrich / oder Doppelpunkt!

4 Klicken Sie im Navigationsbereich auf die externe Festplatte **❷**: Rechts erscheint nun der Inhalt.

5   Klicken Sie auf das Register *Start* und hier auf *Neuer Ordner* ❸. Geben Sie dem Ordner einen Namen, aus dem das Datum der Sicherung hervorgeht, z. B. Sicherung 01-11-2019 ❹. Das Anlegen eines Sicherungsordners hat den Vorteil, dass Sie bei Bedarf auch auf ältere Sicherungen zurückgreifen können.

Nicht mehr benötigte, alte Sicherungsordner löschen Sie später einfach wieder.

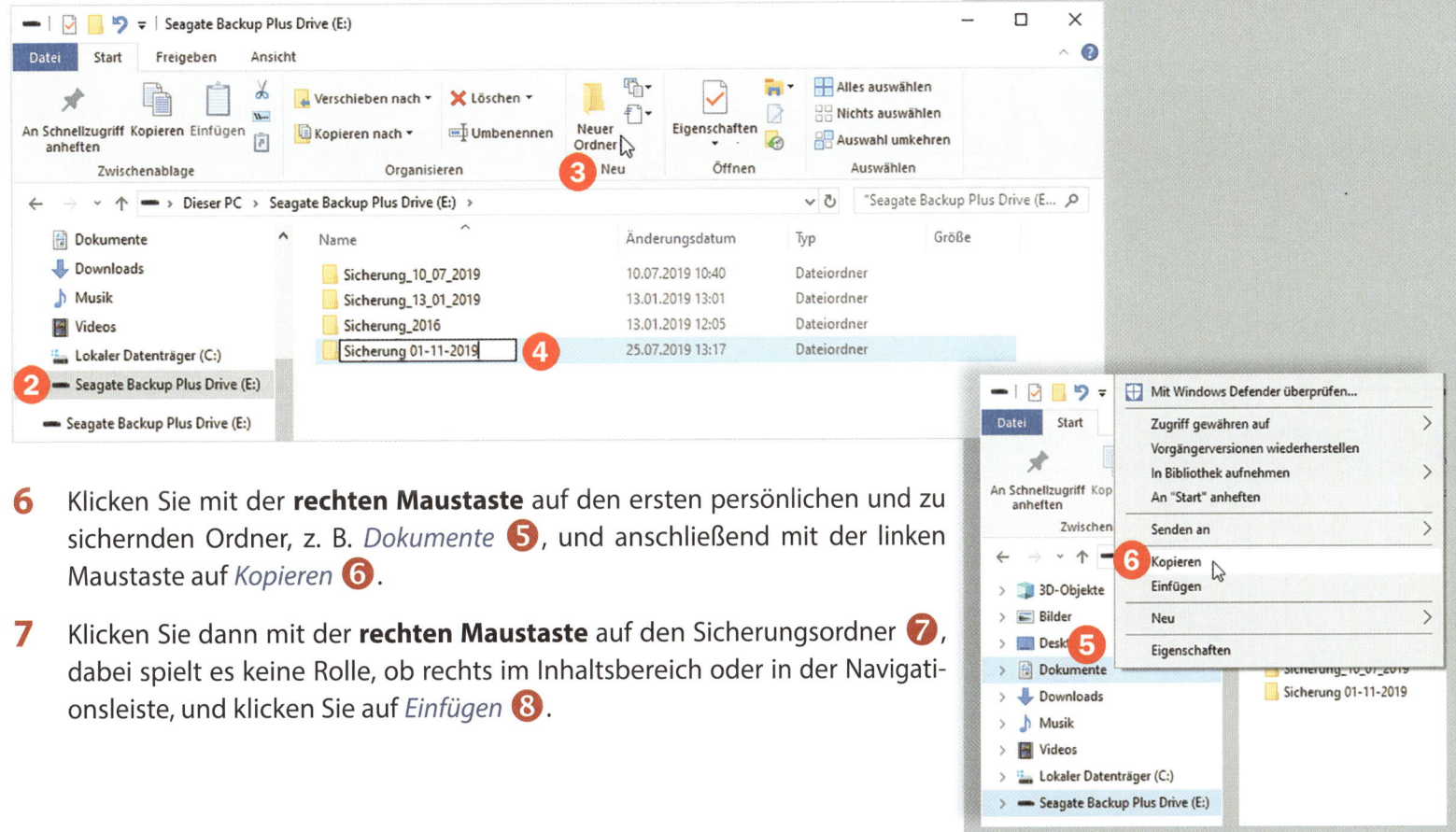

6   Klicken Sie mit der **rechten Maustaste** auf den ersten persönlichen und zu sichernden Ordner, z. B. *Dokumente* ❺, und anschließend mit der linken Maustaste auf *Kopieren* ❻.

7   Klicken Sie dann mit der **rechten Maustaste** auf den Sicherungsordner ❼, dabei spielt es keine Rolle, ob rechts im Inhaltsbereich oder in der Navigationsleiste, und klicken Sie auf *Einfügen* ❽.

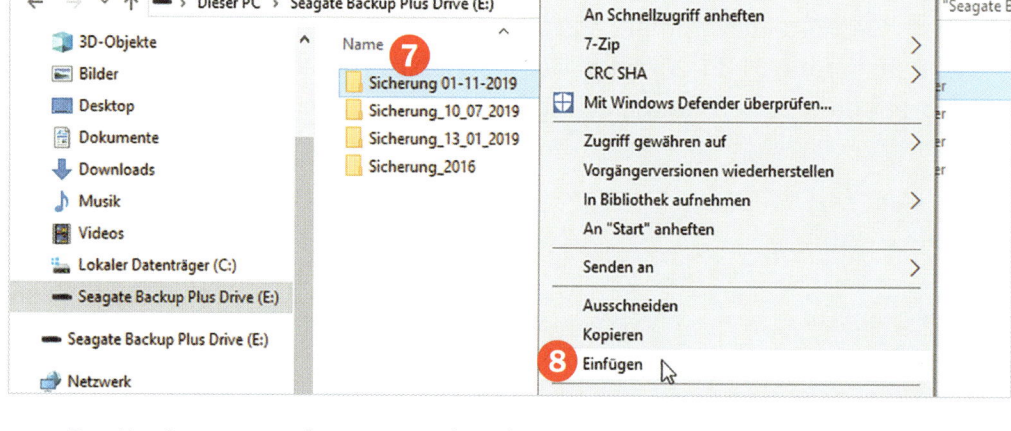

Der Kopiervorgang beginnt und Sie können den Fortschritt anhand eines Balkens mitverfolgen.

Achtung: Je nach Umfang kann der Kopiervorgang einige Minuten dauern, unter Umständen auch eine halbe Stunde. In diesem Fall zeigt Windows zum Fortschrittsbalken auch noch die geschätzte Zeitdauer an.

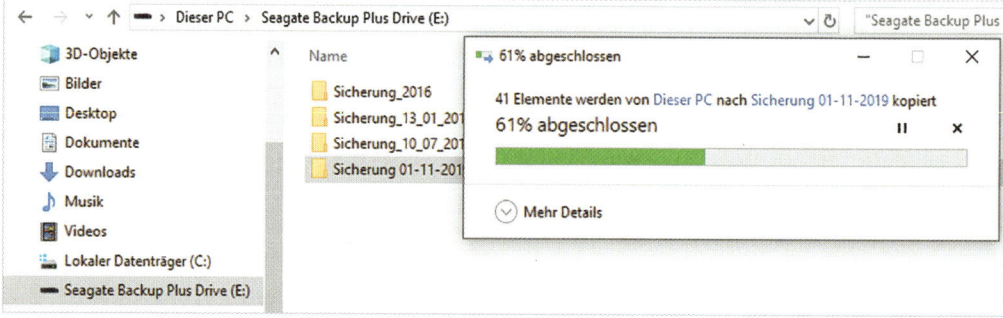

8 Wiederholen Sie die Schritte 6 und 7 für den Ordner *Bilder* und eventuell noch weitere Ordner.

9 **Melden Sie die externe Festplatte ab, bevor Sie sie entfernen!**

Externe Speicher abmelden, siehe Seite 285.

8.13 Tipps und Problemlösungen

Die Navigationsleiste des Datei-Explorers ist nicht sichtbar

Ursache: Die Navigationsleiste ❶ wurde versehentlich ausgeblendet.

▶ Zum Einblenden klicken Sie auf das Register *Ansicht* ❷ und ganz links auf die Schaltfläche *Navigationsbereich* ❸. Es erscheint eine Liste verschiedener Elemente. Ein fehlendes Häkchen vor *Navigationsbereich* ❹ bedeutet, dieser Bereich ist ausgeblendet.

▶ Klicken oder tippen Sie zum Einblenden auf *Navigationsbereich*.

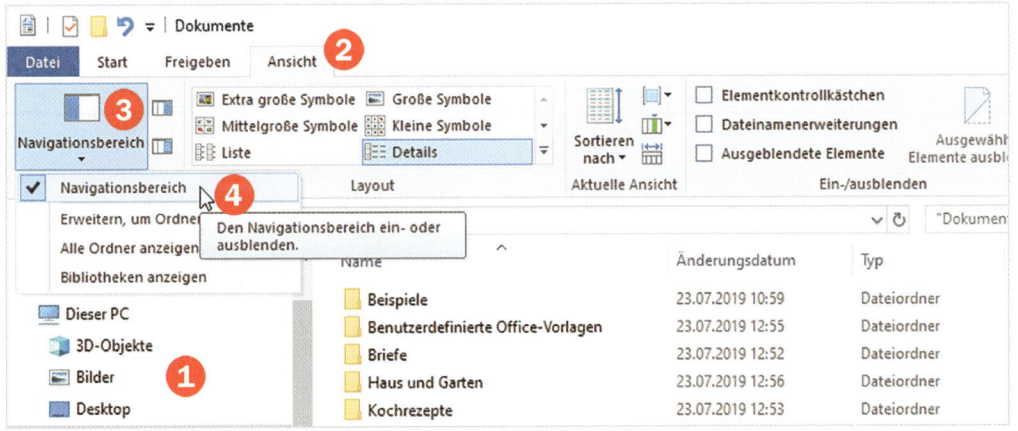

Ein Häkchen links von Navigationsbereich bedeutet, dass dieser sichtbar ist. In diesem Fall würde ein weiterer Mausklick den Navigationsbereich wieder ausblenden - also Vorsicht!

Standardaktion für externe Speicher ändern

Nach dem Anschließen oder Einlegen eines externen Speichers (Wechseldatenträger) erscheint eine Meldung und fordert Sie auf, eine Aktion zu wählen. Windows speichert die ausgewählte Aktion und führt sie beim nächsten Anschließen des Speichers automatisch aus. Dies bezeichnet man als automatische Wiedergabe. Haben Sie versehentlich auf die falsche Aktion geklickt, so kann dies auf Dauer ziemlich nervig sein. Die Einstellungen für die automatische Wiedergabe lassen sich aber leicht ändern:

1 Klicken Sie im Startmenü auf das Symbol *Einstellungen* ⚙ und auf *Geräte*. Klicken Sie dann links auf *Automatische Wiedergabe* ❶.

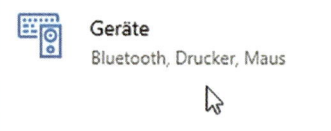

Oder geben Sie in das Suchfeld der Taskleiste den Suchbegriff „automatische Wiedergabe" ein und klicken dann auf *Automatische Wiedergabe (Systemeinstellungen)*.

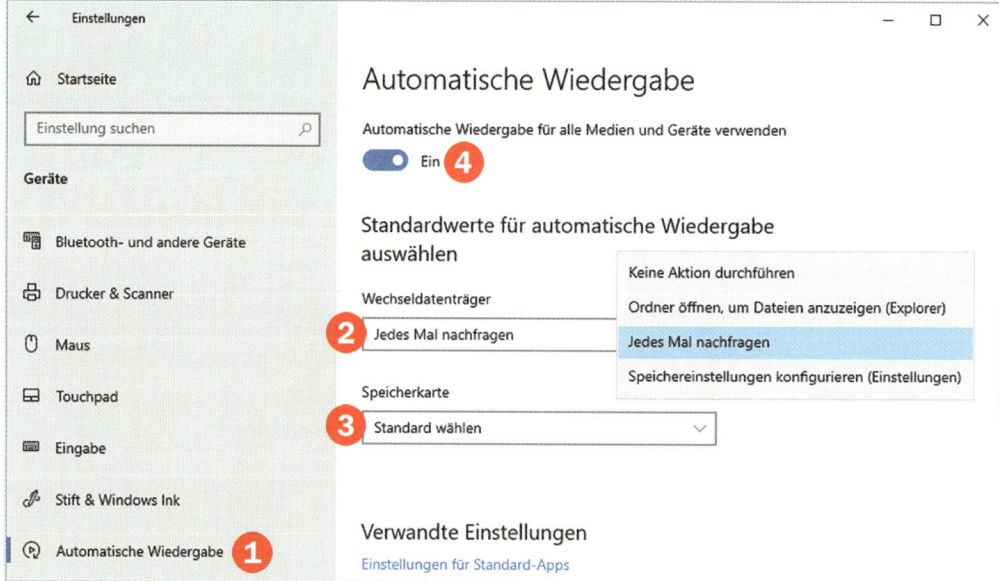

2 Rechts können Sie nun allen Wechseldatenträgern eine Aktion zuweisen: Klicken Sie in das Feld *Wechseldatenträger* ❷ und wählen Sie eine Aktion aus, z. B. *Jedes Mal nachfragen*.

Unterhalb können Sie auch noch eine Aktion für das Einlegen bzw. Anschließen einer Speicherkarte Ihrer Kamera ❸ auswählen.

Bei Bedarf lässt sich mit dem Schalter *Automatische Wiedergabe für alle Medien und Geräte verwenden* ❹ die automatische Wiedergabe für alle Medien und Geräte auch komplett ausschalten.

CD/DVD oder USB-Speicherstift werden nicht erkannt

Manchmal wird ein USB-Speicherstift nicht richtig eingesteckt bzw. eine CD oder DVD nicht korrekt ins Laufwerk eingelegt und es erscheint eine Meldung, dass der Datenträger nicht erkannt wurde.

▶ Als Abhilfe entnehmen Sie den Wechseldatenträger und probieren Sie es nochmals.

Eine CD/DVD kann aber auch zerkratzt, verschmutzt oder anderweitig defekt sein und wird aus diesem Grund nicht erkannt.

Achtung: In manchen Fällen erscheint ein Hinweis, dass der Datenträger nicht formatiert ist, und Windows bietet an, diesen jetzt zu formatieren.

▶ Dies sollten Sie nicht tun, bzw. klicken Sie auf *Nein*, da sonst der Inhalt des Datenträgers endgültig gelöscht wird. Möglicherweise kann dieser auf einem anderen Gerät noch gelesen werden.

Siehe auch Verschieben und Umbenennen von Dateien und Ordnern auf Seite 303.

Element kann nicht umbenannt, verschoben oder gelöscht werden

Wenn Sie eine Datei oder einen Ordner nicht umbenennen, verschieben oder löschen können, dann ist die Ursache meistens dieselbe: Die Datei oder eine Datei aus dem Ordner ist im Hintergrund noch geöffnet.

▶ Wechseln Sie über die Taskleiste zu der App, mit der die Datei geöffnet ist, und schließen Sie die Datei bzw. beenden Sie die App.

Der neue Ordner ist nach dem Erstellen verschwunden

Werfen Sie einen Blick in die Adressleiste des Explorers. Wahrscheinlich haben Sie den neuen Ordner mit Doppelklick geöffnet und sehen nun dessen Inhalt vor sich bzw. den Hinweis *Dieser Ordner ist leer* ❶.

▶ Wechseln Sie zurück in den übergeordneten Ordner: Klicken Sie dazu entweder in der Adressleiste auf den Namen dieses Ordners ❷ oder links daneben auf das Symbol *Hoch nach ...* ❸.

Hinweis: Falls der neue Ordner nicht geöffnet wurde, dann muss in seltenen Fällen die Anzeige aktualisiert werden: Drücken Sie auf der Tastatur die Funktionstaste F5.

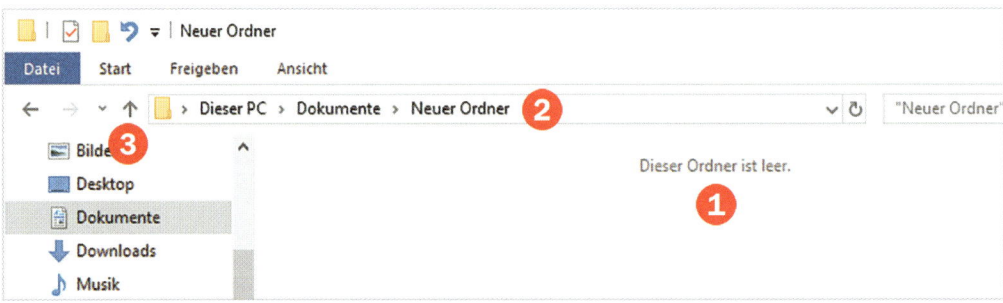

9 Bilder mit der App Fotos verwalten und bearbeiten

Sie lernen...

- Fotos von der Kamera zu übertragen
- wie Sie Fotos am Computer anzeigen
- welche Möglichkeiten Ihnen bei der Verwaltung Ihrer Fotos zur Verfügung stehen
- wie Sie ein Foto zuschneiden, drehen oder einen Filter anwenden

Was Sie bereits wissen sollten...

- Umgang mit Maus, Touchpad oder Touchscreen
- Datei speichern, kopieren oder verschieben
- Grundsätzlicher Umgang mit Apps
- Grundkenntnisse im Internet

9.1   Digitalfotos - das sollten Sie wissen

Speicherkarte

Zur Speicherung Ihrer Fotos befindet sich in Ihrer Kamera eine Speicherkarte, z. B. eine SD-Speicherkarte mit bis zu 2 GB Speicherkapazität. Für mehr Speicherplatz können SDHC- (bis zu 32 GB) oder SDXC-Speicherkarten (bis zu 2 TB), erworben werden, sofern Ihr Kameramodell diese akzeptiert. Der Inhalt der Speicherkarten kann mittels eines Kartenlesegeräts angezeigt und auf den Rechner übertragen werden. Das Kartenlesegerät ist in vielen Laptops bereits integriert, kann aber auch als Einzelgerät hinzugekauft werden. Daneben sind auch WLAN-fähige Speicherkarten (WiFi-Card) erhältlich. Sie können über WLAN eine Verbindung zwischen Karte und Smartphone, Tablet, Laptop oder PC herstellen und Fotos betrachten bzw. herunterladen.

Dateiformat

Fotos, die Sie von Ihrer Kamera auf den Rechner übertragen sind in der Regel JPEG-Bilder. JPEG oder auch JPG ist das gebräuchlichste Grafikformat zur Speicherung von Fotos und gleichzeitig auch eine Methode zur Bildkompression, d. h. zur Verkleinerung der Dateigröße des einzelnen Bildes, um Speicherplatz zu sparen.

Professionelle Kameras stellen auch RAW-Dateien zur Verfügung. Das sind Rohdaten, die am Computer umfangreich bearbeitet werden können.

Anwendung zum Betrachten von Fotos

Unter Windows 10 steht standardmäßig die App **Fotos** zum Betrachten und Bearbeiten von Fotos zur Verfügung. Aber auch der **Datei-Explorer** hilft bei der Verwaltung Ihrer Bildbestände. Er zeigt Ihre Fotos als Miniaturvorschau an und kann eine Diashow abspielen.

9.2 Fotos von der Kamera importieren

Alternativen zur Übertragung der Fotos von der Kamera auf den Computer

- Stellen Sie eine USB-Verbindung zwischen Kamera und Computer her, indem Sie die beiden Geräte mit einem Kabel verbinden.

- Entnehmen Sie aus der Kamera die Speicherkarte und legen Sie diese in das Kartenlesegerät Ihres Computers ein.

- Einige Kameras verfügen über WiFi-Konnektivität, d. h. zwischen Kamera und Rechner kann eine drahtlose Verbindung aufgebaut werden.

So übertragen Sie Ihre Fotos

▶ Stecken Sie die Speicherkarte in das Lesegerät oder verbinden Sie die Kamera per Kabel mit dem PC/Laptop und schalten Sie den Apparat ein.

▶ Falls die Kamera oder die Speicherkarte zum ersten Mal mit dem Rechner verbunden werden, erscheint in der rechten unteren Ecke des Bildschirms eine Meldung ❶. Klicken Sie diese an. Ein Fenster rechts oben bietet verschiedene Aktionen an; klicken Sie auf *Fotos und Videos importieren* ❷. Beim nächsten Einstecken der Speicherkarte entfällt dieser Schritt.

▶ In der Regel werden Sie alle Bilder von der Kamera importieren und erst am Computer Fotos löschen. Deshalb sind standardmäßig keine bestimmten Bilder im Importfenster ausgewählt. Um den Import anzustoßen, klicken Sie auf die Schaltfläche *x von xx Objekten importieren* ❸ (Abbildung nächste Seite).

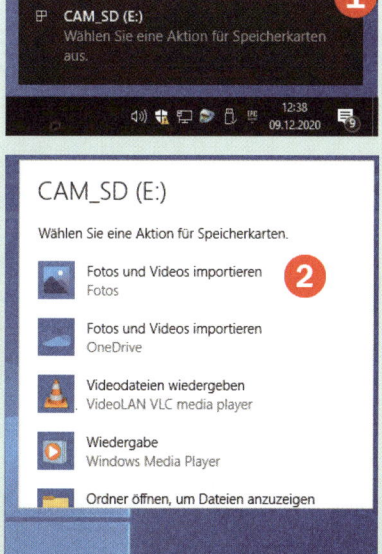

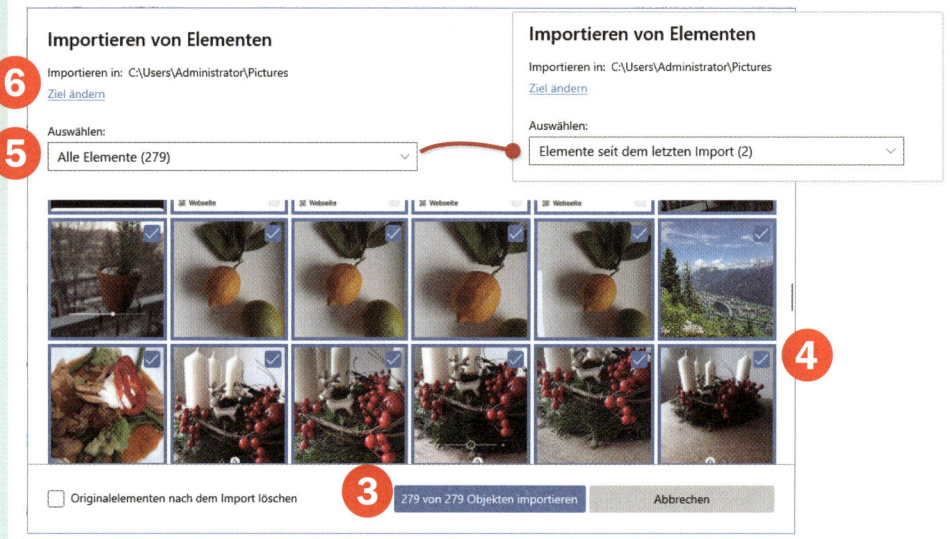

Besondere Einstellungen treffen

▶ Durch Anklicken des Kästchens **4** eines Bildes wird dieses ausgewählt. So importieren Sie nur ausgesuchte Fotos von der SD-Karte.

▶ Über das Menü **5** oben links und Auswahl von *Elemente seit dem letzten Import* sorgen Sie dafür, dass nur **neue** Fotos von der SD-Karte übertragen werden. Das ist praktisch, wenn Sie beim letztes Mal vergessen haben, die Bilder, die Sie auf Ihren Computer übertragen haben, von der SD-Karte zu entfernen.

▶ Die ausgewählten Fotos werden standardmäßig ohne weitere Unterordner in den Ordner *Bilder* kopiert. Bei *Ziel ändern* **6** können Sie einen anderen Ordner auswählen.

9.3 Benutzeroberfläche der App Fotos

Mit der App *Fotos* betrachten, verwalten und bearbeiten Sie Ihre Bilder. Die App ist in Windows 10 standardmäßig vorinstalliert. Zum Starten der App öffnen Sie das Startmenü und scrollen in der alphabetischen Liste (*Alle Apps*) bis zum Abschnitt *F* und wählen *Fotos* aus. Unter Umständen ist die App an das Startmenü angeheftet. Dann öffnen Sie Fotos durch Anklicken der Kachel.

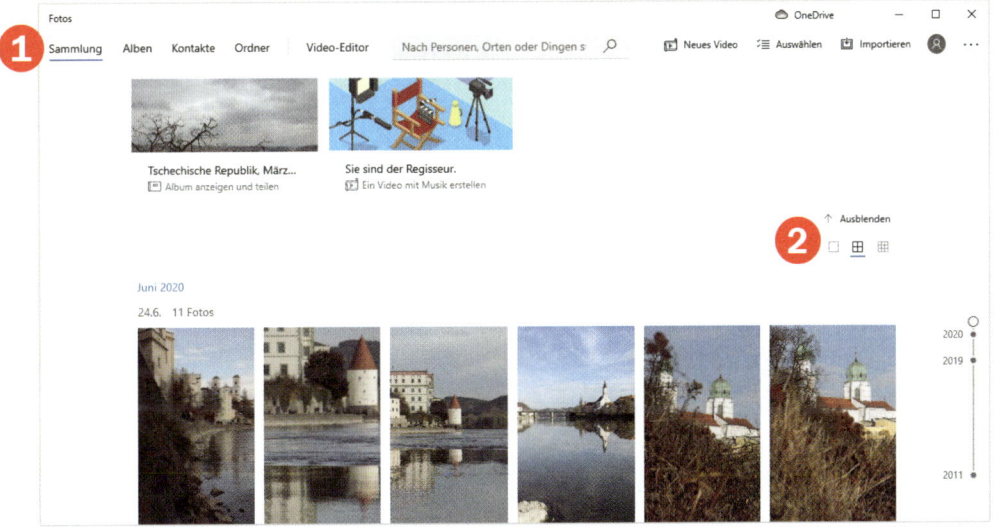

▶ Die App Fotos ist in die Bereiche *Sammlung*, *Alben*, *Kontakte, Ordner* und *Videoprojekte* unterteilt: Zum Wechseln zwischen den Bereichen klicken Sie auf den Bereichsnamen ❶. Wie Sie diese nutzen, erfahren Sie gleich auf den nächsten Seiten.

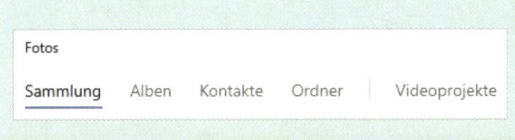

Achtung! Unter Umständen wird in Ihrer Foto-App anstelle von *Video-Editor* der Bereich *Videoprojekte* angezeigt. Dieser bietet dieselben Funktionen. Er ist lediglich anders benannt.

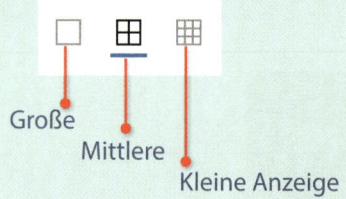

Große

Mittlere

Kleine Anzeige

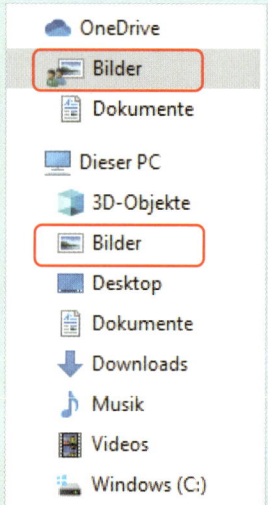

▶ Sind mehr Fotos in einem Bereich, als auf eine Bildschirmseite passen, verschieben Sie den sichtbaren Ausschnitt, indem Sie mit der Maus auf die Fotos zeigen und am Mausrad drehen.

▶ Ansichtseinstellungen ❷ (Abbildung vorherige Seite): Sie haben die Wahl zwischen drei Größen zur Darstellung Ihrer Fotos, diese steuern Sie durch Anklicken eines der Symbole.

▶ Was wird in der App angezeigt?

- Standardmäßig greift die App auf den Inhalt des lokalen Ordners *Bilder* und dessen Unterordner zu.

- Sofern Sie mit einem Microsoft-Konto am PC angemeldet sind, wird dieses Konto auch für die App Fotos verwendet. In diesem Fall steht Ihnen OneDrive zur Speicherung bzw. zum Austausch von Fotos zur Verfügung.

> Wenn Sie Ihre Fotos automatisch auf OneDrive sichern lassen, dann arbeiten Sie nicht mehr im Ordner *Bilder* (unter *Dieser PC*) sondern im OneDrive Ordner *Bilder*.

- Videos, die Sie im Standardordner *Videos* gespeichert haben oder Fotos, die nicht im Ordner *Bilder* gespeichert sind, werden in der App *Fotos* nicht angezeigt. Sie können Ordner allerdings hinzufügen. Wie das geht, lesen Sie auf Seite 342. Einfachheitshalber können Sie Ihre Videos auch im Ordner *Bilder* speichern, dann werden diese auch beim passenden Ereignis angezeigt.

- Bilder in typischen Bilddateiformaten wie jpg, tif, png oder gif, aber auch einige RAW-Dateiformate werden in der App angezeigt. Andere Dateien, wie z. B. ein Word-Brief, der versehentlich im Ordner *Bilder* gespeichert wurde, werden von der App Fotos ignoriert.

▶ So unterscheiden Sie Fotos und Videos: Je nach gewählter Anzeigegröße wird beim Video entweder die Videodauer oder eine Abspielschaltfläche angezeigt.

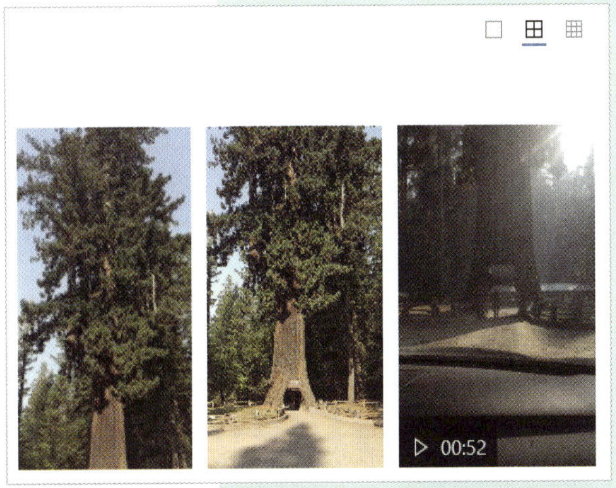

So erkennen Sie, ob Sie mit Ihrem Microsoft-Konto bei der App Fotos angemeldet sind. Oben rechts finden Sie das Kontosymbol. Wird dieses Bildsymbol oder Ihr Profilbild angezeigt, sind Sie angemeldet. Durch Anklicken des Bildsymbols sehen Sie, mit welchem Konto Sie angemeldet sind. Dieses Kontosymbol zeigt, dass Sie nicht angemeldet sind. Durch Anklicken können Sie hier Ihr Microsoft-Konto hinterlegen. Ob die App Fotos Zugriff auf OneDrive hat, sehen Sie ebenfalls rechts oben. Sofern die Schaltfläche *OneDrive* OneDrive durchgestrichen dargestellt wird, besteht momentan keine Verbindung zu OneDrive.

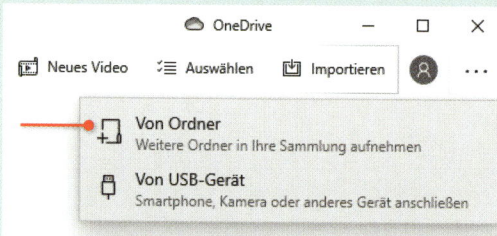

Weitere Ordner in die App Fotos aufnehmen

Klicken Sie dazu auf *Importieren* rechts oben und wählen Sie *Von Ordner* aus. Navigieren Sie zum gewünschten Ordner, wählen Sie diesen durch Anklicken aus und klicken Sie dann auf die Schaltfläche *Diesen Ordner zu „Bilder" hinzufügen*.

> **Bei Hobbyfotografen ist OneDrive schnell voll**
>
> OneDrive stellt Ihnen 5GB Speicherplatz kostenlos zur Verfügung. Sofern Sie Ihre Fotos mit OneDrive synchronisieren, d.h. die Fotos im Ordner *Bilder* auf OneDrive speichern, werden Sie feststellen, dass schnell kein freier Speicherplatz mehr zur Verfügung steht. Natürlich ist es wichtig, die Daten, die sich auf Ihrem Computer befinden, zu sichern. Eine mögliche Lösung ist, die Fotos im lokalen Ordner *Bilder* (unter *Dieser PC*) zu speichern und regelmäßig die Bilder auf eine externe Festplatte zu kopieren. OneDrive können Sie dann dazu nutzen, um spezielle Fotos mit Ihren Freunden zu teilen, z. B. von einem gemeinsamen Ausflug. Das haben wir für Sie in einem Video beschrieben. Zum Betrachten geben Sie in Ihren Browser folgende Adresse ein:
> https://bildnerverlag.de/004037.

Sammlung

Die *Sammlung* wird immer beim Öffnen der App Fotos angezeigt. Hier sind alle Fotos und Videos sortiert nach Aufnahmedatum aufgelistet, dabei sind Bilder mit ähnlichem Aufnahmedatum in Gruppen zusammengefasst. So werden alle Fotos und Videos, die Sie zu einem Ereignis aufgenommen haben, auch gemeinsam angezeigt.

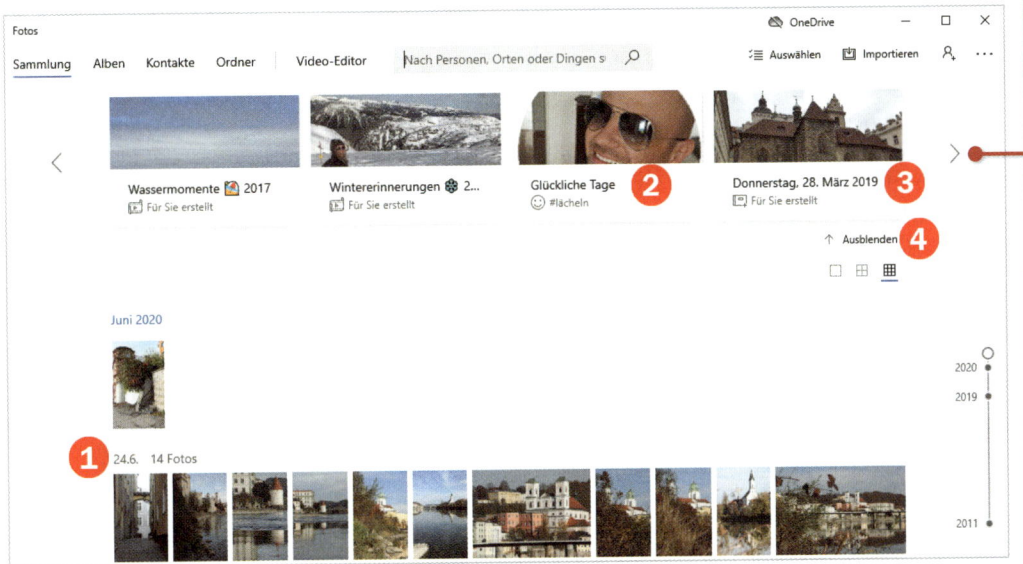

Es stehen noch mehr Zusammenstellungen zur Verfügung, klicken Sie den Pfeil an, um weitere anzuzeigen.

- Über den gruppierten Bildern finden Sie Informationen **1** zum Zeitraum und zur Anzahl der zusammengefassten Fotos.

- Für die Darstellung unerheblich ist, ob die Bilder gemeinsam in einem Ordner gespeichert sind. Ordner werden in der *Sammlung* nicht berücksichtigt.

- Im oberen Bereich der Ansicht *Sammlung* finden Sie automatisch erstellte Zusammenfassungen einiger Bilder z. B. nach Datum **2** oder Thema **3** sowie von Ihnen erstellte Alben (dazu gleich mehr auf der nächsten Seite). Falls Sie das hier nicht anzeigen möchten, klicken Sie auf *Ausblenden* **4** .

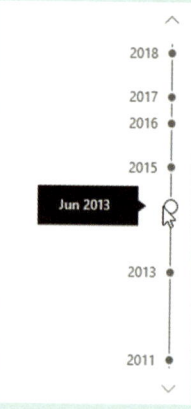

- Neben der Möglichkeit mit dem Mausrad den angezeigten Bildschirmausschnitt zu verändern, können Sie im Bereich *Sammlung* auch mit der Zeitachse am rechten Rand arbeiten: Zeigen Sie mit der Maus auf die Zeitachse, um einen bestimmten Monat anzuzeigen und mit einem Klick auszuwählen. Es werden nur Monate bzw. Jahre angezeigt, in denen Fotos aufgenommen wurden. Darüber hinaus können Sie durch Anklicken der Pfeile nach oben oder unten scrollen.

Alben

Während die Sammlung alle geknipsten Bilder anzeigt, dient die Ansicht *Alben* dazu, eine Auswahl zu treffen und nur die schönsten Fotos eines Geburtstags oder Urlaubs zusammenzustellen.

Wie Sie selbst ein Album erstellen, erfahren Sie ab Seite 356.

Zur Anzeige der Ansicht *Alben* klicken Sie *Alben* ❶ an. Hier sehen Sie zunächst bereits gespeicherte Alben ❷ und darunter Zusammenstellungen ❸, die automatisch für Sie erstellt wurden. Verwenden Sie gerade die App zum ersten Mal, kann es sein, dass noch keine automatischen Zusammenstellungen zur Verfügung stehen.

▶ Durch Anklicken eines Albums oder einer automatischen Zusammenstellung zeigen Sie die darin enthaltenen Bilder gemeinsam an. Im oberen Teil wird eine Videovorschau ❹ abgespielt, darunter sind die enthaltenen Fotos ❺ aufgeführt. Klicken Sie auf den Pfeil ❻ links oben, um das Album zu verlassen und wieder die Übersicht anzuzeigen.

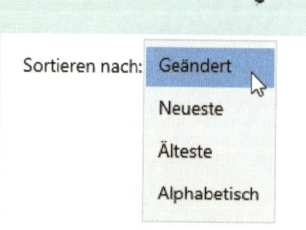

▶ Wenn Sie später einmal über eine Vielzahl an Alben verfügen, ist es unter Umständen sinnvoll, durch eine geeignete Sortierung des Bestands, den optimalen Zugriff zu ermöglichen. Die Sortieroptionen ❼ finden Sie rechts oben.

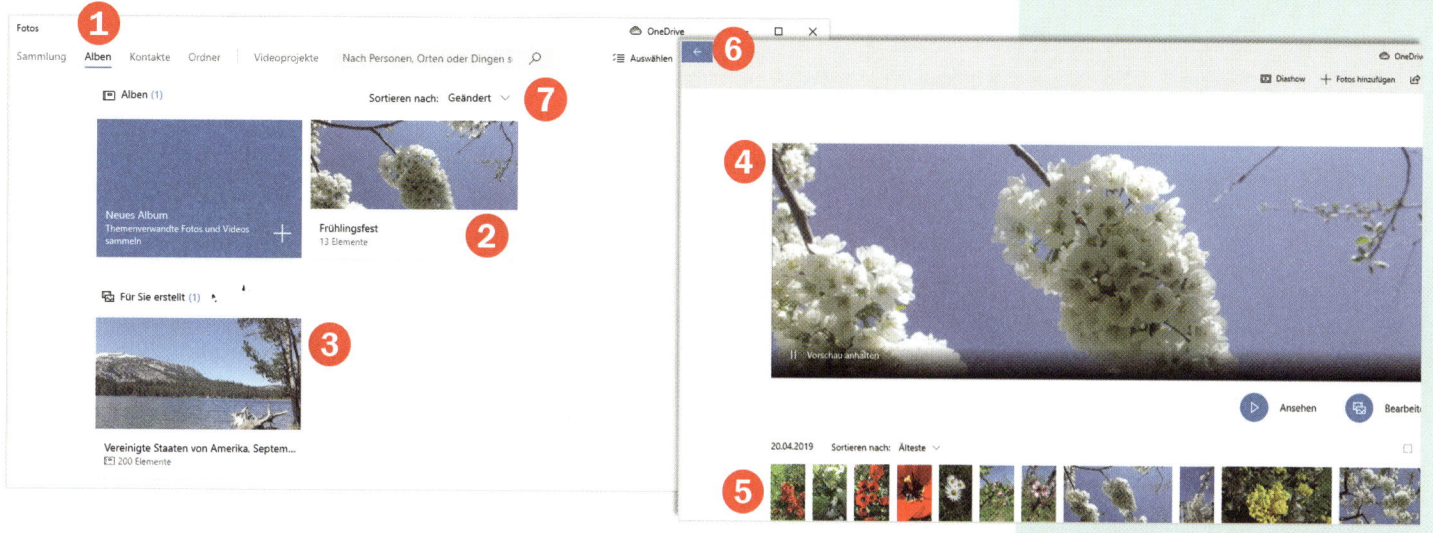

Automatisch erstellte Zusammenstellungen speichern

Wenn Sie eine automatisch erstellte Zusammenstellung speichern möchten, zeigen Sie mit der Maus darauf und klicken Sie auf *Beibehalten* **8**. Das neue Album wird jetzt im oberen Bereich angezeigt. Sollte Ihnen die Zusammenstellung nicht gefallen, löschen Sie diese mit *Entfernen* **9**. Die Fotos der Zusammenstellung bleiben selbstverständlich erhalten. Sie finden diese weiterhin in der Ansicht *Sammlung*.

Automatisch erstellte Zusammenstellungen im Bereich Sammlung

In der Ansicht *Sammlung* finden Sie oben ebenfalls automatisch erstellte Zusammenstellungen, die Ihnen zur Speicherung als Album angeboten werden. Hier weicht die Handhabung ein klein wenig ab: Mit Anklicken von *Anzeigen* **1** werden die enthaltenen Bilder angezeigt, mit *Beibehalten* **2** speichern Sie das Album und durch Anklicken des X-Symbols **3** verwerfen Sie die Auswahl.

Videoprojekte bzw. Video-Editor

Klicken Sie auf *Videoprojekte* (*Video-Editor*), um eigene oder automatisch gestaltete Videos zu betrachten. Ein Videoprojekt ist eine Zusammenstellung aus verschiedenen Fotos und/oder Videos, die im Bereich *Videoprojekt* (*Video-Editor*) bearbeitet werden können. Ein Videoprojekt kann zu einem Video umgewandelt werden. Wie im Bereich Alben werden oben eigene Videoprojekte und darunter automatische Zusammenstellungen angezeigt, die beibehalten werden können. Hinweis: Im Bereich *Videoprojekt* (*Video-Editor*) werden keine Videos angezeigt, die Sie beispielsweise mit Ihrer Kamera aufgenommen haben. Diese finden Sie im Bereich *Sammlung*.

Kontakte

Im Bereich *Kontakte* werden mithilfe einer Gesichtserkennung Bilder derselben Person getagt (sozusagen mit einem Etikett versehen) und gemeinsam angezeigt.

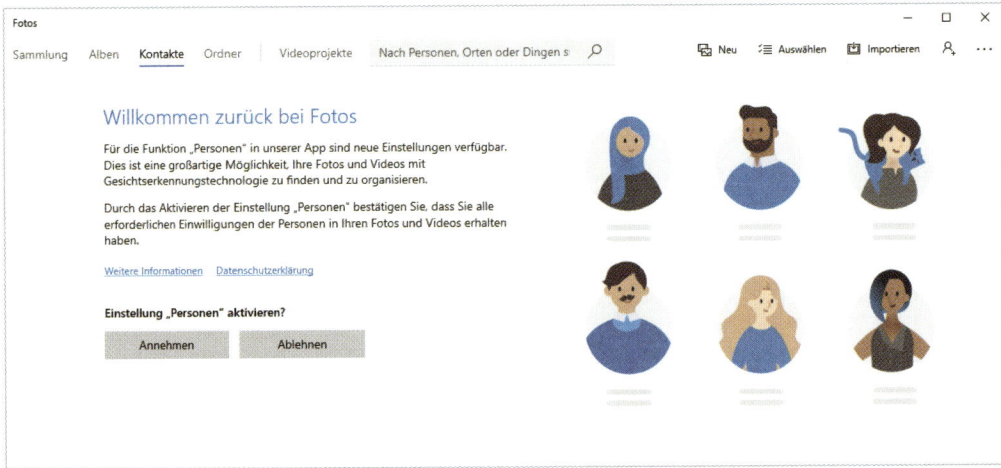

Ordner

Die Ansicht *Ordner* zeigt Ordner und die darin enthaltenen Bilddateien an, ähnlich der Anzeige im Datei-Explorer.

▶ Standardmäßig werden die Inhalte des lokalen Ordners *Bilder* und/oder die Inhalte des OneDrive-Bilderordners angezeigt. Durch Anklicken von *Ordner hinzufügen* ❶ können schon vorhandene Anzeigeorte hinzugefügt werden. (Diese Vorgehensweise wurde bereits auf Seite 342 beschrieben).

> Achtung! Neue Ordner werden, wie gewohnt, über den Datei-Explorer erstellt. In der App Foto kann kein neuer Ordner angelegt werden.

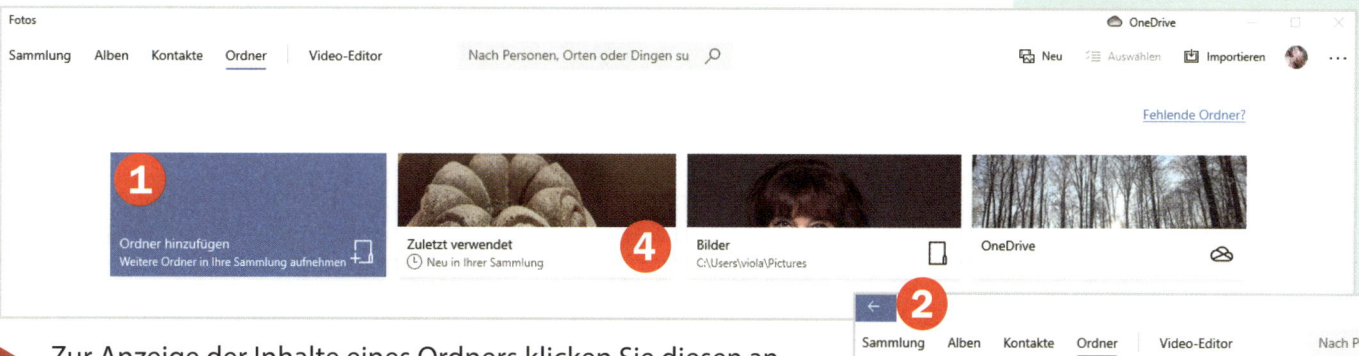

▶ Zur Anzeige der Inhalte eines Ordners klicken Sie diesen an.

▶ Wenn Sie sich in einem Unterordner befinden, klicken Sie links oben auf den Pfeil ❷, um den Unterordner zu verlassen. Zur Anzeige der Eingangsübersicht klicken Sie auf *Zu allen Ordnern zurückkehren* ❸.

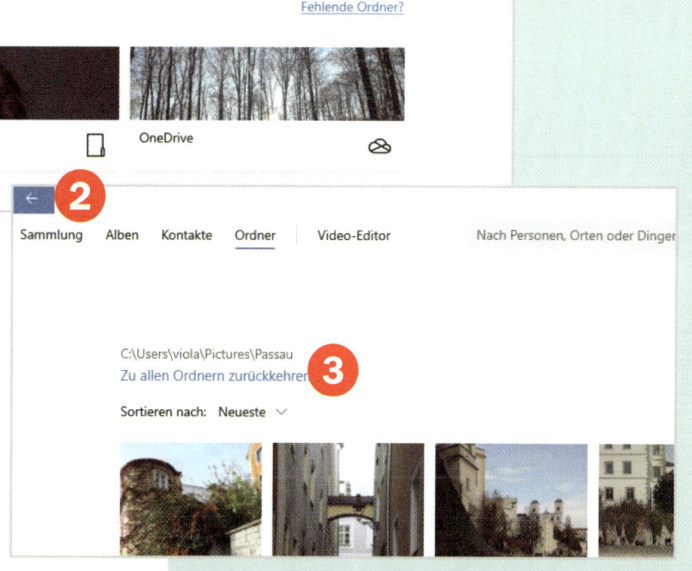

▶ Die Anzeigeoption *Zuletzt verwendet* ❹ wird automatisch hinzugefügt, wenn Sie zum ersten Mal Bilder von der Speicherkarte auf Ihren Rechner übertragen. Klicken Sie auf *Zuletzt verwendet*, um alle Bilder anzuzeigen, die Sie kürzlich hinzugefügt haben.

9.4   Fotos betrachten

Einzelbildansicht der App Fotos

▶ Zum Betrachten klicken Sie das gewünschte Bild in der Ansicht *Sammlung*, *Alben* oder *Ordner* einmal an. Die Einzelbildansicht wird angezeigt.

- **Zwischen Fotos wechseln:** Mit den Pfeilschaltflächen ❶ rechts und links wechseln Sie zwischen den einzelnen Fotos. Die Schaltflächen werden nur angezeigt, wenn Sie mit der Maus auf den Bereich zeigen. Im Bereich *Sammlung* bewegen Sie sich mit den Pfeiltasten durch Ihr gesamtes Fotoarchiv, im *Album* blättern Sie nur durch Fotos des Albums, im Bereich *Ordner* werden nur die Bilder des Ordners angezeigt.

- **Vollbild:** Mit dem Doppelpfeil ❷ unten rechts wechseln Sie in den Vollbildmodus; mit der Esc-Taste verlassen Sie diesen wieder. Auch im Vollbildmodus stehen die Pfeiltasten rechts und links zum Wechseln zwischen den Bildern zur Verfügung. Zeigen Sie auf diese Bereiche mit der Maus.

- **Fotoausschnitt vergrößern:** Durch Anklicken der Schaltfläche *Zoomen* ❸ und Ziehen am Regler können Sie den Bildausschnitt vergrößern oder verkleinern. Um den angezeigten Bildausschnitt eines vergrößerten Bilds zu verändern, zeigen Sie auf das Bild mit der Maus, halten die Maustaste gedrückt und schieben das Bild an die gewünschte Position.

Ziehen Sie am Regler, um den Bildausschnitt weiter zu vergrößern.

> **Tipp:** Schnelles Vergrößern eines Bildausschnitts erreichen Sie durch einen Doppelklick an die gewünschte Stelle des Bildes. Ein weiterer Doppelklick verkleinert das Bild wieder.

- **Bilder korrekt ausrichten:** Beim Import der Bilder von der Kamera werden diese in der Regel korrekt ausgerichtet. Unter Umständen muss ein Bild dennoch einmal gedreht werden. Hier hilft die Schaltfläche *Drehen* ❹ . Drehen Sie das Bild ggf. durch mehrmaliges Drücken im Uhrzeigersinn. Die letzte Ausrichtung wird automatisch übernommen.

▶ Zurück zur Übersicht gelangen Sie durch (unter Umständen mehrmaliges) Anklicken des Pfeils ❺ links oben. Alternativ verwenden Sie die Esc-Taste.

Favoriten
Alle Lieblingsfotos anzeigen

Lieblingsfotos beim Durchsehen auswählen

Wenn Sie Ihre frisch geknipsten Bilder in der Einzelbildansicht durchsehen, können Sie gleich Ihre Lieblingsbilder auswählen. Diese werden im Album *Favoriten* gesammelt. Dazu klicken Sie auf das Herzsymbol ♡ **7**. Wenn Sie diese Funktion zum ersten Mal verwenden, wird das Album automatisch angelegt.

In diesem Prozess können Sie auch misslungene Fotos löschen. Dazu klicken Sie auf das Papierkorbsymbol 🗑. Das Foto wird dann aus dem lokalen Ordner Bilder und falls es ebenfalls auf OneDrive gesichert wurde, auch von dort gelöscht.

Sollte die App Fotos nicht bei einem Doppelklick auf ein Foto geöffnet werden, dann verwenden Sie ein anderes Programm als Standard-App zur Anzeige Ihrer Bilder. Wie Sie das ändern, erfahren Sie auf Seite 288.

Foto über den Datei-Explorer öffnen

Im Datei-Explorer öffnen Sie, wie gewohnt eine Bilddatei mit einem Doppelklick **1**. In der Regel wird das Foto dann in der Einzelbildansicht der App Fotos angezeigt.

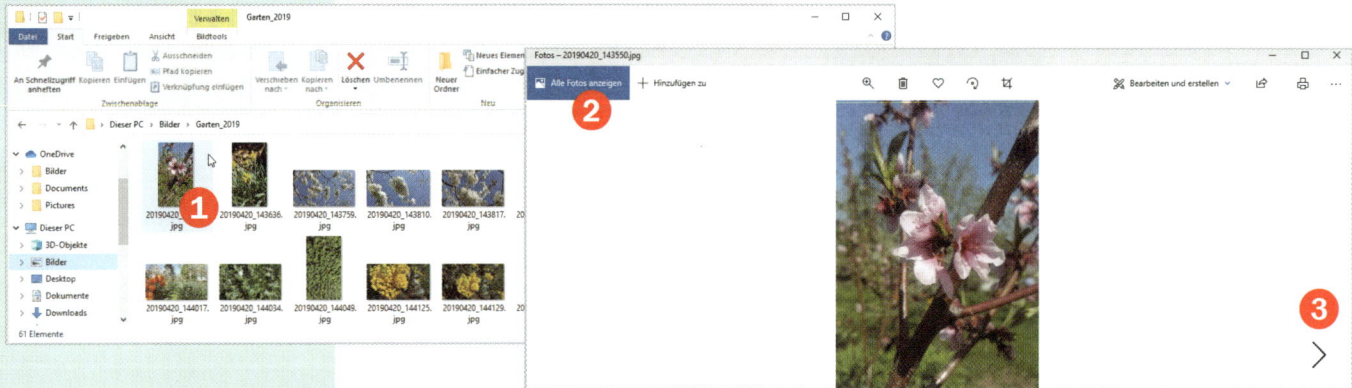

▶ Durch Anklicken von *Alle Fotos anzeigen* **2** wechseln Sie in die Ansicht *Sammlung* oder verwenden Sie die Pfeile **3**, um weiterer Bilder des Ordners zu betrachten.

Diashow zeigen

Mit Diashow zeigen Sie eine Auswahl an Fotos im Vollbildmodus an. Der Wechsel zum nächsten Bild erfolgt automatisch. Zunächst stellen Sie die Bilder, die Sie zeigen möchten, in einem Ordner oder einem Album zusammen. Im Kapitel 8 haben Sie schon erfahren, wie Sie im Datei-Explorer Ordner erstellen und Dateien verschieben. Wie Sie Bilder in einem Album zusammenstellen, erfahren Sie auf Seite 356.

▶ Zeigen Sie den Inhalt des Ordners/Albums, den Sie vorführen möchten, an.

Das linke Bild zeigt den Inhalt eines Ordners der als Diashow angezeigt werden soll, rechts sehen Sie ein Album.

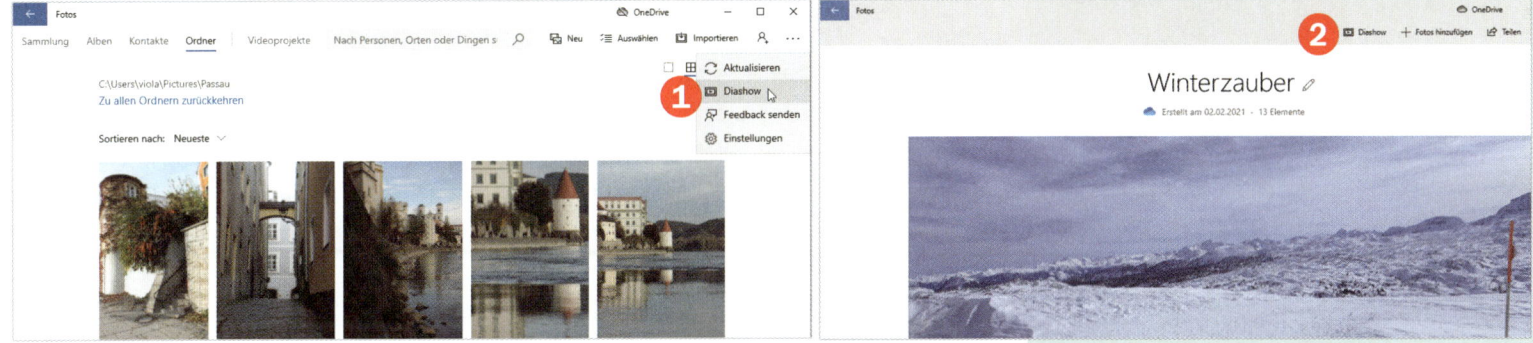

▶ Zur Anzeige einer Diashow klicken Sie im Bereich *Ordner* auf *Weitere Infos* ••• und wählen *Diashow* ❶ aus. Im Bereich *Album* finden Sie die Schaltfläche *Diashow* ❷ direkt in der Bearbeitungsleiste; alternativ drücken Sie die F5-Taste.

▶ Sie verlassen die Diashow mit einem Mausklick oder der Esc-Taste.

Auch die Bilder einer Sammlung können über die Schaltfläche *Diashow* nacheinander angezeigt werden. Damit führen Sie alle Bilder vor, die auf Ihrem Computer im Ordner Bilder bzw. auf OneDrive gespeichert sind.

9.5 Fotos verwalten

Bilder markieren

Das Auswählen von Bildern funktioniert in den Bereichen *Sammlung*, *Alben* und *Ordner* nach dem gleichen Prinzip.

▶ **Ein Foto auswählen:** Zeigen Sie auf das Bild, welches Sie auswählen möchten. In der rechten oberen Ecke wird ein Kästchen angezeigt. Klicken Sie in dieses, um das Bild zu markieren ❶.

▶ **Weitere Fotos auswählen:** Nach Auswahl des ersten Fotos werden für die weiteren Bilder auch Auswahlkästchen angezeigt. Jetzt müssen Sie nicht mehr genau das Kästchen treffen, es reicht aus, wenn Sie das Foto anklicken.

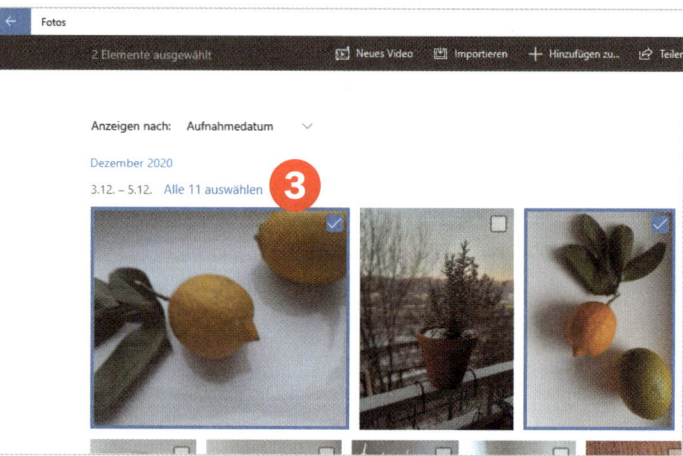

▶ **Alternative Auswahlmethode:** Klicken Sie auf die Schaltfläche *Auswählen* ⁝☰ Auswählen ❷ und wählen dann ein oder mehrere Fotos aus.

▶ **Markierung entfernen:** Falls Sie ein Bild doch nicht markieren möchten, entfernen Sie es wieder aus der Auswahl durch erneutes Anklicken. Sollen alle Markierung entfernt werden, drücken Sie die Esc-Taste.

▶ **Tipp:** Falls Sie im Bereich *Sammlung* alle Bilder, die einem gemeinsamen Datum zugeordnet wurden, auswählen möchten, markieren Sie ein Bild und klicken dann auf *Alle... auswählen* ❸ .

> Aus dem Bereich *Alben* kann kein Foto gelöscht werden. Hier können Sie lediglich Bilder aus dem Album entfernen. Diese werden dann nicht mehr im Album angezeigt, sind aber im Bereich *Sammlung* weiterhin enthalten.

Fotos löschen

▶ Um alle markierten Fotos zu entfernen, wählen Sie in der Bearbeitungsleiste die Schaltfläche *Löschen* 🗑 bzw. drücken die Entf-Taste und bestätigen die Löschabfrage. Alle makierten Bilder werden in den Papierkorb verschoben.

▶ In der Einzelbildansicht kann das angezeigte Foto ebenfalls gelöscht werden.

Foto ausdrucken

Zum Drucken eines Fotos zeigen Sie dieses in der Einzelbildansicht an und klicken am Ende der Bearbeitungsleiste auf das Symbol für *Drucken* 🖶 . Stellen Sie sicher, dass der richtige Drucker ausgewählt ist ❶, legen Sie die Anzahl der Ausdrucke (*Kopien*) ❷ fest. Die Ausrichtung des Bildes (Hochformat, Querformat) wird in der Regel korrekt erkannt und automatisch eingestellt. Bei *Papierformat* ❸ wählen Sie die Größe des im Drucker eingelegten Papiers aus. Bei *Fotogröße* ❹ entscheiden Sie, in welcher Größe das Bild ausgedruckt wird. Bei *Anpassen* ❺ bestimmen Sie, ob das Bild die gewählte Größe ausfüllen soll (*Seite ausfüllen*) - dann werden unter Umständen Randteile des Fotos abgeschnitten - oder ob das Bild mit der Option *An Größe anpassen* vollständig zu sehen ist, aber eventuell weiße Ränder hingenommen werden müssen. Weitere Optionen finden Sie unter *Weitere Einstellungen* ❻, z. B. die *Ausrichtung* oder den *Farbmodus*, mit dem Sie einstellen, ob das Bild farbig (*Farbe*) oder in Graustufen (*Monochrom*) ausgedruckt wird.

Fotos suchen

Während beispielsweise ein WordPad-Dokument bei der Speicherung einen sinnvollen Dateinamen erhält, sind Fotos meist mit einer Buchstabenkombination und einer fortlaufenden Nummer benannt. Das macht ein Auffinden über den Dateinamen schwierig. Die integrierte Suchfunktion der App *Fotos* sucht aus diesem Grund nicht nur nach dem Dateinamen, sondern nach Orten, Dingen und Personen und versucht, Ihren Bildbestand nach diesen Kriterien zu indizieren.

▶ Klicken Sie in das Suchfeld ❶.

▶ Geben Sie einen Ort, an dem das gesuchte Bild geknipst wurde, oder ein markantes Element, welches auf dem Foto abgebildet ist, ein. Die aufgeführten Vorschläge ❷ bei *Orte* und *Dinge*, wurden indiziert, erbringen also Treffer. Selbstverständlich können Sie auch einen anderen Suchbegriff eintippen, z. B. *Turm* ❸. Bestätigen Sie die Suchanfrage dann durch Anklicken des Lupen-Symbols oder mit der Enter-Taste.

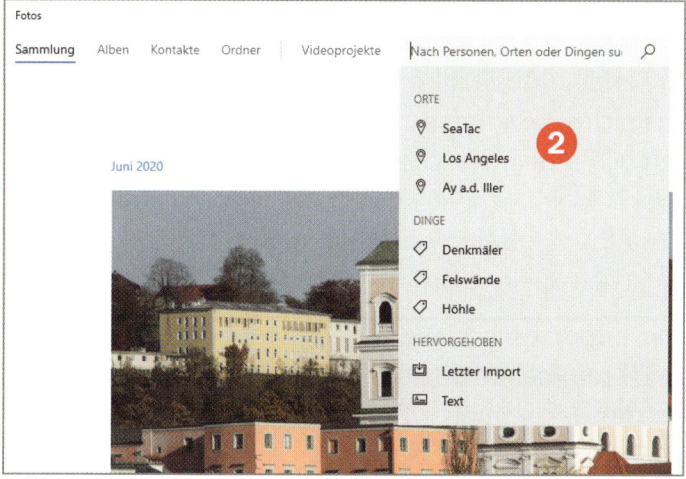 

▶ Hat die Suche das gewünschte Ergebnis erbracht, markieren Sie das Bild. Dann können Sie es über die Bearbeitungsleiste mit dem Befehl *Hinzufügen zu* ❹ beispielsweise einem Album beifügen.

▶ Die Suche ist wie ein Filter, sie zeigt nur Bilder an, die zum Suchbegriff passen. Sollen wieder alle Fotos angezeigt werden, löschen Sie den Suchbegriff durch Anklicken von x ❺.

9.6   Alben erstellen und bearbeiten

Alben stellen ein zusätzliches Ordnungskriterium zur Sortierung Ihres Bildbestands dar. In der Sammlung werden einfach alle Fotos sortiert nach Datum angezeigt. Mit Ordnern können Sie ein komplexes eigenes System kreieren, das den Fotobestand unterteilt; beispielsweise könnten Sie für jedes wichtige Ereignis einen Ordner erstellen: Geburtstag Paul, Weihnachten 2020, Urlaub Mallorca. Meist sind im Ordner allerdings alle Bilder, auch die weniger guten, gespeichert.

Mit einem Album erstellen Sie eine Auswahl der besten Bilder zu einem Ereignis oder fertigen eine thematische Zusammenstellung, z. B. „Naturfotografie" an. Wann immer Sie Ihre besten Bilder heraussuchen und präsentieren möchten, ist das Album das Mittel der Wahl. So können Sie aus verschiedenen Ordnern Bilder heraussuchen und in einem Album zusammenstellen und dennoch verbleiben alle Fotos an ihrem ursprünglichen Speicherort.

Ein Album stellt die Foto *App* automatisch zur Verfügung und zwar *Favoriten*. Hier können Sie alle Lieblingsfotos sammeln. Sobald Sie das erste Bild in der Einzelbildansicht durch Anklicken des Herzymbols ❶ kennzeichnen, wird das Album *Favoriten* ❷ erstellt und im Bereich *Alben* angezeigt.

Eigenes Album speichern

▶ Wechseln Sie zum Bereich *Alben* und klicken Sie in der Bearbeitungsleiste auf *Neues Album* ❶ oder auf die Kachel.

▶ Die *Sammlung* wird angezeigt. Scrollen Sie durch Ihren Bildbestand und klicken Sie die einzelnen Bilder an, die Sie in Ihr Album aufnehmen möchten. Ein Bild ist ausgewählt, wenn rechts oben ein Häkchen ❷ angezeigt wird. Durch nochmaliges Anklicken des Bildes entfernen Sie das Häkchen wieder.

▶ Bestätigen Sie Ihre Auswahl durch Anklicken der Schaltfläche *Erstellen* ❸.

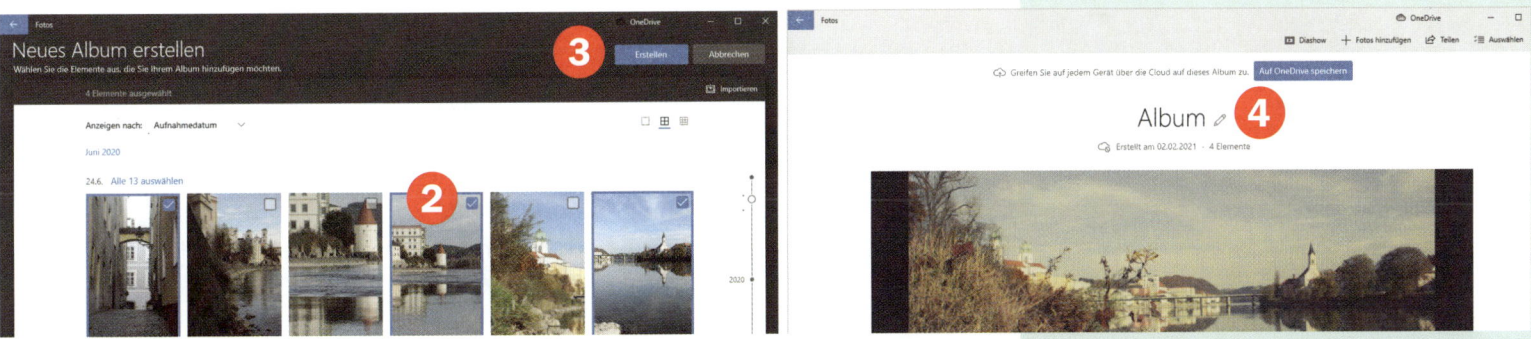

▶ Jetzt können Sie noch den Namen des Albums überschreiben, tippen Sie dazu auf das Stiftsymbol ❹ (Abbildung vorherige Seite), geben Sie einen Namen ein und klicken Sie dann rechts oben auf *Fertig*. Verlassen Sie die Anzeige, wie gewohnt, über den Pfeil links oben.

Album bearbeiten

Sowohl Elemente eines eigenen als auch eines automatisch erstellten Albums können geändert werden:

▶ Wechseln Sie zum Bereich *Alben*, klicken Sie das Album an, welches Sie ändern möchten.

▶ **Bilder hinzufügen:** Über die Schaltfläche *Fotos hinzufügen* ❶, können Sie weitere Bilder für dieses Album auswählen. In der Übersicht klicken Sie die gewünschten Fotos an und klicken dann oben rechts auf *Hinzufügen*.

▶ **Foto aus Album entfernen:** Zum Entfernen von Fotos aus dem Album markieren Sie das Bild, wählen in der Bearbeitungsleiste *Aus Album entfernen* ❷ und bestätigen nochmals mit *Entfernen*. Das Bild wird nicht vom Computer gelöscht, sondern nur aus dem Album entfernt. In der Sammlung finden Sie das entfernte Bild immer noch.

▶ **Name des Albums ändern:** Klicken Sie auf ✏ ❸. Der Titel wird blau markiert und kann direkt überschrieben werden. Bestätigen Sie mit *Fertig*.

▶ **Deckblattfoto des Albums ändern:** Das Deckblattfoto wird im Bereich *Alben* zur Anzeige des Albums verwendet. Wenn Sie ein anderes Titelbild verwenden möchten, dann klicken Sie im Album mit der rechten Maustaste auf das gewünschte Foto und wählen *Als Deckblattfoto festlegen* ❹ aus.

▶ Klicken Sie auf den Pfeil links oben ❺ (siehe Abbildung oben), um das Album zu verlassen.

Tipp: Wenn Sie bei Durchsicht Ihrer Bilder, sei es in den Bereichen Sammlung oder Ordner oder in der Einzelbildansicht, ein Foto entdecken, dass Sie gerne einem Album hinzufügen möchten, gehen Sie wie folgt vor: Markieren Sie im Bereich *Sammlung/ Ordner* das Bild und wählen Sie in der Bearbeitungsleiste *Hinzufügen zu*. In der Einzelbildansicht wählen Sie nur *Hinzufügen zu* ❻. In beiden Fällen erhalten Sie die Möglichkeit, ein neues Album anzulegen oder das Bild zu einem vorhandenen Album hinzuzufügen ❼.

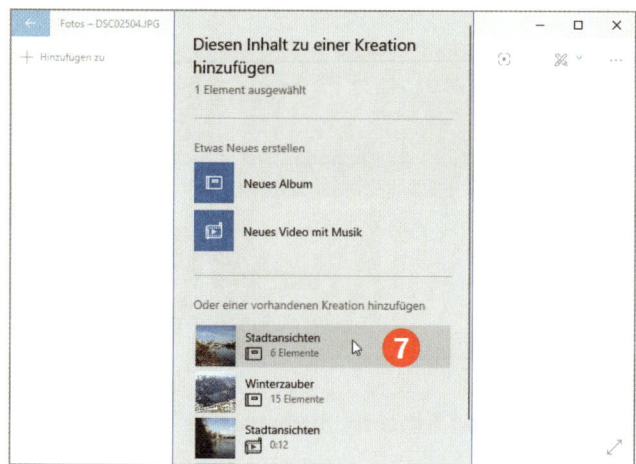

Album löschen

Zum Löschen eines Albums markieren Sie dieses im Bereich *Alben*. Dazu zeigen Sie auf die rechte obere Ecke des Albums und klicken in das Kästchen ❽. Wählen Sie dann in der Bearbeitungsleiste *Entfernen* ❾ aus und bestätigen die Sicherheitsfrage mit *Entfernen*. Nur das Album, also die Zusammenstellung wird gelöscht, die Bilder des entfernten Albums finden Sie immer noch im Bereich *Sammlung*.

9.7 Fotos bearbeiten

Bearbeitungsmöglichkeiten anzeigen

▶ Zur Anzeige der Bearbeitungsoptionen für Ihr Foto, klicken Sie in der Einzelbildansicht auf *Bearbeiten und erstellen* ❶ und wählen *Bearbeiten*.

▶ Oben wechseln Sie zwischen den grundlegenden Bearbeitungsbereichen *Zuschneiden und drehen*, *Filter* und *Anpassungen* ❷ durch Anklicken. Die einzelnen Befehle werden dann rechts angezeigt.

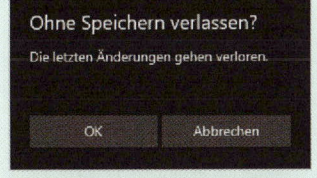

▶ Zum Verlassen des Bearbeitungsmodus klicken Sie auf den Pfeil links oben ❸ oder auf *Abbrechen*. Sollten Sie bereits Veränderungen vorgenommen haben, erhalten Sie eine Warnmeldung. Klicken Sie auf *OK*, wenn keine der Änderungen angewendet werden soll.

Fotos zuschneiden, ausrichten und drehen

▶ Im Bearbeitungsbereich *Zuschneiden und drehen* ändern Sie das Format Ihrer Fotos oder richten diese korrekt aus.

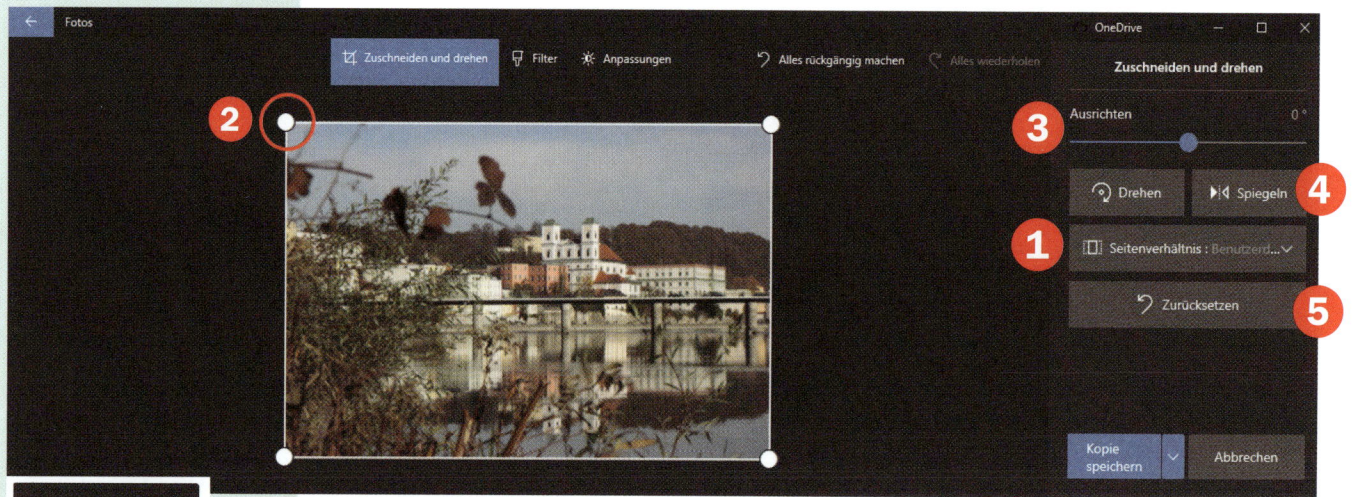

- **Seitenverhältnis:** Zur Auswahl eines gängigen Fotopapierformats klicken Sie auf die Schaltfläche *Seitenverhältnis* ❶ und wählen *3:2* bzw. *4:3* aus. Aber auch andere Formate, wie z. B. *Quadrat* oder *16:9* (optimal für die Anzeige am Monitor oder Fehernseher) stehen zur Verfügung. Je nach gewähltem Format gehen natürlich Teile des Bilds verloren.

  Um eine individuelle Größe zu bestimmen, zeigen Sie mit der Maus auf die Begrenzungspunkte des Bildausschnitts ❷. Der Mauszeiger wird als Doppelpfeil angezeigt. Mit gedrückter linker Maustaste ziehen Sie nun an den Punkten und verkleinern bzw. vergrößern den Ausschnitt. Sofern Sie vorher ein Seitenverhältnis, z. B. *Quadrat* etc. gewählt haben, bleibt die Proportion trotz Ziehens mit der Maus erhalten. Wenn Sie ein individuelles Bildformat bestimmen möchten, klicken Sie auf *Seitenverhältnis* und wählen *Benutzerdefiniert* aus.

- **Bildausschnitt bestimmen:** Nachdem Sie eine neue Größe festgelegt haben, werden vielleicht wichtige Teile des Fotos abgeschnitten. Um den Bildausschnitt zu verändern, zeigen Sie mit der Maus auf das Bild. Verschieben Sie bei gedrückter Maustaste das Bild, bis der Bildausschnitt den gewünschten Teil des Bildes umfasst.

- **Foto ausrichten:** Wenn Sie die Kamera beim Knipsen des Fotos schief gehalten haben, rücken Sie das Bild gerade durch Ziehen am Regler bei *Ausrichten* ❸. Damit bestimmen Sie den Drehwinkel und erreichen eine feinere Abstimmung, als über die Schaltfläche *Drehen*, die das Bild nur um 90°, 180° bzw. 270° dreht. Bedenken Sie, dass bei Bestimmung eines Drehwinkels Randbereiche des Fotos verloren gehen. Beim Ziehen am Regler blendet ein Gitternetz ein, dass Ihnen beim Ausrichten des Bildes hilft.

- **Spiegeln:** Beim Spiegeln ❹ (siehe Bild vorherige Seite) werden der rechte und linke Teil des Bildes ausgetauscht. Texte, z. B. auf Firmenschilder oder von Leuchtreklamen erscheinen dann in Spiegelschrift.

▶ **Änderung verwerfen:** Wenn Sie nicht zufrieden sind mit dem Ergebnis Ihrer Änderungen, klicken Sie einfach auf *Zurücksetzen* ❺. Damit werden alle Änderungen, die Sie in diesem Bearbeitungsbereich vorgenommen und nicht gespeichert haben, verworfen.

Änderungen speichern und verwerfen

▶ Klicken Sie auf *Kopie speichern*, um **alle** Änderungen, die Sie vorgenommen haben, abzuspeichern. Dies gilt auch für Änderungen, die Sie in einem anderen Bearbeitungsbereich vorgenommen haben, also wenn Sie beispielsweise einen Filter (siehe nächste Seite) auf das Bild angewendet haben. Die Speicheroption finden Sie im Bearbeitungsfenster rechts unten. Durch *Kopie speichern* wird ein zweites Bild mit Ihren Änderungen gespeichert. Das Originalbild bleibt erhalten.

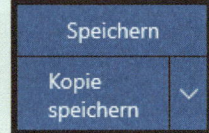

▶ Über den Erweiterungspfeil bei *Kopie speichern* erhalten Sie die Option *Speichern*. Damit würden Ihre Änderungen über das Originalbild gespeichert werden, was nicht mehr rückgängig gemacht werden kann. Wir raten Ihnen zunächst immer eine *Kopie zu speichern*.

▶ Falls Sie keine der Änderungen (Filter, Foto verbessern) übernehmen möchten, klicken Sie auf *Alles rückgängig machen* und klicken dann auf *Abbrechen*.

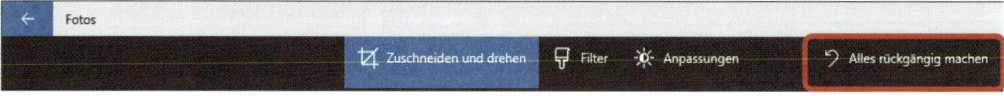

Foto verbessern

In der App Foto haben Sie die Möglichkeit das ausgewählte Bild automatisch zu verbessern. Dabei wird eine Kontrast- und Farbkorrektur durchgeführt und die Helligkeit angepasst. Sie finden die Option im Bearbeitungsbereich *Filter*. Zeigen Sie dazu das Bild wieder in der Einzelbildansicht an, klicken Sie auf *Bearbeiten und erstellen* und dann auf *Bearbeiten*. Wählen Sie dann *Filter* aus.

Mit einem Klick auf die Anzeige **❶** unter *Foto verbessern* nehmen Sie die Korrektur vor. Durch ziehen am senkrechten Balken **❷** können Sie noch etwas nachjustieren. Auch das muss über die Schaltfläche *Kopie speichern* gesichert werden.

Filter verwenden

Mit Filter aus dem Bereich *Filter* verändern Sie schnell den Farbeindruck Ihres Fotos.

▶ Klicken Sie auf einen Filter, z. B. *Sauna* **❶** oder *Icarus*, um diesen auf das Bild anzuwenden.

▶ Über den Regler *Filterintensität* **❷** verstärken bzw. schwächen Sie den Effekt ab. Der erste Filter *Original* stellt den Ursprungszustand wieder her.

▶ Auch hier muss wieder eine Kopie gespeichert werden, wenn Sie das Foto mit Filtereffekt behalten möchten.

Zeigen Sie mit der Maus auf das Bild, um die Zoomoptionen ❸ einzublenden. Über das Plussymbol vergrößern Sie die Darstellung des Bildes, mittels Minussymbol verkleinern Sie diese. Durch Anklicken von ⬚ zeigen Sie die tatsächliche Größe des Fotos an. Bei Bildern von guter Qualität sehen Sie in diesem Fall nur noch einen Bildausschnitt am Monitor.

10 Wichtige Einstellungen für Ihren Computer

Sie lernen, wie Sie ...

- Ihr Benutzerkonto und die Art der Anmeldung ändern

- Ihre persönlichen Daten schützen und für die Sicherheit Ihres PC sorgen

- Apps installieren und entfernen

- einen Drucker anschließen und den PC mit einem WLAN verbinden

Was Sie bereits wissen sollten ...

- Umgang mit Taskleiste und Startmenü

- Apps starten und beenden

- Die Bedienoberfläche in den Einstellungen anpassen

- Grundlagen der Datenspeicherung

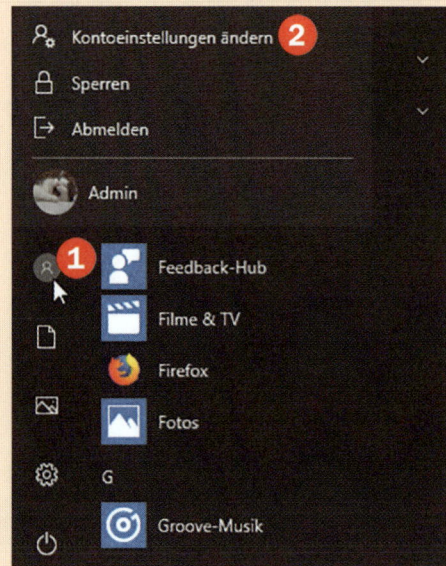

Sie gelangen auch zu Ihren Kontoeinstellungen, wenn Sie im Startmenü auf das Symbol *Einstellungen* ⚙ und anschließend auf *Konten* klicken.

10.1 Einstellungen Ihres Benutzerkontos ändern

Zu Beginn dieses Buches wurde in Kapitel 2 beschrieben, wie Sie ein Microsoft-Konto erstellen und eine PIN zur Anmeldung vereinbaren. Sie können Kennwort und PIN in den Einstellungen jederzeit nachträglich ändern und bei Bedarf auch eine andere Art der Anmeldung wählen.

1   Öffnen Sie das Startmenü und klicken Sie links auf Ihr Profilbild bzw. den Platzhalter 👤 ❶. Klicken Sie dann auf *Kontoeinstellungen ändern* ❷.

2   Die Windows-Einstellungen werden mit *Konten*, *Ihre Infos* ❸ geöffnet. Rechts sehen Sie unterhalb Ihres Profilbildes (im Bild unten nicht vorhanden) Name und E-Mail-Adresse Ihres Microsoft-Kontos ❹.

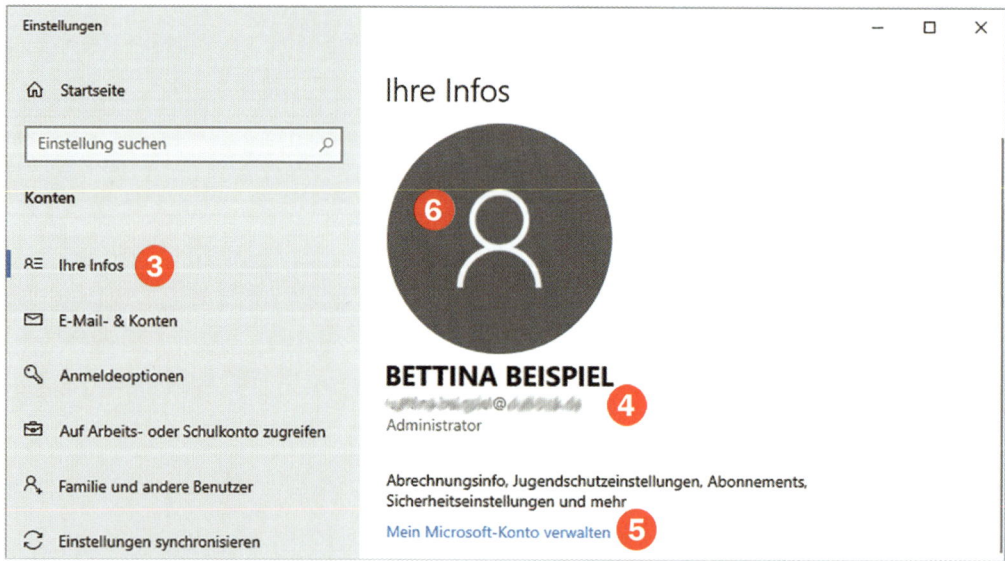

Ihr Microsoft-Konto verwalten

▶ Wenn Sie das Kennwort Ihres Kontos oder Ihren Namen ändern möchten, dann klicken Sie auf *Mein Microsoft-Konto verwalten* ❺ .

Ihr Standardbrowser, meist Microsoft Edge wird geöffnet. Klicken Sie auf *Weitere Aktionen* und auf *Profil bearbeiten* oder auf *Kennwort ändern* (Bild rechts). Eine weitere Möglichkeit, das Kennwort zu ändern, finden Sie auf Seite 373.

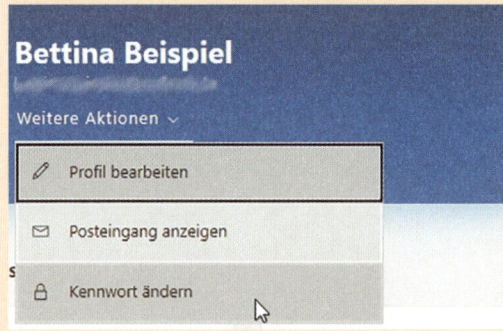

Ein Profilbild hinzufügen

Wenn Sie Ihrem Benutzerkonto ein Profilbild ❻ hinzufügen möchten, dann haben Sie dazu in den Einstellungen *Ihre Infos*, etwas weiter unten, unter *Ihr Bild erstellen* zwei Möglichkeiten.

▶ Wenn Sie ein vorhandenes Bild verwenden möchten, dann klicken Sie auf *Suchen*. Wählen Sie im Dialogfenster *Öffnen* den Speicherort aus, an dem sich das Bild befindet, klicken Sie auf das gewünschte Bild und auf *Bild auswählen*.

Das Profilbild erscheint dann bei der Anmeldung und im Startmenü zusammen mit Ihrem Namen.

Möglicherweise werden Sie bei der ersten Nutzung der Kamera gefragt, ob Sie den Zugriff auf Ihre Position erlauben. Wenn Sie auf *Ja* klicken, dann werden auch Ihre Positionsdaten zusammen mit dem Bild gespeichert.

Ihre Infos
Administrator

Windows wird optimiert, wenn Ihre Einstellungen und Dateien automatisch synchronisiert werden. Verwenden Sie ein Microsoft-Konto, um alle wichtigen Dinge auf allen Geräten zu synchronisieren.

Stattdessen mit einem Microsoft-Konto anmelden

 Microsoft

Anmelden

E-Mail, Telefon oder Skype

Sie haben noch kein Konto? *Dann erstellen Sie jetzt eins!*

Benutzernamen vergessen

Weiter

▶ Verfügt Ihr Gerät über eine angeschlossene Webcam, dann können Sie auch mit dieser ein Bild aufnehmen und verwenden. Dazu klicken Sie auf *Kamera*. Die weitere Handhabung der Kamera ist einfach: Die App wird automatisch gestartet, sobald Sie auf *Kamera* klicken, und um ein Bild aufzunehmen brauchen Sie nur noch auf das Symbol *Aufnahme* klicken oder tippen.

Statt mit einem lokalen Konto mit einem Microsoft-Konto anmelden

Falls Sie zur Anmeldung ein lokales Konto nutzen (siehe Kapitel 2), können Sie dies hier ändern und sich ab sofort mit einem Microsoft-Konto am PC anmelden.

▶ Klicken Sie dazu auf *Stattdessen mit einem Microsoft-Konto anmelden*. Wenn Sie schon über ein Microsoft-Konto verfügen, dann geben Sie die E-Mail Adresse dieses Kontos und anschließend das dazugehörige Kennwort ein.

▶ Falls Sie an dieser Stelle ein Konto erstellen möchten, so klicken Sie auf *Dann erstellen Sie jetzt eins!* und folgen den weiteren Anweisungen. Die genaue Vorgehensweise und die erforderlichen Angaben lesen Sie in Kapitel 2 nach.

> **Lokales Konto statt Microsoft-Konto**
> Auch der umgekehrte Weg ist möglich. Dann finden Sie hier den Link *Stattdessen mit einem lokalen Konto anmelden* vor und können zur Anmeldung ein lokales Konto erstellen. In diesem Fall geben Sie für das lokale Konto einen beliebigen Benutzernamen und ein frei gewähltes Kennwort ein. Ihr Microsoft-Konto bleibt dabei erhalten, wird also nicht gelöscht, Sie können also später jederzeit die Anmeldung wieder zu einem Microsoft-Konto ändern.

Kennwort und Art der Anmeldung ändern

Bei der Anmeldung am PC müssen Sie entweder das, zu Ihrem Microsoft-Konto gehörende Kennwort oder eine PIN eingeben, die Sie bei der Ersteinrichtung von Windows vereinbart haben. Daneben unterstützt Windows auch noch andere Methoden der Anmeldung. Neben *Kennwort* und der empfohlenen *Windows Hello-PIN* ist noch die Anmeldung mit Bildcode für Privatanwender von Interesse:

▶ Öffnen Sie die Windows-Einstellungen, klicken Sie auf *Konten* und hier auf *Anmeldeoptionen* ❶.

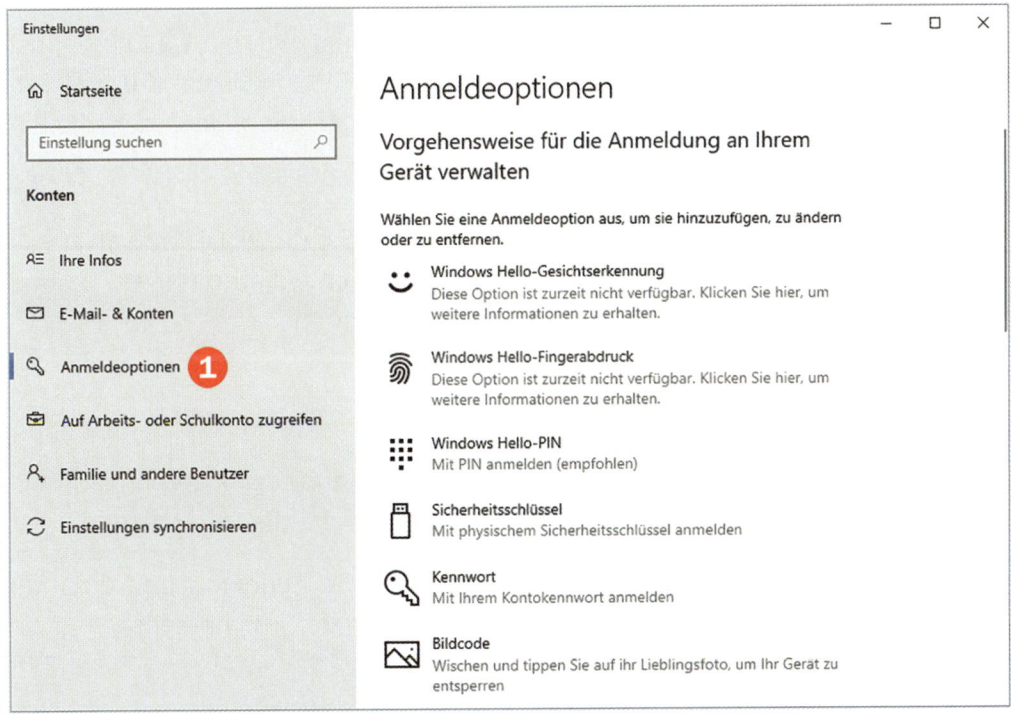

Bei Windows Hello-Gesichtserkennung und Windows Hello-Fingerabdruck handelt es sich um eine Anmeldung per Fingerabdruck oder Iris-Scanner. Allerdings setzt diese Art den Anmeldung spezielle Geräte voraus, z. B. Tastatur mit Fingerabdrucksensor. Aus diesem Grund wird hier auf diese Möglichkeiten nicht weiter eingegangen.

Die Anmeldung mit einem Sicherheitsschlüssel setzt ebenfalls ein entsprechendes Gerät, in diesem Fall einen USB-Speicherstift, voraus und ist in erster Linie für den betrieblichen Einsatz gedacht.

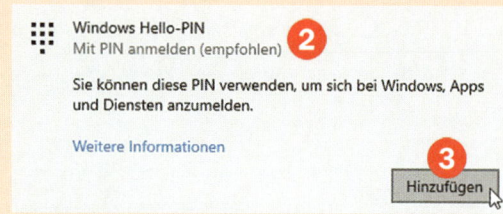

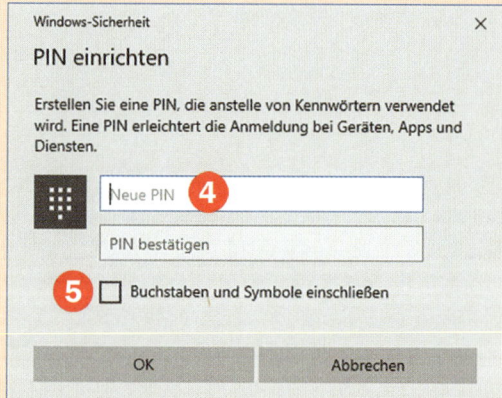

Egel, welche Änderung Sie vornehmen; aus Sicherheitsgründen werden Sie jedes Mal aufgefordert, zur Bestätigung Ihrer Identität zunächst das Kennwort Ihres Microsoft-Kontos oder Ihre bisherige PIN einzugeben.

Windows Hello-PIN erstellen oder ändern

▶ Klicken Sie auf Windows *Hello-PIN* ❷ und dann auf die Schaltfläche *Hinzufügen* ❸. Wenn Sie bereits eine PIN vereinbart haben, dann finden Sie hier stattdessen *Ändern* und mit der Schaltfläche *Entfernen* können Sie eine bestehende PIN auch wieder löschen.

▶ Tippen Sie nach Bestätigung Ihrer Identität Ihre neue PIN ein ❹, diese muss in der Regel aus mindestens vier Ziffern bestehen. Wenn Sie das Kontrollkästchen *Buchstaben und Symbole einschließen* ❺ aktivieren, dann darf die PIN auch Buchstaben und Sonderzeichen enthalten.

> Die PIN ist nur lokal auf dem Gerät gültig, mit dem Sie die PIN vereinbart haben. Wenn Sie Ihr Microsoft-Konto auch auf anderen Geräten nutzen, dann müssen Sie für jedes Gerät gesondert eine PIN festlegen.

Kontokennwort ändern

▶ Wenn Sie das Kennwort Ihres Microsoft-Kontos ändern möchten, dann klicken Sie auf *Kennwort* und anschließend auf die Schaltfläche *Ändern*.

▶ Geben Sie anschließend zuerst nochmals das alte Kennwort und darunter das neue Kennwort ein. Das neue Kennwort müssen Sie sicherheitshalber ein zweites Mal eingeben, klicken Sie dann auf *Weiter*.

Anmeldung per Bildcode

Eine weitere Möglichkeit ist die Anmeldung per Bildcode. Bei einem Bildcode handelt es sich um eine Folge zuvor genau festgelegter Tipp- und Wischbewegungen auf einem von Ihnen gewählten Bild. Diese Art der Anmeldung ist zwar für Touchscreens, z. B. Tablet gedacht, funktioniert aber auch mit der Maus und Anklicken.

1 Dazu klicken Sie unter *Anmeldeoptionen* auf *Bildcode* und auf *Hinzufügen* ❶.

2 Auch hier müssen Sie Ihre Identität zunächst wieder durch Eingabe Ihres Kennworts oder Ihrer PIN bestätigen.

3 Im nächsten Schritt klicken Sie auf *Bild auswählen* ❷ und wählen das gewünschte Bild aus. Das Bild erscheint in der Vorschau, klicken Sie auf *Dieses Bild verwenden*.

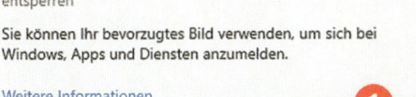

Führen Sie nacheinander drei Tipp oder Streifbewegungen auf dem Bild aus. Tippen Sie zum Beispiel nacheinander auf die drei Blüten des Bildes links.

4   Anschließend werden Sie aufgefordert, nacheinander drei Tipp- oder Streifbewegungen auf dem Bild auszuführen ❸ (Bild oben). Wenn Sie eine Maus benutzen, dann klicken Sie einfach auf die betreffenden Stellen. Um auszuschließen, dass Sie sich vertippt haben, müssen Sie diese Aktionen ein zweites Mal wiederholen. Klicken Sie dann auf *Fertig stellen*.

Dies ist nun Ihr Bildcode, mit dem Sie sich künftig ebenfalls am Computer anmelden können. Die Anmeldung mit PIN oder Kennwort bleibt selbstverständlich weiterhin jederzeit möglich.

> Egal, ob Sie PIN oder Bildcode nutzen, Ihr Kennwort bleibt trotzdem weiterhin gültig und Sie können jederzeit bei der Anmeldung zwischen PIN ❶, Bildcode und Kennworteingabe ❷ wählen. Klicken Sie dazu auf dem Anmeldebildschirm auf *Anmeldeoptionen* und dann auf das entsprechende Symbol.

Wann ist eine Anmeldung erforderlich?

Bei längerer Abwesenheit wechselt Ihr PC automatisch in den Energiesparmodus und in der Standardeinstellung müssen Sie sich anschließend erneut anmelden. Wenn Sie bei häufigen Unterbrechungen nicht jedes Mal erneut Ihr Kennwort eingeben möchten, dann lässt sich dies auch ausschalten:

▶   Klicken Sie unter *Anmeldeoptionen* und *Anmeldung erforderlich* in das Auswahlfeld und wählen Sie *Nie*.

Die *Dynamische Sperre* kann aus Sicherheitsgründen aktiviert werden und bedeutet, der Sperrbildschirm erscheint in Ihrer Abwesenheit automatisch. Dies funktioniert allerdings nur, wenn Sie ein zweites Gerät, z. B. Handy, per Bluetooth mit dem PC verbunden haben.

10.2 Die Sicherheitseinstellungen Ihres Computers

Ein wirksamer Schutz vor unerlaubten Zugriffen und schädlicher Software (Stichwort Computerviren) ist ein absolutes Muss für jeden Computer. Windows 10 verfügt deshalb über ein integriertes Antivirenprogramm und eine sogenannte Firewall, beide sind ständig im Hintergrund aktiv. Sämtliche sicherheitsrelevanten Einstellungen fasst Windows unter dem Stichwort *Windows-Sicherheit* zusammen.

▶ Um alle Sicherheitseinstellungen auf einen Blick zu überprüfen, klicken Sie im Infobereich der Taskleiste auf das Symbol *Windows Sicherheit*. Oder klicken Sie in den Windows-Einstellungen auf *Update und Sicherheit*, anschließend auf *Windows-Sicherheit* und hier auf *Windows-Sicherheit öffnen*.

Die Startseite zeigt den Sicherheitsstatus an. Ein grünes Häkchen, wie im Bild unten bedeutet, die jeweiligen Einstellungen sind OK.

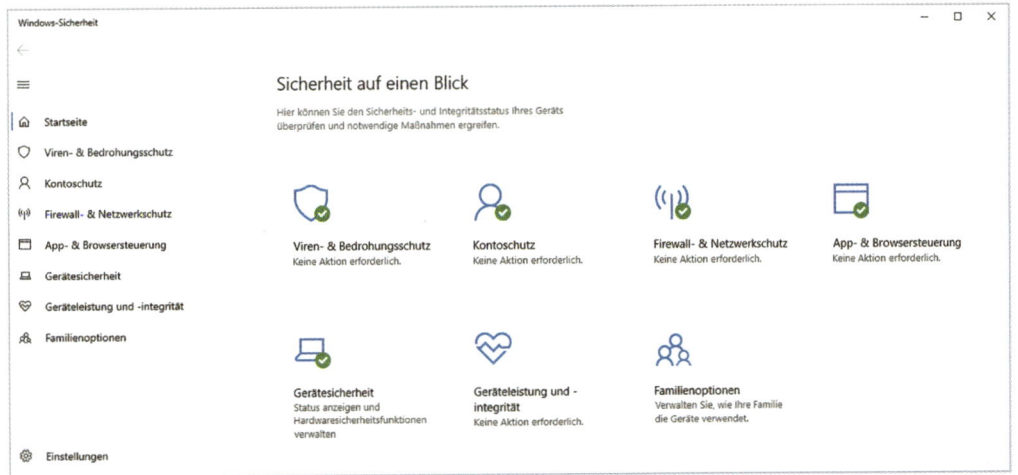

Als Firewall, zu deutsch Brandmauer bezeichnet man eine Sicherheitssoftware, die ein Netzwerk oder einen einzelnen Computer vor unerwünschten Angriffen von außen schützt indem sie laufend den Datenverkehr überwacht.

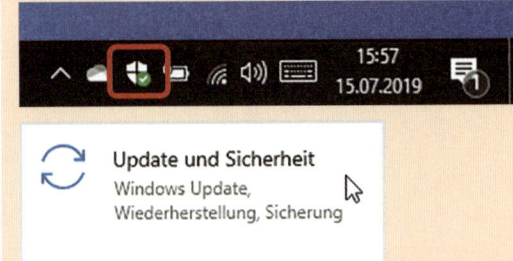

Wenn Sie *Windows-Sicherheit* über die Einstellungen aufrufen, sind die Symbole etwas anders, nämlich untereinander, angeordnet. Die Inhalte sind jedoch gleich

Hinweis: Über *Familienoptionen* haben Sie hier auch die Möglichkeit, umfangreiche Jugendschutzeinstellungen vorzunehmen, z. B. eine Auswahl von Webseiten, die mit Microsoft Edge von Kindern besucht werden dürfen, Zeitlimits bei der Computernutzung und wöchentliche Aktivitätsberichte. Dies wird hier nicht näher beschrieben.

Zu einem umfassenden Schutz gehört auch die regelmäßige Aktualisierung des Antivirenprogramms, am besten täglich. Diese erfolgt über das Internet automatisch und im Hintergrund.

Viren- & Bedrohungsschutz
Keine Aktion erforderlich.

Haben Sie Antivirensoftware eines anderen Herstellers installiert, dann ist Windows Defender automatisch deaktiviert. In diesem Fall starten Sie zur Überprüfung Ihr installiertes Programm. Die weitere Vorgehensweise unterscheidet sich natürlich von der Windows Software und kann aus Platzgründen hier nicht näher beschrieben werden.

So schützen Sie Ihr Gerät vor Computerviren

Zum Schutz vor Computerviren benötigen Sie ein Antivirenprogramm. Ein solches ist unter dem Namen *Windows Defender Antivirus* fester Bestandteil von Windows 10. Alternativ kann auch kostenlose oder kostenpflichtige Sicherheitsoftware anderer Hersteller installiert werden. Egal, welches Programm Sie zum Schutz vor Viren verwenden: Ihr PC wird im Hintergrund durch die Antivirensoftware ständig überwacht und erkannte Bedrohungen werden in den meisten Fällen automatisch entfernt. Auf Sicherheitsprobleme macht Sie eine Meldung im Info-Center aufmerksam, das Sie über das Symbol 🗐 in der Taskleiste öffnen.

> Nach neueren Testergebnissen ist Windows Defender vielen kostenlos erhältlichen Programmen anderer Hersteller mindestens ebenbürtig, teils sogar überlegen. Lediglich umfassende, allerdings kostenpflichtige Sicherheitspakete spezialisierter Herstellen bieten noch bessere Leistungen.

Die Antivirensoftware von Windows 10

Wenn Sie *Windows Defender Antivirus* verwenden und die dazugehörigen Einstellungen kontrollieren oder Ihren Computer einer genaueren Überprüfung unterziehen möchten, dann gehen Sie so vor:

▶ Öffnen Sie *Windows-Sicherheit* und klicken Sie auf *Viren- & Bedrohungsschutz*.

Sie sehen Datum und Ergebnis der letzten automatischen Überprüfung, dieses Ergebnis erscheint auch im Info-Center. Wenn Sie zwischendurch eine Überprüfung manuell starten möchten, dann wählen Sie entweder *Schnellüberprüfung* ❶ oder legen über *Scanoptionen* ❷ genauere Einstellungen fest.

- Die *Schnellüberprüfung* ist die Standardeinstellung und durchsucht nur Bereiche, die für schädliche Software in Frage kommen.

- Wenn Sie dagegen den gesamten Computer oder ein bestimmtes Laufwerk, z. B. USB-Speicherstift prüfen möchten, dann klicken Sie auf *Scanoptionen* und wählen zwischen vollständiger und benutzerdefinierter Überprüfung ❸.

- Die Option *Überprüfung durch Windows Defender Offline* sollten Sie anwenden, wenn durch Ihre Antivirensoftware besonders gut versteckte Schadsoftware auf Ihrem PC gefunden wurde und nach einer Überprüfung ein entsprechender Hinweis erscheint. Oder wenn Sie vermuten, Ihr PC ist mit Schadsoftware infiziert, diese jedoch nicht gefunden wird.

Achtung: Schließen Sie alle geöffneten Apps und Dateien bevor Sie die Offline-Überprüfung starten, da dazu ein Neustart des PCs erforderlich ist.

Die vollständige Überprüfung kann auch länger dauern und sollte am besten vorgenommen werden, wenn der Computer gerade nicht benötigt wird.

Wenn nur ein bestimmter Speicherort überprüft werden soll, dann wählen Sie B*enutzerdefinierte Überprüfung*. Den Ordner oder das Laufwerk wählen Sie aus, nachdem Sie auf *Jetzt überprüfen* geklickt haben.

⛊ Viren- & Bedrohungsschutz

Schützt Ihr Gerät vor Bedrohungen.

⟳ Aktuelle Bedrohungen

Keine aktuellen Bedrohungen
Letzte Überprüfung: 15.07.2019 08:54 (Schnellüberprüfung)
0 Bedrohungen gefunden.
Dauer der Überprüfung: 15 Minuten 22 Sekunden
3971 Dateien überprüft.

Schnellüberprüfung ❶

Scanoptionen ❷

Zulässige Bedrohungen

Schutzverlauf

⚙ Einstellungen für Viren- & Bedrohungsschutz

Keine Aktion erforderlich.

Einstellungen verwalten ❹

○ Schnellüberprüfung

Überprüft Ordner im System, in dem häufig Bedrohungen gefunden werden.

○ Vollständige Überprüfung

❸ Alle Dateien und ausgeführten Programme auf der Festplatte werden überprüft. Diese Überprüfung kann mehrere Stunden dauern.

◉ Benutzerdefinierte Überprüfung

Wählen Sie aus, welche Dateien und Speicherorte überprüft werden sollen.

○ Überprüfung durch Windows Defender Offline

Bestimmte Schadsoftware lässt sich u. U. besonders schwierig vom Gerät entfernen. Windows Defender Offline kann helfen, derartige Software mithilfe neuester Bedrohungsdefinitionen zu finden und zu entfernen. Durch den Vorgang, der etwa 15 Minuten dauert, wird das Gerät neu gestartet.

Jetzt überprüfen

Ein weiterer Schalter, *Automatische Übermittlung von Beispielen* legt fest, ob bei aufgetretenen Problemen und Bedrohungen automatisch ein Beispiel an Microsoft gesendet wird. Er sollte sich ebenfalls auf *Ein* befinden.

Mit *Überwachter Ordnerzugriff* können Sie Dateien und Ordner vor sogenannten Erpressungstrojanern schützen. Er bezieht standardmäßig alle persönlichen Ordner, z. B. Dokumente und Bilder, ein und blockiert den Zugriff auf diese durch nicht vertrauenswürdige Apps.

Nachteil: Als vertrauenswürdige Apps stuft Windows Apps aus dem Microsoft Store und Microsoft Office-Anwendungen ein, bei anderen Apps erhalten Sie unter Umständen die Meldung, dass der Zugriff durch die App blockiert wurde. In solchen Fällen können Sie mit Klick auf *App durch überwachten Ordnerzugriff zulassen* die betreffende App als vertrauenswürdig hinzufügen.

Einstellungen für Viren- und Bedrohungsschutz

▶ Um die Einstellungen zu kontrollieren, klicken Sie unter *Einstellungen für Viren- & Bedrohungsschutz* auf *Einstellungen verwalten* ❹ (Bild auf der vorherigen Seite). Für einen wirksamen Schutz müssen die Schalter *Echtzeitschutz* und *Cloudbasierter Schutz* unbedingt aktiviert (*Ein*) sein, siehe Bild unten. Der Schalter *Manipulationsschutz* verhindert das unbemerkte Deaktivieren wichtiger Schutzfunktionen durch schädliche Software und muss ebenfalls auf *Ein* gesetzt sein.

 Einstellungen für Viren- & Bedrohungsschutz

Sie können die Einstellungen für den Viren- & Bedrohungsschutz von Windows Defender Antivirus anzeigen und aktualisieren.

Echtzeitschutz

Erkennt Schadsoftware und verhindert ihre Installation oder Ausführung auf Ihrem Gerät. Sie können diese Einstellung deaktivieren; sie wird nach kurzer Zeit automatisch wieder aktiviert.

 Ein

Cloudbasierter Schutz

Bietet höheren und besseren Schutz mit Zugriff auf die neuesten Schutzdaten in der Cloud. Funktioniert am besten, wenn die automatische Übermittlung von Beispielen aktiviert ist.

 Ein

Automatische Übermittlung von Beispielen

Senden Sie Beispieldateien an Microsoft, um sich selbst und andere vor potenziellen Bedrohungen zu schützen. Falls die von uns benötigte Datei persönliche Informationen enthalten sollte, werden Sie darüber informiert.

Manipulationsschutz

Verhindert, dass wichtige Sicherheitsfeatures manipuliert werden.

Ein

Weitere Informationen

Überwachter Ordnerzugriff

Schützen Sie Dateien, Ordner und Speicherbereiche auf Ihrem Gerät vor unbefugten Änderungen durch bösartige Anwendungen.

Überwachten Ordnerzugriff verwalten

Ausschlüsse

Von Ihnen ausgeschlossene Elemente werden von Windows Defender Antivirus nicht überprüft. Ausgeschlossene Elemente könnten Bedrohungen enthalten, die Ihr Gerät angreifbar machen.

Ausschlüsse hinzufügen oder entfernen

Benachrichtigungen

Windows Defender Antivirus sendet Benachrichtigungen mit kritischen Informationen zur Integrität und Sicherheit Ihres Geräts. Sie können angeben, welche nicht kritischen Benachrichtigungen eingeschlossen werden sollen.

Kontoschutz

Der Kontoschutz betrifft Ihr Microsoft-Konto und die, zuvor ab Seite 371 be-schriebenen Einstellungen zur Anmeldung. Sie können hier kontrollieren, ob Sie mit Ihrem Microsoft-Konto angemeldet sind und ob die Anmeldung mit Windows Hello, z. B. mit PIN aktiviert ist. Falls Sie nicht mit einem Microsoft-Konto angemel-det sind, erscheint hier das Symbol *Aktion erforderlich* zusammen mit der Auffor-derung zur Anmeldung.

▶ Wenn Sie sich künftig mit einem Microsoft-Konto anmelden möchten, dann klicken Sie auf *Anmelden*. Möchten Sie sich dagegen weiterhin anmelden wie bisher, dann klicken Sie auf *Verwerfen*. Damit verschwindet das Symbol *Aktion erforderlich*.

Die Windows Firewall

Eine weitere Schutzfunktion stellt die Windows-Firewall dar, welche im Netzwerk den Datenverkehr mit anderen Computern bzw. dem Internet überwacht. Diese ist automatisch im Hintergrund ständig aktiv, Änderungen sind also eigentlich nicht erforderlich.

▶ Wenn Sie den Status der Firewall trotzdem prüfen möchten, dann klicken Sie im Fenster *Windows-Sicherheit* auf *Firewall- & Netzwerkschutz*.

Die Firewall unterscheidet zwischen privaten und öffentlichen Netzwerken, z. B. in Hotels und Flughäfen und zeigt an, welche Art von Netzwerk gerade aktiv ist. Grundsätzlich sollte die Firewall für beide Netzwerktypen aktiviert sein. Falls nicht, so klicken Sie auf das betreffende Netzwerk und ändern den Schalter *Windows Defender Firewall* auf *Ein*.

> **Achtung**: Windows bietet mit *Zugriff von App durch Firewall zulassen* und *Erweiterte Einstellungen* Änderungsmöglichkeiten an den Standardeinstellungen der Firewall an. Diese sollten grundsätzlich nur mit guten Kenntnissen vorgenommen werden.

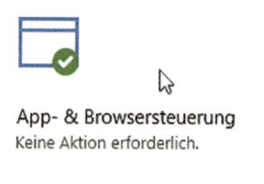

App- & Browsersteuerung
Keine Aktion erforderlich.

Der Exploit-Schutz schützt vor Angreifern, die von Apps und Systemen ausnutzen, um in ein Computersystem einzudringen und dieses zu manipulieren.

Achtung: Beim Ändern der Standardeinstellungen besteht die Gefahr, noch mehr Löcher aufzureißen, diese sollten daher nicht oder nur mit sehr guten Windows-Kenntnissen geändert werden!

Sicherheitseinstellungen beim Surfen

Auch während Sie im Internet surfen, sollte Ihr PC vor Bedrohungen geschützt sein. Die Einstellungen dazu finden Sie unter *Windows-Sicherheit* und *App- & Browsersteuerung*.

▶ Klicken Sie auf *Einstellungen für zuverlässigkeitsbasierten Schutz* ❶.

⊡ App- & Browsersteuerung

App-Schutz und Onlinesicherheit.

🔃 Zuverlässigkeitsbasierter Schutz

Diese Einstellungen schützen Ihr Gerät vor schädlichen oder möglicherweise unerwünschten Apps, Dateien und Websites.

Einstellungen für zuverlässigkeitsbasierten Schutz ❶

▦ Exploit-Schutz

Windows 10 bietet integrierten Exploit-Schutz, um Ihr Gerät vor Angriffen zu schützen. Ihr Gerät ist werkseitig mit den Schutzeinstellungen eingerichtet, die sich bei den meisten Benutzern bewährt haben.

Einstellungen für Exploit-Schutz

Weitere Informationen

🔃 Zuverlässigkeitsbasierter Schutz

Diese Einstellungen schützen Ihr Gerät vor schädlichen oder möglicherweise unerwünschten Apps, Dateien und Websites.

Apps und Dateien überprüfen

Microsoft Defender SmartScreen schützt Ihr Gerät, indem es nach unbekannten Apps und Dateien aus dem Internet sucht.

🔵 Ein ❷

SmartScreen für Microsoft Edge

Microsoft Defender SmartScreen schützt Ihr Gerät vor schädlichen Websites und Downloads.

🔵 Ein ❸

Webseiten können schädliche Software auf Ihren PC schleusen. *SmartScreen* schützt Sie vor solchen Webseiten und Downloads, indem alle aufgerufenen Webseiten analysiert und mit gemeldeten oder bekannten Webseiten mit Schadsoftware verglichen werden. Ob solche Webseiten blockiert werden, können Sie mittels Schalter für Apps und Dateien , für Microsoft Edge , Potentiell unerwünschte Apps und Windows Store-Apps jeweils gesondert festlegen.

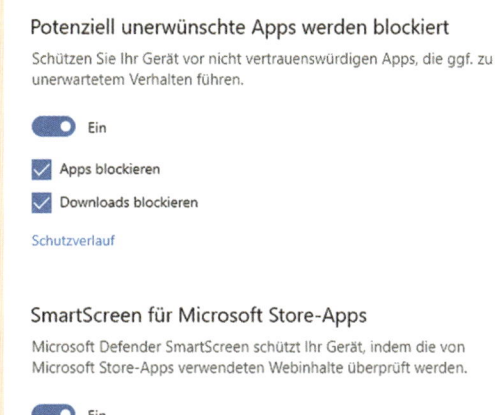

> Sämtliche Schalter, die Sie unter *Zuverlässigkeitsbasierter Schutz* vorfinden, sollten auf keinen Fall deaktiviert werden (Bild unten rechts).

Gerätesicherheit und Geräteleistung

- Unter *Gerätesicherheit* finden Sie weitere Sicherheitsoptionen, die allerdings nicht von jedem Gerät unterstützt werden. In solchen Fällen erscheint hier die Meldung *Standardhardwaresicherheit nicht unterstützt*. Erfüllt dagegen Ihr PC alle Anforderungen, dann sind alle Einstellungen standardmäßig aktiviert.

- Mit Klick auf *Geräteleistung und -integrität* können Sie die Leistung und Integrität Ihres Geräts schnell kontrollieren. Sie erhalten eine Übersicht über den Status von Speicherkapazität, Akkulaufzeit und Apps.

Beachten Sie die Meldungen der Benutzerkontensteuerung!

Eine weitere Sicherheitsmaßnahme von Windows 10 ist die sogenannte Benutzerkontensteuerung. Diese meldet sich, wenn Sie eine App installieren oder Änderungen an wichtigen Systemeinstellungen vornehmen möchten und Sie müssen jedes Mal Ihre Erlaubnis erteilen, indem Sie auf *Ja* klicken.

Im Bild ein Beispiel für eine Meldung der Benutzerkontensteuerung.

Wenn Sie nicht über die Rechte eines Administrators verfügen, dann müssen Sie zusätzlich noch ein Administratorkennwort eingeben.

Die Benutzerkontensteuerung soll verhindern, dass im Hintergrund und von Ihnen unbemerkt Schadsoftware installiert oder Änderungen an wichtigen Systemeinstellungen vorgenommen werden. Stimmen Sie daher nur zu, wenn die Installation der App oder die Änderung von Ihnen ausgeht.

10.3 So schützen Sie Ihre persönlichen Daten

Windows 10 erfasst, speichert und nutzt auch persönliche Informationen. Dazu gehören unter anderem Ihr aktueller Standort (Position), Ihr Surfverhalten im Internet, die Nutzung von Apps, Spracheingaben und diverse Suchanfragen. Die wichtigsten Datenschutzeinstellungen haben Sie bereits beim ersten Start von Windows vereinbart, siehe Kapitel 2.3.

In den Windows-Einstellungen können Sie diese kontrollieren oder jederzeit nachträglich ändern.

▶ Klicken Sie im Startmenü auf *Einstellungen* ⚙ und hier auf *Datenschutz*.

Beim Datenschutz unterscheiden die Einstellungen zwischen *Windows-Berechtigungen* ❶ und *App-Berechtigungen* ❷. Die App-Berechtigungen regeln den Zugriff von Apps untereinander, z. B. ob und welche Apps auf die Kamera Ihres Geräts oder Ihren Kalender zugreifen dürfen. Die Windows-Berechtigungen legen dagegen fest, welche Informationen Windows und Microsoft nutzen dürfen.

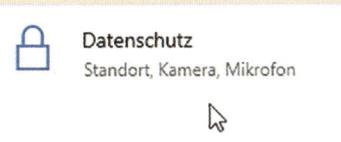

Oder tippen Sie in das Suchfeld der Taskleiste den Suchbegriff Datenschutz ein und klicken dann auf *Datenschutzeinstellungen*.

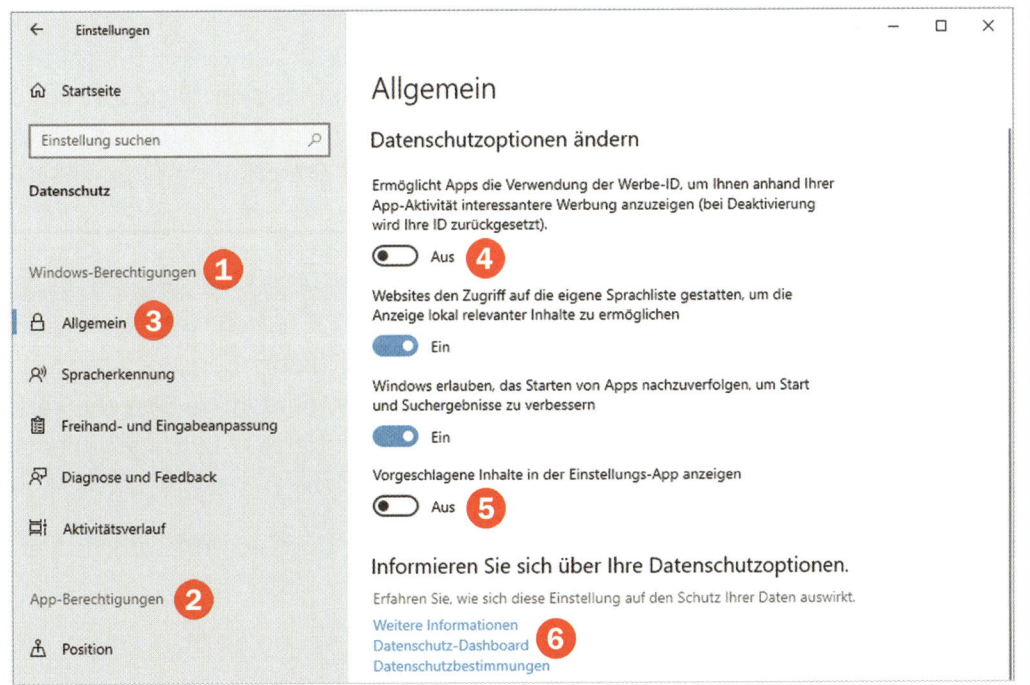

Sie können hier auch die Datenschutzbestimmungen im Internet einsehen, wenn Sie unter *Weitere Informationen* auf *Datenschutzbestimmungen* klicken.

Allgemeine Datenschutzeinstellungen

▶ Klicken Sie auf *Allgemein* ❸ .

- Die beiden Schalter zur Verwendung einer Werbe_ID ❹ und *Vorgeschlagene Inhalte in der Einstellungs-App anzeigen* ❺ beinhalten personalisierte und allgemeine Werbung und können problemlos auf *Aus* gesetzt werden.

- Wenn Sie Websites den Zugriff auf Ihre Sprachliste gestatten, können diese Ihre Sprache ermitteln und Inhalte entsprechend anzeigen. Das Starten von Apps nachverfolgen, wirkt sich auf die Suchergebnisse aus. Beide Schalter können aktiviert bleiben.

Hinweis: Mit dem Link *Datenschutz-Dashboard* ❻ öffnet sich Microsoft Edge bzw. Ihr Standardbrowser und Sie können nach vorheriger Anmeldung mit Ihrem Microsoft-Konto hier Ihren Browserverlauf, Suchverlauf, Standort- und Sprachaktivitäten und anderes anzeigen und auf Wunsch löschen.

Die Online-Spracherkennung deaktivieren

Wenn Sie beim ersten Start von Windows (siehe Kapitel 2) oder bei der ersten Nutzung von Cortana, der Sprachassistentin von Windows, der Online-Spracherkennung zugestimmt haben, können Sie diese bei Bedarf in den Einstellungen wieder ausschalten.

1 Klicken Sie in den Einstellungen auf *Datenschutz* und hier auf *Spracherkennung* ❶ .

2 Ändern Sie dann den Schalter auf *Aus* ❷ .

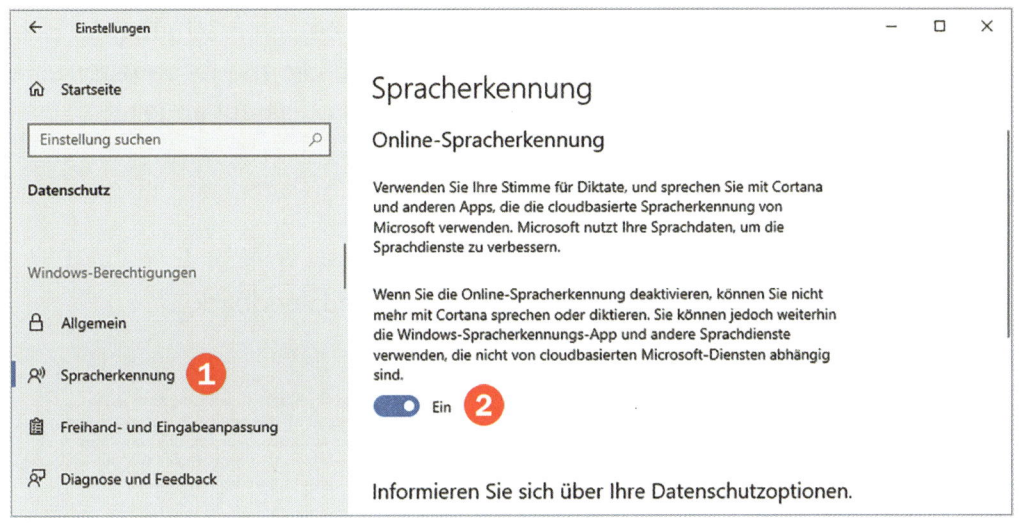

Beachten Sie, dass bei ausgeschalteter Online-Spracherkennung auch die Diktat-Funktion nicht verwendet werden kann.

Die weiteren Datenschutzeinstellungen

Verwendung von Freihand- und Eingabedaten

Das Senden von Freihand- und Eingabedaten an Microsoft dient dazu, Ihnen bei Fingerbedienung die Eingabe über die Bildschirmtastatur zu erleichtern. Sie erhalten dann auf einem Benutzerwörterbuch basierende Vorschläge. Den dazugehörigen Schalter finden Sie, wenn Sie auf *Freihand und Eingabeanpassung* klicken ❶.

Auch diese Einstellungen haben Sie beim ersten Start von Windows festgelegt.

Diagnose und Feedback

Windows sendet automatisch Informationen zu Ihrem Gerät, Einstellungen und Funktionsweise an Microsoft. Diese dienen der Verbesserung von Windows und können helfen, auftretende Probleme auf Ihrem Gerät automatisch zu beheben.

Zur Problembehandlung, siehe Seite 412.

Klicken Sie auf *Diagnose und Feedback* ❷. Für einen besseren Schutz Ihrer persönlichen Daten sollten Sie *Standard* ❸ wählen, *Vollständig* erlaubt dagegen eine bessere automatische Fehlerdiagnose auf Ihrem Gerät und daraus abgeleitete Problembehandlung.

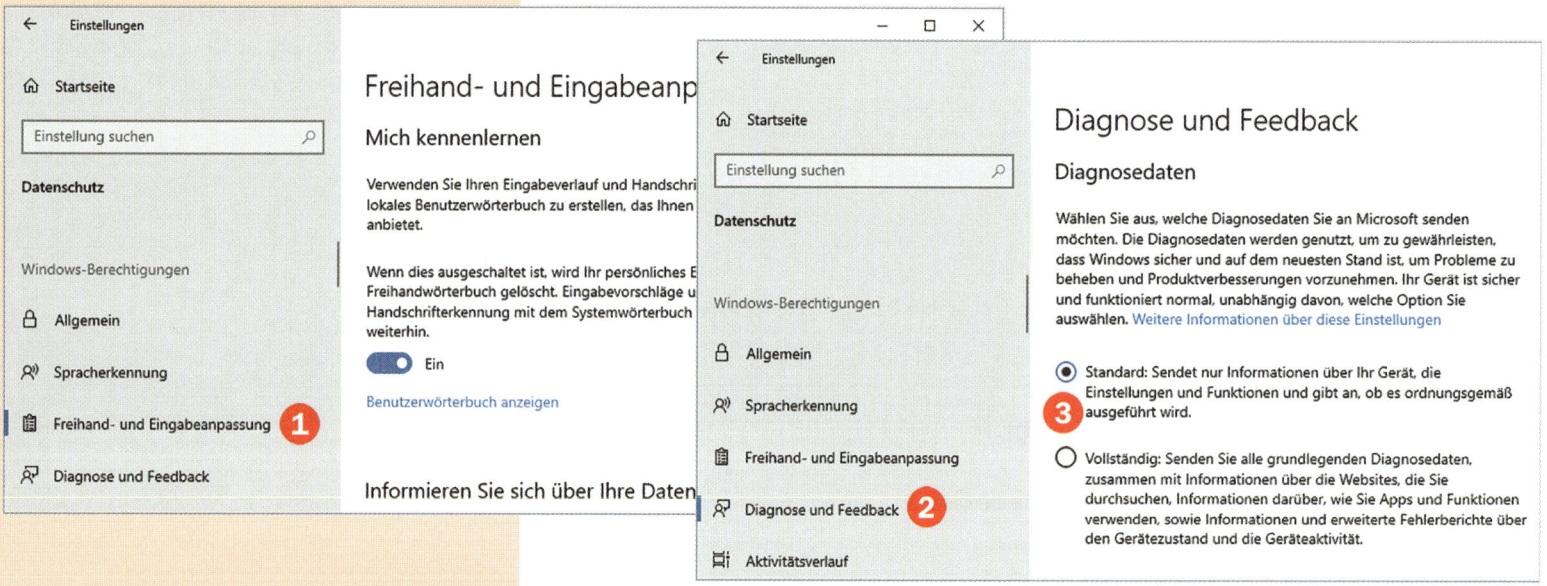

Anzeige in der Zeitleiste (Aktive Anwendungen)

Wenn Sie in der Taskansicht (Taskleiste: Symbol *Aktive Anwendungen*) die Zeitleiste nicht nutzen und auch auf mehreren Geräten nicht benötigen, können Sie diese aus Datenschutzgründen einschränken oder abschalten. Klicken Sie dazu links auf *Aktivitätsverlauf* ❶ und entfernen Sie aus dem Kontrollkästchen *Meinen Aktivitätsverlauf an Microsoft senden* das Häkchen ❷.

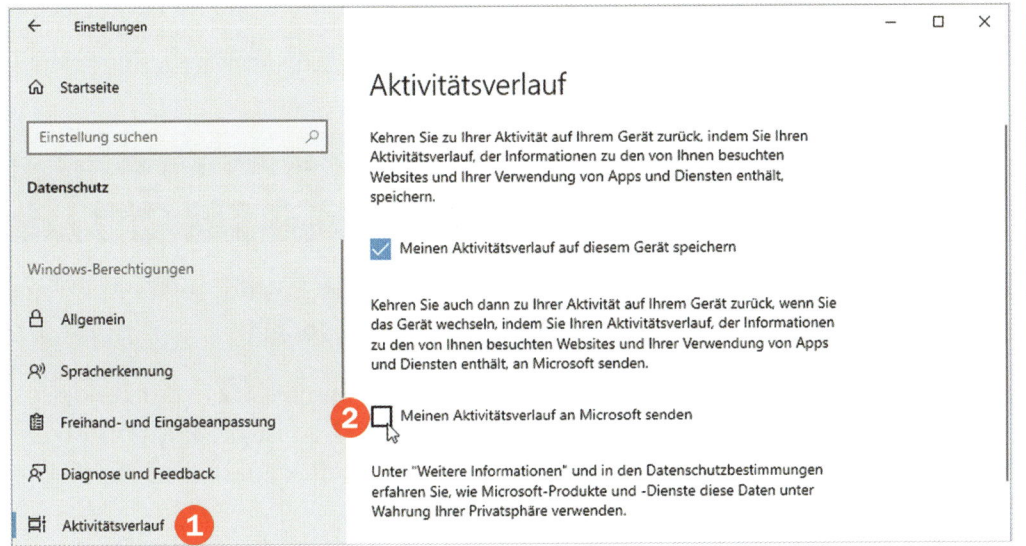

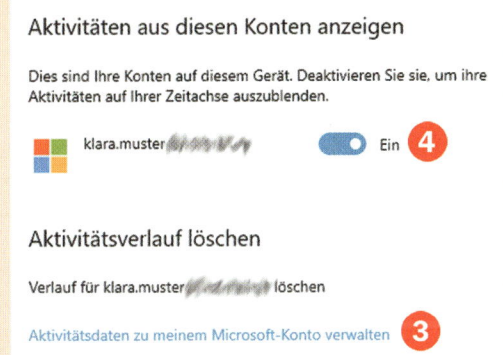

- Wenn Sie nachträglich bereits gesendete Aktivitäten löschen möchten, dann klicken Sie auf Aktivitätsdaten zu meinem Microsoft-Konto verwalten ❸.

- **Achtung**: Dieser Schalter ❹ entfernt die Zeitleiste ganz aus der Taskansicht.

Automatische Standorterkennung

inige Apps benötigen für aktuelle Informationen nicht nur eine Internetverbindung, sondern ermitteln und nutzen auch Ihren aktuellen Standort, allerdings nicht ohne Ihre vorherige Zustimmung. Starten Sie beispielsweise die App *Karten*, so erscheint beim ersten Start der App die Frage, ob Sie die automatische Ermittlung Ihrer Position erlauben möchten.

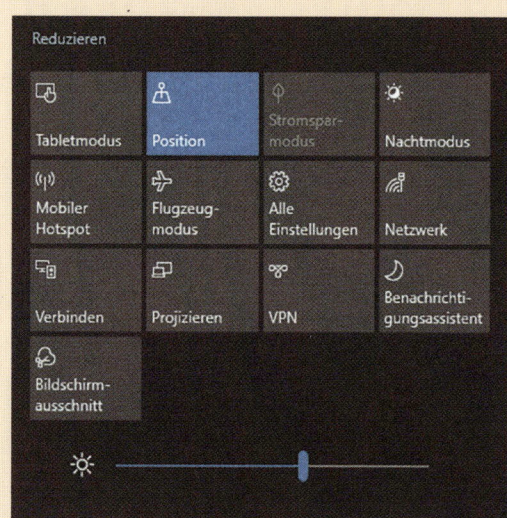

Dies betrifft nur den Windows-Positionsdienst. Ihr Standort kann aber auch noch anhand anderer Technologien, z. B. der WLAN-Suche ermittelt werden.

Falls die Einstellungen Ihres Mikrofons die Ursache sind, können Sie diese über die Problembehandlung beheben lassen. Näheres hierzu weiter unten auf Seite 412.

Ist die automatische Positionsermittlung eingeschaltet, so erscheint beim Öffnen einer App, die diese Information nutzt, z. B. *Karten* ❶, im Infobereich der Taskleiste ein kleines kreisförmiges Symbol ❷.

Wenn Sie dies nicht wünschen, dann schalten Sie die Positionserkennung am schnellsten im Info-Center aus und bei Bedarf auch wieder ein:

▶ Klicken Sie zum Öffnen des Info-Centers auf das Symbol 🖃 in der Taskleiste. Ist die Schaltfläche *Position* farbig hervorgehoben, so ist die Positionserkennung ist eingeschaltet. Mit einem einfachen Mausklick auf diese Schaltfläche schalten Sie die Positionserkennung aus bzw. ein.

Zugriff auf Kamera und Mikrofon

In den Einstellungen ist unter *Datenschutz* die Liste der App-Berechtigungen sehr umfangreich. Die wenigsten sind für Einsteiger relevant und falls eine App doch einmal Zugriff auf eine gesperrte Berechtigung benötigt, werden Sie darauf aufmerksam gemacht. Daher beschränken wir uns hier auf den Zugriff auf Kamera, gemeint ist die integrierte Kamera Ihres Laptops oder Notebooks, und Mikrofon.

Wenn z. B. Cortana nicht auf Ihre Spracheingabe reagiert, ist möglicherweise der Mikrofonzugriff ausgeschaltet. In diesem Fall gehen Sie so vor:

▶ Öffnen Sie die Einstellungen und klicken Sie auf *Datenschutz*. Klicken Sie dann links unter *App-Berechtigungen* auf *Mikrofon* ❶.

▶ Unter *Zulassen, dass Apps auf Ihr Mikrofon zugreifen* muss der Schalter auf *Ein* ② gesetzt sein. Kontrollieren Sie auch, ob der Mikrofonzugriff für das gesamte Gerät aktiviert ist ③ und klicken Sie ggf. auf *Ändern*, um ihn zu aktivieren.

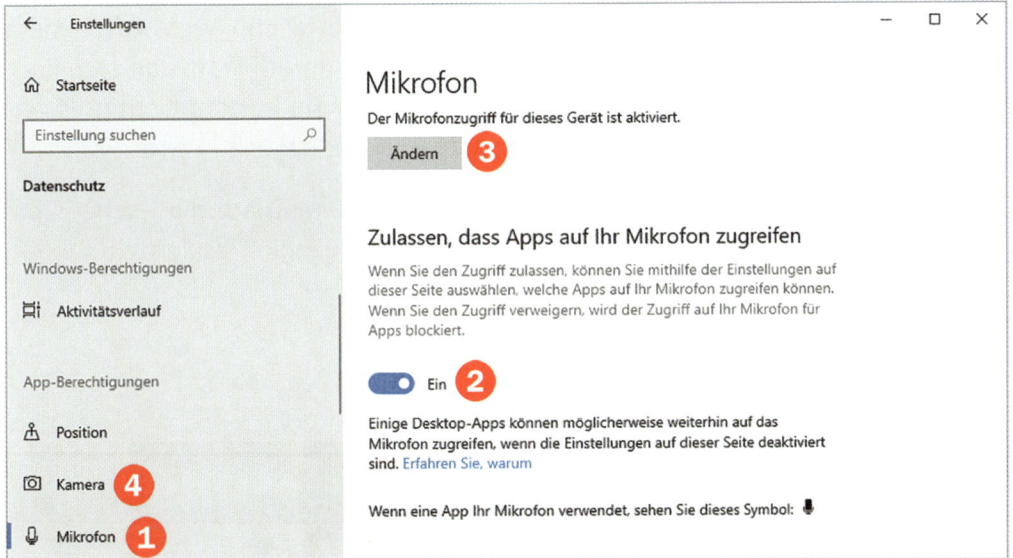

Etwas weiter unterhalb erhalten Sie eine Liste und sehen, welche Apps auf das Mikrofon zugreifen dürfen. Wenn Sie Cortana bzw. Spracheingaben nutzen möchten, dann muss der Schalter *Cortana* auf *Ein* sein.

Kamera nutzen

Dieselben Einstellungen finden Sie auch für die Kamera Ihres Laptops, wenn Sie links auf *Kamera* ④ klicken. Kontrollieren Sie, ob Apps generell auf die Kamera zugreifen dürfen und prüfen Sie die Schalter für einzelne Apps.

10.4   Apps installieren und entfernen

Apps aus dem Microsoft Store beziehen

Beim Microsoft Store handelt es sich um ein Online-Portal von Microsoft, in dem Sie weitere Apps, Musik und Filme auswählen und auf Ihrem PC installieren können. Einige Angebote sind kostenlos, andere müssen Sie kostenpflichtig erwerben. In jedem Fall ist dafür ein Microsoft-Konto erforderlich.

▶   Um zum Store zu gelangen, klicken Sie im Startmenü auf die Kachel *Store* oder auf das Symbol *Store*, das sich standardmäßig in der Taskleiste befindet.

Die Startseite des Microsoft Store kann sich durch laufende Aktualisierungen geringfügig ändern, außerdem erscheinen hier natürlich ständig neue Empfehlungen und Angebote.

Um weitere Apps einer Kategorie anzuzeigen, klicken Sie auf den Pfeil ④ oder wischen nach links. Noch mehr erscheinen mit Klick auf *Alle anzeigen* ⑤ .

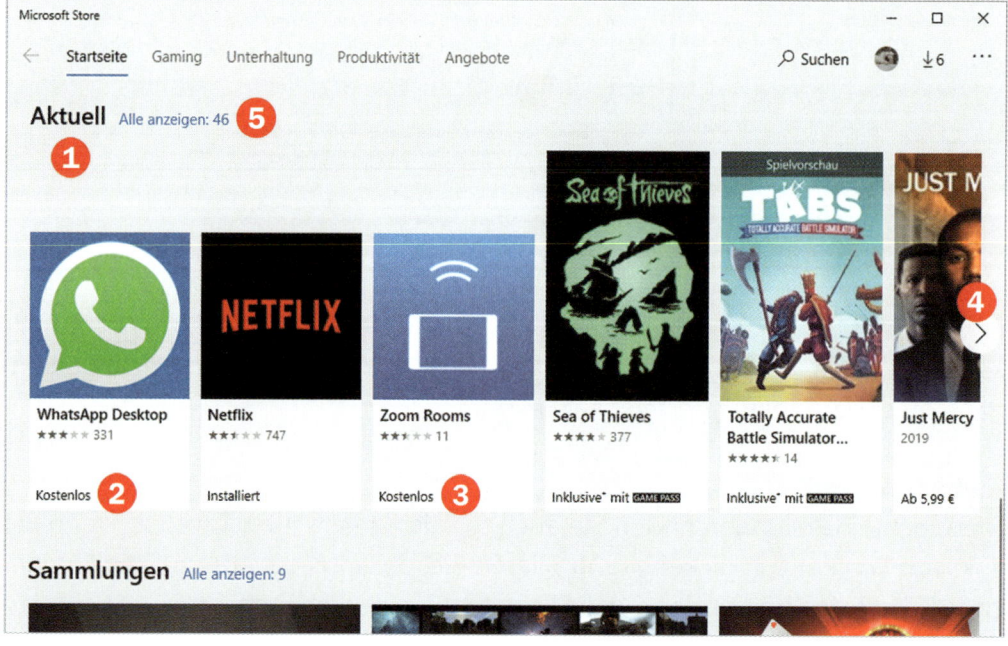

Auf der Startseite des Stores erhalten Sie zunächst Angebote aus verschiedenen Kategorien, z. B. *Aktuell* ❶. Verschieben Sie den Bildschirmausschnitt weiter nach unten, so finden Sie hier noch weitere Kategorien. Zu jeder Kategorie sehen Sie mehrere Angebote, teils kostenlos ❷, teils mit Preis und sehen außerdem, ob Sie eine App eventuell bereits installiert haben ❸.

▶ Für nähere Informationen über eine App klicken Sie diese an. Neben Preis ❶ und Nutzerbewertungen ❷ erhalten Sie mit Klick auf *Übersicht* ❸ eine Beschreibung und über *Systemanforderungen* ❹ erfahren Sie, ob sich die App für Ihr Gerät eignet.

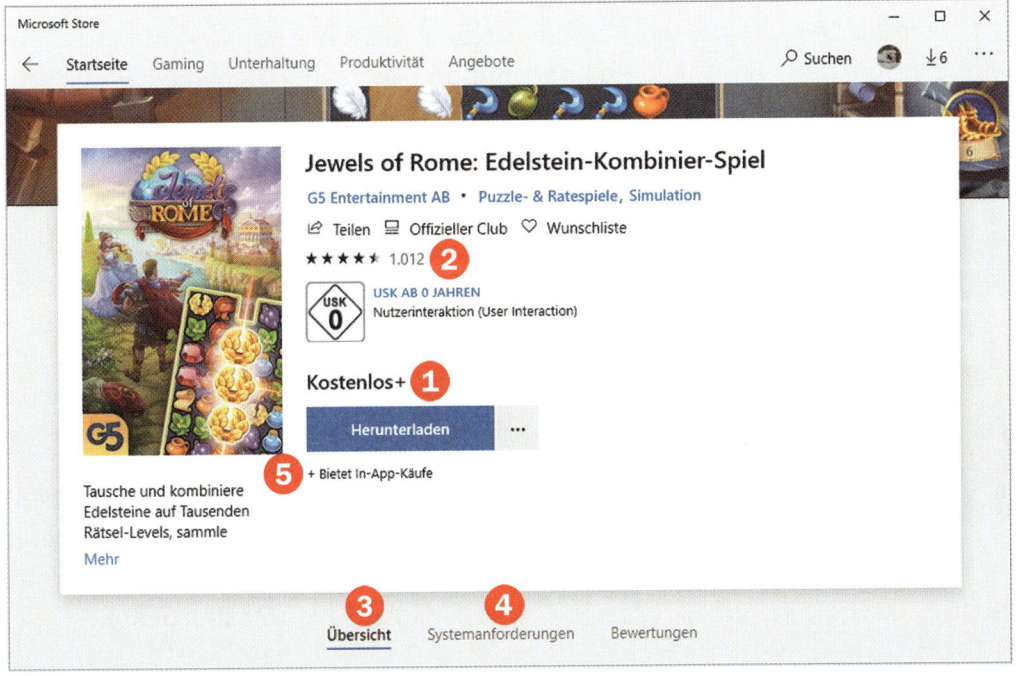

Wenn Sie auf *Übersicht* oder *Systemanforderungen* geklickt haben, gelangen Sie durch Verschieben des Bildschirmausschnitts (Scrollen) wieder nach oben zurück.

Achtung: Der Zusatz *Bietet in-App-Käufe* ❺, wie im Bild, bedeutet, die App selbst ist zwar kostenlos, umfasst aber einige kostenpflichtige Erweiterungen, die allerdings nicht zwingend benötigt werden.

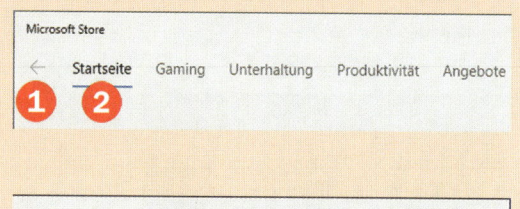

Zurück zur letzten Seite/Startseite

▶ Ein Klick auf den Pfeil **1** in der linken oberen Ecke des Fensters bringt Sie wieder zurück zur zuletzt betrachteten Seite. Zur Startseite des Stores gelangen Sie dagegen mit Klick auf *Startseite* **2**.

App suchen

Wissen Sie genau, welche App Sie suchen, dann benutzen Sie das Suchfeld in der rechten oberen Ecke des Microsoft Stores **1**.

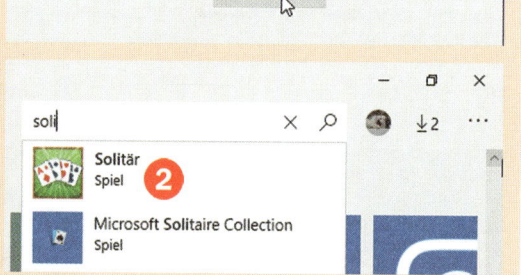

▶ Klicken Sie hier und geben Sie den gewünschten Suchbegriff ein, im Bild „Solitär", ein beliebtes Kartenspiel **2**. Bereits während der Eingabe erscheinen verschiedene Vorschläge. Befindet sich die gesuchte App darunter, so brauchen Sie diese nur anklicken oder antippen **3**. Zum Löschen eines Suchbegriffs klicken Sie auf das x im Suchfeld.

Kategorien durchsuchen

Wenn Sie den Store nach einer bestimmten Kategorie, z. B. Spiele, durchstöbern möchten, dann benutzen Sie die Leiste am oberen Rand des Fensters **1**. Hier finden Sie die Kategorien *Gaming* (Spiele), *Unterhaltung, Produktivität* und *Angebote*. Innerhalb einer Kategorie finden Sie dann wieder verschiedene Gruppen vor, z. B. *Top-Spiele, Neue Spiele, Bestseller* usw.

Tipp: In einigen Kategorien und Gruppen erhalten Sie über Felder oberhalb weitere Filtermöglichkeiten. Beispielsweise, wenn Sie zuerst auf die Kategorie *Gaming* und dann bei einer Gruppe, hier *Spiele-Bestseller*, auf *Alle anzeigen* klicken (Bild auf der nächsten Seite).

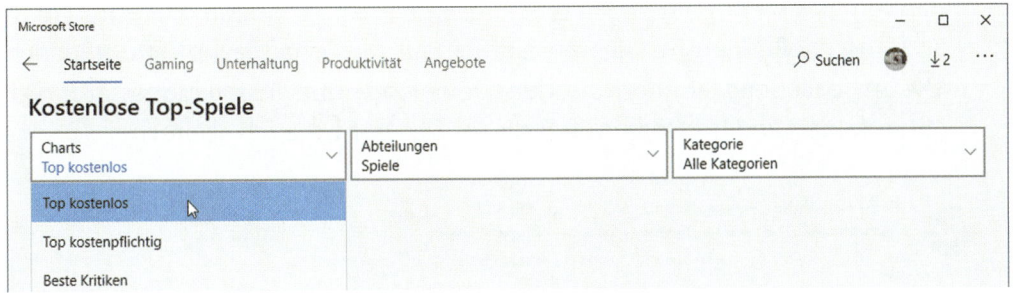

Klicken Sie in das jeweilige Feld und auf einen Filter, z. B. Top kostenlos, wie im Bild.

Mit der Schaltfläche *Filter zurücksetzen* entfernen Sie einen Filter wieder.

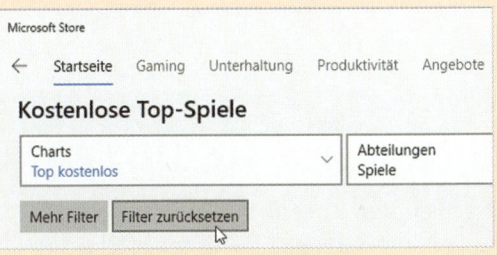

Eine kostenlose App aus dem Microsoft Store installieren

So gehen Sie vor, wenn Sie eine kostenlose App aus dem Microsoft Store installieren möchten, als Beispiel nehmen wir die App *ZDF Mediathek*.

1 Klicken Sie die App an, um Details anzuzeigen; Hier finden Sie nochmals die Information, ob die App kostenlos ❶ oder kostenpflichtig ist oder bereits erworben bzw. installiert wurde.

Falls Sie am Computer nur mit einem lokalen Konto angemeldet sind, werden Sie zunächst aufgefordert, sich mit einem Microsoft-Konto anzumelden. Anschließend können Sie die App herunterladen und installieren.

2   Handelt es sich um eine kostenlose App, so klicken Sie zum Herunterladen und anschließenden Installieren einfach auf die Schaltfläche *Herunterladen* ❷. Anschließend können Sie den Download- und Installationsstatus ❸ mitverfolgen und bei Bedarf über dieses Symbol ❹ auch abbrechen.

3   Nach erfolgreicher Installation können Sie, falls gewünscht, die App mit Klick auf die Schaltfläche ❺ sofort starten.

Wenn Sie stattdessen zunächst die App an das Startmenü als Kachel anheften möchten, dann klicken Sie auf die drei Punkte ❻ und auf *An „Start" anheften* ❼. Auf jeden Fall erscheint die neu installierte App im Startmenü in der alphabetischen Liste aller Apps.

Nach erfolgreicher Installation erscheint außerdem in der rechten unteren Ecke des Bildschirms eine Meldung. Auch hier können Sie die App sofort starten oder an das Startmenü als Kachel anheften.

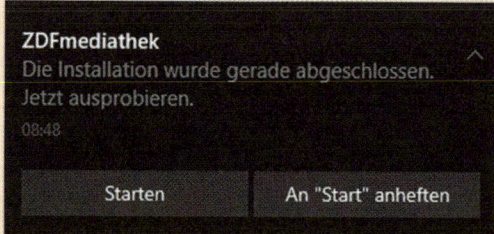

Kostenpflichtige App erwerben und installieren

Bei kostenpflichtigen Apps wird auch der Preis angezeigt und Sie finden hier die Schaltfläche *Kaufen*. Nach einem Klick auf diese Schaltfläche müssen Sie eine Zahlungsmethode angeben und dann dem Kauf nochmals zustimmen. Damit ist der Kauf wirksam und kann nicht mehr abgebrochen werden!

Als Zahlungsmethode werden Sofortzahlung, Kreditkarten (VISA, MasterCard, American Express), PayPal und Geschenkgutscheine akzeptiert.

▶ Zum Download einer kostenpflichtigen App klicken Sie auf die Schaltfläche *Kaufen* ❶. Anschließend müssen Sie Ihre Identität durch Eingabe Ihrer PIN oder des Kennwortes Ihres Microsoft-Kontos bestätigen.

Bei PayPal handelt es sich um einen Zahlungsdienstleister, bei dem statt einer Kreditkartennummer eine E-Mail-Adresse angegeben wird.

Webadresse PayPal: www.paypal.com

Tipp: Weitere Zahlungsmethoden, darunter PayPal und Kreditkarte, erhalten Sie, wenn Sie auf *Neue Zahlungsmethode hinzufügen* ④ klicken.

▶ Im nächsten Schritt werden Sie aufgefordert, eine Zahlungsmethode anzugeben. Klicken Sie auf *Weiter* ② und wählen Sie die gewünschte Zahlungsmethode aus ③. Füllen Sie dann alle dazugehörigen Felder aus und klicken Sie auf *Kaufen*.

Achtung: Damit ist der Kauf wirksam und kann nicht mehr abgebrochen werden!

Wo finden Sie die installierten Apps?
Neu installierte Apps finden Sie auf Ihrem Computer im Startmenü in der gesonderten Gruppe *Zuletzt hinzugefügt* ① sowie in der alphabetischen Liste, hier mit dem Zusatz *Neu* ②.

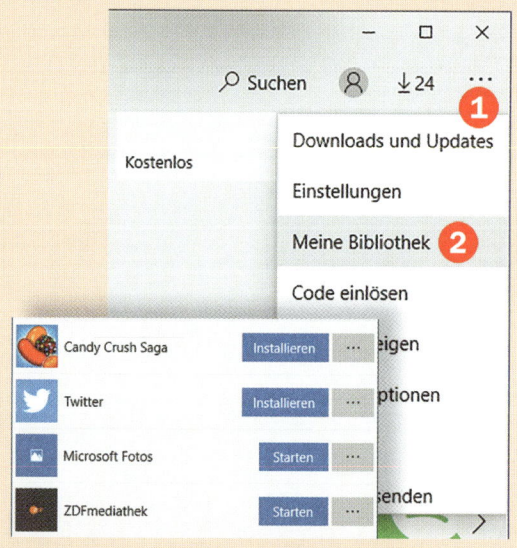

Im Microsoft Store erhalten Sie eine Übersicht über die von Ihnen erworbenen und installierten Apps, wenn Sie rechts oben im Store neben Ihrem Kontobild auf die drei Punkte ① und hier auf *Meine Bibliothek* ② klicken. Hier können Sie die erworbenen Apps jederzeit erneut herunterladen und installieren. Dazu klicken Sie neben dieser App auf *Installieren*. Ist die App dagegen bereits installiert, so finden Sie hier die Schaltfläche *Starten*.

Apps aus dem Internet herunterladen und installieren

Windows 10 bringt zwar zahlreiche Apps für die verschiedensten Zwecke mit, trotzdem werden Sie im Lauf der Zeit feststellen, dass Sie auch noch andere Apps benötigen. Einige davon können über das Internet heruntergeladen werden z. B. Antivirensoftware, der kostenlos erhältliche Adobe Reader zum Anzeigen von PDF-Dateien oder LibreOffice als kostenlose Alternative zu Microsoft Office.

Das Herunterladen aus dem Internet wird häufig auch mit dem englischen Fachbegriff als „Download" bezeichnet.

Allgemeine Sicherheitshinweise

Achten Sie auf vertrauenswürdige Quellen

Gerade bei Programmen, die aus dem Internet stammen, sollten Sie auf absolut vertrauenswürdige Quellen achten, da ansonsten auch Schadsoftware mit heruntergeladen und installiert werden könnte. Leider enthält die Trefferliste von Suchdiensten wie Google und Bing häufig auch unseriöse Webseiten; am sichersten ist deshalb der Download über die Seite des jeweiligen Herstellers. Bekannte Computerzeitschriften, z. B. Computerbild sind ebenfalls eine zuverlässige Quelle.

Kontrollieren Sie, ob es sich um kostenlose oder kostenpflichtige Software handelt

Manche Programme sind für die private Nutzung kostenlos, bei kommerzieller Nutzung aber kostenpflichtig. Zum Download kostenloser Angebote sind keinerlei Angaben über persönliche Daten, z. B. Ihr Name, Anschrift oder E-Mail-Adresse erforderlich!

Außerdem finden sich auf vielen Seiten neben kostenlosen Angeboten auch kostenpflichtige, z. B. beim Download von Antivirensoftware. Kontrollieren Sie also immer ganz genau, ob es sich wirklich um eine kostenlose Version handelt.

Achtung: Sollten Sie bei kostenlosen Angeboten aufgefordert werden, Ihre E-Mail Adresse, Postanschrift und eventuell sogar die Bankverbindung anzugeben, dann versuchen Sie es in solchen Fällen besser mit einer anderen Webadresse.

Solche Angaben sind bei kostenlosen Downloads freiwillig und nicht verpflichtend. Auch eine vorherige Anmeldung ist dazu nicht erforderlich. Allerdings müssen Sie sich in manchen Fällen registrieren, dazu genügt normalerweise die E-Mail Adresse.

Das PDF-Dateiformat ist ein gängiges Format für Texte aller Art, z. B. Betriebsanleitungen, Beschreibungen usw.. Der Vorteil: Zum Lesen genügt Microsoft Edge oder eine andere kostenlose App, davon dürfte Adobe Acrobat Reader am bekanntesten sein.

Leider gehört der Adobe Reader nicht zum Standardumfang von Windows sondern muss gesondert aus dem Internet heruntergeladen und installiert werden.

Kontrollieren Sie, ob eventuelle Zusatz-Apps mit heruntergeladen werden, z. B. Google Chrome ❶ wie im Bild rechts oder andere Erweiterungen ❷, und entfernen Sie die Häkchen, wenn Sie diese nicht benötigen.

Installieren Sie nur, was Sie wirklich benötigen

Es kommt häufig vor, dass unnötige Zusatzsoftware mit angeboten und somit ebenfalls heruntergeladen und installiert wird. So wird z. B. manchmal Google Chrome zum Download mit angeboten. Diese App benötigen Sie aber nicht, wenn Sie Microsoft Edge zum Surfen im Internet bevorzugen.

Beispiel Adobe Acrobat Reader herunterladen und installieren

Als Beispiel laden wir den kostenlosen Adobe Reader herunter und installieren ihn.

1 Starten Sie Ihren Browser, z. B. Microsoft Edge, geben Sie den Suchbegriff *Adobe Reader* ein und klicken Sie in der Trefferliste auf *Adobe Acrobat Reader*.

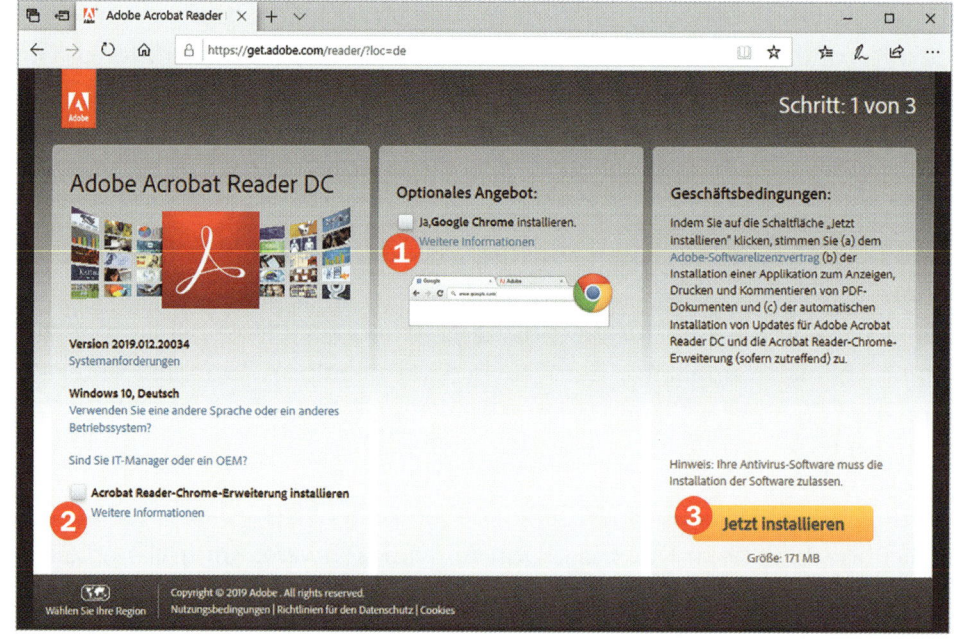

2 Klicken Sie auf *Jetzt installieren* ❸, oder in manchen Fällen auf *Herunterladen*.

3 Nach einigen Sekunden erscheint am unteren Rand des Fensters die Frage, wie Sie verfahren möchten. Klicken Sie auf *Ausführen* ❹, damit das Programm heruntergeladen und anschließend sofort automatisch installiert wird.

Wenn Sie statt auf *Ausführen* auf *Speichern* klicken, dann wird die heruntergeladene Installationsdatei zunächst im Ordner *Downloads* gespeichert.

Nach Beenden des Downloadvorgangs müssen Sie dann die Installation mit Klick auf *Ausführen* starten.

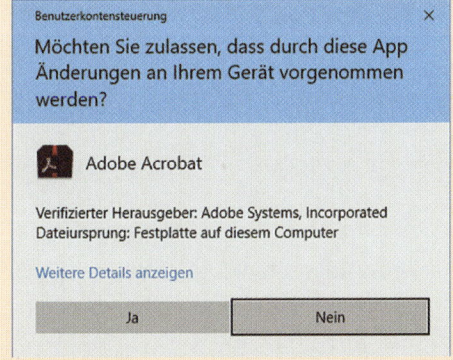

4 Im nächsten Schritt müssen Sie aus Sicherheitsgründen nochmals bestätigen, dass durch die App bzw. deren Installation Änderungen am Gerät vorgenommen werden dürfen. Wenn Sie das Programm installieren möchten, müssen Sie auf *Ja* klicken. Anschließend können Sie das Herunterladen und den nachfolgenden Installationsvorgang anhand eines Fortschrittsbalkens verfolgen.

5   Nachdem die Installation abgeschlossen wurde, erhalten Sie eine Meldung. Klicken Sie auf *Beenden*, um die Installation abzuschließen.

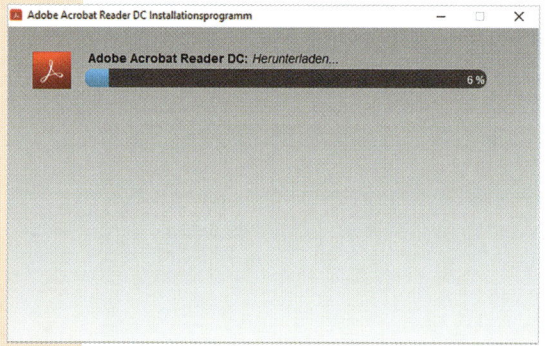
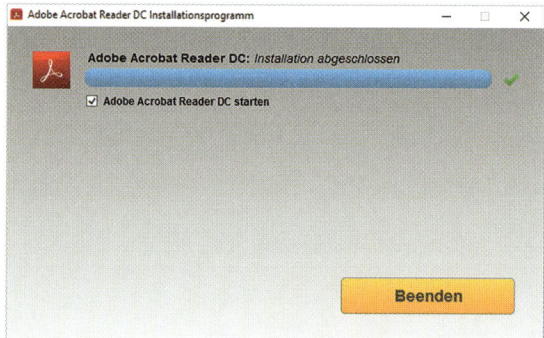

Hinweis: In vielen Fällen müssen Sie außerdem noch die Lizenzbedingungen bestätigen, indem Sie auf *Akzeptieren* klicken.

Nicht mehr benötigte Apps vom Gerät entfernen

Um Apps von der Festplatte eines Computers zu entfernen, müssen diese grundsätzlich deinstalliert werden. Es reicht nicht aus, einfach die Programmdateien zu löschen, denn bei einer Programminstallation werden häufig auch nicht offensichtliche Änderungen vorgenommen, z. B. Einträge in der Windows-Registrierungsdatenbank, die bei der Deinstallation zurückgenommen werden müssen.

Eine Microsoft Store App deinstallieren

1   Apps, die Sie aus dem Microsoft Store bezogen haben, sind schnell deinstalliert: Klicken Sie im Startmenü mit der rechten Maustaste auf die App ❶, hier als Beispiel *Minecraft* und auf *Deinstallieren* ❷.

Es spielt keine Rolle, ob die App als Kachel angeheftet ist oder sich in der alphabetischen Liste des Startmenüs befindet.

2 Bestätigen Sie die nachfolgende Rückfrage nochmals mit Klick auf die Schaltfläche *Deinstallieren* ❸.

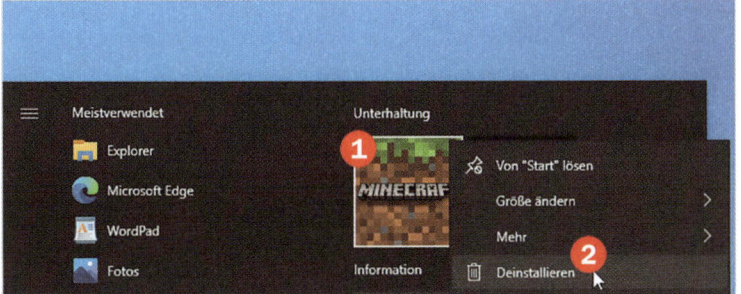

Die App verschwindet nicht nur aus dem Startmenü, sondern wird auch vollständig von der Festplatte entfernt. Apps aus dem Microsoft Store können jederzeit wieder erneut heruntergeladen und installiert werden, siehe Seite 396.

Methode 2: Apps und andere Anwendungen deinstallieren
Eine zweite Möglichkeit finden Sie in den Einstellungen unter *Apps*. Diese Vorgehensweise sollten Sie zum Deinstallieren herkömmlicher Anwendungen wählen, z. B. eines Office-Pakets.

1 Klicken Sie im Startmenü auf das Symbol *Einstellungen* ⚙ und dann auf *Apps*.

2 Wählen Sie links *Apps & Features* ❶, um eine Liste aller installierten Apps und Anwendungen anzuzeigen und klicken Sie auf die App, die Sie deinstallieren möchten, als Beispiel im Bild unten Adobe Acrobat Reader ❷.

Es erscheinen die Schaltflächen *Ändern* und *Deinstallieren*.

Hinweis: Sollte sich nach dem Befehl *Deinstallieren* stattdessen die, aus älteren Windows-Versionen bekannte, Systemsteuerung öffnen, dann schließen Sie dieses Fenster einfach wieder und wenden die zweite Methode an.

Oder geben Sie in das Suchfeld der Taskleiste den Begriff *Deinstallieren* ein und klicken dann auf *Programme hinzufügen oder entfernen*.

Tipp: Da App-Liste sehr umfangreich sein kann, können Sie die App auch über das Suchfeld am Beginn der Liste suchen.

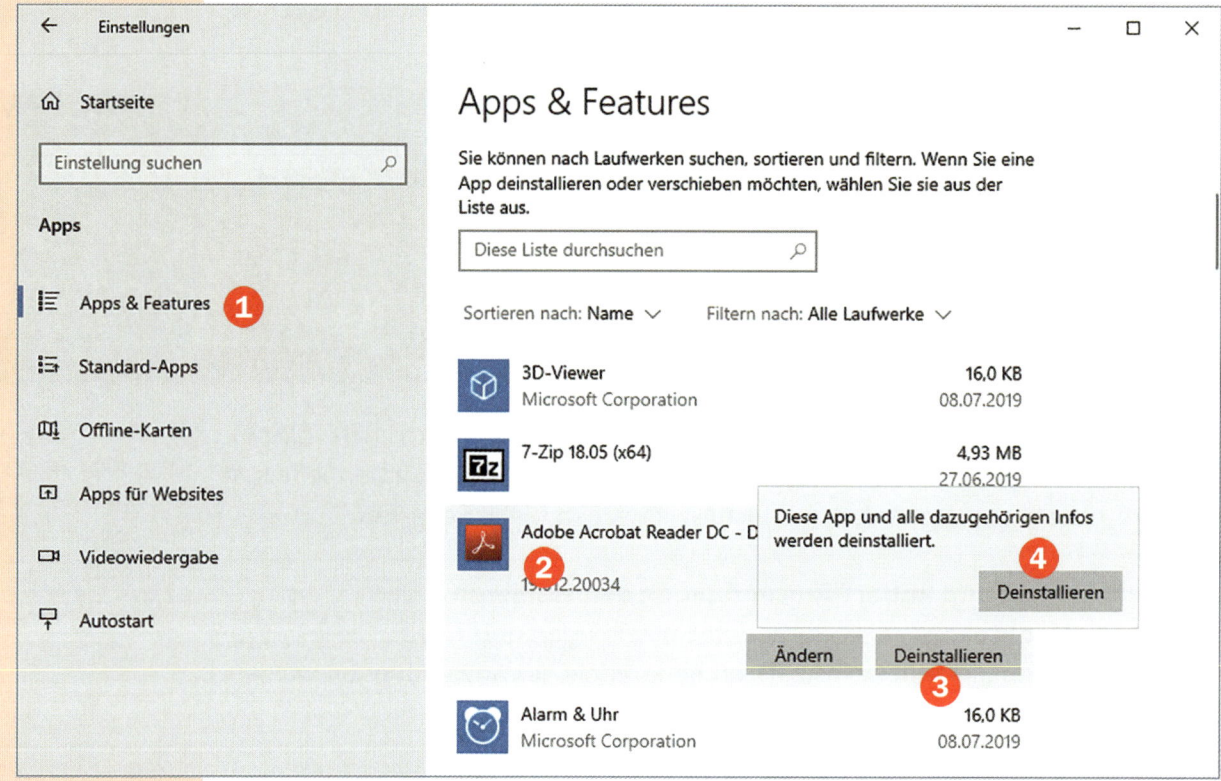

3   Klicken Sie auf *Deinstallieren* ❸ und bestätigen Sie die nachfolgende Meldung erneut mit einem Klick auf *Deinstallieren* ❸.

10.5 Rund um den Drucker

Drucker anschließen

Moderne Drucker erfordern in der Regel keinerlei Installationsaufwand, es genügt, wenn Sie den Drucker mit dem PC verbinden. Am einfachsten gehen Sie so vor:

1 Schließen Sie den Drucker das Stromnetz an, schalten Sie den Drucker ein.

2 Sorgen Sie dafür, dass Ihr Computer eingeschaltet ist und dass Sie angemeldet sind.

3 Schließen Sie den Drucker per USB-Kabel am Computer an. Das erforderliche Kabel sollte im Lieferumfang des Druckers enthalten sein.

4 Danach wird der Drucker in den meisten Fällen automatisch erkannt und der erforderliche Gerätetreiber installiert. Dies kann einige Sekunden dauern, dann ist der Drucker einsatzbereit.

Falls der Drucker nicht erkannt wird, verwenden Sie für die Installation die mit dem Drucker mitgelieferte CD/DVD. Informieren Sie sich auch in der ebenfalls beiliegenden Installationsanleitung über die genaue Vorgehensweise.

Drucker in den Einstellungen anzeigen

Eine Übersicht über die angeschlossenen Drucker erhalten Sie, indem Sie die Einstellungen öffnen, auf *Geräte* und dann auf *Drucker & Scanner* ❶ klicken.

> Wenn kein Drucker angeschlossen ist, stehen Ihnen trotzdem „Drucker" zur Verfügung, darunter *Microsoft Print to PDF* ❷. Mit der Auswahl dieses Druckers erzeugen Sie statt eines Ausdrucks auf Papier eine Datei im gängigen PDF-Dateiformat, das auf jedem PC gelesen werden kann, da zum Anzeigen nur ein Leseprogramm wie z. B. der kostenlose Adobe Reader benötigt wird.

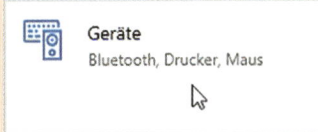

Microsoft Edge kann den Inhalt von PDF-Dateien ebenfalls anzeigen.

Hier können Sie auch einen Drucker bzw. Scanner installieren, der im lokalen Netzwerk verfügbar ist. Klicken Sie in diesem Fall unter *Drucker und Scanner hinzufügen* auf die + Schaltfläche.

Standarddrucker festlegen

Wenn Sie aus einem Programm heraus, z. B. WordPad drucken, dann kommt, wenn nichts anderes festgelegt wird, der Standarddrucker zum Einsatz. Ist das Kontrollkästchen *Windows verwaltet Standarddrucker* ❸ aktiviert, dann wird automatisch der zuletzt verwendete Drucker als Standarddrucker verwendet. Dies ist gleichzeitig die Standardeinstellung.

Tipp: Bei Druckerproblemem können Sie ein kleines Diagnoseprogramm zur Ermittlung und Beseitigung des Problems starten. Klicken Sie dazu auf der Startseite der Einstellungen auf *Update und Sicherheit* und hier auf *Problembehandlung*, siehe Seite 412.

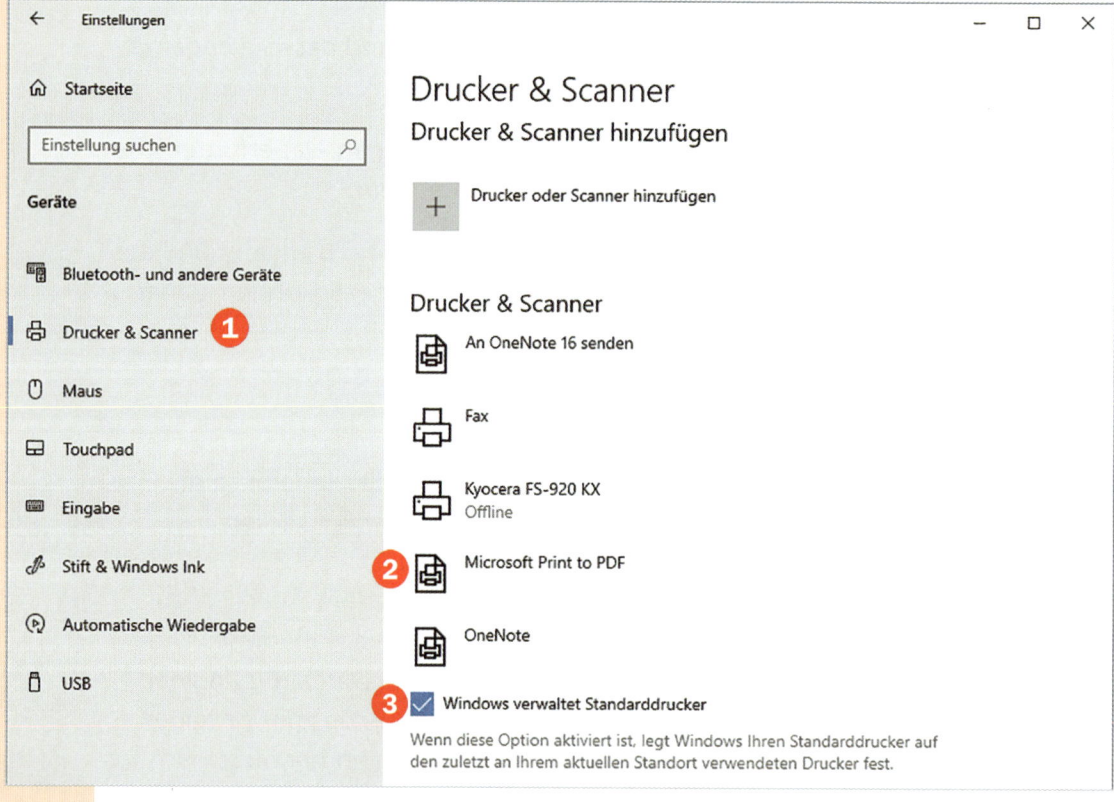

▶ Möchten Sie dagegen einen bestimmten Drucker als Standarddrucker verwenden, dann klicken Sie auf diesen und hier auf die Schaltfläche *Verwalten*. Klicken Sie dann auf die Schaltfläche *Als Standard*.

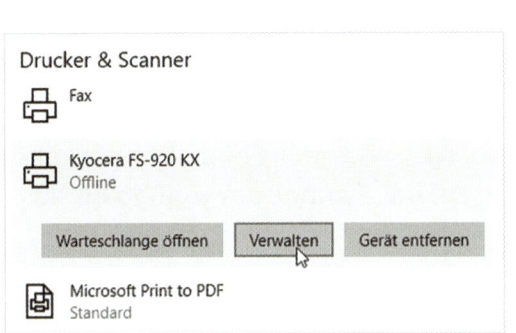

Davor muss natürlich das Kontrollkästchen *Windows verwaltet Standarddrucker* deaktiviert bzw. das Häkchen entfernt werden!

Druckauftrag abbrechen

Wenn Sie in einer App auf *Drucken* klicken, wird ein Druckauftrag erstellt und an den Drucker gesendet. Noch nicht erledigte Druckaufträge können Sie abbrechen, z. B. falls Sie einen umfangreichen Druck versehentlich gestartet haben.

▶ Sobald ein Druckauftrag vorhanden ist, erscheint im Infobereich der Taskleiste ein kleines Druckersymbol ❶. Doppelklicken Sie auf das Symbol.

▶ Das Druckerfenster wird geöffnet: Markieren Sie mit einem Mausklick den Druckauftrag ❷, klicken Sie dann auf *Dokument* ❸ und auf *Abbrechen* ❹. Bestätigen Sie nochmals, dass Sie den Druckauftrag abbrechen möchten. Dann können Sie das Druckerfenster wieder schließen ❺.

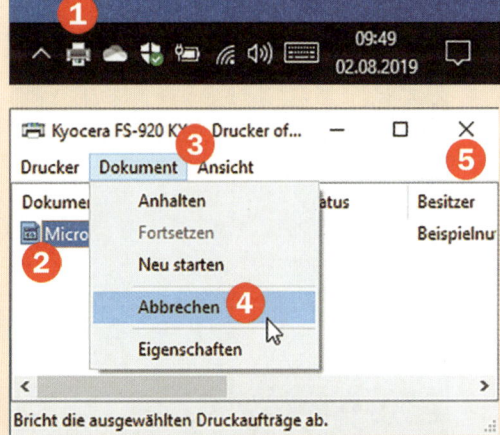

10.6　Den PC unterwegs mit einem WLAN verbinden

Mobile Geräte wie z. B. Laptops werden per WLAN, also einem kabellosen Funknetz mit einem Netzwerk und damit dem Internet verbunden. Normalerweise stellen Sie die Verbindung bereits beim ersten Start von Windows her, Sie können Ihren Laptop aber auch unterwegs jederzeit mit einem anderen WLAN verbinden, z. B. in Hotels. Dann gehen Sie so vor:

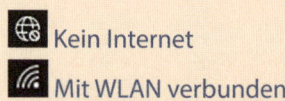

▶ Ob Ihr Gerät mit dem Internet verbunden ist, erkennen Sie am Symbol unten rechts auf dem Bildschirm. Klicken Sie auf das Symbol, um verfügbare Netzwerke anzuzeigen,

▶ Meist werden gleich mehrere Netzwerke in Reichweite aufgelistet. Offene und damit nicht immer sichere Netzwerke sind am Ausrufezeichen zu erkennen. Klicken Sie auf Ihr Netzwerk ❶ und auf *Verbinden* ❷. Bei einem gesicherten WLAN müssen Sie anschließend noch Ihr Kennwort eingeben.

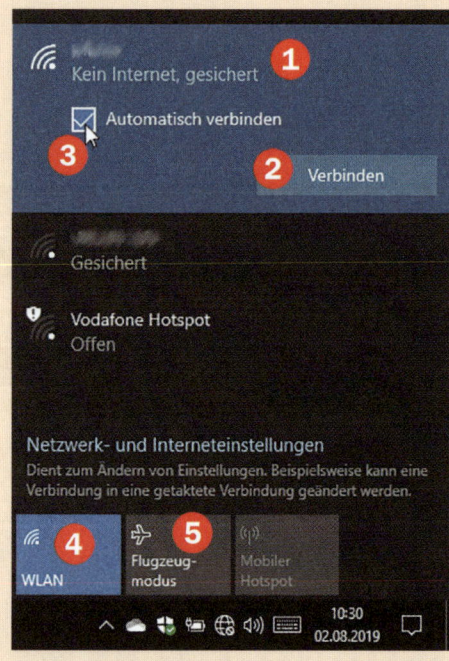

Achten Sie auf das Häkchen im Feld *Automatisch verbinden* ❸! Es bedeutet, dass sich Ihr Laptop das nächste Mal automatisch mit diesem Netzwerk verbindet, sobald es in Reichweite ist.

Wenn das Kennwort korrekt war, sind Sie jetzt mit dem WLAN und damit mit dem Internet verbunden. Andernfalls klicken Sie auf *Abbrechen* und geben das Kennwort erneut ein.

Achten Sie darauf, dass WLAN ❹ aktiviert und der Flugzeugmodus ❺ ausgeschaltet ist (Schaltflächen). Andernfalls sind alle Datenverbindungen deaktiviert und Sie können Ihren Computer nicht mit einem WLAN verbinden.

Sicherheit in öffentlichen/offenen Netzwerken

Ein offenes Netzwerk, auch als WLAN-Hotspot bezeichnet (siehe oben), erfordert beim Verbinden kein Kennwort. Solche Netzwerke sind nicht sicher, da jeder eine Verbindung mit diesem Netzwerk herstellen und möglicherweise Zugriff auf, in diesem Netzwerk übermittelte Informationen erhalten kann. Aus Sicherheitsgründen sollte daher Ihr Gerät in einem solchen Netzwerk nicht gefunden werden.

Windows 10 unterscheidet zwischen zwei Netzwerkprofilen: einem öffentlichen, mit dem Ihr PC für andere Geräte im Netzwerk nicht sichtbar ist, und einem privaten, mit dem Ihr PC sichtbar ist.

▶ Um das aktuell verwendete Netzwerkprofil einzusehen und eventuell zu ändern, klicken Sie in der Taskleiste auf das WLAN-Symbol 🛜 ❶ und beim Netzwerk, mit dem Sie verbunden sind auf *Eigenschaften* ❷.

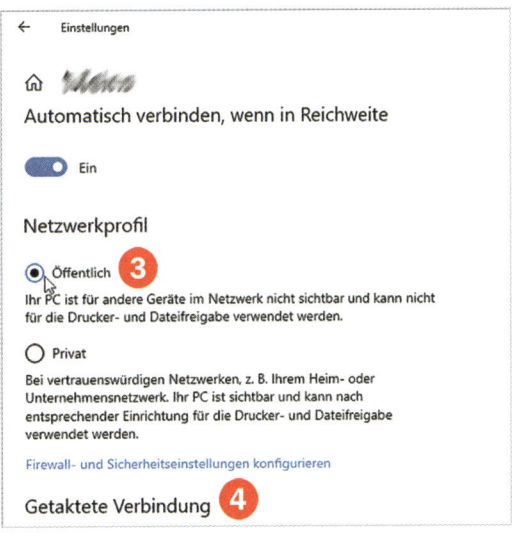

Aus Sicherheitsgründen sollten Sie in einem offenen WLAN keine persönlichen Daten übermitteln und auf Einkaufen oder Bankgeschäfte im Internet nach Möglichkeit verzichten.

Dies gilt auch für WLAN in Hotels u.ä.. Hier ist in der Regel zwar ein Kennwort erforderlich, da das WLAN aber von einer größeren Anzahl Personen genutzt wird, sollten Sie auch hier das öffentliche Netzwerkprofil verwenden.

Das Netzwerkprofil *Privat* sollte nur im privaten Netzwerk zuhause oder im Firmennetzwerk zum Einsatz kommen.

Der aktivierte Schalter *Automatisch verbinden, wenn in Reichweite* bedeutet, Ihr Gerät verbindet sich beim nächsten Mal automatisch mit diesem Netzwerk, sobald es in Reichweite ist. Die Eingabe des Kennworts ist dann nicht mehr erforderlich.

Getaktete Verbindung

Wenn Sie über einen eingeschränkten Datentarif verfügen und mehr Kontrolle über die Datennutzung haben möchten, legen Sie diese Verbindung als getaktetes Netzwerk fest. Einige Apps können unterschiedlich funktionieren, um die Datennutzung bei der Verbindung mit diesem Netzwerk zu reduzieren.

Als getaktete Verbindung festlegen

 Ein

Als Updates bezeichnet man die mehr oder weniger regelmäßige Aktualisierung von Apps und Programmen.

Tipp: Welche Version von Windows 10 auf Ihrem Gerät installiert ist, sehen Sie, wenn Sie in den Einstellungen auf *System* und hier auf *Info* klicken.

▶ Es öffnen sich die Einstellungen mit dem aktuellen Netzwerkprofil (siehe Bild oben). Befinden Sie sich in einem öffentlichen oder nicht sicheren Netzwerk, dann klicken Sie auf das Netzwerkprofil *Öffentlich* ❸. Die übrigen, weiter unten befindlichen Einstellungen sollten nicht angetastet werden.

Tipp: Wenn Sie unterwegs das Internet mit einem Mobilfunktarif mit Mengenbegrenzung nutzen, dann ist es sinnvoll, diese Verbindung als getaktete Verbindung ❹ festzulegen. Diesen Schalter finden Sie etwas weiter unten. Bei einer getakteten Verbindung lädt Windows beispielsweise keine Updates herunter.

10.7 Sorgen Sie mit Updates dafür, dass Windows aktuell bleibt

Windows 10 erhält regelmäßig Updates, um Fehler und sicherheitsrelevante Schwachstellen zu beheben. Auch der integrierte Virenschutz Windows Defender wird laufend aktualisiert. Manchmal enthalten Updates auch neue Funktionen, z. B. in den Einstellungen oder ändern geringfügig das Aussehen der Benutzeroberfläche, z. B. des Startmenüs.

Die meisten Updates werden im Hintergrund automatisch über das Internet heruntergeladen und installiert. Da aber Updates meist auch einen anschließenden Neustart erfordern, erfolgt die Installation erst, wenn der Computer nicht benötigt wird. Anstehende Updates erkennen Sie am Symbol 🖥 im rechten Bereich der Taskleiste. Größere Updates werden dagegen nicht automatisch installiert, Sie sollten also Ihren Computer regelmäßig auf verfügbare Updates überprüfen.

Regelmäßige Updates von Windows 10 dienen der Sicherheit Ihres Computers und sind daher wichtig!

Da nicht alle Updates automatisch installiert werden, sollten Sie in regelmäßigen Abständen in den Windows-Einstellungen kontrollieren, ob weitere verfügbar sind und diese installieren.

▶ Klicken Sie im Startmenü auf das Symbol *Einstellungen* ⚙, klicken Sie auf *Update und Sicherheit* und dann auf *Windows Update* ❶ .

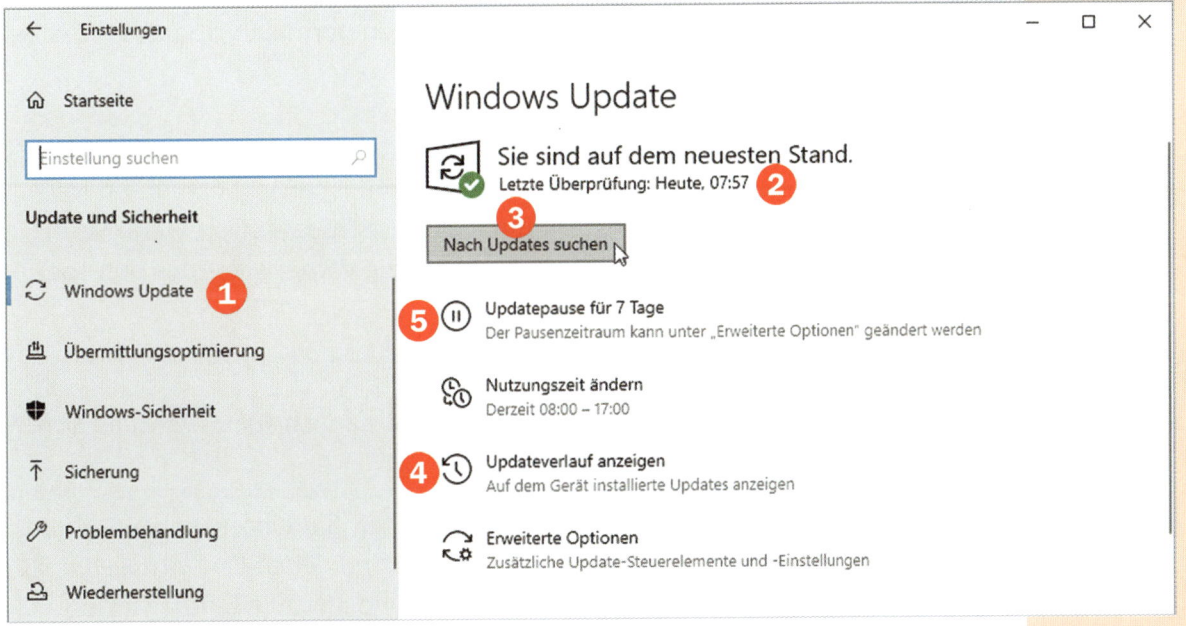

Falls Sie in den nächsten Tagen keine Updates installieren möchten, können Sie mit Klick auf *Updatepause für 7 Tage* die Updates anhalten. Dann wird erst nach Ablauf dieses Zeitraums wieder automatisch nach Updates gesucht. Mit Klick auf Updates fortsetzen heben Sie die Pause wieder auf.

Achtung: Diese Möglichkeit ist abhängig von der Windows-Edition und eventuell nicht auf Ihrem Gerät verfügbar!

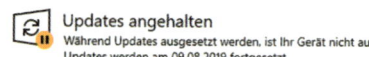

Windows Update

Updates angehalten
Während Updates ausgesetzt werden, ist Ihr Gerät nicht auf dem neuesten Stand.
Updates werden am 09.08.2019 fortgesetzt.

Updates fortsetzen

Update und Sicherheit
Windows Update,
Wiederherstellung, Sicherung

▶ Sie sehen, ob Ihr Gerät auf dem neuesten Stand ist bzw. wann zuletzt auf neue Updates überprüft wurde ❷. Falls Sie nach Updates suchen möchten, klicken Sie auf die Schaltfläche *Nach Updates suchen* ❸. Eventuell verfügbare Updates werden anschließend automatisch heruntergeladen und installiert, von Ihrer Seite ist also keine weitere Aktion erforderlich.

▶ Zusätzlich können Sie hier ❹ den Verlauf der letzten Updates einsehen und bei Bedarf festlegen, wann die Installation neuer Updates erfolgen soll ❺.

Größere Updates suchen und installieren
Etwa zweimal im Jahr, im Frühjahr und im Herbst veröffentlicht Microsoft ein größeres Update für Windows 10. Im Gegensatz zu den normalen Updates muss bei diesen die Installation von Ihnen gestartet werden.

Achtung: Das Herunterladen und die Installation größerer Funktionsupdates dauert erfahrungsgemäß etwas länger, außerdem ist anschließend ein Neustart des Geräts erforderlich. Installieren Sie solche Updates also, wenn Sie die Arbeit am Computer beendet haben, beenden Sie vorher alle Apps und speichern Sie Ihre Daten.

▶ Klicken Sie im Startmenü auf *Einstellungen* ⚙, danach auf *Update und Sicherheit* und auf *Windows Update*.

▶ Falls ein solches Update verfügbar ist, erhalten Sie einen Hinweis, ähnlich dem unten abgebildeten. Klicken Sie auf *Herunterladen und installieren* ❶. Erst dann wird das Update heruntergeladen und anschließend installiert.

Bei Bedarf können Sie natürlich mit Klick auf *Nach Updates suchen* zuerst prüfen, ob ein größeres Update für Ihr Gerät verfügbar ist.

Zuletzt noch einige Hinweise

- Nach manchen Updates werden Sie nach dem Start aufgefordert, die Sicherheits- und Datenschutzeinstellungen neu festzulegen bzw. zu kontrollieren.

- Insbesondere bei größeren Updates klappt die Installation nicht immer reibungslos. Abhilfe kann in solchen Fällen die *Problembehandlung* schaffen, die Sie in den Einstellungen ebenfalls unter *Update und Sicherheit* finden, siehe Seite 385.

  Häufig genügt auch ein Neustart von Windows: Speichern Sie Ihre Daten und beenden Sie alle Apps. Klicken Sie dann im Startmenü auf das Symbol *Ein/Aus* ⏻ und hier auf *Neu starten*.

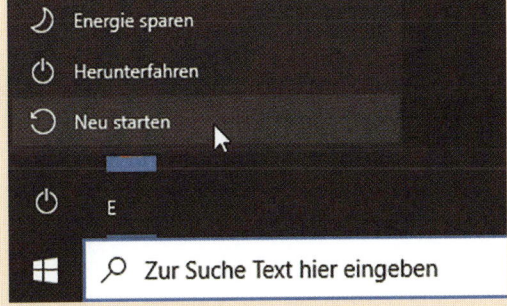

- Beachten Sie auch, dass größere Updates ausreichend freien Speicherplatz auf der Festplatte erfordern. Es kann daher bei Problemen auch hilfreich sein, wenn Sie den Papierkorb leeren und nicht benötigte Software deinstallieren.

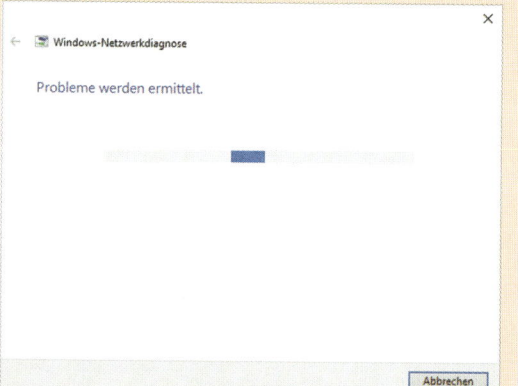

10.8   Tipps und Problemlösungen

Probleme suchen und beheben lassen

Wenn der Drucker nicht ansprechbar ist, die Internet- bzw. Netzwerkverbindung Probleme macht, bei Spracheingaben das Mikrofon nicht richtig funktioniert oder eine bestimmte App immer wieder abstürzt, dann leisten die Assistenten zur Diagnose und Problembehandlung gute Dienste.

Beispiel Internetverbindung

Kann Ihr Gerät beispielsweise keine Verbindung zum Internet herstellen, so erhalten Sie im Browser Microsoft Edge den Hinweis *Sie sind nicht verbunden* zusammen mit dem Angebot *Windows-Netzwerkdiagnose ausführen*.

▶ Klicken Sie auf *Windows-Netzwerkdiagnose ausführen* ❶. Anschließend startet in diesem Fall die Windows-Netzwerkdiagnose und versucht die Ursache zu ermitteln und das Problem zu beheben.

▶ Abschließend erhalten Sie eine Zusammenfassung über ermittelte und behobene Probleme. Unter Umständen stellt Ihnen der betreffende Assistent zuvor noch einige Fragen, z. B. nach dem genauen Problem oder nach der App, welche Probleme bereitet.

Problembehandlung in den Einstellungen

▶ Diagnose und Behebung von Problemen können Sie auch in den Windows-Einstellungen starten. Klicken Sie dazu in der Symbolleiste des Startmenüs auf das Symbol *Einstellungen* ⚙, klicken Sie auf *Update und Sicherheit* und dann auf *Problembehandlung* ❶.

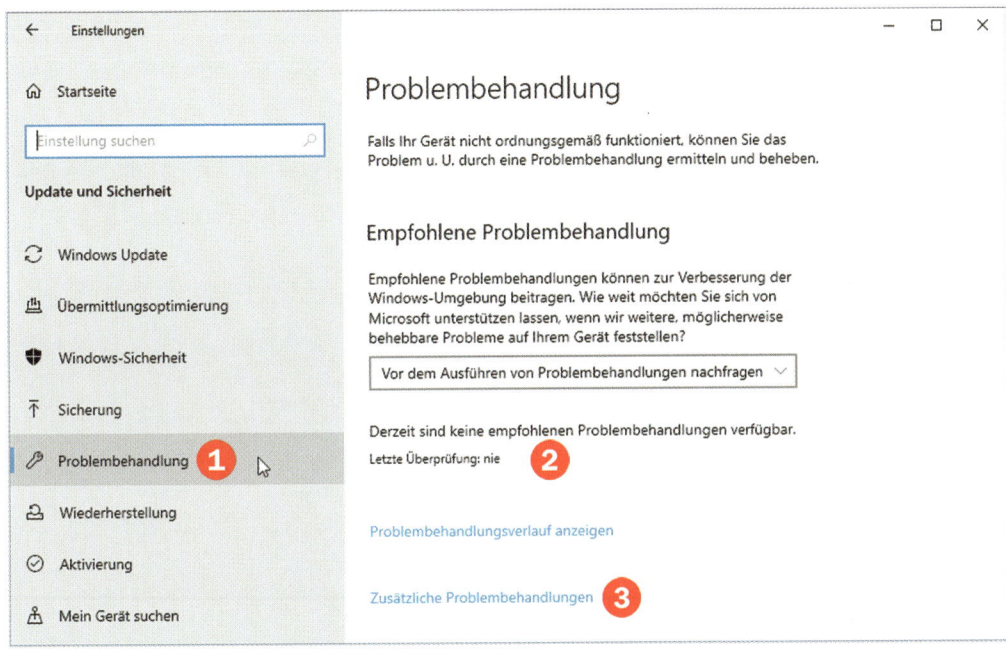

Eventuell finden Sie hier ❷ bereits empfohlene Problembehandlungen vor. Diese können Sie mit einem Klick starten. Falls Sie selbst nach einem Assistenten zur Problembehandlung suchen möchten, klicken Sie auf *Zusätzliche Problembehandlungen* ❸.

▶ Haben Sie beispielsweise ein Problem mit dem Drucker, dann klicken Sie auf *Zusätzliche Problembehandlungen* und unter *Probleme direkt beheben* auf *Drucker*. Klicken Sie auf die Schaltfläche *Problembehandlung ausführen* ❹ um einen Assistenten zu starten, der das Problem ermittelt und anschließend zu reparieren versucht.

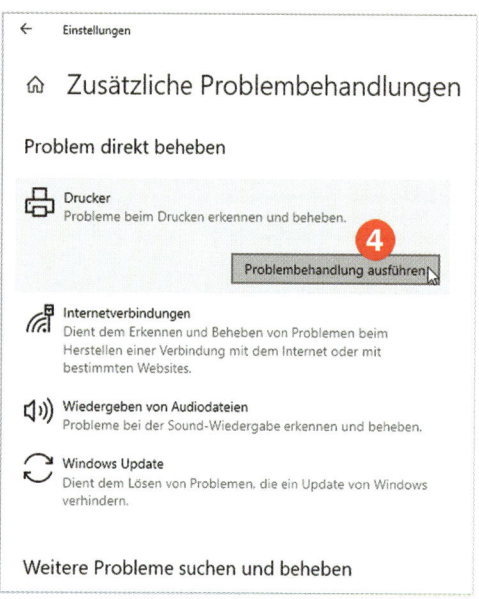
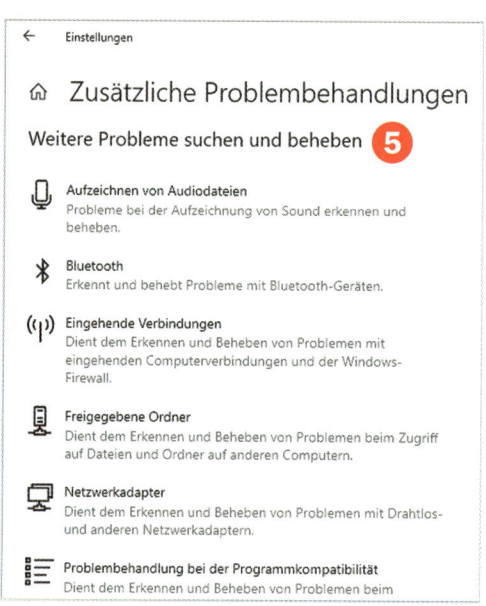

Unterhalb bietet Windows unter *Weitere Probleme suchen und beheben* **5** eine umfangreiche Liste weiterer häufiger Probleme, z. B. bei der Spracherkennung, Videowiedergabe oder mit Hardware und Geräten. Auch hier können Sie durch Anklicken jederzeit eine Problembehandlung ausführen.

Empfehlungen zur Problembehandlung erhalten

Schwerwiegende Probleme auf Ihrem Gerät können von Microsoft aufgrund der gesendeten Diagnosedaten (siehe Seite 385) automatisch behoben werden. Falls darüber hinaus weitere Probleme festgestellt werden sollten, bietet Ihnen Microsoft im Abschnitt *Empfohlene Problembehandlung* deren Beseitigung an.

Ob bei aufgetretenen Problemen die Problembehandlung automatisch oder nach Rückfrage erfolgt, können Sie unter *Empfohlene Problembehandlung* steuern. Am besten behalten Sie die Standardeinstellung *Vor dem Ausführen von Problembehandlungen nachfragen* bei.

Achtung: Empfehlungen zur Problembehandlung erhalten Sie nur, wenn Sie in den Datenschutzeinstellungen zugestimmt haben, dass vollständige Diagnosedaten an Microsoft gesendet werden, siehe „Diagnose und Feedback" auf Seite 385.

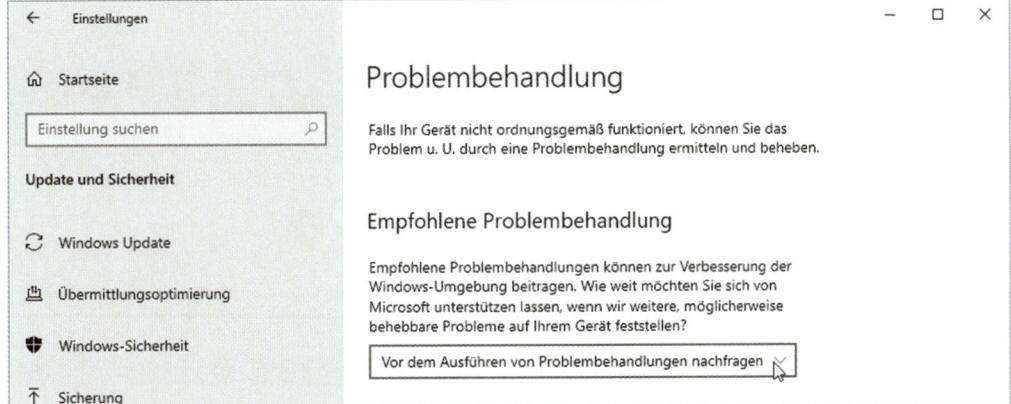

Anderen Browser als Standardbrowser festlegen

Wenn auf einen Link klicken, z. B. um Ihr Microsoft-Konto online zu verwalten, dann öffnet sich automatisch der Standardbrowser. In der Standardeinstellung ist dies Microsoft Edge. Wenn Sie stattdessen einen anderen Browser, z. B. Google Chrome oder Firefox als Standardbrowser festlegen möchten, dann gehen Sie so vor:

Als Browser (engl. to browse = durchsuchen) bezeichnet man Apps, mit denen Sie im Internet surfen.

Apps
Deinstallieren, Standardwerte, optionale Funktionen

In den Vorschlägen erscheinen natürlich nur Browser, die bereits auf Ihrem PC installiert sind. Falls der gewünschte Browser hier nicht aufgeführt wird, müssen Sie diesen erst herunterladen, z. B. Firefox.

Oder suchen Sie im Windows-Store nach einem Browser, dazu klicken Sie am Ende der Liste auf *Suchen Sie nach einer App im Microsoft Store* ❹.

Tipp: Standard-E-Mail Programm festlegen
Hier können Sie auf demselben Weg auch die Standard-App für E-Mails ändern.

1   Klicken Sie im Startmenü auf das Symbol *Einstellungen* ⚙ und hier auf *Apps*.

2   Klicken Sie auf *Standard-Apps* ❶. Rechts sehen Sie nun für jede Aufgabe, z. B. *E-Mail* oder *Bildanzeige*, die zugeordnete Standard-App.

3   Verschieben Sie den Bildschirmausschnitt nach unten bis zum *Webbrowser* und klicken Sie auf den hier angezeigten ❷, meist ist dies Microsoft Edge. Klicken Sie dann auf den gewünschten Browser, z. B. *Firefox* ❸.

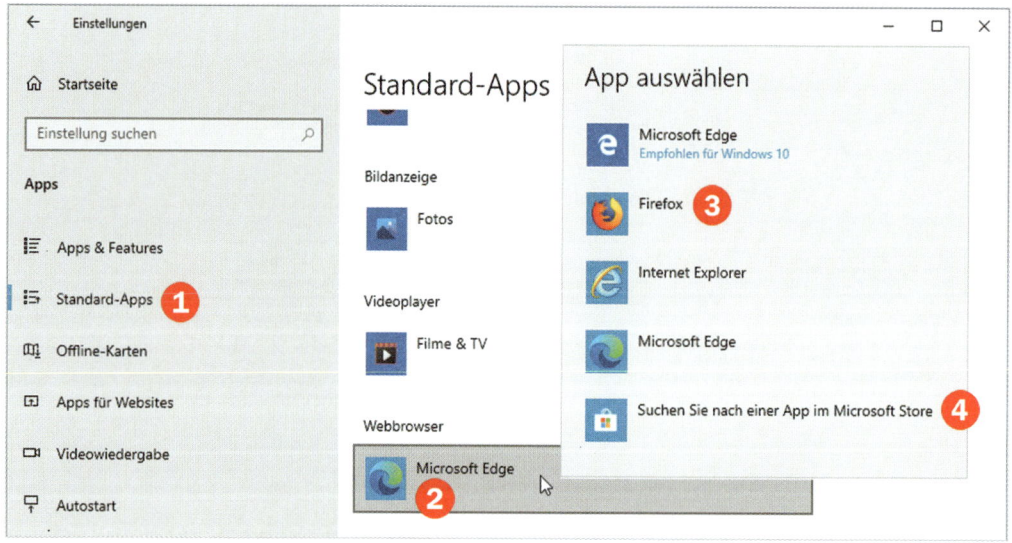

Tastenkombinationen

⊞	Startmenü öffnen
⊞ + A	Info Center anzeigen
⊞ + D	Alle Fenster minimieren und Desktop anzeigen
⊞ + E	Datei-Explorer öffnen
⊞ + I	Einstellungen anzeigen
⊞ + L	Sperrbildschirm, Computer sperren
⊞ + S	Suche/Cortana öffnen
⊞ + T	Taskleiste anzeigen und durch Tasks blättern
⊞ + Druck	Ein Bild des Bildschirms anfertigen (Screenshot) und im Ordner Bilder speichern
⊞ + Pfeil links	Bildschirm teilen und die geöffnete App in der linken Fensterhälfte anordnen
⊞ + Pfeil rechts	Bildschirm teilen und die geöffnete App in der rechten Fensterhälfte anordnen
⊞ + Tab	Taskansicht, alle Desktops anzeigen
⊞ + Pfeil oben/ unten	App maximieren/ verkleinern

⊞ + Leertaste	Eingabesprache wechseln
⊞ + F1	Starte Windows Hilfe
⊞ + Plus(+)	Bildschirmlupe vergrößern (Zoom)
⊞ + Minus(-)	Bildschirmlupe verkleinern
⊞ + Strg + D	Neuen Desktop erstellen
⊞ + Strg + F4	Aktuellen Desktop beenden
⊞ + Strg + Pfeil links oder rechts	Zwischen mehreren Desktops blättern
Alt + Tab	Wechselt zwischen allen geöffneten Apps
Strg + A	Alles markieren
Strg + C	Markiertes Element in die Zwischenablage kopieren
Strg + X	Markiertes Element in die Zwischenablage ausschneiden
Strg + V	Aus der Zwischenablage einfügen
F2 (Datei-Explorer)	Markierte Datei oder Ordner umbenennen
Alt + F4	Geöffnete Fenster schließen

Glossar

Account
Englische Bezeichnung für ein Konto, z. B. ein E-Mail Konto. Siehe E-Mail Konto.

Administrator
Benutzer, die als Administrator am PC angemeldet sind, verfügen über alle Berechtigungen am Computer und können sämtliche Einstellungen ändern. Im Gegensatz dazu dürfen Standardbenutzer zwar ihre persönlichen Einstellungen ändern und speichern, nicht jedoch tiefgreifende Änderungen am System vornehmen, z. B. neue Programme installieren.

App
Der Begriff App (ausgesprochen Äpp) ist eine Abkürzung der englischen Bezeichnung Application, zu deutsch Anwendung oder Programm. Windows 10 bezeichnet alle Arten von Programmen pauschal als Apps. Im Gegensatz zu herkömmlichen Anwendungen, z. B. Büroanwendungen versteht man unter Apps im engeren Sinne, kleine spezialisierte und für die Fingerbedienung optimierte Programme.

Arbeitsspeicher, siehe RAM.

Auflösung
Die Auflösung legt fest, wie viele Pixel (= Bildpunkte) zur Anzeige auf dem Bildschirm verwendet werden. Die Auflösung ist abhängig von der Größe und Bauweise des Monitors. Je höher die Auflösung, umso kleiner erscheinen Schrift und Symbole.

Benutzerkonto
Ein Benutzerkonto wird zur Anmeldung am Computer benötigt. Es speichert alle individuellen Einstellungen, z. B. das Aussehen von Startmenü und Desktop, außerdem verfügt jeder Benutzer über persönliche Ordner, z. B. Dokumente und Bilder, zum Speichern von Dateien. Windows unterscheidet zwischen Standardbenutzern mit eingeschränkten Rechten und Administratorbenutzern. Um ein neues Benutzerkonto anzulegen, sind Administratorrechte erforderlich. Ein Benutzerkonto kann entweder ein Microsoft-Konto oder ein lokales Benutzerkonto sein.

Betriebssystem
Das Betriebssystem (engl. operating system oder kurz OS) ist die wichtigste Software eines Computers und umfasst eigentlich eine ganze Gruppe von Programmen zur Bedienung und Verwaltung. Windows ist ein solches Betriebssystem.

Blu-ray Disc (BD)
Bei einer Blu-ray Disc handelt es sich um ein optisches Speichermedium als Nachfolger der DVD mit noch mehr Speicherkapazität (das fünffache einer DVD). In Aussehen und Handhabung unterscheidet sich eine BD nicht von einer CD oder DVD.

Browser
Als Browser (engl. to browse = durchsuchen) bezeichnet man Apps, mit denen Sie im Internet surfen. Neben dem, in Windows 10 integrierten Browser Microsoft Edge, gehören unter anderem Mozilla Firefox, Chrome und Safari dazu.

Bluetooth
Als Bluetooth bezeichnet man einen Standard für Datenübertragung per Funk über kurze Entfernungen. Voraussetzung dafür ist spezielle Hardware, die in vielen mobilen Geräten (Laptops/Notebooks) bereits integriert ist. Falls diese nicht vorhanden ist, kann auch eine Verbindung auch über einen speziellen Adapter hergestellt werden, der seinerseits an einen USB-Anschluss angeschlossen wird. Kopfhörer oder Headset, Maus und Tastatur sowie Mobiltelefone können auf diese Weise angeschlossen werden

CD/DVD

CD, Abkürzung für Compact Disc, ein optischer Datenspeicher. DVDs (Digital Versatile Disc) verfügen über etwa die viereinhalbfache Speicherkapazität einer CD, unterscheiden sich aber in der Handhabung nicht von einer CD.

Chat

Als Chat bezeichnet man eine Unterhaltung bzw. einen Austausch von kleinen Textnachrichten über das Internet.

Cloud

Als Cloud-Computing bezeichnet man die Nutzung von Dienstleistungen wie Software und Speicherplatz über das Internet. Speicherplatz im Internet bezeichnet man daher auch als Cloud- oder Onlinespeicher. Der Begriff „Cloud" (zu deutsch Wolke) rührt daher, dass für die Nutzer der genaue Ursprung und Speicherort nicht nachvollziehbar und undurchsichtig („im Nebel") ist. In der Cloud speichern bedeutet somit nichts anderes, als Daten nicht auf der Festplatte des eigenen PCs, sondern irgendwo auf einem anderen Computer im Internet zu speichern. Windows 10 verfügt mit OneDrive über einen solchen Speicherort in der Cloud. Daneben gibt es auch noch andere Onlinespeicher, z. B. Dropbox. Die Vorteile eines Cloudspeichers: Sie können Daten jederzeit mit anderen Personen teilen und der Zugriff auf Ihre hier gespeicherten Daten ist unabhängig davon, welchen Computer Sie gerade nutzen. Sie müssen sich nur mit Ihrem Benutzernamen und Kennwort anmelden.

Computerviren

Unter dem Begriff Computerviren fasst man, grob vereinfacht, alle Programme zusammen, die auf Ihrem PC Schaden anrichten können. Zum Beispiel durch Löschen oder Verschlüsseln von Daten, Ausspähen von Tastatureingaben oder indem sie die vollständige Kontrolle über einen PC übernehmen. Viren verbreiten sich selbstständig weiter, z. B. per E-Mail, beim Betrachten entsprechend präparierter Webseiten oder durch das Herunterladen und Installieren infizierter Programme aus dem Internet.

Cookies

Cookies sind kleine Textdateien, die beim Betrachten von Webseiten auf Ihrer Festplatte abgelegt werden. Sie dienen einerseits beim Einkaufen im Internet zum vorübergehenden Speichern des Warenkorbs, andererseits lässt sich daraus auch ein Nutzerprofil zu Werbezwecken erstellen.

Copy & Paste

Englisch für Kopieren & Einfügen. Ein Element wird dabei in die Zwischenablage kopiert (beispielsweise mit der Tastenkombination Strg+C) und andernorts eingefügt (beispielsweise mit der Tastenkombination Strg+V).

Cursor

Der Cursor, zu deutsch Einfügemarke kennzeichnet diejenige Stelle, an der eine Tastatureingabe erfolgt. Durch Anklicken oder Antippen setzen Sie den Cursor an die gewünschte Stelle. Dies kann ein Eingabefeld oder eine Stelle im Text sein.

Dateinamenerweiterung

Beim Speichern einer Datei wird an den Dateinamen automatisch ein Zusatz, die Dateinamenerweiterung (engl. extension) angefügt. Diese besteht aus einem Punkt, gefolgt von drei oder vier Buchstaben. Sie kennzeichnet den Dateityp, d. h. sie legt fest, welche Anwendung oder App zum Öffnen der Datei verwendet wird. Standardmäßig ist die Dateinamenerweiterung nicht sichtbar, kann aber über das Menüband des Datei-Explorers eingeblendet werden.

Desktop

Der Desktop (dt. Schreibtischoberfläche) ist die Arbeitsoberfläche von Windows. Hier werden alle Apps in Fenstern geöffnet und angeordnet.

Drag & Drop

Englisch für Ziehen & Fallenlassen, eine Bezeichnung für das Ziehen und Verschieben bei gedrückter linker Maustaste.

Dropdown-Feld/Dropdown-Pfeil

Viele Eingabefelder erfordern keine Eingabe, sondern bieten verschiedene Möglichkeiten zur Auswahl an, sie werden daher auch als Auswahlfeld bezeichnet. Diese Felder erkennen Sie am kleinen, nach unten weisenden Dreieck oder Pfeil rechts im Feld. Ein Klick auf den Pfeil oder in das Feld öffnet die Liste. Alternativ können Sie die Liste auch mit der Tastenkombination Alt+Pfeil nach unten öffnen, die Auswahl erfolgt dann mit den Pfeiltasten und durch Drücken der Eingabe-Taste wird die markierte Auswahl übernommen. Ein Tipp für umfangreiche Listen: tippen Sie die ersten Zeichen ein, dann wird Ihre Eingabe automatisch ergänzt und die Liste öffnet sich beim angegebenen Anfangsbuchstaben.

Esc-Taste

Die Escape-Taste (engl. to escape = entkommen) dient dem Abbrechen von Befehlen und entspricht der Schaltfläche *Abbrechen*.

Exploit

Als Exploit (engl. ausnutzen) bezeichnet man das systematische Ausnutzen von Schwachstellen, Sicherheitslücken oder fehlerhafte Stellen im Programmcode von Anwendungen, um in ein Computersystem einzudringen. Sicherheitslücken werden zwar meist nach Bekanntwerden durch Updates von Seiten des Software-Herstellers geschlossen, dennoch tauchen ständig neue auf.

Festplatte

Der wichtigste Speicher eines PCs ist die fest eingebaute (daher der Name) Festplatte. Hier werden Windows und alle Programme sowie Ihre Daten, falls nichts anderes festgelegt, gespeichert. In der Regel erhält die Festplatte den Laufwerksbuchstaben C:.

Festplattenpartitionen

Eine Festplatte kann in mehrere logische Laufwerke aufgeteilt werden, die so genannten Partitionen. In diesem Fall erhält jede Partition einen eigenen Laufwerksbuchstaben.

Firewall

Als Firewall, dt. Brandmauer bezeichnet man eine Sicherheitssoftware, die ein Netzwerk oder einen einzelnen Computer vor unerwünschten Angriffen von außen schützt, indem sie laufend den Datenverkehr überwacht.

Fn-Taste

Mit der Fn-Taste nutzen Sie auf der Tastatur eines Laptops die Ziffernbelegung, falls kein gesonderter Ziffernblock vorhanden ist, und weitere Tastaturfunktionen.

Getaktete Verbindung

Wenn Sie auf einem mobilen Gerät einen volumenbegrenzten Datentarif nutzen, dann können Sie unnötige Kosten durch Downloads sparen, indem Sie diese WLAN-Verbindung als getaktete Verbindung festlegen. Über getaktete Verbindungen werden standardmäßig keine Windows-Updates heruntergeladen.

Hot Spot

Als Hot Spot bezeichnet man einen öffentlichen, für jedermann über Funk zugänglichen Internetzugriffspunkt (WLAN). Hot Spots sind zum Beispiel in Flughäfen, Bahnhöfen oder Hotels zu finden.

HTML

Abkürzung für Hypertext Markup Language, eine textbasierte Auszeichnungssprache für Dokumente mit Text, Bildern und Hyperlinks. HTML ist das wichtigste Dateiformat für Webseiten, zur Anzeige wird ein Browser, z. B. Microsoft Edge benötigt.

http, https
Abkürzung für Hypertext Transfer Protocol, ein Protokoll zur Übertragung von Informationen im Web. Diese Abkürzung ist einer URL vorangestellt. Bei https handelt es sich um ein abhörsicheres, verschlüsseltes Protokoll, das bei Einkäufen im Web oder Online-Banking zum Einsatz kommt.

Hyperlink, siehe Link.

IMAP
Abkürzung für Internet Message Access Protocol, ein erweitertes Protokoll zur Übermittlung von E-Mails. Im Gegensatz zu POP erlaubt IMAP das Speichern und Verwalten von Mails, Ordnerstrukturen und Einstellungen auf dem Mail-Server, der lokale PC speichert nur Kopien.

JPG / JPEG
Hierbei handelt es sich um ein Dateiformat, das zur Speicherung von Fotos verwendet wird. Diese Dateien erhalten die (meist unsichtbare) Dateinamenserweiterung .jpg.

Junk-E-Mail
Junk-E-Mail ist eine Bezeichnung für unerwünschte Werbung, die per E-Mail versendet wird. Eine andere, häufig verwendete Bezeichnung dafür ist Spam-Mail.

Kontextmenü
Das Kontextmenü wird mit Klick der rechten Maustaste geöffnet. Alle Befehle des Kontextmenüs beziehen sich ausschließlich auf das mit der rechten Maustaste angeklickte Objekt.

Konto
Ein Konto wird im Internet zur Nutzung verschiedener Angebote benötigt, z. B. E-Mail oder in Form eines Kundenkontos beim Einkaufen im Internet. Zu einem Konto gehören immer E-Mail Adresse und ein Kennwort. Die E-Mail Adresse ist weltweit einzigartig und erfüllt eine ähnliche Funktion wie die Kontonummer eines Bankkontos. Wenn Sie ein Konto erstellen möchten, dann müssen Sie sich beim entsprechenden Anbieter registrieren und ein Kennwort festlegen.

Kontrollkästchen
Manche Befehle bzw. Einstellungen weisen ein kleines Kästchen auf. Ein Häkchen bedeutet, die Einstellung ist aktiviert. Das Häkchen setzen und entfernen Sie durch Anklicken des Kästchens.

Laufwerk
Als Laufwerke bezeichnet Windows pauschal alle im PC eingebauten und extern angeschlossenen Speichermedien. Laufwerke werden intern mit den Buchstaben des Alphabets durchnummeriert. Die Nummerierung beginnt meist bei der Festplatte mit dem Buchstaben C: .

Link (Hyperlink)
Als Link oder Hyperlink bezeichnet man einen Verweis auf eine Information, die sich an einem anderen Ort befindet. Ein Mausklick bzw. Antippen eines Links genügt, um zu dieser Stelle zu gelangen. Auf diese Weise „surfen" Sie im Internet zwischen den unterschiedlichsten Seiten.

Microsoft-Konto
Ein Microsoft-Konto besteht aus einer E-Mail Adresse und einem Kennwort und ermöglicht die Nutzung verschiedener Angebote, die Microsoft im Internet bereitstellt. Wenn Sie sich am PC mit einem Microsoft-Konto anmelden, und das ist eigentlich der Normalfall, dann haben Sie automatisch Zugriff auf OneDrive, den kostenlosen Speicher in der Cloud und können weitere Apps aus dem Microsoft-Store beziehen. Ein Microsoft-Konto wird entweder beim ersten Start von Windows 10 oder auch nachträglich eingerichtet und erfordert nur wenige Angaben.

Microsoft Office
Eine Sammlung von Büroprogrammen. Sie enthält unter anderem die bekannten Programme Word (Textverarbeitung), Excel (Tabellenkalkulation), PowerPoint (Präsentationen) sowie Outlook (E-Mail, Kontakte und Terminplanung).

Microsoft-Insider-Programm
Microsoft bietet Ihnen in den Einstellungen, Update und Sicherheit die Teilnahme am Microsoft-Insider-Programm an. Dadurch werden auf Ihrem Gerät regelmäßig Vorabversionen künftiger Updates installiert. Nicht ratsam ist dies auf einem Produktiv-Rechner, den Sie für die tägliche Arbeit benötigen, da Vorabversionen meist noch nicht hinreichend erprobt sind.

MP3
Bei der Bezeichnung MP3 handelt es sich um ein Dateiformat, bzw. einen Standard zur Komprimierung und Speicherung von Musikdateien.

Multitasking
Als Multitasking bezeichnet man die Fähigkeit, mehrere gleichzeitig geöffnete Anwendungen/Apps zu verwalten.

Netzwerk
Als Netzwerk bezeichnet man in der EDV einen Verbund von Rechnern, die untereinander Informationen austauschen. Das größte Netzwerk ist das weltweite Internet.

OneDrive
OneDrive ist die Bezeichnung für Speicherplatz im Internet, den Microsoft kostenlos zur Verfügung stellt. Dieser Speicher kann wie eine zusätzliche Festplatte verwendet werden. Voraussetzung: Sie müssen mit einem Microsoft-Konto angemeldet sein.

PDF
Abkürzung für Portable Document Format, ein Dateiformat in dem alle Formatierungen und Bilder beibehalten werden und das unabhängig vom Betriebssystem auf jedem Computer gelesen werden kann. Der Inhalt kann im Browser oder mit einem kostenlos erhältlichen Leseprogramm, beispielsweise Adobe Reader betrachtet werden. Nachträgliche Änderungen am Inhalt sind dagegen nur mit spezieller Software möglich.

Pfad
Der Pfad oder Dateipfadpfad bezeichnet den genauen Speicherort einer Datei oder eines Ordners und besteht aus dem Laufwerksbuchstaben und den Namen der übergeordneten Ordner, jeweils getrennt durch einen rückwärtsgewandten Schrägstrich, den Backslash. Beispiel: D:\Briefe\Geschäftlich\Maier.docx.

Pixel
Als Pixel bezeichnet man die Bildpunkte, die zur Darstellung auf dem Monitor verwendet werden. Die Auflösung eines Bildschirms gibt die Anzahl der darstellbaren Pixel pro Zeile und Spalte an.

POP
Post Office Protocol, ein Netzwerkprotokoll zur Übermittlung, genauer gesagt Abholung von E-Mails von einem Mail-Server.

RAM
Der RAM (Random Access Memory) oder Arbeitsspeicher eines Computers wird vom Prozessor zum Zwischenspeichern von Daten und Befehlen benötigt.

Router
Router sind kleine Geräte, die in einem lokalen, d. h. räumlich begrenzten Netzwerk mit mehreren Computern die korrekte Übermittlung der Daten regeln und das Netzwerk mit dem Internet verbinden. Aus Sicherheitsgründen sollte jeder Router mit einem Kennwort gesichert werden.

Ransomware

Ransomware (von engl. ransom = Lösegeld) ist die englische Bezeichnung für Erpressungs- oder Verschlüsselungstrojaner. Gemeint ist damit Software, die als Dateianhang oder über Sicherheitslücken in Browsern auf einen PC gelangt und dort private Daten verschlüsselt. Um wieder Zugriff auf diese Daten zu erhalten, wird zur Zahlung eines Lösegelds aufgefordert. Das Bundesamt für Sicherheit in der Informationstechnik (BSI) rät generell von solchen Zahlungen ab, da nicht sicher ist, ob die Daten tatsächlich wieder entschlüsselt werden.

Schnittstelle

Eine Sammelbezeichnung für alle Anschlüsse oder Buchsen eines Computers. Über Schnittstellen werden externe Geräte wie Drucker oder Maus angeschlossen.

Scrollen

Als Scrollen bezeichnet man das horizontale und/oder vertikale Verschieben des sichtbaren Bildschirmausschnitts. Sie benutzen dazu entweder das Rädchen der Maus, die Bildlaufleisten des jeweiligen Fensters oder streifen mit dem Finger über den Bildschirm.

Server

Als Server bezeichnet man Computer, genauer gesagt spezielle Software, die in einem Netzwerk Informationen, Speicherplatz und andere Dienste (z. B. E-Mail Postfach) bereitstellt.

Shortcut, siehe Tastenkombination.

SSD

Abkürzung für Solid State Disc. Bei SSD-Festplatten handelt es sich im Gegensatz zu herkömmlichen Festplatten auf magnetischer Basis um Halbleiterspeicher mit sehr kurzen Zugriffszeiten. Sie eignen sich besonders für den Einsatz als schnelle Festplatten, allerdings zu einem höheren Preis.

Tablet-PC

Tablet-Computer oder Tablet-PCs sind tragbare, flache und besonders kleine PCs. Sie besitzen keine Tastatur, die Texteingabe erfolgt über die Bildschirmtastatur und anstelle einer Maus werden sie mit Fingergesten und einem Touchscreen bedient.

Task-Manager

Der Task-Manager von Windows überwacht alle laufenden Anwendungen und Prozesse des PCs. Mit seiner Hilfe können nicht mehr funktionierende Apps beendet und die Systemleistung überwacht werden. Sie starten den Task-Manager über das Kontextmenü der Taskleiste oder mit der Tastenkombinaton Strg+Umschalt+Esc.

Tastaturlayout

Als Tastaturlayout bezeichnet man die länderspezifische Anordnung und Codierung der Tasten auf einer Tastatur. Im deutschen Sprachraum ist dies die sogenannte QWERTZ-Tastenbelegung.

Tastenkombination

Tastenkombinationen (engl. Short-Cuts) werden verwendet, um bestimmte Befehle schnell aufzurufen, häufig in Verbindung mit den Tasten Windows, Strg und Alt. Bei der Eingabe einer Tastenkombination drücken Sie immer zuerst die Windows-, die Strg- oder Alt-Taste, halten die Taste gedrückt und drücken dann kurz die Buchstabentaste.

Touchscreen

So bezeichnet man berührungsempfindliche Bildschirme, die insbesondere bei Tablet-PCs zum Einsatz kommen. Befehle werden statt mit der Maus direkt durch Berühren des Bildschirms erteilt.

Treiber

Treiber (Gerätetreiber) sind kleine Programme, die von Windows für die korrekte Ansteuerung von Geräten, z. B. Druckern benötigt werden.

UEFI

Unified Extensible Firmware Interface. In den Computer integrierte Software, die sich unterhalb des Betriebssystems befindet und beim Einschalten des Computers das Laden desselben ermöglicht. Nachfolger des BIOS (Basic Input Output System) früherer Windows-PCs.

Update

Unter Update versteht man ganz allgemein die regelmäßige Aktualisierung von Programmen und Apps. Auch für Windows 10 werden regelmäßig und im Hintergrund automatisch Updates durchgeführt. Updates beinhalten Verbesserungen und schließen Sicherheitslücken, sie sollten daher unbedingt durchgeführt werden. Besonders wichtig sind Updates von Antivirenprogrammen, sie aktualisieren die Virendefinitionsdatenbank.

Im Gegensatz dazu bezeichnet ein Upgrade die Änderung oder Höherstufung auf eine höherwertige Version der Software, dies erfolgt bei Windows 10 etwa halbjährlich.

URL

Abkürzung für Uniform Resource Locator. Eindeutige Adresse für eine Webseite, wird häufig auch als Webadresse oder Internetadresse bezeichnet. Beispiel: bildnerverlag.de.

USB

Abkürzung für Universal Serial Bus, dabei handelt es sich um standardisierte Anschlüsse eines PCs für externe Geräte. Über USB angeschlossen werden beispielsweise Maus, Tastatur, Drucker, Scanner und Kamera sowie Speichermedien wie externe Festplatte oder USB-Speicherstift.

Verknüpfung

Eine Verknüpfung ist eine kleine Datei, die einen Verweis (Link) zu einer Datei oder einem Ordner an einem beliebigen Speicherort enthält. Verknüpfungen werden unter anderem verwendet, um Programme schnell vom Desktop aus zu starten.

Viren, siehe Computerviren.

WLAN/WiFi

WLAN ist die Abkürzung für Wireless Local Area Network, dt. ein kabelloses lokales Netzwerk, zum Beispiel in einem Haushalt oder einer Firma, das mehrere Computer per Funk miteinander und mit einem Router verbindet. Häufig wird auch der Begriff WiFi als Synonym für WLAN benutzt.

www (web)

Abkürzung für „world wide web", zu deutsch: weltweites Netz. Als web bezeichnet man weltweit verlinkte Informationen bzw. Seiten im Internet, die sich mit einem Browser abrufen und anzeigen lassen. Gebräuchlich ist auch die Bezeichnung Webseite (engl. Website) für einzelne Seiten.

ZIP-Datei

Das ZIP-Dateiformat (zip = dt. Reißverschluss) wird häufig zum Versenden umfangreicher Dateien als E-Mail Anhang oder beim Download verwendet. Es enthält komprimierte Dateien, die vor der Verwendung erst wieder entzippt bzw. entpackt werden müssen.

Zwischenablage

Die Zwischenablage dient als temporärer Speicher beim Kopieren und Verschieben (=Ausschneiden und an anderer Stelle einfügen) von Elementen, dabei spielt es keine Rolle ob es sich um Dateien, Ordner oder einzelne Textstellen handelt. Ausgeschnittene oder kopierte Elemente werden in der Zwischenablage abgelegt und können von dort beliebig oft solange wieder eingefügt werden, bis das nächste Element ausgeschnitten oder kopiert wird. Da die Zwischenablage von allen Apps und Anwendungen genutzt wird, lassen sich mit ihrer Hilfe auch Daten aus einer Anwendung in eine andere einfügen, zum Beispiel ein Bild aus einem Zeichenprogramm in den Text eines Schreibprogramms.

Index